Michael Lewis ist Professor für Kinderheilkunde, Psychiatrie und Psychologie und Direktor des Institute for the Study of Child Development an der Robert Wood Johnson Medical School der Universität von New Jersey.

W0057260

Dieses Buch wurde auf chlor- und säurefreiem Papier gedruckt.

Vollständige Taschenbuchausgabe Oktober 1995
Droemersche Verlagsanstalt Th. Knaur Nachf., München
Copyright © 1993 für die deutschsprachige Ausgabe
Ernst Kabel GmbH, Hamburg
Titel der Originalausgabe: »Shame - The Exposed Self«
Copyright © 1992 by Michael Lewis
Originalverlag: The Free Press, A Division of Macmillan, Inc.
Umschlaggestaltung: Graupner & Partner, München
Umschlagabbildung: The Image Bank, München
Satz: Ventura Publisher im Verlag
Druck und Bindung: brodard & taupin
Printed in France
ISBN 3-426-84042-1

5 4 3 2 1

Michael Lewis

Scham

Annäherung
an ein Tabu

Aus dem Amerikanischen
von Rita Höner

Für Leah, Anna, Barbara, Rhoda und Felicia,
die Frauen in meinem Leben

Nichts bedeutet das alles, und blind paddelt er heim durch das wimmernde Ende der Welt und heult nach seiner milchweißen Mama und ihrer Molke und ihrer Muttermilch und ihrem Kuhatem und ihren walisischen Kuchen und dem fetten, nach Geburt riechenden Bett und der mondhellen Küche ihrer Arme und vergißt nichts.

Dylan Thomas, *Unter dem Milchwald*

Inhalt

Danksagungen

Dieses Buch ist mehr als eine intellektuelle Übung oder die Fortsetzung meiner Untersuchungen über das Selbst und die emotionale Entwicklung. Es ist eine Reise in mein eigenes Leben, das mit einer früh verstorbenen Mutter und einem sich schämenden Kind begann, das zum Verwaisten wurde und nach sich und dem Sinn des Lebens suchte. In den letzten dreißig Jahren war meine Frau, Rhoda Lewis, meine Gefährtin auf dieser Reise. Ihre Intelligenz, ihre Sensibilität und ihr tiefes Verständnis für Verhalten und Leben der Menschen haben mich stets unterstützt. Einige der folgenden Vorstellungen stammen von ihr, und alle wurden durch ihre Kommentare verbessert. Ohne die Mitarbeit von Rhoda Lewis würde dieses Buch nicht existieren.

Ich möchte allen meinen Studenten und Kollegen danken, die mir geholfen haben, meine Theorie zu formulieren, und die der erste Resonanzboden für meine Gedanken waren. Besonderen Dank schulde ich Margaret Sullivan und Linda Michalson Brinker. In den vergangenen zwei Jahren habe ich auf drei Kontinenten Vorträge zum Thema Scham gehalten. Die Kommentare und Kritiken der namenlosen Menge seien hier dankend erwähnt. Vor nicht allzulanger Zeit verbrachte ich eine Woche in Australien und hielt Vorträge an der Universität von Sydney, wo ich Ermutigung und Anregungen erhielt, die mir halfen, diese Arbeit zu beenden. Ich möchte auch den einsamen Pionieren danken, deren Arbeit über Scham mir vieles deutlich gemacht hat, den verstorbenen Psychoanalytikern Helen Block Lewis und Silvan Tomkins; beide haben die zentrale Rolle der Scham im menschlichen Leben klar gesehen. Newton hat einmal gesagt, es sei das Schicksal einer guten Theorie, zum beschränkten Fall einer anderen Theorie zu werden. Ich kann auf diesen Seiten eine klarere Theorie vorlegen, weil es breite Schultern gab, auf denen ich stehen konnte.

Ich habe als Lehrer, Psychotherapeut und Forscher viel gelernt. Jede dieser Rollen ließ mich die Scham aus einer anderen Perspektive sehen. Als Lehrer komme ich mit vielen Studenten in Kontakt, die Heranwachsende oder junge Erwachsene sind. Durch diese Erfahrung konnte ich beobachten, wie junge Leute mit Autoritäten interagieren und auf Maßstäbe reagieren. Als an der Entwicklungsthematik interessierter Forscher beobachte ich die Entwicklung von Kindern, wobei ich manchmal einen Einwegspiegel verwende, oft aber auch mit ihnen rede oder spiele. Diese Erfahrung ermöglicht mir, die Ursprünge der Scham zu erforschen. Die Beobachtung und Befragung der Eltern dieser Kinder läßt mich die Sozialisation des Scham-Prozesses verstehen und die zwischen den verschiedenen Generationen bestehenden Scham-Verbindungen aufspüren. Als Therapeut schließlich konnte ich die Erfahrungen meiner Klienten erforschen und sehen, wie fehlangepaßt einige Scham-Bewältigungsmechanismen sind.

Ich hätte dieses Buch nicht schreiben können ohne die unermüdliche Hilfe meiner Sekretärin, Ruth Gitlen, die durch Stacey Fanslow unterstützt wurde. Sie tippte nicht nur die Entwürfe wieder und wieder, sondern gab auch manchen Sätzen den letzten Schliff. Ich danke auch Barbara Louis, die das Manuskript gegenlas. Andrew P. Morrison, Carolyn Saarni, June Tangney und Lawrence Pervin lasen einen früheren Entwurf des Manuskripts. Ihnen danke ich für ihre Anregungen zur klareren Formulierung meiner Gedanken und für ihre Hinweise auf Vergessenes. Meine Lektorin, Susan Milmoe, unterstützte meine Arbeit und zeigte bei der Herausgabe meines Textes intellektuelle Stärke und sprachliches Können. Meine Arbeit wurde von vielen Sponsoren unterstützt, aber zwei Stiftungen waren besonders hilfreich: die Robert Wood Johnson Foundation und die von Robert Haggerty geleitete W. T. Grant Foundation. Letztere stellte meinen Kollegen und mir die Mittel zur Verfügung, die Langzeitstudien durchzuführen, aus denen ich viel Material zu diesem Buch entnommen habe. Schließlich danke ich David Carver und Norman Edelman für ihre beständige Unterstützung meiner Arbeit.

1
Scham im Alltag

Und sie nahm von der Frucht und aß und gab ihrem Mann, der bei ihr war, auch davon, und er aß. Da wurden ihnen beiden die Augen aufgetan, und sie wurden gewahr, daß sie nackt waren.

Emotionen, unsere eigenen und die von anderen, beeinflussen uns in jedem wachen Moment unseres Daseins. Es ist schwer, einen Satz zu formulieren oder einen Menschen anzusehen, ohne etwas zu fühlen. Obwohl es in populären Büchern viele kluge Hinweise auf die Wichtigkeit des Kontakts zu unseren Gefühlen gibt, wissen wir eigentlich recht wenig über sie. Nach der Pionierarbeit von Darwin hat erst in neuerer Zeit die systematische Erforschung der emotionalen Entwicklung, der individuellen Unterschiede im Ausdruck von Emotionen sowie der Wirkung von Emotionen auf das soziale Verhalten begonnen. Die Fortschritte jedoch sind langsam und schwierig. Die akademischen Psychologen interessierten sich in den letzten drei Jahrzehnten vor allem für Erkenntnisprozesse. Daran ist sicher zum Teil das Computermodell schuld. Die Psychiater interessierten sich vornehmlich für klinische Probleme und zunehmend für deren biologische Grundlagen. Um Motivationen und Verhalten des Menschen zu verstehen, ist jedoch die Untersuchung der Emotionen an sich wichtig.

Wir alle kennen das obige Zitat als Teil der biblischen Schöpfungsgeschichte, genauer als Version der Genesis zum Ursprung der Scham. Scham gehört zu den fundamentalen Emotionen des Menschen. Sie beeinflußt unsere Gefühle zu uns selbst und unseren gesamten Umgang mit anderen. Aber was ist Scham, wann und wie tritt sie auf, wie entwickelt sie sich, und sind die Schamgefühle von Männern und Frauen unterschiedlich? Im Verlauf der Jahre haben ein paar Psychoanalytiker über diese Fragen nachgedacht, aber erst im letzten Jahrzehnt haben Psychologen und Psychiater begonnen, sie systematisch zu erforschen.[1]

Der allgemeine Mangel an Aufmerksamkeit gegenüber der Scham bedeutet nicht, daß sie nur einigen wenigen vorbehalten ist. Scham berührt viele Themen des modernen psychologischen Denkens. Sie steht mit Schuld, Stolz und Hybris in Verbindung, die ebenfalls Selbsterkenntnis voraussetzen. Scham hat mit Narzißmus zu tun; die narzißtische Persönlichkeit ist die Persönlichkeit des Beschämten. Scham färbt viele unserer zwischenmenschlichen Beziehungen. Ehen zum Beispiel sind oft Umgebungen, in denen die Scham gedeiht.

Ich glaube, daß das artspezifische Gefühl der Scham für unser Leben zentral ist. Scham bestimmt unsere seelische Gestimmtheit mehr als Sex oder Aggression. Scham läßt uns depressiv oder antisozial werden. Unsere inneren Auseinandersetzungen sind keine Schlachten zwischen Instinkt und Realität, sondern haben mit dem Verständnis und der Überwindung von Scham, ihren Auslösern und ihrer Häufigkeit zu tun.

Betrachten wir ein verheiratetes Paar. Der Mann fragt die Frau: »Wann machst du nun die Diät, von der du ständig redest?« Oder einen Professor, der zu einem Studenten sagt: »Ich habe in Ihrer Arbeit viel Gutes entdeckt, aber ich denke, daß Ihre Ausführungen ziemlich am Thema vorbeigegangen sind.« In diesen beiden Alltagssituationen sorgt der Sprecher dafür, daß der Zuhörer Scham empfindet. Scham kann einfach als das Gefühl definiert werden, das wir haben, wenn wir unsere Handlungen, Gefühle oder Verhaltensweisen bewerten und zu dem Schluß kommen, daß wir etwas falsch gemacht haben. Scham umfaßt unser *ganzes* Selbst; sie ruft den Wunsch wach, sich zu verstecken, zu verschwinden, sogar zu sterben.

Die Reaktionen auf Scham variieren: Zorn, Depression, Rückzug. Die kritisierte Frau wird wütend; der kritisierte Student wird verlegen, verliert das Vertrauen und schwört, die Kurse dieses Professors hinfort zu meiden. Alte und neue kulturelle Unterschiede können als unterschiedliche Arten betrachtet werden, Scham und Ichbewußtsein zu erleben und zu verarbeiten. Moderne »Theoretiker des Narzißmus«, die uns über Selbstverwirklichung und persönliche Freiheit informiert haben, haben uns zum Mittelpunkt unseres Denkens, Handelns und Fühlens gemacht; diese Ausrichtung geht mit einer Zunahme an Scham einher. Narzißmus ist der äußerste Versuch, Scham zu vermeiden.

Scham beeinflußt verschiedene menschliche Phänomene, vom einzelnen bis zur Ebene von Kultur und Gesellschaft. Der Konflikt zwischen Selbstverwirklichung und Bindung an die Gemeinschaft hat mit Scham und Angst zu tun. Wenn wir die Scham verstehen, verstehen wir etwas vom Wesen des Menschen.

Scham ist überall

Sehen wir uns ein paar Beispiele an, die die Allgegenwart der Scham und ihren Chamäleon-Charakter illustrieren.

Der zornige Donald

Ich bin im Beobachtungsraum meines Labors und sehe zu, wie eine Mutter mit ihrem dreijährigen Sohn spielt. Ich habe sie gebeten, dem Kind ein Spiel beizubringen, bei dem unterschiedlich große Ringe in einer bestimmten Reihenfolge von einem Stift auf einen anderen gesetzt werden. Die Aufgabe kann von einem Dreijährigen nicht gelöst werden, aber das weiß die Mutter nicht.

Sie zeigt dem Kind zunächst, wie es die Aufgabe ausführen kann. »Schau«, sagte sie, »nimm diesen Ring und tu ihn von hier nach da.« Das Kind lächelt. »Sehr gut, Donald, du bist ein guter Junge.« – »Jetzt«, sagte sie, »nimmst du den zweiten Ring und legst ihn hier drauf.« Das Kind tut, was sie sagt. Langsam geht sie jeden Schritt der Aufgabe durch, während das Kind aufmerksam zuschaut. Obwohl sie gelegentlich lächelt, ist ihr Gesicht im allgemeinen ernst. Sie lobt das Kind oft, wobei sie Kommentare verwendet wie: »Guter Junge, du bist wirklich intelligent.« Sie bringt dann die Ringe wieder durcheinander und legt sie dem Kind hin, damit es die Aufgabe eigenständig löst. Sie schaltet den Zeitgeber ein, den ich ihr ausgehändigt habe, damit »Sie die Geschwindigkeit Ihres Kindes beim Lösen des Puzzles stoppen können«. Das Kind setzt das erste Teil auf den falschen Stift, lächelt und sieht seine Mutter an, die jetzt schreit: »Nein, nein, nein! Was ist los mit dir?« Unsere Kameras konzentrieren sich auf ihr Gesicht; die Nase ist hochgezogen, die Nasenflügel beben. Ich weiß, daß ich ihren Ausdruck später in die Rubrik »Verachtung und Ekel« einordnen werde. Das Kind scheint durch die Reaktion der Mutter verwirrt und geht dann an die Aufgabe zurück. Aber jetzt ist sein Körper verspannt, das Lächeln ist weg, und es scheint nicht mehr an dem Spiel interessiert zu sein. Die Mutter besteht darauf, daß es weitermacht. Es greift nach einem Ring und wirft ihn durch den Raum.

Der Ekelausdruck der Mutter hat das Kind beschämt, es reagiert mit dem, was Helen Block Lewis »gedemütigte Wildheit« nannte.

Pauls öffentlicher Auftritt

Ich sitze in der High-School-Aula neben dem Vater eines Freundes meiner Tochter. Unsere Kinder spielen im Schulorchester; meine Tochter spielt Violine, ihr Freund Paul Oboe. Wir als Eltern bewundern die Leistung und das

Können unserer Kinder. Paul soll ein Solostück vortragen, und er steht auf, um zu spielen. Aber irgend etwas stimmt nicht: Er scheint die Eröffnungspassage vergessen zu haben, vielleicht, weil er Lampenfieber hat. Nach einer unendlich erscheinenden Verzögerung, in Wirklichkeit ein paar Sekunden, beginnt Paul schließlich zu spielen. Als er fertig ist, sehe ich seinen Vater an und sage: »Sobald er drin war, hat er wirklich gut gespielt.« Ich bemerke, daß Pauls Vater rot wird, und diese Röte zieht sich vom Gesicht bis unter seinen Hemdkragen. Er schaut nicht zu mir zurück, bringt aber ein schwaches Lächeln zustande. Als das Konzert zu Ende ist, steht er schnell auf und geht. Er bleibt nicht, um mit den anderen Eltern zu schwatzen.

Pauls Vater ist beschämt worden. Wie viele von uns empfand er Scham nicht wegen einer eigenen Handlung, sondern weil er mit jemandem in Verbindung gebracht wurde, der etwas falsch gemacht hatte.

Sols und Ritas Selbstbezogenheit

Ich bespreche die Semesterarbeiten meiner Studenten mit jedem persönlich. Sol, ein Student im ersten Jahr, war mit guten Empfehlungen an die Universität gekommen. Seine vorherigen Lehrer hatten ihn als intelligent und gewissenhaft beurteilt, obwohl einer bemerkte, Sol könne schwer Kritik annehmen. Seine Arbeit war ehrgeizig und bewies beträchtliche Anstrengung, aber sie wurde durch ein paar Probleme beeinträchtigt, die ich mit Sol erörtern wollte, damit er es besser machen konnte. Da ich Sols Empfindlichkeit gegenüber Kritik kannte, sagte ich ihm zunächst, daß seine Arbeit mir wirklich gefallen habe und er sehr fleißig gewesen sei. Er lächelte breit und dankte mir. Dann sagte ich, er habe die Literatur gut abgedeckt und gezeigt, daß er das Problem verstanden habe. Wieder strahlte er mich an. Er schien mit sich selbst zufrieden und von meinen Kommentaren sehr angetan. Ich brachte dann das vor, was ich für einen logischen Fehler in seiner Arbeit hielt. »Sol«, sagte ich, »Ihre Arbeit hat mir gefallen, und Sie waren sehr fleißig, aber Ihre Analyse der geschlechtsspezifischen Unterschiede bei der Sozialisation von Emotionen ist nicht gut ausgearbeitet.« Sols Gesicht wurde länger. Seine Hände umklammerten die Lehne des Stuhls, und er zwang sich fast, aufrecht zu sitzen. »Herr Professor«, begann er, »ich glaube nicht, daß Sie recht haben …« Er beendete den Satz nicht. Er schien unfähig, die Unterhaltung fortzusetzen. Ich versuchte es noch einmal. »Sol, die Arbeit hat mir wirklich gefallen, und ich meine, daß sie alles in allem in Ordnung ist.« Wieder schien sein Gesicht sich aufzuhellen. Da ich sah, daß er sich entspannte, dachte ich, ich könnte es noch einmal versuchen. »Sol, ich denke, daß Sie an Ihrer Analyse noch etwas arbeiten sollten. Sie haben die Rolle der geschlechtsspezifischen Unterschiede bei der Sozialisation nicht ausführlich genug dargestellt.« Wieder verspannte sich Sol. Dieses Mal wandte er sich mir zu. Er schien zornig, und seine Stimme war laut und heftig, als er sagte: »Ich habe nur gemacht, was Sie uns im Unterricht aufgetragen haben.« Ich dachte daran, mit ihm zu diskutieren, aber ich sah, daß es nichts nützen würde. Ich gab ihm die Arbeit und sagte ihm, er solle die angegebenen Korrekturen vornehmen und sie mir dann zurückgeben. Sol korrigierte die Arbeit nie. Meine Mißbilligung hatte ihn beschämt, und mehr Ablehnung und Scham – die bei einer erneuten Vorlage und Beurteilung der Arbeit möglich gewesen wären – wollte er nicht riskieren.

Eine ähnliche Erfahrung hatte ich mit Rita. Ihre Arbeit schien hastig hingeworfen worden zu sein: Sie hatte die Literatur nicht besprochen und ihre Arbeit, die von Tipp- und Rechtschreibfehlern wimmelte, noch nicht einmal Korrektur gelesen. Rita war eine gute Studentin, und deshalb überraschte mich ihre schlechte Leistung. Als sie den Raum betrat und sich setzte, schien sie angespannt und ängstlich. »Rita«, sagte ich, »in dieser Arbeit fehlen die Hinweise auf die Literatur, und sie ist schlecht getippt.« Ich machte eine Pause, denn ich erkannte, daß Rita den Tränen nahe war. Sie wandte sich mir zu, wischte sich die Augen und sagte: »Dr. Lewis, warum mögen Sie mich nicht?« Ich antwortete: »Rita, ich *mag* Sie. Ich spreche nicht über Sie, ich spreche über eine Arbeit, die Sie angefertigt haben.« Sie brach in Tränen aus, und viele Minuten vergingen, bis sie sich soweit gefaßt hatte, daß sie mein Büro verlassen konnte.

Sol und Rita hatten meine negativen Kommentare als Kritik an ihrer Person interpretiert, nicht als Kritik an ihrer Arbeit. Beide schämten sich in meiner Gegenwart, weil sie ihre Rolle als Studenten mit ihrer Identität als Individuum verwechselten.

Minoritätsstatus und Billys Zorn

Vor einiger Zeit arbeitete ich mit einem jungen Hispanoamerikaner, der nach einer Auseinandersetzung mit einem Polizisten festgenommen worden war. Er hatte mit ein paar anderen Jungen unschuldig auf den Stufen ihres Wohnhauses gesessen, als ein Polizeiauto vor ihnen anhielt. Ein Polizist fragte: »Was macht ihr hier?« Er antwortete: »Ich warte auf einen Freund.« Der Polizist antwortete nicht, sondern stieg aus und kam, begleitet von einem anderen Beamten, auf ihn zu. Billy hörte, wie ein Polizist sagte: »Diese Bananenfresser sind doch alle gleich.« Billy, den diese rassistische Verunglimpfung ärgerte, trat dem Polizisten entgegen, der die Bemerkung gemacht hatte, und sagte eher friedlich: »Das sollten Sie nicht sagen. Es ist nicht besonders nett.« Der Polizist wiederholte seine rassistische Beleidigung. Billy schwieg, und die Polizisten gingen zu ihrem Auto zurück und fuhren weg. Das nächste, an was Billy sich erinnerte, war, daß er eine Reihe Mülltonnen umwarf und über die Straße rollen ließ. Die Polizei war bald wieder da und nahm ihn fest.

Billy schämte sich wegen der rassistischen Äußerung des Polizisten und seiner Unfähigkeit, etwas dagegen zu tun. Er sagte mir später: »Doktor, ich fühlte mich so hilflos, ich fühlte mich so schlecht. Die einzige Möglichkeit, mich besser zu fühlen, war, diese Mülltonnen umzuwerfen.« In diesem Fall führte Billys Scham über seine Unfähigkeit, seine Volkszugehörigkeit zu verteidigen, zu antisozialem Verhalten.

David wird gehänselt

Der sechzehnjährige David war so unglücklich, daß seine Eltern fürchteten, er hätte eine Depression. Sie schickten ihn zu mir in Therapie. Nach ein oder zwei Besuchen, bei denen er mir etwas über sein Leben erzählte, beschrieb David seine häusliche Situation. Seine Familie lebte in einer kleinen Wohnung. Er hatte mit dem Masturbieren begonnen, und um dabei garantiert allein zu sein, benutzte er dazu seine Zeit unter der Dusche. Vor vier Tagen hatte David geduscht und masturbiert, als sein Vater laut an die Tür klopfte und sagte: »Du bist jetzt über eine halbe Stunde da drin. Hör auf, an dir herumzuspielen, und komm heraus!« David sagte mir: »Ich war so wütend über das, was er sagte, aber vor allem schämte ich mich. Ich hatte das Gefühl, ich könnte nie aus dem Badezimmer herauskommen.«
Ich hörte ruhig zu und fragte ihn, ob er sich an andere Situationen erinnern würde, in denen er sich genauso fühlte. Er antwortete: »Ich fühle mich immer so.« Ich fragte nach dem Grund. Er erwiderte: »Mein Vater ist einer der schlimmsten Frotzler der Welt.« Ich fragte ihn: »Was meinst du mit Frotzler?« David antwortete: »Er macht immer solche Sachen. Sobald irgend jemand in der Nähe ist, sagt er mir solche Sachen. Ich erinnere mich, daß ich einmal mit einem Mädchen in meinem Alter redete, das nebenan wohnt. Als ich zu unserer Wohnung zurückkam, sagte mein Vater in einer Singsang-Stimme: ›David hat eine

Freundin.‹ Meine Mutter und meine ältere Schwester lächelten, und ich fühlte mich absolut schrecklich.«

David, Zielscheibe der Witze seines Vaters, wird von diesem ständig vor anderen erniedrigt. Er schämt sich. David ist das Opfer einer beschämenden Umgebung.

Scham-Spiele zu zweit

Ein Paar, das seit ein paar Jahren verheiratet war und zur Zeit eine Ehekrise erlebte, bat mich um Hilfe. Die Frau sagte: »Doktor, ich glaube, ich halte es nicht mehr aus. Ständig kritisiert er mich. Alles, was ich mache, ist falsch. Ich habe das Gefühl, ich kann nichts mehr tun, was ihm gefällt«. In diesem Stil ging es eine Zeitlang weiter. Ich wandte mich an den Mann, damit er auch seine Beschwerden vorbringen konnte. »Doktor«, sagte er, »ich weiß nicht, was mit ihr nicht stimmt. Die Hälfte der Zeit ist sie depressiv, und die andere Hälfte ist sie wütend auf mich. Ich weiß nicht, was ich dazu beitrage. Gestern abend zum Beispiel sagte ich ihr: ›Warum hast du dieses alte Tischtuch aufgelegt, es ist fadenscheinig. Warum verwenden wir nicht das neue?‹« Er konnte kaum seine Erzählung beenden, bevor sie einwarf: »Da sehen Sie, Doktor, ständig kritisiert er, ständig ist er feindselig, ständig ist er mit mir unzufrieden.« Der Mann drehte sich schnell um und sagte: »Nein, ich habe nur vorgeschlagen, daß du ein anderes Tischtuch auflegst.«

Der Mann weiß nicht, daß seine »Vorschläge« seine Frau beschämen. Er meint, er würde nur Vorschläge machen. Sie versteht seine Vorschläge als Kritik und schämt sich. Sie reagiert auf ihr Schamgefühl mit Rückzug, Depression und Zorn. Er interpretiert ihren Rückzug als Liebesentzug und schämt sich seinerseits. Wie viele Paare haben sich eine Scham-Umgebung geschaffen, in der einer den anderen beschämt.

Armut und Scham

Vor kurzem las ich in der Zeitung einen Bericht über Armut in Rußland, der aufzeigte, daß es auch in diesem Land Bettler gibt.[2] Frau V. wurde als eine ältere Frau beschrieben, die von einer knappen monatlichen Rente lebt. Um zu überleben, ißt sie fast jeden Tag in Gratis-Kantinen für Arme. Als Frau V. gefragt wurde, ob es ihr etwas ausmachen würde, wenn sie photographiert werden würde, sagte sie, es wäre in Ordnung, wenn das Bild im Ausland und nicht in den örtlichen Zeitungen erscheinen würde. Sie wollte nicht, daß ihr Bild in den örtlichen Zeitungen erschien, weil ihre Nachbarn dann wissen würden, daß sie in den Kantinen für Arme aß. Sie sagte: »Ich würde mich so schämen, wenn sie es wüßten.«

Wir denken selten daran, daß die Armen und Unglücklichen sich für ihre Lage schämen. Wenn wir auf der Straße an einem Bettler vorbeigehen, denken wir nicht an seine Scham; aber wenden wir vielleicht nicht auch deshalb die Augen ab, weil seine Scham uns beschämt?

Arnie und sein alternder Körper

Vor nicht allzu langer Zeit kam ein fünfundfünfzigjähriger Mann in meine Praxis. Arnie war ein großer, robust aussehender Zeitgenosse, der mir in der ersten Sitzung erzählte, daß er sich depressiv und ängstlich fühle. Nach drei oder vier Sitzungen erfuhr ich, daß Arnie sehr stolz auf seine körperliche Erscheinung war. Er hatte an der High School und am College Football gespielt und war immer noch ein recht aktiver Sportler, der an jedem Wochenende Tennis spielte. Seine körperliche Leistungsfähigkeit war ihm sehr wichtig. Er beschrieb, wie gern er Tennis spielte und wie sehr es ihm mißfiel, wenn er verlor. Er sagte: »Wenn ich verliere, fühle ich mich schrecklich, auch wenn ich weiß, daß ich meinen Partner vorher geschlagen habe.« Arnies Gesichtsausdruck während unseres Gesprächs über ein verlorenes Spiel veranlaßte mich zu der Vermutung, daß er wegen des Gefühls körperlicher Unzulänglichkeit starke Schamgefühle haben könnte.

Als ich ihn das nächste Mal sah, fragte ich ihn, wie er sich in bezug auf sein Älterwerden fühle. Er lachte, als ich dieses Thema anschnitt, und sagte, er habe das Gefühl, nur an Jahren, nicht mit seinem Körper alt zu werden. Ich lächelte und fragte ihn, ob er denke, er sei gegen das Älterwerden immun. Er meinte, er würde sich genauso gut fühlen wie mit 27. Ich ließ das Thema fallen, denn es schien ihn zu irritieren und zu bedrücken. Zur nächsten Sitzung erschien er ängstlich. Er sagte: »Doktor, unsere letzte Unterhaltung hat mich auf etwas gebracht, das ich Ihnen noch nicht gesagt habe.« Er wandte den Blick ab, was mir zeigte, daß er etwas erzählen wollte, dessen er sich schämte. Er fuhr fort: »Wissen Sie, Sie haben über das Älterwerden gesprochen, und ich glaube, das ist es.« Er machte eine lange Pause. »Ja, Arnie?« sagte ich; ich lächelte und versuchte, ihn zu beruhigen. Arnie erzählte mir dann, daß er in den letzten sechs Monaten gelegentlich Potenzprobleme gehabt hatte. »Ich kann ihn einfach nicht hochbringen«, sagte er. Ich fragte ihn, was los sei. Nachdem er die Situation beschrieben hatte, sah er mich an und sagte: »Ich habe mich so geschämt. Ich wollte mit Sue [seiner Frau] keinen Geschlechtsverkehr haben. Ist es das, was Sie mit Älterwerden meinen?«

Der gute Ernährer

Larry, ein an einer Depression leidender Patient, hatte zwei Jobs, um genug Geld für seine Frau und seine beiden Kinder zu verdienen. Er war sehr stolz darauf, daß er aufgrund seiner Anstrengungen für die Bedürfnisse seiner Familie sorgen konnte und das war, was er »einen guten Ernährer« nannte. Larrys Depressions-Symptome waren aufgetaucht, nachdem er zufällig eine Unterhaltung zwischen seiner Frau und seinem ältesten Sohn mitgehört hatte; dieser war den Sommer über nach Hause gekommen und arbeitete, um Geld für die College-Ausgaben des nächsten Jahres zu verdienen. »Ich hörte, wie er sie um Geld bat, um sich neue Stiefel zu kaufen. Sie sagte, er solle das Geld nehmen, das er verdiente. Er sagte, er brauche es, um seine Schulausgaben im nächsten Jahr zu bezahlen. Er fragte dann noch einmal nach dem Geld für die Stiefel, und meine Frau sagte: ›Ich habe es einfach nicht. Papa hat nicht die üblichen Trinkgelder bekommen [Larry fuhr nachts Taxi], und wir haben wenig Geld.‹« Larry fuhr fort: »Ich sah das enttäuschte, frustrierte Gesicht meines Sohnes und fühlte mich schrecklich.« Larry bekam Schlafstörungen. Der gute Ernährer konnte nicht mehr für seine Familie sorgen. Scham und Depression waren die Folge.

Wie wir sehen, ist Scham etwas ganz Alltägliches. Sie beeinflußt unsere zwischenmenschlichen Beziehungen und unser Denken und Verhalten. Aufgrund der Macht, die sie in unserem Leben hat, verdient sie eine eingehendere Untersuchung. Im folgenden gebe ich einen Abriß über mein Vorgehen.

Zum Aufbau dieses Buches

In Kapitel 2 erörtere ich das Gefühlsleben unter besonderer Berücksichtigung des Unterschieds zwischen primären und sekundären bzw. ichbewußten Emotionen. Die primären Emotionen, zu denen Freude, Trauer, Zorn, Ekel, Interesse und Furcht gehören, erscheinen früh in der menschlichen Entwicklung; sie erfordern zwar eine kognitive Aktivität, beruhen aber nicht auf Ichbewußtsein. Die sekundären Emotionen wie Scham, Schuld und Stolz implizieren Ichbewußtsein. Man kann sich nicht schämen, ohne das eigene Handeln mit den eigenen Normen oder Überzeugungen zu vergleichen. Ich erörtere auch, wie Scham sich im Verhalten äußert, sowie die Geschichte ihrer Untersuchung, die mit Darwins Beschreibung des Errötens als artspezifischem Verhalten beginnt. Die psychiatrische Betrachtungsweise der Scham wird kurz gestreift; eine ausführliche Diskussion dieses Themas findet sich in Kapitel 4, wo ich mein Scham-Modell vorstelle.

In Kapitel 3 konzentriere ich mich auf Themen wie Selbsterkenntnis, Bewußtsein und objektive Selbsterkenntnis, und zwar aus der Sicht des Aufmerksamkeitsschwerpunkts. Alle Systeme, von den einfachsten bis zu den kompliziertesten, regulieren sich selbst. Die Regulation setzt voraus, daß ein System von sich selbst Kenntnis hat, zumindest auf einer bestimmten Ebene. Erkennen ist also eine dem Leben inhärente Eigenschaft, nicht etwas nur erwachsenen Menschen Vorbehaltenes. Aber nicht alle Lebewesen besitzen das, was wir Erwachsenen »Bewußtsein von der eigenen Person« nennen. Ich sehe drei unterschiedliche Ebenen der Selbsterkenntnis. Subjektive Selbsterkenntnis existiert auf zwei Ebenen, der reflexartigen und der vorstellenden; sie erlauben die Selbstregulation und Steuerung auch sehr komplexer Handlungen. Objektive Selbsterkenntnis bildet eine dritte Ebene, die ein Bewußtsein von der eigenen Person gestattet. Diese Ebenen entsprechen Gefühlszuständen (dem subjektiven Selbst) und Gefühlsempfindungen (dem objektiven Selbst). Jede Ebene hat zudem mit unterschiedlichen Hirnbereichen zu tun, die die unterschiedlichen Funktionen in Gang halten.

Die Erkenntnis entwickelt sich während der ersten beiden Lebensjahre. Obwohl die Ebenen aufeinanderfolgen, umfaßt die endgültige Struktur des Selbst-Systems alle drei. Alle drei haben mit unserem Funktionieren im Alltag zu tun. Innerseelische Konflikte lassen sich zum Teil als Interaktionen dieser unterschiedlichen Ebenen deuten.

In Kapitel 4 stelle ich ein kognitives Attribuierungsmodell für Scham, Schuld, Hybris und Stolz vor. Das Modell beruht auf der generellen Behauptung, daß es zu Scham bzw. Schuld kommt, wenn das Selbst in bezug auf eine Norm, ein Ziel oder eine Regel versagt hat. Hybris und Stolz dagegen ergeben sich, wenn das Selbst erfolgreich war. Scham läßt sich von Schuld unterscheiden: Ein an bestimmten Normen gemessenes Versagen des *ganzen* Selbst erzeugt Scham, während ein *spezifisches* Versagen des Selbst zu Schuld führt. Genauso können wir zwischen Hybris und Stolz unterscheiden. Ich hebe meine Hypothese über die Ursache von Scham – die kognitive Attribuierung – von psychoanalytischen Theorien ab, für die es dann zu Scham kommt, wenn Impulse, die dem Ich-Ideal nicht entsprechen, nicht kontrolliert werden.

Die Prozesse, die zum Auftreten von Scham führen, lassen sich zurückverfolgen. Die in Kapitel 5 vorgestellte Analyse der Entwicklung beschäftigt sich mit den primären Emotionen und den kognitiven Fähigkeiten, die für das Auftauchen der ichbewußten Emotionen verantwortlich sind. Ich erörtere zwei Kategorien von ichbewußten Emotionen: solche, die mit einer Exponiertheit des Selbst zu tun haben, und solche, die mit einer Exponiertheit des Selbst plus Bewertung zu tun haben. Die Exponiertheit des Selbst, die Entwicklung der objektiven Selbsterkenntnis, führt zu Verlegenheit. Obwohl Verlegenheit mit Bewertung zu tun zu haben scheint, können Menschen Verlegenheit zeigen, wenn keine Selbstbewertung stattfindet. Zum Beispiel sind wir verlegen, wenn uns ein Kompliment gemacht wird oder wir bemerken, daß andere uns ansehen. Wenn die kognitiven Fähigkeiten sich weiter entwickeln, können Kinder sich Ziele und Normen setzen, die mit ihrem tatsächlichen Tun verglichen werden können. Versagen oder Erfolg in bezug auf diese Normen lassen die ichbewußten bewertenden Emotionen entstehen. Sie bilden sich in den ersten drei Lebensjahren heraus, werden aber das ganze Leben hindurch weiterentwickelt. Unter Verwendung der biblischen Schöpfungsgeschichte behaupte ich, daß Emotionen zu Gedanken über Emotionen führen, die wiederum zu neuen Emotionen führen.

Obwohl die Entwicklung der Scham Reifungsprozesse voraussetzt, wird sie durch die Sozialisation ausgelöst. In Kapitel 6 behaupte ich, daß es zu Scham kommt, wenn das Selbst seine Handlungen mit seinen Normen vergleicht, und daß die Sozialisation das Handwerkszeug zum Vergleichen sowie die Normen selbst zur Verfügung stellt. Wir erlernen die unser Leben bestimmenden Ziele und Regeln von den Menschen um uns herum, und unsere Bewertung von Erfolg oder Versagen hat auch mit Lernen zu tun. Unsere Eltern bringen uns bei, wie wir Normen setzen und eine Leistung bewerten. Die Eltern spielen noch eine weitere, indirektere, aber genauso wichtige Lehrerrolle. Sie können ihrem Kind ihre Liebe entziehen oder Verachtung und Abscheu äußern und beeinflussen dadurch sein Gefühl für Stolz und Scham. Die verfügbaren Daten zeigen, daß Mädchen und Frauen bei einem Versagen eher globale Selbst-Attribuierungen – »Ich bin schlecht«, nicht: »Meine Leistung war schlecht« – vornehmen als Jungen und Männer. Deshalb werden Mädchen und Frauen mehr Scham empfinden als Jungen und Männer.

Nachdem ich die grundlegenden Prozesse und die entwicklungsbedingten Veränderungen bei der Entstehung von Scham erörtert habe, beschäftige ich mich in den Kapiteln 7, 8 und 9 damit, wie Menschen mit ihrer Scham umgehen. Kapitel 7 behandelt zwei Kategorien von Scham-Erfahrung, empfundene und übergangene Scham. Bei ersterer empfinden Menschen ihre Scham und entwickeln Strategien, dieses intensive und unangenehme Gefühl zu bewältigen – Vergessen, Lachen und Bekennen sind einige dieser Strategien. Wir geben die Scham zu und lernen Möglichkeiten, mit ihr umzugehen. Bei übergangener Scham verdrängen Menschen ihre anfängliche Scham-Empfindung und richten ihre Aufmerksamkeit auf etwas anderes. Statt Scham empfinden sie Trauer oder Zorn. Zu den Problemen übergangener Scham gehört die Unfähigkeit, ihr erneutes Auftreten zu verhindern, denn wenn wir sie nicht anerkennen, sehen wir weder ihre Ursachen, noch können wir die Scham anderer verstehen.

Die Auswirkungen anhaltender Scham sind gravierender. Wie wir in Kapitel 8 sehen, sind Depression und Wut die wahrscheinlichsten Folgen anhaltender Scham. Anhaltende Scham läßt sich am besten in ihrem sozialen Kontext verstehen. Menschen, die immer wieder Scham-Erfahrungen machen, leben wahrscheinlich in schamerzeugenden Umgebungen. Männer und Frauen beschämen sich, oft ohne es zu wissen. Beschämte Frauen reagieren meist mit Depression, beschämte Männer meist mit Wut. Bei der Depression nach dem Verlust eines Liebesobjekts scheint Scham ein Zwischenschritt zu sein. Ich vergleiche diese Ansicht mit der Meinung der Theoretiker der Objektbeziehungen.

Besondere Aufmerksamkeit widme ich der Scham-Wut-Achse, denn Gewalt greift in unserer Gesellschaft immer mehr um sich: Denken Sie an die Zuwachsraten bei Mord, Selbstmord und Kindesmißhandlung. Ich unterscheide zwischen Zorn, der Reaktion auf die Blockierung eines Ziels, und Wut, der Reaktion auf einen Angriff gegen das Selbst. Die vorhandenen Forschungsergebnisse erhärten die Überzeugung, daß einem Großteil der Gewalt, deren Zeuge wir sind, Scham zugrundeliegt.

Die extreme Pathologie anhaltender Scham führt zu narzißtischen Störungen und zum Zerfall des Selbstsystems. Diese Themen werden in Kapitel 9 erörtert. Narzißtische Störungen rufen eine umfangreiche Skala von Symptomen hervor, unter anderem Grandiosität, Wut, Minderwertigkeitsgefühle, Überidealisierung, Anspruchsdenken und Mangel an Einfühlungsvermögen. Für mich liegt diesen pathologischen Störungen die Unfähigkeit zugrunde, Scham und Erniedrigung zu bewältigen. Narzißten versuchen, Scham zu vermeiden, und wenn dies mißlingt, beginnen sie mit einem emotionalen Verhalten, das das Grundgefühl verschleiert.

Multiple Persönlichkeitsstörungen, im folgenden mit der amerikanischen Abkürzung »MPD« bezeichnet, hängen direkt mit intensiven Scham-Empfindungen in der frühen Kindheit zusammen. MDP-Patienten sind fast immer wiederholt sexuell mißbraucht worden. Als Abwehrmechnismus gegen ihre Scham entwickeln sie eine Bewältigungsstrategie, die ihnen die Überzeugung vermittelt: »Das (der sexuelle Mißbrauch) geschieht nicht mir, sondern jemand anderem.« Am Beispiel von MPD, der fortgeschrittensten dissoziativen Störung, läßt sich ablesen, wie Scham alle dissoziativen Prozesse beinflußt.

Die beschriebenen geschlechtsspezifischen Unterschiede legen die in Kapitel 10 vorgestellte Hypothese von den »zwei Welten« nahe: Das Gefühlsleben von Männern und Frauen unterscheidet sich möglicherweise deshalb, weil sie Scham unterschiedlich bewältigen. Trotz großen individuellen Einfühlungsvermögens können Männer und Frauen die emotionalen Reaktionen des anderen Geschlechts nicht verstehen. Auch generationsübergreifende Schwierigkeiten, der ödipale Mythos sowie Intimität und Zorn der Mutter-Tochter-Beziehung können als Probleme interpretiert werden, die sich aus dem Umgang mit Scham ergeben.

Ich beschäftige mich hauptsächlich mit Scham in den modernen westlichen Gesellschaften. Ein umfassendes Verständnis der Scham und ihrer Wirkung auf Individuen und Gesellschaften erfordert jedoch, daß wir einen Schritt von uns selbst zurücktreten. In Kapitel 11 untersuche ich daher Scham in anderen Kulturen und zu anderen Zeiten. Meine Schlußfolgerung ist beruhigend und alarmierend zugleich. Scham ist universell. Es ist normal, sich zu schämen. Darin liegt Trost. Aber zu wenig oder zu viel Scham verursacht typische Schwierigkeiten. Manche Kulturen und manche Zeiten scheinen mehr Scham zu produzieren als andere – und damit mehr narzißtische Störungen und mehr Gewalt.

Narzißmus und Gewalt sind Charakteristika unserer Kultur und unserer Zeit. In einem philosophischen Epilog untersuche ich die Entwicklung der existentialistischen Konzeption des einsamen Selbst. Erich Fromm schrieb in *Furcht vor der Freiheit*:

> »Die Sozialgeschichte des Menschen begann damit, daß er aus dem Zustand der Einheit mit der Natur auftauchte und sich selbst als ein von der umgebenden Natur und anderen Menschen getrenntes Wesen erkannte. Dieses Bewußtsein blieb über lange Zeiten der Geschichte hinweg jedoch sehr schwach. Das Individuum war mit der natürlichen und sozialen Welt, aus der es kam, weiter eng verbunden. Obwohl zum Teil seiner selbst als getrenntes Wesen bewußt, fühlte es sich auch als Teil der es umgebenden Welt. Der Prozeß der Lösung von den ursprünglichen Bindungen, den wir als Individuation bezeichnen können, scheint in der modernen Geschichte seinen Höhepunkt erreicht zu haben.«[3]

Wie können wir die Herausforderungen, vor die die Scham uns stellt, effektiver bewältigen? Es gibt keine Patentlösung; aber es scheint nicht verkehrt, außer Liebe und Arbeit auch Bindung und Gemeinschaft zu berücksichtigen, wenn wir uns von unserem exponierten Selbst entfernen wollen.

2
Unser Gefühlsleben

Emotionen sind keine Gedanken, aber wir denken über sie nach. In mancher Hinsicht gleichen sie körperlichen Empfindungen wie Hunger oder Schmerz, in anderer nicht. Hunger geht weg, wenn wir essen, und Schmerz verschwindet, wenn wir seine unmittelbare Ursache entfernen. Die Untersuchung der Emotionen wird durch Definitionsprobleme kompliziert. Unser Gefühlsleben ist uns vertraut, und es gibt sehr viel volkstümliches Wissen darüber – Wissen, das uns im Alltag genügt, uns aber im Stich läßt, wenn wir Emotionen analysieren wollen.

Sind Emotionen Gefühle?

Ich beginne mit den Begriffen *Emotion, Affekt* und *Gefühl*. Sie müssen auseinandergehalten werden, auch wenn sie oft gegeneinander ausgetauscht werden. Die ersten beiden Begriffe sind relativ leicht zu definieren. Wie andere Kollegen auch sehe ich den Hauptunterschied zwischen Emotion und Affekt im Unterschied zwischen dem Spezifischen und dem Allgemeinen. Unter Affekt verstehe ich alle Zustände, die ihrem Wesen nach nichtkognitiv sind. Körperempfindungen wie Hunger, Müdigkeit und Schmerz sind Affekte. Bestimmte Affekte jedoch grenze ich aus und nenne sie Emotionen. Dazu gehören die einfachen Alltagsemotionen, die ich als primäre Emotionen bezeichne, etwa Freude, Trauer, Furcht, Ekel, Interesse und Zorn, sowie die komplexeren Emotionen, etwa Mitgefühl, Sympathie, Neid, Schuld, Scham, Stolz und Bedauern. Wie wir sehen werden, besteht der Unterschied zwischen primären und komplexeren Emotionen darin, daß letztere Selbstreflexion erfordern. Es gibt noch viele andere Emotionen; ich könnte seitenlang Begriffe aufführen, die auf Emotionen verweisen. Aber ich möchte hier nicht Dutzende oder Hunderte von emotionsbezüglichen Begriffen unter dem Aspekt definieren oder diskutieren, ob einige eher den Affekten oder eher den Emotionen zuzurechnen sind. Ich werde mich auf die Emotionen konzentrieren, die mit dem Selbst zu tun haben.

Der Begriff *Gefühl* hat mindestens zwei Bedeutungen. Wenn wir zum Beispiel sagen: »Ich bin glücklich«, meinen wir zunächst:»Ich bin in einem Glückszustand«, und zweitens: »Ich bin mir dieses Zustands bewußt«.[1] Manche Forscher haben die Bedeutung des Begriffs *Gefühl* eingeschränkt und die Ansicht vertreten, Gefühl würde sich nur auf den in der ersten Aussage beschriebenen Zustand beziehen (»Ich bin in einem Glückszustand«). Diese restriktive Bedeutung impliziert, daß Gefühl etwas Reales ist, ein innerer Zustand, der bei Verwendung der richtigen Beobachtungstechniken gemessen und beschrieben werden kann. Die Meinung, das Gefühl sei ein innerer emotionaler Zustand, hat Theoretiker seit den frühesten Abhandlungen über Emotionen beschäftigt.[2] Zur Lokalisierung dieses inneren Zustands im Körper sind verschiedene Vorschläge gemacht worden.[3]

Wenn wir Gefühle als innere emotionale Zustände definieren, die physisch real und meßbar sind, heißt dies, daß sie erkenntnisunabhängig sind. Das auslösende Reizereignis produziert dann einfach einen emotionalen Zustand.[4] Obwohl eine gewisse Erkenntnis notwendig sein mag, um das auslösende Reizereignis mit dem Gefühl zu verknüpfen, hängen weder das Gefühl noch der emotionale Zustand von Erkenntnis ab. Erkenntnis ist zur Unterscheidung von Wahrnehmungen oder zur Interpretation emotionaler Auslöser erforderlich, aber nicht, um den Zustand selbst zu erleben oder sich seiner bewußt zu sein. Die

Erkenntnis befähigt uns zum Beispiel, den weißen Kittel eines Arztes von einem andersfarbigen Kittel zu unterscheiden und den weißen Kittel mit vergangenem Schmerz zu assoziieren, aber sie ist nicht an der entstehenden emotionalen Angst-Reaktion beteiligt.

Unter *emotionalem Zustand* verstehe ich eine spezifische innere Körperreaktion, die eine typische Eins-zu-Eins-Entsprechung zu abgrenzbaren Emotionen wie Angst, Einfühlungsvermögen, Zorn, Ekel, Scham etc. hat. Ich setze einen solchen hypothetischen Zustand voraus, um deutlich zu machen, daß emotionale Zustände keine Epiphänomene sind: Sie sind innerhalb des biologischen Systems auf typische und spezifische Weise lokalisiert.

Die Messung dieser abgrenzbaren emotionalen Zustände bleibt leider weiterhin extrem schwierig. Die ersten psychophysiologischen Untersuchungen beschäftigten sich mit der Lokalisierung von Zentren im zentralen oder autonomen Nervensystem, die diesen Emotionen eins zu eins entsprechen. Die Arbeit von Cannon und Bard zum Beispiel schien darauf hinzuweisen, daß die Stimulierung des Hypothalamus bei Katzen eine Zorn- oder Wut-Reaktion hervorruft. Aufgrund dieses Ergebnisses wurde behauptet, Emotionen ließen sich im Gehirn kartographisch erfaßbar orten. In diesem Sinne sind Gefühle »real«.

Die zweite Aussage zur Bedeutung des Begriffs Gefühl – »Ich bin mir bewußt, daß ich glücklich bin« – hat mehr mit dem Denken und dem Selbst zu tun. Obwohl emotionale Zustände existieren können, ohne daß man sie erkennt, ist dieses Erkennen sehr wichtig und seinem Wesen nach kognitiv. Genauso, wie man wissen kann, daß man etwas weiß, kann man wissen, daß man etwas fühlt. Wir können also physiologisch in einem Glückszustand sein, uns aber nicht glücklich fühlen, das heißt wir erkennen unser Glück nicht. Es gibt oft emotionale Zustände, die wir nicht erkennen.

Zwei Beispiele veranschaulichen potentiell unterschiedliche Prozesse, durch die der Denk- bzw. Erkenntnisaspekt des Gefühls und der emotionale Zustandsaspekt des Gefühls voneinander getrennt werden.

Bei 100 km/h platzt Glorias vorderer linker Reifen. In den nächsten 15 Sekunden kämpft sie mit dem Lenkrad und versucht, das Fahrzeug am Straßenrand sicher zum Stehen zu bringen. Nachdem ihr dies geglückt ist, beobachtet sie, daß sie Angst hat. Sie beobachtet weiterhin, daß ihre Furcht in dem Augenblick begann, in dem sie bemerkte, daß ihre Hände zitterten und sie über die Ereignisse der letzten 15 Sekunden nachdachte.

Die erste Frage lautet: Hatte Gloria zwischen dem Platzen des Reifens und ihrer Erkenntnis, daß sie sich fürchtete, Angst? Die Annahme scheint vernünftig, daß wir mit den richtigen Meßinstrumenten hätten feststellen können, daß sie während dieser Zeit in einem Angstzustand war. Die zweite Frage lautet: Empfand sie diese Angst? Wenn wir unter »Gefühl« »*in* einem Zustand sein« verstehen, müssen wir mit »Ja« antworten, sie hatte Angst. Wenn wir unter »Gefühl« jedoch verstehen, »*sie erkannte ihre Angst bzw. dachte über sie nach*«, müssen wir mit »Nein« antworten. Sie war mit äußeren Reizen beschäftigt; wie hätte sie dann ihren inneren Zustand *erkennen* können? In den 15 Sekunden, in denen sie ihr Fahrzeug zum Stehen brachte, konzentrierte sie sich auf die Rückmeldungen, die ihr das Lenkrad oder die Reifen auf der Straße gaben. Sie horchte auf die Geräusche, die ihre Bremsen machten, und beobachtete Objekte vor sich auf der Straße. Konnte sie, da sie auf all diese Außenreize achtete, auch auf ihren inneren Zustand achten? Anerkanntermaßen kann man auf den eigenen inneren Zustand achten, während man auf eine Reihe komplexer äußerer Reize achtet; die Beschäftigung mit dem eigenen inneren Zustand hat jedoch einen hohen Preis, denn sie lenkt von der Fähigkeit ab, auf solche äußeren Reize zu achten, die für das Überleben wichtig sind. Obwohl also die Beschäftigung mit dem eigenen inneren Zustand während des Handelns möglich ist und zuweilen vorkommt, wird sie meist unterlassen. In Anbetracht von Glorias Situation und ihrem Bedürfnis, Außenreize zu beachten und zu verarbeiten, ist in unserem speziellen Fall die Annahme vernünftig, daß Gloria zwar in einem Angstzustand war, aber nicht wußte, daß sie Angst hatte.

Ich hatte einen Patienten namens John, der die Nachricht erhielt, daß eine ihm sehr liebe Tante gestorben war. Er erzählte, daß er über den Verlust zuerst sehr traurig war. Aber dann schien seine Trauer zu verfliegen. Ein paar Wochen später fühlte er sich unruhig und hatte Eß- und Schlafstörungen. Als ich John fragte, wie er sich fühle, sagte er, er fühle sich müde. Als ich ihn fragte, ob er depressiv sei, sagte er, er fühle sich nicht depressiv.

John sagt, daß er eine bestimmte Emotion fühlt, das heißt von ihr Kenntnis hat. In seinem Fall ist der emotionale Zustand, der ihm bewußt ist und von dem er spricht, Erschöpfung. Hier ist also nicht Ablenkung (das heißt die Beschäftigung mit anderen Reiz-Ereignissen), sondern ein anderer Mechanismus am Werk, der »Gefühl als Selbsterkenntnis« von »Gefühl als Zustand« trennt. John versucht aktiv, auf einen Aspekt seines emotionalen Zustands zu achten und nicht auf einen anderen. Durch die Konzentration auf die Müdigkeit lenkt er die Aufmerksamkeit von dem gravierenderen Gefühlszustand, der Depression, ab. Welche Mechanismen könnten jemanden dazu veranlassen, sich auf einen Aspekt seines emotionalen Zustands zu konzentrieren und nicht auf einen anderen, bzw. ihn zu der Feststellung veranlassen, er fühle sich gut und nicht traurig oder depressiv?

Ich kann mir zwei Mechanismen vorstellen. Der erste ist ein aktiver und möglicherweise unbewußter Mechanismus, der verhindern möchte, daß die bewußte Selbsterkenntnis sich mit dem »wahren« emotionalen Zustand beschäftigt, der Trauer. Der Vorgang läßt sich etwa so beschreiben: »Ich bin mir nicht bewußt, daß ich mir eines Gefühls oder eines inneren Zustands bewußt bin.« Aus irgendeinem innerseelischen Grund hindert ein Aspekt des Selbst einen anderen Aspekt des Selbst daran, einen bestimmten emotionalen Zustand zu erkennen. Ein solcher Mechanismus setzt sowohl kognitive Selbsterkenntnis als auch ein kognitives Unbewußtes voraus, das dieselben Fähigkeiten wie das bewußte Selbst besitzt.[5] Die unbewußten kognitiven Strukturen, die als unbewußte Selbsterkenntnis bezeichnet werden, wirken auf die ichbewußte Selbsterkenntnis ein, wenn diese emotionale Zustände betrifft. Dieses Modell ist von anderen formuliert worden. Ich weiß nicht, wie man es empirisch testen könnte. Trotzdem war die Vorstellung vom Vorhandensein unbewußter geistiger Prozesse sehr anziehend und wurde weithin als Erklärungsmodell für sehr viele Phänomene benutzt. Nehmen wir an, ich teile John mit, daß seine Erkenntnis, er sei müde, unvollständig ist. Ich sage ihm, daß er in Wirklichkeit wegen des Tods seiner Tante traurig oder sogar depressiv ist. Meine Sichtweise verändert Johns Selbsterkenntnis, und er entdeckt plötzlich, daß meine Beobachtung zutrifft. Ihm wird klar, daß er nicht nur einfach müde ist: Er ist depressiv. Ob diese Veränderung im Erkennen bedeutet, daß Unbewußtes bewußt wird, oder lediglich, daß John bereit ist, die Anregung eines anderen aufzugreifen, stellte einen wichtigen Unterschied dar, der für die psychotherapeutische Literatur interessant ist. Im ersten Fall gäbe es eine unbewußte Erkenntnis, die sich von bewußter Erkenntnis unterscheidet; im zweiten Fall läge einfach eine Veränderung in Johns bewußter Erkenntnis vor.

Der zweite Mechanismus, der erklären könnte, warum John

sich eher auf Müdigkeit als auf Trauer konzentrierte, hat weniger mit rivalisierenden Komponenten des Selbst oder dem Verdrängungsmechanismus und mehr mit Lernprozessen zu tun. Ich habe an anderer Stelle die Ansicht vertreten, daß Kindern im Verlauf des Sozialisationsprozesses spezifische verbale Etiketten gegeben werden und daß auf typische Weise auf sie reagiert wird, wenn sie in einem bestimmten Kontext eine bestimmte emotionale Verhaltensweise zeigen.[6] Die elterliche Reaktion auf emotionale Verfassungen und die mit ihr einhergehenden Verhaltensweisen müßten dazu führen, daß Kinder lernen, über ihre emotionalen Verfassungen nachzudenken. Eltern können ihren Kindern beibringen, eine Erkenntnis zu haben, die mit ihrem inneren Zustand nicht übereinstimmt. John etwa wird als Kind in einer Verlust-Situation bestimmte Verhaltensweisen gezeigt haben. Seine Eltern sagten ihm, diese Verhaltensweisen würden bedeuten, er sei müde, nicht traurig. Mit anderen Worten: Die vergangene Erfahrung formt, als was Menschen eine Emotion erkennen, und dies kann soweit gehen, daß die Erkenntnis dem tatsächlichen emotionalen Zustand überhaupt nicht mehr entspricht. Diese Art des Lernens ist wahrscheinlich für Besonderheiten verantwortlich, die als pathologisch bezeichnet werden, und vielleicht auch für familiäre, gruppenspezifische und kulturelle Unterschiede des emotionalen Empfindens.

Zusammenfassend gesagt: »Gefühl« bedeutet, in einem emotionalen Zustand zu sein *und* von ihm zu wissen. Oft werden diese beiden Bedeutungen für identisch gehalten. Alle Emotionen können empfunden werden. Jetzt möchte ich untersuchen, wie Emotionen sich voneinander unterscheiden.

Primäre versus
sekundäre Emotionen

Der Gedanke, daß es primäre bzw. Grundemotionen gibt, hat eine lange Geschichte, die bis auf Descartes' sechs Hauptleidenschaften und Spinozas drei Hauptaffekte zurückgeht. Die Vorstellung, daß es eine elementare Gruppe von Emotionen gibt, resultiert aus der Vorstellung von menschlichen Instinkten bzw. Neigungen. Wenn sie elementar bzw. genetisch vorgegeben sind, muß ihre Anzahl begrenzt sein. Obwohl wir bei einer Beschreibung unseres Lebens sehr viele Emotionen erkennen, haben die meisten Theoretiker behauptet, daß es eine ausgewählte Anzahl von elementaren, primären bzw. reinen Emotionen gibt und daß alle anderen Emotionen Kombinationen dieser wenigen sind.

Die vielleicht beste Erörterung dieses Problems stammt von Robert Plutchik.[7] Er nennt sechs Grundvoraussetzungen, die für alle weiteren Diskussionen den Rahmen abgeben: (1) Es gibt eine kleine Anzahl reiner bzw. primärer Emotionen; (2) alle anderen Emotionen sind gemischt, das heißt, sie können durch Kombination der primären Emotionen zusammengefügt werden; (3) primäre Emotionen unterscheiden sich im Hinblick auf Physiologie und Verhalten; (4) primäre Emotionen in ihrer reinen Form sind hypothetische Konstrukte idealisierter Zustände, deren Eigenschaften nur aus verschiedenen Anzeichen abgeleitet werden können; (5) primäre Emotionen kann man sich als polare Gegensatzpaare denken; (6) jede Emotion kann auf verschiedenen Intensitätsstufen bzw. Erregungsebenen existieren. Plutchik benutzt bei seiner Analyse der Emotionen die Analogie eines Farbrads, um zu erklären, wie die acht Grund-Emotionen sich zu allen anderen entwickeln: Genauso, wie alle komplexen und verschiedenen Farben sich von den drei Grundfarben ableiten, leiten alle komplexen und verschiedenen Emotionen sich von acht Grund-Emotionen ab.

Die Vorstellung, daß die primären Emotionen die Grund-Bausteine sind, von denen aus alle anderen Emotionen sich aufbauen, scheint heuristisch wertvoll und konzeptionell einfach zu sein. Das Problem ist, daß Plutchiks acht Grund-Emotionen nicht den Grund-Emotionen anderer Forscher entsprechen. Carroll Izard zum Beispiel nennt sechs primäre Emotionen, Silvan Tomkins acht, die aber nicht mit den von Plutchik genannten identisch sind.[8]

Das Problem, welche Emotionen die grundlegenden, primären und welche die abgeleiteten sind, ist angesichts der Vielfalt der Meinungen nicht leicht zu lösen. Plutchik nennt drei Kriterien. Damit eine Emotion als primär betrachtet werden kann, muß sie sich erstens auf grundlegende, biologische Anpassungsprozesse beziehen. Ich könnte post hoc vorbringen, daß fast jede Emotion einen solchen Bezug besitzt und Plutchiks erste Regel uns daher nicht weiterhilft. Zweitens, so Plutchik, müsse eine primäre Emotion auf allen Evolutionsebenen zu finden sein. Warum dies eine Voraussetzung für eine Grund-Emotion sein sollte, ist mir nicht klar. Darwin hat zum Beispiel darauf hingewiesen, daß nur Menschen erröten; obwohl das Erröten evolutionsgeschichtlich einzigartig ist, ist es für Menschen kennzeichnend. Plutchiks dritte These jedoch ist nützlich: Er behauptet, Grund-Emotionen würden per definitionem nicht von Introspektion abhängen. Vermutlich meint er also, daß einige Emotionen von Introspektion abhängen. Ichbewußte Emotionen, insbesondere Scham, wären dieser Definition zufolge keine Grund- bzw. primären Emotionen. Plutchik steht damit im Gegensatz zu Darwin und Tomkins, die beide behaupten, daß Scham eine primäre Emotion *ist*.

Die Problematik primärer Emotionen läßt sich vielleicht lösen, wenn wir uns die Emotionen ansehen, die früh im Leben auftauchen. Wir könnten die logische Behauptung aufstellen, daß diese Emotionen die primären bzw. grundlegenden sind, und annehmen, daß die später auftauchenden die sekundären, abgeleiteten bzw. gemischten sind. Eine solche Sichtweise wäre befriedigend, gäbe es nicht zwei Gegenargumente. Erstens gibt es, beruhend auf einfachen biologischen Prinzipien, keinen Grund zu der Annahme, daß etwas später Auftauchendes biologisch weniger zentral ist als etwas, das früh auftaucht. Wir wissen, daß im Verlauf des Lebens verschiedene biologische Funktionen erscheinen – Funktionen, die vorgegeben und genetisch kodiert sind und wenig oder gar nicht von der Sozialisation beeinflußt werden – und daß diese Funktionen nicht nur zu Beginn des Lebens, sondern über die ganze Lebensspanne hinweg erscheinen. Ein gutes Beispiel ist die sexuelle Reifung während der Adoleszenz. Die Pubertät ist zweifellos programmiert und genetisch ausgelöst, aber sie ereignet sich nicht zu Beginn des Lebens. Daß die zeitliche Positionierung ein signifikanter Faktor zur Bestimmung primärer bzw. sekundärer Emotionen ist, reicht also als Argument nicht aus.

Aber nehmen wir einmal an, wir würden ein frühes Auftreten als Kennzeichen primärer Emotionen akzeptieren; wie sollen wir dann festlegen, ab welchem Punkt in der Entwicklung Emotionen zur primären oder zur späteren Gruppe gehören? Mit anderen Worten: Tauchen alle primären Emotionen in den ersten drei, den ersten sechs oder den ersten 18 Lebensmonaten auf oder bis zu irgendeinem anderen Zeitpunkt? Wo ziehen wir die Grenze? Ich denke, daß das Kriterium des zeitlichen Auftretens sich nicht eignet, um Emotionen zu definieren, denn wir wissen nicht, was *früh* bedeutet.

Es scheint also keine eindeutige Möglichkeit zu geben, primäre und sekundäre Emotionen zu unterscheiden. Obwohl die Vorstellung ihren Reiz besitzt, bleibt ihre praktische Nützlichkeit zweifelhaft. Aber Plutchiks Unterscheidung zwischen Emotionen, die Introspektion erfordern, und solchen, die sie nicht erfordern, weist auf ein vielleicht gangbareres System zur Unterscheidung und Definition von Emotionskategorien hin. Ich behaupte, daß Emotionen im Hinblick auf die Rolle des Selbst klassifiziert werden können. Die Auslösung von Furcht, Freude, Ekel, Erstaunen, Zorn, Trauer und Interesse erfordert keine Introspektion bzw. Bezugnahme auf das Selbst. Deshalb wollen wir diese Emotionen als eine Gruppe betrachten. Die Auslösung von Eifersucht, Neid, Mitgefühl, Verlegenheit, Scham, Stolz und Schuld erfordert eine Introspektion bzw. Bezugnahme auf das Selbst. Diese Emotionen bilden eine andere Gruppe. Die einfache Differenzierung der Emotionen mit Hilfe des Selbst erlaubt uns, zwei Gruppen zu bilden. Im Hinblick auf das zeitliche Auftreten stellen wir fest, daß die Emotionen der zweiten Gruppe – die auf das Selbst Bezug nehmen – später erscheinen als die der ersten Gruppe, die nicht auf das Selbst Bezug nehmen. Der ontogenetische Unterschied wird durch einen phylogenetischen Unterschied erhärtet. Obwohl einige Theoretiker widersprechen werden, glaube ich, daß alle Tiere die Emotionen besitzen, die keine Introspektion erfordern, daß aber nur das durch Selbst-Introspektion sich auszeichnende menschliche Tier (und vielleicht der Schimpanse) zur zweiten Gruppe von Emotionen fähig ist. Emotionen lassen sich also ontogenetisch und phylogenetisch anhand einer einzigen Größe aufteilen, der Introspektion. Ich werde mich im folgenden dieser Methode bedienen, auch wenn ich anerkenne, daß sie ungeachtet ihres heuristischen Werts nur eine von vielen möglichen Vorgehensweisen ist. Primäre und sekundäre Emotionen unterscheiden sich also meines Erachtens dadurch, daß sekundäre Emotionen eine Bezugnahme auf das Selbst implizieren. Ich werde sie als *ichbewußte Emotionen* bezeichnen; Scham ist eine ichbewußte Emotion.

Das Gefühlsleben hat drei Hauptaspekte: emotionale Zustände, emotionalen Ausdruck und emotionales Empfinden. Ich werde sie unter besonderer Berücksichtigung der Scham erörtern. Die emotionalen Zustände habe ich bereits diskutiert. Der emotionale Ausdruck bezieht sich auf unser Handeln in der Öffentlichkeit; das emotionale Empfinden bezieht sich auf Introspektion und Selbst.

Emotionaler Ausdruck

Emotionaler Ausdruck ist für mich die äußerliche Manifestation eines inneren Zustands. Andere Forscher glauben, der emotionale Ausdruck selbst bilde die Körperaktivität, die mit einer bestimmten Emotion verbunden ist. Tomkins, Izard und Ekman zum Beispiel folgten Darwins ursprünglicher Beobachtung und meinten, das expressive Verhalten des Individuums bilde nach einem Eins-zu-eins-Schema diese emotionalen Zustände. Ich schätze diese Ansicht, denke aber, daß ein emotionaler Ausdruck selten eins zu eins einem inneren Zustand entspricht. Der emotionale Ausdruck erfolgt auf drei Ebenen: Gesicht, Stimme, Körper. Die komplexe Interaktion dieser drei Ebenen ist bislang nicht ausreichend analysiert worden.[9] Zur Veranschaulichung meiner Behauptung werde ich mich auf den Gesichtsausdruck konzentrieren.

Im Mittelpunkt des Gesichtsausdrucks stehen Augen und Mund, einschließlich der Bewegung der Augenbrauen und der Offenheit des Auges. Beim Mund geht es um Spannung: hochgezogene, heruntergezogene, zurückgezogene, oval oder viereckig geformte Lippen. Ich will auf mögliche Gesichtskonfigurationen hier nicht weiter eingehen. Paul Ekman hat behauptet, die verschiedenen Muskelgruppen ließen über 33 000 Gesichtskonstellationen zu. Menschen können eine derart große Zahl mimischer Ausdrucksformen sicher nicht voneinander unterscheiden.[10]

Von Interesse für die vorliegende Erörterung ist die Fähigkeit, einen Gesichtsausdruck willentlich hervorzubringen. Wenn wir behaupten, daß ein Gesichtsausdruck einem inneren Zustand eins zu eins entspricht, müssen wir beweisen, daß ein Gesichtsausdruck immer meint, was er zu meinen scheint. Ein solches Vorhaben ist unsinnig. Schon sehr kleine Kinder können ihren Gesichtsausdruck so verändern, daß er ihren Bedürfnissen dient.[11] Als Erwachsene kommen wir in viele Situationen, in denen unser Gesichtsausdruck unserem inneren Zustand nicht entspricht. Hier ein häufiges und sehr einfaches Beispiel:

> *Meine Frau kommt von einem Einkaufsbummel zurück, bei dem sie ein Kleid gekauft hat, das sie nicht zurückgeben kann. Mir ist klar, daß sie das neue Kleid wirklich mag und denkt, daß sie gut darin aussieht. Sie fragt mich nach meiner Meinung. Ich denke, daß das Kleid schrecklich ist und ihr überhaupt nicht steht, aber für mich ist es wichtig, daß ich so tue, als ob es mir gefallen würde. Meine Aufgabe besteht daher darin, in Gesicht und Haltung einen Ausdruck hervorzubringen, der mein beabsichtigtes und nicht mein wirkliches Gefühl vermittelt. Das gelingt mir ohne Schwierigkeiten.*

Bei diesen Formen von Verstellung bzw. Täuschung sind wir natürlich nur mittelmäßig erfolgreich. Die Frage lautet: Wie gut sind wir, und sind solche Täuschungen feststellbar? Wenn wir glauben, daß eine Eins-zu-eins-Entsprechung zwischen Gesichtsausdruck und innerem Zustand existiert, müßten wir einen falschen Gesichtsausdruck entdecken können. Im allgemeinen ist das Aufspüren von »unaufrichtigen Gesichtern« jedoch relativ wenig erfolgreich.[12]

Obwohl ein Gesichtsausdruck einem inneren Zustand eins zu eins entsprechen *kann*, gibt es keinen Grund zu der Annahme, daß es tatsächlich so ist. Die Sozialisationsregeln sorgen dafür, daß die Verbindung zwischen einem Gesichtsausdruck und dem inneren Zustand, den er einmal darstellen sollte, sich lockert. Ekman, Friesen und andere haben einige der Regeln über das »Verstellen« von Gesichtern formuliert.[13] Diese Gesetzmäßigkeiten sind ziemlich komplex und berücksichtigen sogar, daß man keinen Gesichtsausdruck haben kann oder einen Gesichtsausdruck, der mit dem inneren Zustand nichts zu tun hat; oder einen Gesichtsausdruck, der den inneren Zustand übertreibt, so daß der Adressat denkt, dieses übertriebene Gesicht könne keinesfalls den wahren inneren Zustand spiegeln. Ich werde weder auf die Regeln näher eingehen, die Erwachsene nutzen, um ihr Gesicht zu verstellen, noch auf den Prozeß, durch den Kinder dies lernen. Eine Reihe von Untersuchungen zeigt, daß diese Regeln früh erworben werden und Kinder nach den ersten Lebensjahren die gesellschaftlichen Drehbücher sehr gut kennen, die die Verwendung eines bestimmten Gesichts in einer bestimmten Situation erfordern.

Das Verhalten bei Scham

Welche Verhaltensweisen könnten Scham anzeigen? Weil ein emotionaler Ausdruck nur teilweise einem emotionalen Zustand entspricht, ist jede Beschreibung der Scham, die vom Verhalten ausgeht, zwangsläufig begrenzt. Auf der Suche nach Manifestationen der Scham können wir uns verschiedene äußere Erscheinungsformen ansehen, das heißt Verhaltensweisen, die anderen sichtbar sind. Oder wir können uns mit den inneren Zuständen beschäftigen, den physiologischen Reaktionen während der Scham-Erfahrung, etwa biochemischen Reaktionen im Zentralnervensystem. Schließlich können wir die Sprache untersuchen, von Lauten bis zu Worten. Innere Zustände und Sprache sind relativ schnell abgehandelt.

Über beide ist wenig bekannt. Obwohl neuere Daten darauf hinweisen, daß manche Emotionen mehr mit der Aktivität der linken Gehirnhälfte als mit der der rechten zusammenhängen, beschränken die entsprechenden Arbeiten sich meist auf die Emotionen Angst und Freude.[14] Daß mit einer bestimmten Aktivität des Zentralnervensystems bestimmte Emotionen zusammenhängen, ist durchaus denkbar; aber diese unbewiesene Möglichkeit bringt unsere Untersuchung der Scham nicht weiter. Manche Forscher haben die Reaktionen auf ausgewählte Emotionen untersucht. Wenn jemand sich schämt, müßte irgendeine mit dem Schamgefühl verbundene physiologische Veränderung meßbar sein. Auch die Annahme, daß die mit Scham zusammenhängenden physiologischen Veränderungen sich von den Veränderungen bei anderen Emotionen (zum Beispiel Zorn) unterscheiden, scheint plausibel. Leider ist nach hundert Jahren Psychophysiologie weder eine einfache noch eine komplexe physiologische Reaktion gefunden worden, die spezifischen Emotionen entspricht.[15]

Auch der stimmliche Ausdruck und die Sprache scheinen nicht auf spezifische Emotionen hinzuweisen. Die Forschungsergebnisse Klaus Scherers deuten an, daß bestimmte stimmliche Hinweise mit bestimmten Emotionen zu tun haben.[16] Bewiesen wurde diese Verbindung nur für zwei Emotionen, die leicht erkennbare stimmliche Indikatoren besitzen, Wut und Kummer bzw. Trauer. Für Scham sind keine spezifischen stimmlichen Muster vorgeschlagen worden. Daher müssen wir uns auf die Untersuchung der Oberflächenreaktionen von Gesicht und Körper beschränken.

Ich komme zuerst auf Darwins *Der Ausdruck der Gemüthsbewegungen bei dem Menschen und den Thieren* zu sprechen, wo es von der Scham heißt, sie drücke sich wie die meisten Emotionen im Gesicht aus, außerdem durch die Bewegung des Kopfes und die Körperhaltung. Die primären Emotionen wie Glück, Furcht oder Zorn können durch Beobachtung bestimmter Muskeln um Augen und Mund herum entdeckt werden: Scham jedoch wird eher durch andere Körperteile angezeigt. Darwin schrieb, daß jemand, der sich schämt, den Kopf abwendet oder senkt, wobei die Augen umherwandern oder sich abwenden (was jetzt als abgewandter Blick bezeichnet wird). Darwin bemerkte, daß ein Erröten des Gesichts Scham anzeigt, und wies auch darauf hin, daß die Rötung der Haut nicht nur im Gesicht, sondern am ganzen Körper auftritt.

In der Viktorianischen Epoche waren auch die Wissenschaftler den prüden Maßstäben ihrer Zeit unterworfen. Darwin hatte keine Möglichkeit, nackte Menschen zu beobachten, und mußte sich deshalb auf die Berichte von Ärzten verlassen. Aus ihnen schloß er, daß das Erröten sich nicht auf das Gesicht beschränkt, obwohl Ausmaß und Intensität des Errötens an anderen Stellen des Körpers schwer zu bestimmen sind. Vielleicht konzentriert sich die Scham im Gesicht, weil es der Sitz der Identität ist und man sich verstecken möchte, wenn man sich schämt. Wenn andere Teile des Körpers im Mittelpunkt stehen, müßten logischerweise sie rot werden. Darwin schildert den Fall eines Arztes, der eine Frau untersuchte. Während der einleitenden Untersuchung, bei der die Frau bekleidet war, errötete ihr Gesicht. Im weiteren Verlauf der Untersuchung entfernte der Arzt den oberen Teil des Kleids der Frau. Dabei pflanzte die Rötung sich zu den nun entblößtem Brüsten fort. Darwin behauptete, daß jeder Körperbereich rot wird, wenn er zum Schwerpunkt der Aufmerksamkeit wird.

Darwin meint, die Scham-Reaktion sei mit dem starken Wunsch verbunden, sich zu verstecken. Er zitiert aus dem Alten Testament sowohl Ezra, der ausruft: »Mein Gott, ich schäme mich und scheue mich, mein Haupt aufzuheben zu Dir, mein Gott!«, als auch Jesaia, der sagt: »Mein Angesicht verbarg ich nicht vor Scham.« Darwin führt auch die Reaktion des Abwendens an, das

Senken und die unruhige Bewegung der Augen von einer Seite zur anderen – alles Maßnahmen, um dem schmerzhaften Blick anderer zu entgehen.

Obwohl Darwins Beschreibung der Scham modernen Beschreibungen zu entsprechen scheint, ist sie so allgemein, daß sie auf die meisten ichbewußten Emotionen paßt. Darwin unterscheidet nicht zwischen Scham und Schuld oder zwischen Scham und Schüchternheit, Bescheidenheit oder Verlegenheit. Sie alle waren für ihn ichbewußte Emotionen, deren Charakteristikum das war, was er Aufmerksamkeit gegenüber dem Selbst nannte. Nehmen wir die Schüchternheit. Darwin hält sie für falsche Scham und nennt die folgenden Verhaltensmaßnahmen: Erröten, abgewandte oder niedergeschlagene Augen und nervöse Körperbewegungen. An Schüchternheit und Scham scheinen also dieselben körperlichen Bewegungen beteiligt zu sein. Obwohl Darwin den Unterschied zwischen Schüchternheit, Verlegenheit und Scham nicht weiter ausführt, unterscheidet er diese drei Emotionen von Schuld. Er betrachtet Schuld als Bedauern über einen »begangenen Fehler«.

Weil Darwin glaubte, daß das Erröten artspezifisch sei und mit Scham zu tun habe, war er an ihm besonders interessiert. Er untersuchte Situationen und Umstände, die wahrscheinlich zum Erröten führen würden. Er meinte, man würde nicht erröten, wenn man einem Bettler Geld gibt, möglicherweise aber dann, wenn man bemerkt, daß man dabei beobachtet wird. Er glaubte, daß dieses Erröten durch die Aufmerksamkeit hervorgerufen wird, die ein anderer auf uns richtet. Das Bettler-Beispiel zeigt jedoch eher einen Fall von Verlegenheit – Exponiertheit plus positive Aktion – als von Scham – Exponiertheit plus negative Aktion. Diesen wichtigen Unterschied werde ich später ausführlich erörtern.

Darwin beobachtete auch, daß Kinder erst erröten, wenn sie zwei oder drei Jahre alt sind. Andere Forscher haben behauptet,

Scham ließe sich auch schon früher entdecken, und wenn Kinder sich im Alter von acht bis zehn Monaten von Fremden abwenden, würde dies Scham anzeigen, aber ich glaube das nicht.[17]

McDougall, der als einer der ersten die Rolle der Emotionen im menschlichen Leben untersuchte, interessierte sich besonders für die Beziehung zwischen Emotionen und Erkenntnis.[18] Obwohl er sich mehr mit Neugier beschäftigte, hielt er auch Scham für eine komplexe Emotion. Die Verhaltensweisen, die seiner Meinung nach Scham anzeigen, gleichen denen, die Darwin vor ihm genannt hatte. McDougall bezeichnet die Scham-Reaktion als scheues Verhalten. Das Erröten und das Niederschlagen der Augen waren für ihn eine realiter vollzogene und eine übertragene Darstellung des Gefühls.

Die Beziehung zwischen Körperhaltung und Emotion hat Beachtung gefunden, weil der Gesichtsausdruck die sekundären bzw. ichbewußten Emotionen nur selten eindeutig kennzeichnet. Bei Stolz zum Beispiel heißt es oft, der Körper sei wie »aufgeblasen«: Der Kopf wird hochgehalten, ein intensiver Augenkontakt hergestellt, der Körper möglichst großgemacht und nach vorne geworfen. Für Scham dagegen sind eher das Abwenden des Blicks und ein Zusammensinken oder Kleinerwerden des Körpers charakteristisch, was dem Wunsch entspricht, zu verschwinden oder sich zu verstecken. Die Kodiersysteme für Körperaktionen zeigen, daß der Gesichtsausdruck allein für die Zuordnung emotionaler Zustände nicht ausreicht.

Silvan Tomkins erörtert die ichbewußten Emotionen im zweiten Band von *Affect, Imagery, Conciousness*. Wie Darwin unterscheidet Tomkins nicht zwischen Schüchternheit, Scham und Schuld. Für ihn gehören diese Emotionen zur selben Kategorie. Obwohl sie durch unterschiedliche Erfahrungen ausgelöst werden, sind sie im Grunde dasselbe, auch wenn sie anders erlebt werden. Tomkins betrachtet alle ichbewußten Emotionen, zu denen auch Verachtung, Schuld und Erniedrigung gehören, als einen besonderen Zustand, der die Funktion hat, »das weitergehende Interesse und Vergnügen des Betreffenden zu hemmen«. Auch Scham soll Interesse und Freude verhindern: »Die Scham wird durch die unvollständige Reduzierung von Interesse und Freude aktiviert.«[19] Obwohl es für diese Behauptung kaum empirische Beweise gibt, ist die Vorstellung, Scham sei das Ergebnis der unvollständigen Reduzierung von Interesse und Freude, allgemein akzeptiert worden.[20]

Die Verhaltensweisen, die für Tomkins auf Scham hinweisen, sind dieselben, die Darwin und, wie wir sehen werden, fast alle anderen Forscher nennen. Tomkins versucht nur ansatzweise, bestimmte Muskelbewegungen im Gesicht aufzuspüren; vielmehr betrachtete er das Senken des Kopfes und des oberen Teils des Körpers einschließlich der Augen und der Augenlider, das Abwenden und natürlich das Erröten als emotionalen Ausdruck, der die mimische Kommunikation reduzieren soll.

Neben dem Erröten wird am häufigsten Verstecken als Hinweis auf Scham erwähnt. Vor kurzem ist diese Reaktion – das In-sich-Zusammenfallen des Körpers einschließlich der Neigung des Kopfes und des Nach-Vorne-Sinkens der Schultern – benutzt worden, um Scham systematisch zu messen.[21]

Carroll Izard war lange an der Beobachtung des Gesichtsausdrucks und der Entwicklung eines Kodiersystems zum Verständnis der emotionalen Entwicklung interessiert.[22] In den fast zwanzig Jahren, die er an diesem Problem arbeitete, hat er beträchtliche Fortschritte gemacht. In seinen ersten Arbeiten hielt er Schüchternheit, Verlegenheit, Scham und Schuld für dasselbe; ab 1977 setzte er zwar Scham immer noch mit Schüchternheit gleich, erkannte aber Schuld als eigenständige Kategorie an. Ab 1986 betrachtete er auch Scham und Schüchternheit nicht mehr als dasselbe, obwohl Verlegenheit und Scham ähnlich blieben. Die Scham indizierenden Maßnahmen sind für

Izard dieselben wie die von anderen berichteten: Niederschlagen der Augen bzw. Abwenden des Blicks, Senken des Kopfs und ein In-Sich-Zusammenfallen des Oberkörpers. Er stellt auch fest, daß Scham gelegentlich mit Erröten einhergeht. Obwohl Izard Scham, Schüchternheit und Schuld in der Theorie unterscheidet, bietet sein auf die Gesichtsmuskulatur konzentriertes Meßsystem keine Möglichkeit, sie in der Praxis zu differenzieren.

Vor kurzem haben andere Forscher begonnen, Kodiersysteme für selbstbewertende Emotionen wie Scham, Stolz, submissive Scham – die Selbst-Mißbilligung bzw. Schuld (Bedauern) gleicht – und Dominanz bzw. Selbst-Erhöhung zu entwickeln.[23] Zahn-Waxler hat die Reaktionen von Kindern auf Fehler beobachtet und sich auf Verhaltensweisen konzentriert, die nützliche Hinweise auf Schuld (Bedauern) und Scham geben können. Bei ihren Untersuchungen und unseren daran anschließenden Studien wird kleinen Kindern ein Spielzeug gegeben. Das Kind weiß nicht, daß das Spielzeug nach ein paar Minuten normalen Spielens kaputtgehen wird. Die Reaktionen der Kinder sind sehr unterschiedlich.[24] Manche Kinder tun einfach nichts und wenden sich einem anderen Spielzeug zu, während andere ärgerlich werden und weinen. Beide Reaktionen sind für uns nicht besonders interessant, wohl aber zwei andere Reaktionen, die möglicherweise Schuld und Scham unterscheiden. Manche Kinder zeigen die typische Scham-Reaktion: Sie wenden den Blick ab, und ihr Körper scheint in sich zusammenzusinken. Sie hören auf, sich zu bewegen, und bleiben ziemlich teilnahmslos. Ihr Verhalten scheint unterbrochen; ihre Gedankengänge scheinen verwirrt oder zumindest gehemmt. Andere Kinder wenden, wenn das Spielzeug kaputtgeht, den Blick ab und zeigen einen angespannten Gesichtsausdruck, aber ihr Körper sinkt nicht in sich zusammen. Anstatt zu »verschwinden«, versuchen diese Kinder, das Spielzeug in Ordnung zu bringen. Ihre Wiedergutmachungsversuche weisen eher auf Schuld als auf Scham hin. Für diese Kinder ist der Gegenstand des Interesses nicht sie selbst, sondern das Spielzeug. Für mich stellt der Versuch der Wiedergutmachung, die Ausrichtung auf das Spielzeug und nicht auf das Selbst, den wichtigsten Verhaltensunterschied zwischen Scham und Schuld dar.

Ich habe festzustellen versucht, ob Verlegenheit und Scham sich unterscheiden lassen. Margaret Sullivan, Cathy Stanger und ich haben das Verhalten von Kindern in eher peinlichen als beschämenden Situationen beobachtet.[25] Bei dieser Untersuchungsreihe, die ich später eingehend erörtern werde, ließen wir acht Monate bis drei Jahre alte Kinder mit ihren Müttern in unsere Beobachtungsräume kommen. Bei der Ankunft begrüßten wir sie, und während wir unser weiteres Vorgehen erläuterten, lobten wir die Kinder wiederholt für verschiedene Dinge: ihre Kleidung, ihr Aussehen und ihren Umgang mit den ihnen angebotenen Spielzeugen. Das Experiment folgte einem festgelegten Ablauf, bei dem der Versuchsleiter sagte: »Mir gefällt, wie du dein Haar gekämmt hast«, »Du hast aber ein schönes Kleid (eine schöne Hose) an«, »Das ist aber ein schönes …« (das Spielzeug oder der Gegenstand, den das Kind mitgebracht hatte) und schließlich: »Du hast die Teile des Puzzles sehr gut zusammengebracht, du bist sicher sehr intelligent.«

Die Beobachtung des Verhaltens der Kinder ergab ein Muster, das wir als Verlegenheit bezeichnet haben. Dieses Muster steht zu anderen nicht in Widerspruch. Die Kinder wandten den Blick ab, aber, anders als Kinder, die Scham empfinden, nur für kurze Zeit. Außerdem folgte die Blickabneigung oft dem Muster »wegschauen und wieder hinsehen«. Während die Kinder ihren Blick abwandten, lächelten sie gleichzeitig breit. Dieses Lächeln scheint Verlegenheit von Scham zu unterscheiden. Schließlich berührten manche Kinder ihren Körper nervös mit den Händen, obwohl sie nicht ihr Gesicht mit den Händen bedeckten.[26] Diese drei Verhaltensweisen traten schnell hintereinander auf, wobei das Abwenden des Blicks und das Lächeln im allgemeinen vor dem nervösen Berühren des Körpers erfolgten. Während der Komplimente beobachteten wir kein Zusammensinken des Körpers oder andere Scham-Verhaltensweisen, die bemerkt wurden, wenn die Kinder eine Aufgabe ausführen sollten, die sie nicht bewältigen konnten, oder das Spielzeug kaputtging. Es scheint, daß Verlegenheit zumindest in einigen Situationen von Scham unterschieden werden kann.

Trotzdem zeigen über hundert Jahre Forschung klar, daß es keine einzelne Verhaltensmaßnahme und auch keine Verhaltenskonfiguration gibt, die der Scham-Empfindung eins zu eins entspricht. Dieses Ergebnis (bzw. Nicht-Ergebnis) sollte nicht überraschen. Wir wissen, daß die Entsprechung von Gefühlsausdruck und Gefühlszustand im besten Fall minimal ist. Aber wir werden weiter versuchen, sie zu finden.

Emotionales Empfinden

Emotionales Empfinden kann als Bewertung und Interpretation des eigenen wahrgenommenen Gefühlszustands definiert werden, und zwar mit Hilfe der Beobachtung physiologischer Veränderungen (beschleunigter Puls, schnellerer Atem, Hitze oder Röte im Gesicht, Schwitzen etc.) oder der Bewertung der neuromuskulären Aktivität des Gesichts (zum Beispiel Lächeln). Vieles weist darauf hin, daß Menschen ihre Gesichtsmuskeln unter Kontrolle haben und daher ein Feedback von ihnen bekommen.

Zur Wahrnehmung unseres Gefühlszustands trägt auch die Beobachtung der Situation bei, in der wir uns befinden. Wenn Larry zum Beispiel schweigsam ist und sich nicht bewegt und bei einem Begräbnis ist, wird er seinen emotionalen Zustand wahrscheinlich als Trauer interpretieren; wenn er aber schweigsam ist und sich nicht bewegt und in einem Saal einem Vortrag lauscht, wird er seinen emotionalen Zustand als Interesse interpretieren. Emotionales Empfinden verlangt daher, daß wir uns mit den beiden Reizkonfigurationen, die zuvor als Gefühlszustand und Gefühlsausdruck erörtert wurden, auf zwei Ebenen befassen. Auf der ersten Ebene, die ich die subjektive Ebene nenne, beschäftigt der Körper sich mit sich selbst. Wie bei allen komplexen Maschinen müssen bestimmte Teile andere Teile überwachen und auf Kurs halten, damit das Ganze funktioniert. Unser Körper achtet auf den CO_2-Spiegel des Bluts, und wenn er zu hoch oder zu niedrig ist, produziert er eine Reihe komplexer Reaktionen, die das Problem angehen und korrigieren. Alle komplexen Organismen achten auf ihr Funktionieren und regulieren sich selbst. Diese erste Ebene des Empfindens bezeichne ich als *subjektives Empfinden*.

In der folgenden Erörterung steht jedoch die zweite Ebene des Empfindens, die ich *objektives Empfinden* nenne, im Mittelpunkt. Beim objektiven Empfinden denken wir bewußt über uns nach. Aus vielen Gründen findet unser Empfinden nicht immer auf der objektiven Ebene statt. Konkurrierende Reize lenken unsere Aufmerksamkeit oft von uns ab. Als Gloria versuchte, ihr Auto zum Stehen zu bringen, achtete sie nicht auf ihren inneren Zustand. Ich will damit nicht sagen, daß sie nicht in einem Angstzustand war: Sie war in ihm, sobald der Reifen platzte und ihr Fahrzeug außer Kontrolle geriet. Aber sie konnte ihre Angst erst empfinden, als sie ihr Auto sicher zum Stehen gebracht hatte und auf die Reize achten konnte, die von ihrem Körper ausgingen.

Emotionales Empfinden verlangt, daß Organismen auf eine ganz bestimmte Reihe von Reizen achten. Ohne Aufmerksamkeit kann eine objektive emotionale Empfindung nicht auftreten, auch wenn wir in einem bestimmten emotionalen Zustand sind. Die Tatsache, daß es emotionale Zustände und Äußerungen gibt, die von Organismen nicht objektiv empfunden werden, ist für mich durchaus mit der Tatsache vereinbar, daß diese Zustände und Äußerungen trotzdem unsere Wahrnehmungen, Gedanken und Interaktionen mit anderen beeinflussen und uns zu einer speziellen Handlung motivieren. Beim Zahnarzt zum Beispiel können Patienten sich einer schmerzhaften Behandlung unterziehen, aber keinen Schmerz empfinden, wenn sie durch Kopfhörer und laute Musik abgelenkt werden. Im Patienten existiert ein schmerzhafter Zustand, der aber nicht objektiv empfunden wird.

Kommen wir auf das Problem zurück, in einem Zustand zu sein und ihn nicht zu empfinden. Meines Erachtens haben wir es hier mit dem zu tun, was oft unter unbewußter Motivation verstanden wird.

Einer meiner Patienten brachte sein Auto zur Reparaturwerkstatt; ihm wurde gesagt, er könne das Auto um 14 Uhr wieder abholen. Als er um 14 Uhr ankam, wurde ihm mitgeteilt, das Auto sei noch nicht fertig. Der Patient erzählte, ihm sei nicht bewußt gewesen, daß er ärgerlich war oder ärgerlich aussah. Der Mechaniker jedoch interpretierte seinen Ausdruck als Ärger und reagierte mit einer scharfen, ärgerlichen Bemerkung, die den Patienten überraschte. Jetzt wurde mein Patient auf das ärgerlich, was er als Ärger des Mechanikers wahrgenommen hatte. Er sagte zu ihm: »Worüber ärgern Sie sich? Mein Auto ist schließlich nicht fertig!«

Ich konnte dem Patienten zeigen, daß sein nicht-empfundener Ärger Konsequenzen für seine zwischenmenschlichen Interaktionen hatte, auch wenn er sich dieses emotionalen Zustands nicht bewußt war.

Emotionales Empfinden ergibt sich aus der Interpretation und Bewertung von Zuständen und Ausdrucksformen und hängt daher von kognitiven Prozessen ab. Man kann nicht über Interpretation und Bewertung sprechen, ohne die kognitive Fähigkeit des Interpretierens und Beurteilens sowie die das Interpretieren und Beurteilen bestimmenden, einer festumrissenen Sozialisation entstammenden Regeln zu erörtern. Diese kognitiven Prozesse sind komplex und haben mit Wahrnehmung, Erinnerung und Entwicklung zu tun.[27] Ereignisse, etwa Veränderungen in autonomen Aktivitäten, müssen wahrgenommen, mit früheren Erfahrungen verglichen und dann etikettiert werden. Das Etikettieren wird sehr stark von der Sozialisation beeinflußt. Eltern können daher ihren Kindern helfen oder schaden, je nachdem, wie sie deren emotionales Empfinden interpretieren.

Kürzlich sahen wir in unserem Beobachtungsraum ein zweijähriges Mädchen zuerst mit seiner Mutter und dann mit seinem Vater. Beim Spiel mit der Mutter setzte das Kind sich hin, wurde sehr still und hörte auf, mit den Spielzeugen zu spielen. Die Mutter fragte: »Was ist los? Bist du traurig?«, und wies das Kind an, zu ihr zu kommen und sich auf ihren Schoß zu setzen; dann streichelte und umarmte sie das Kind. Die Reaktion der Mutter hatte offensichtlich mit ihrer Interpretation des Gefühlszustands des Kindes zu tun. Als später der Vater mit dem Kind spielte, zeigte es dasselbe Verhalten. Er fragte: »Bist du müde?«, und drängte das Kind, aufzustehen und aktiver mit einem bestimmten Spielzeug zu spielen.

Die Annahme scheint vernünftig, daß Familien und Kulturen Emotionen unterschiedlich interpretieren. Manche erklären innere Zustände nicht oder nur im Zusammenhang mit bestimmten Themen. Ich habe einen guten Freund, der das

Verhalten seiner kleinen Kinder selten mit emotionalen Begriffen charakterisiert. Für ihn sind die Kinder hungrig, müde, überreizt und so weiter; sie sind selten traurig, glücklich, erregt oder wütend.

Die Rolle des Selbst bei der Scham

Offensichtlich erfordern alle emotionalen Empfindungen objektive Selbsterkenntnis. Wie wir gesehen haben, kann man in einem emotionalen Zustand sein, ohne ihn zu empfinden, egal ob es sich um einen primären oder einen ichbewußten emotionalen Zustand handelt.

Ichbewußte emotionale Zustände unterscheiden sich von primären emotionalen Zuständen. Per definitionem kommen sie durch eine Reflexion auf das Selbst zustande. Während primäre Emotionen ein Selbst voraussetzen, das den Zustand empfindet, erfordern ichbewußte Emotionen ein Selbst, das den Zustand produziert und ihn dann empfindet. Ein lautes Geräusch zum Beispiel kann mich in einen Schreckzustand versetzen. Aber um diesen Zustand zu empfinden, brauche ich objektive Selbsterkenntnis. Um in einem Scham-Zustand zu sein, muß ich zudem mein Tun mit einer Norm vergleichen, entweder meiner eigenen oder der von jemand anderem. Mein an dieser Norm gemessenes Versagen führt zu einem Scham-Zustand und setzt meine objektive Selbsterkenntnis voraus. Sobald ich in diesem Zustand bin, kann ich ihn empfinden oder nicht. Ob ich ihn empfinde, hängt davon ab, ob ich meine Aufmerksamkeit auf meinen Zustand richte. Auch dies setzt objektive Selbsterkenntnis voraus. Andere Forscher haben die Meinung vertreten, der Scham-Zustand könne automatisch, ohne objektive Selbsterkenntnis produziert werden.

Betrachten Sie ein 30 Monate altes Kind, das »Aa« in der Hose hat. Wir könnten annehmen, daß dieses Ereignis automatisch einen Scham-Zustand hervorruft, das heißt, daß zwischen dem »Aa« und Scham irgendeine Beziehung besteht. Oder wir könnten die Scham für die Folge dessen halten, was das Kind denkt, entweder über das Malheur selbst oder die Reaktion seiner Eltern. Ich ziehe ganz klar die zweite Erklärung vor, denn ich glaube, daß die meisten scham-auslösenden Ereignisse nicht durch einen automatischen Prozeß erklärt werden können. Sehen wir uns ein anderes Beispiel an, diesmal mit Erwachsenen. Ein Mann fragt einen Bekannten, der behauptet, belesen zu sein, ob er den neuesten Roman von John Updike gelesen hat. Der belesene Freund hat das Buch von Updike nicht gelesen, sagt aber, daß er es gelesen habe, um seinen Ruf, gebildet zu sein, aufrechtzuerhalten. Mit anderen Worten: Er lügt, um sich seiner Wissenslücke nicht schämen zu müssen. Hier hat das zu dem Scham-Zustand führende Ereignis klar damit zu tun, was der zweite Mann denkt, und nicht mit einem automatischen Prozeß.

Die Verwirrung entsteht nicht durch die Natur des Prozesses, sondern durch die Wahrscheinlichkeit, daß manche Ereignisse eher zu einem Scham-Zustand führen als andere, vielleicht weil sie bestimmte Gedanken eher auslösen als andere. Mißgeschicke im Zusammenhang mit der Ausscheidung führen eher zur Mißbilligung anderer als Wissenslücken. Der Vorschlag, bestimmte schamauslösende Ereignisse seien prototypisch, setzt voraus, daß bestimmte Ereignisse eher zu scham-erzeugenden Gedanken führen als andere. Diese Faktoren sind in den meisten Erörterungen durcheinandergebracht worden.

Schon Darwins Darstellung illustriert diese Verwirrung. Er meinte, das Erröten könne automatisch hervorgerufen werden, indem nämlich die Aufmerksamkeit auf einen bestimmten Teil der Person gelenkt wird: Auf das Gesicht gerichtete Aufmerksamkeit führe zu einem Erröten des Gesichts. Aber Darwin glaubte auch, das Erröten werde dadurch ausgelöst, wie wir anderen erscheinen; er schrieb: »Wenn wir daran denken, daß andere an uns denken ..., ruft dies Erröten hervor.«[28]

Seine Beobachtungen im Zusammenhang mit Erröten und Scham zeigen sein Interesse an zwei Problemen: dem der Wirkung nach außen und dem des Bewußtseins. In seiner Konzeption des Errötens waren die Wirkung des Betreffenden nach außen und das Bewußtsein, daß andere sich mit ihm beschäftigten, die entscheidenden Elemente. Darwin betonte wiederholt, daß Scham von der Sensibilität für die – gute oder schlechte – Meinung anderer abhängt. Ichbewußte Emotionen setzen daher die Sensibilität eines Organismus voraus. Trotzdem kam Darwin oft darauf zurück, daß Scham wesentlich mit der Wirkung nach außen zusammenhängt. Darwin unterschied nicht zwischen Verlegenheit und Scham, aber er wies darauf hin, daß Lob, Bewunderung und sogar Mißbilligung zum Erröten führen können! In dieser Hinsicht war er ziemlich präzise. Die Wirkung nach außen und nicht das moralische Verhalten ruft das Erröten hervor.

Darwins Beschreibung von Scham und Schuld zeigt, daß er die sie auslösenden Ereignisse unterschied, auch wenn er ihre spezifischen Verhaltensweisen nicht finden konnte. Er betrachtete Schuld als Bedauern über einen begangenen Fehler; die Beziehung eines Menschen zu anderen konnte diese Schuld dann in Scham verwandeln. So wies er zum Beispiel darauf hin, daß man sich in der Einsamkeit schuldig fühlen könnte, aber nicht erröten würde, denn »nicht die Schuld wegen einer Handlung, sondern das, was andere über unsere Schuld denken oder wissen, führt zum Erröten [Scham]«.[29] Die soziale Bedeutsamkeit der Handlung, das Auge des anderen, ruft die Scham hervor. Darwin meinte, man könne in der Einsamkeit erröten, aber nur, wenn man darüber nachdenke, was andere von einem denken könnten. Auch hier betrachtet Darwin die Meinung anderer zu unserem Aussehen, insbesondere dem Aussehen unseres Gesichts, oder zu unserem Verhalten als Auslöser für Scham.[30]

Obwohl Darwin keine verhaltensbezüglichen Unterschiede zwischen Schüchternheit, Scham, Schuld und Verlegenheit anführen konnte, nannte er eine Vielzahl möglicher Reize für die Auslösung dieser Emotionen. Er sagte klar, daß das Handeln an sich nicht die Ursache des Scham-Zustands ist: Scham entsteht dadurch, daß andere uns auf eine bestimmte Weise selten, wobei das metaphorische »Sehen« »Bewerten« bedeutet. Wieder weist Darwins Erörterung auf Überlegungen hin, die hundert oder mehr Jahre später angestellt wurden.

Tomkins differenziert und entwickelt die Darwinsche Ansicht. Für Tomkins lassen sich die ichbewußten Emotionen auf der Affekt-Ebene nicht leicht voneinander unterscheiden; aber auf der Ebene der bewußten Erkenntnis und aufgrund der sie auslösenden Reize lassen sie sich auseinanderhalten. Nach dieser Feststellung erörtert Tomkins sehr ausführlich die Scham und beschäftigt sich relativ wenig mit Schüchternheit, Ekel, Verachtung, Verlegenheit oder Schuld.[31] All diese Emotionen werden in eine Kurzabhandlung über miteinander verbundene Konstrukte einbezogen. Es ist daher schwierig, sie voneinander zu trennen und zu behaupten, das eine Muster stelle Scham im Gegensatz zu Verlegenheit oder Schuld dar.

Die von Tomkins angeführten Definitionen der Scham reichen von prototypischen – Scham wird automatisch erzeugt – zu spezifischeren Situationen und Ereignissen. Tomkins stellt sich eine automatische Auslösung vor, die kein Denken voraussetzt. Daher fällt ihm die Annahme nicht schwer, daß Kleinkinder einen Scham-Zustand empfinden. Sein automatischer Auslöser ist ein Ereignis, das Interesse und Vergnügen hemmt: »Scham ist ein angeborener Hilfsaffekt und hemmt speziell weitergehendes Interesse und Vergnügen. Die Scham wird durch die unvollständige Reduzierung von Interesse und Freude aktiviert.«[32] Interessanterweise könnten wir die Elemente dieser Aussage vertauschen und behaupten, daß es die Scham ist, die Aufregung und Vergnügen unterbricht. Die von Tomkins hergestellte automatische kausale Verbindung beruht auf dem Versuch, die Nützlichkeit der Scham in ihrer Evolutionsnische zu verstehen. Eine solche Definition der Scham läßt ihre Auslösung sehr viel mechanistischer erscheinen, nämlich durch bestimmte Hemmungsmechanismen, und nicht durch bewußte oder ichbewußte Attribuierungen oder Prozesse.

Tomkins prototypische und automatische Scham-Auslöser hemmen Vergnügen und Aufregung. Ich glaube, daß der Begriff »Wunschblockade« Tomkins' Bedeutung der Scham nahekommt. Genauso, wie es viele verschiedene Wünsche gibt, gibt es viele verschiedene Scham-Formen, die durch spezifische Wunsch-Blockaden verursacht werden. Tomkins nennt eine Reihe von Situationen, die diese verschiedenen Scham-Formen auslösen müßten: Versagen bei der Arbeit, Verlust einer Freundschaft, Verlust enger Beziehungen durch Tod, Gefühle zum Körper. Insbesondere gilt »Unattraktivität als Ursache für Scham, denn durch sie geht der Stolz auf den eigenen Körper verloren«.[33] Tomkins erörtert Scham nicht aus der Sicht einer Verletzung sozialer Normen. Aufgrund der Allgemeinheit seines Unterbrechungskonzepts und dessen kausaler Natur ist seine Theorie über die Auslösung von Scham einzigartig. Für ihn ist das prototypische Scham-Ereignis jedes Ereignis, das zu einer Reduzierung des Interesses führt. Das Prototypische betrifft also die Ebene der Funktion, nicht bestimmte Ereignisse.[34] Izard schwankt bei der Erörterung der Ursachen des Scham-Zustands zwischen der Vorstellung eines automatischen Auslösers nach der Art von Tomkins und einer phänomenologischen Position, wie sie von H.B. Lewis detaillierter entwickelt wurde.[35] Scham kann nach einem unerwiderten Lächeln auftreten: Die

Erregung ist unterbrochen, positive Emotionen und Vergnügen sind reduziert, genauso wie Tomkins annahm. Für Izard hat Scham jedoch eine andere Dimension. Scham wird zu einem gesteigerten Bewußtsein vom Selbst, einer ungewöhnlichen und charakteristischen Form der Selbstwahrnehmung. Das Selbst wird als klein, hilflos, erstarrt, emotional verletzt betrachtet. Obwohl Izard nicht darauf eingeht, könnten wir fragen: Von wem wird das Selbst als klein, hilflos, erstarrt und emotional verletzt betrachtet? Anscheinend hält Izard eine Überzeugung, ein Denken des Betreffenden für den Auslöser der Scham. Sie ist mehr als eine Unterbrechung, sie ist eine Gedankenkonstruktion. Izard definiert Scham phänomenologisch »als gesteigerte ichbewußte Selbsterkenntnis bzw. Selbst-Aufmerksamkeit: Unser Bewußtsein ist voll vom Selbst, und wir erkennen einen Aspekt des Selbst, den wir für *harmlos oder unzulänglich halten*.«[36] Das Scham heraufbeschwörende Ereignis unterbricht bzw. reduziert nicht nur positive Emotionen, sondern erkennt auch einen Aspekt des Selbst besonders gut. Die Auslösung des Scham-Zustands erfordert also objektive Selbsterkenntnis; das, was wir in uns für harmlos oder unzulänglich halten – was wir verachten –, beschwört den Reiz herauf.

Bei H.B. Lewis' Auffassung über scham-auslösende Ereignisse steht die Überzeugung im Mittelpunkt, daß Scham ein Zustand der Selbst-Abwertung ist, der von außen kommen kann, aber nicht muß. Scham hat für sie mit Ichbewußtsein und Vorstellungen über das Selbst zu tun, das heißt mit der Vorstellung der Gefühle anderer. Sie unterscheidet Scham, bei der es um das Selbst geht, von Schuld, bei der es um eine Handlung geht, die mit dem anderen zu tun hat. Ihrer Meinung nach werden Scham und Schuld verwechselt, weil sie einen gemeinsamen Ursprung haben: die Verbesserung verlorener affektiver Verbindungen. Sie sind unter dem Thema Schuld zusammengefaßt, stellen aber nicht dieselben Phänomene dar. Zu H.B. Lewis' Hauptbeiträgen gehört ihre Überzeugung, daß Scham durch Ereignisse hervorgerufen wird, die im Kopf der sie empfindenden Person lokalisiert sind. Obwohl sie auch meint, daß Scham die Folge der verlorenen Anerkennung eines wichtigen anderen Menschen ist und weitgehend durch diesen Verlust verursacht wird, hat die Scham ihren Ursprung in unseren Gedanken über uns selbst. Der Reiz, der den Zustand auslöst, ist das Nachdenken des Selbst über sich selbst. Die Mißbilligung eines wichtigen anderen führt zu Gedanken der Selbstabwertung, und diese Gedanken bringen den Betreffenden dann dazu, Scham zu fühlen. Dieses Modell differiert sehr stark von der Auffassung, der Scham-Zustand sei die natürliche Folge einer speziellen Handlung, die den Zustand direkt auslöst.

Eine meiner Studentinnen kam weinend herein und sagte, sie könne ihre Arbeit nicht termingerecht fertigstellen. Als ich sie nach dem Grund fragte, sagte sie, daß sie sich mit ihrem Freund gestritten und deshalb das Gefühl habe, »nicht gut, unzulänglich zu sein. Ich möchte nur noch schlafen.«

Die Analyse solcher Aussagen bringt mich zu der Überzeugung, daß sie in Wirklichkeit Scham verschleiern; die Scham der Studentin wird hier erstens durch den Streit mit dem Freund und zweitens durch das Gefühl hervorgerufen, schlecht zu sein, weil sie diesen Streit hatte. Ihre Selbstverachtung und die Selbsteinschätzung: »Ich bin wertlos« wurden durch den Verlust der Zuneigung eines wichtigen anderen ausgelöst. Wir können daraus schließen, daß Scham dadurch ausgelöst wird, daß man die von einem anderen vorgenommene negative Bewertung bewertet. Die einzelnen Gründe variieren. Es kann sich um die Nicht-Erfüllung einer Norm handeln – etwa, wie von Erikson beschrieben, ein Versagen im Hinblick auf Reinlichkeits- und Sauberkeitsforderungen; um Fragen des körperlichen Aussehens, wie von Darwin beschrieben; oder den Verlust eines wichtigen anderen Menschen, wie von Klein und den Theoretikern der Objekt-Beziehungen dargestellt.[37] In all diesen Fällen führt die Konzentration des Selbst auf das Versagen des Selbst sowie die Bewertung dieses Versagens zu Scham, und nicht irgendein automatischer Auslöser.

Scham phänomenologisch gesehen

Die den Scham-Zustand auslösenden Reize lassen sich am besten verstehen, wenn wir die Scham aus phänomenologischer Sicht betrachten. Es würde unsere Aufgabe erleichtern, wenn wir den Scham-Zustand durch die Zusammenstellung einer Liste definieren könnten, die entweder typische Verhaltensweisen oder typische scham-auslösende Reize oder eine Kombination von beiden enthalten würde. Aber ich habe hoffentlich deutlich gemacht, daß dies unmöglich ist.

Die Kombination von Verhaltensweisen und Situationen bietet eine wirkungsvolle Matrix, mit deren Hilfe wir individuelle Scham-Unterschiede definieren, beobachten und untersuchen können. Wenn wir feststellen würden, daß zwischen Ereignissen und Verhaltensweisen ein Zusammenhang besteht, könnten wir daraus vielleicht eine sinnvolle Scham-Theorie ableiten.

Sehen wir uns zwei Studenten an, die für ihre Arbeit dieselbe Note bekommen haben. Elizabeth ist über ihre 2 hocherfreut, während John beunruhigt ist. Offensichtlich können wir die Reaktionen von Studenten auf ihre Prüfungsleistung nicht erklären, wenn wir nicht wissen, welche Erwartungen sie hatten und wie sie die erhaltene Note bewerten würden.

Die Reaktionen von Menschen auf Ereignisse und Situationen hängen also von ihren ganz individuellen Erfahrungen, Erwartungen, Wünschen und Bedürfnissen ab.

Theoretiker mit so unterschiedlichem Hintergrund wie Evolutionsbiologie, klinischer Psychologie und Psychiatrie scheinen alle zu einer ähnlichen phänomenologischen Sichtweise zu kommen.[38] Scham ist wie ein subatomares Teilchen. Man erkennt sie oft nur an den Spuren, die sie hinterläßt. Trotzdem gilt Theoretikern seit Darwin der Wunsch, sich zu verstecken oder zu verschwinden, als wichtiges phänomenologisches Merkmal für Scham. Dieser Wunsch ist also eine überwältigende Komponente der Empfindung. Als zweites Merkmal werden in den Beschreibungen der Scham starker Schmerz, Unbehagen und Zorn genannt. Sie unterscheiden Scham von Verlegenheit und Schüchternheit. Ein drittes Merkmal ist das Gefühl, nicht gut, unzulänglich, wertlos zu sein. Dies ist eine globale Aussage, die das Selbst zu sich selbst macht. Ein viertes Merkmal ist die Verschmelzung von Subjekt und Objekt. Wir sind Objekt und Subjekt der Scham. Das Selbst steckt in Schwierigkeiten, in denen die Fähigkeit, zu handeln oder weiter zu handeln, extrem schwierig wird. Scham unterbricht eine laufende Aktivität, denn das Selbst konzentriert sich ganz auf sich selbst, und daraus entsteht Verwirrung: Man kann nicht mehr klar denken, nicht mehr reden, nicht mehr handeln.

Dieses vierte phänomenologische Merkmal erlaubt uns, Scham von Schuld zu unterscheiden. Wie oben gesagt, wird bei der Scham der Selbst-Objekt-Kreislauf ganz geschlossen. Bei der Schuld dagegen ist das Selbst zwar das Subjekt, das Objekt aber befindet sich außerhalb des Selbst. Das Selbst konzentriert sich auf das Verhalten, das die Unterbrechung hervorrief, nämlich die Unzulänglichkeit, bestimmte Normen zu erfüllen, und auf das Objekt, das unter diesem Versagen leidet. Viele Forscher haben Begriffe wie *Betroffenheit* oder *Bedauern* als Synonyme für Schuld verwandt und so darauf hingewiesen, daß der Aufmerksamkeitsschwerpunkt außerhalb des Selbst und nicht auf dem Selbst liegt.

Im weiteren Verlauf dieses Buches werde ich eine vier Merkmale umfassende phänomenologische Definition verwenden. Dabei werde ich die Verhaltensweisen und Situationen, die mit Scham und den ihr ähnlichen Emotionen Schuld, Verlegenheit und Stolz in Verbindung gebracht werden, nicht vergessen oder vernachlässigen.

Bevor ich die Phänomenologie der Scham verlasse, muß ich eine wichtige Frage stellen: Welche Funktion haben diese negativen Gefühlszustände? Obwohl eine funktionale Analyse immer schwierig ist, ist es sinnvoll, mit Darwin und Plutchik zu fragen, welche Bedeutung diese Emotionen für die Anpassung haben. Schuld und Scham haben die Funktion, eine Handlung zu unterbrechen, die von innen oder außen stammende Normen oder Regeln verletzt. Der innere Befehl, den ich »ins Bewußtsein bringen« nenne, sagt: »Stop. Was du tust, verletzt eine Regel oder eine Norm.« Dieser Befehl dient also dazu, die betreffende Handlung zu verhindern. Der Unterschied zwischen Scham und Schuld besteht im Wesen dieser Unterbrechung. Bei der Schuld lautet der Befehl eigentlich: »Stop. Was du tust, verletzt eine Norm bzw. eine Regel. Beschäftige dich mit dem, was du getan hast, und ändere dein Verhalten.« Schuld soll dem Organismus sagen, daß das Verhalten eine Regel oder eine Norm verletzt und geändert werden sollte. Ihre Funktion besteht darin, zu warnen und Angst zu erzeugen. Außerdem richtet sie das Verhalten auf alternative Handlungsmuster aus, die das unpassende Verhalten wiedergutmachen.

Bei Scham ist der Befehl sehr viel zwingender: »Stop. Du bist nicht gut.« Bei ihm geht es um das Selbst, nicht um die Handlung; anstatt die Maschine wieder auf die Handlung auszurichten, stoppt der Befehl die Maschine. Jedes Handeln wird unmöglich, weil die Maschine selbst nicht in Ordnung ist. Die Unterbrechung durch Scham ist intensiver, denn Subjekt und Objekt sind identisch. Daß die Verletzung mit der Maschine selbst zu tun hat, bedeutet funktional, daß jedes Verhalten aufhört. Scham soll also für die Vermeidung von Verhaltensweisen sorgen, die wahrscheinlich Scham verursachen werden. Ihr Bestrafungscharakter soll die Konformität in bezug auf Normen und Regeln sicherstellen. Obwohl Scham das Verhalten, Denken oder Fühlen mehr verändern müßte als Schuld, kann die von ihr ausgehende abschreckende Wirkung so extrem sein, daß die Scham übergangen wird. In diesem Fall bewirkt der Scham-Zustand keine Verhaltensänderung. Die Arbeit von Janis deutet darauf hin, daß eine zu intensive Botschaft ignoriert wird.[39]

Unser Überblick über bestehende Scham-Konzepte zeigt, daß Scham spezifische Verhaltensweisen betrifft, die mit bestimmten phänomenologischen Empfindungen verbunden sind. Diese Verhaltensweisen werden durch zwei Ereigniskategorien ausgelöst: Die eine hängt mit bestimmten körperlichen Geschehnissen zusammen, etwa der Entblößung der Genitalien; die andere hat mit Gedanken über das Selbst zu tun. Obwohl beide Kategorien erkannt wurden, sind sie nicht getrennt worden, zum Teil deshalb, weil die kognitiven Aspekte der Scham bislang nicht sorgfältig analysiert wurden. Ohne die Einbringung der objektiven Selbsterkenntnis und der Reflexion über Normen können wir Scham nur unzulänglich verstehen. Im nächsten Kapitel werde ich klarer formulieren, was ich mit objektiver Selbsterkenntnis meine und wie diese kognitive Fähigkeit sich entwickelt. Ohne eine Konzeption vom Selbst werden wir beim Verständnis der ichbewußten Emotionen kaum weiterkommen.

3
Das Selbst und seine Entwicklung

Wesentlich bei unseren Überlegungen ist das *exponierte Selbst*. Was ist ein exponiertes Selbst, und wem ist es exponiert? Das Selbst ist sich selbst exponiert, das heißt, wir sind in der Lage, über uns selbst nachzudenken. Ein der Selbstreflexion fähiges Selbst haben nur Menschen.[1] Wie ich zuvor sagte, sind Menschen komplexe, vielschichtige, sich selbst regulierende Organismen, die wahrnehmen, fühlen, denken, sich erinnern und lernen können. Wir besitzen ausgeklügelte Feedback-Schleifen, die aber unser objektives Wissen um sie nicht brauchen, um zu funktionieren. Wir regulieren unsere körperlichen und kognitiven Funktionen, ohne uns darauf zu konzentrieren, daß wir es tun (von diesem Aspekt unseres Wesens wissen wir eigentlich die meiste Zeit nichts). Alle lebenden Geschöpfe besitzen ähnliche Fähigkeiten. Irgendwann jedoch erwerben Menschen phylogenetisch und ontogenetisch eine neue Fähigkeit: die Erkenntnis des eigenen Tuns. Weil der Mensch der objektiven Erkenntnis fähig ist, kann er Informationen verarbeiten und entscheiden, was – in bezug auf motorisches Verhalten, Denken oder Emotion – am besten ist. Das objektive Selbst kann über vom subjektiven Prozeß erzeugte Lösungen nachdenken und sie verwerfen. Das objektive Selbst verwendet Metaphern; das subjektive Selbst operiert mit einem einfachen Zeichensystem. Das objektive Selbst erlaubt uns, von unseren Prozessen zurückzutreten, und erhöht dadurch die Wahrscheinlichkeit der Generierung neuer Lösungen.
Obwohl erwachsene Menschen die Fähigkeit zur objektiven Erkenntnis bzw. zur Reflexion besitzen, benutzen sie sie für die meisten organisierenden und regulierenden Funktionen fast

nie. Manchmal führt ihre Benutzung auch zu Schwierigkeiten. Wenn wir zum Beispiel versuchen, beim Sprechen dem zuzuhören, was wir sagen, blockieren wir unsere Fähigkeit weiterzusprechen.

Über diese komplexe Fähigkeit ist viel geschrieben worden; ich möchte hier nur einiges erwähnen. Die Bedeutung des Selbst für Emotionen im allgemeinen und Scham im besonderen habe ich bereits aufgezeigt, und ich werde auf dieses Thema zurückkommen, wenn ich mich eingehender mit der Scham beschäftige. Hier befasse ich mich nur mit der Fähigkeit zur Selbstreflexion. Wie wir sehen werden, ist dieser Aspekt des Selbst unter vielen Namen bekannt: Bewußtsein, objektives Selbst im Gegensatz zum Unbewußten, Ich, subjektives Selbst.

In diesem Kapitel versuche ich, das reflektierende Selbst zu definieren. Ich werde die verschiedenen Ebenen des Selbst, verschiedene Arten des Wissens und das Problem des Bewußtseins erörtern. Freuds Konzept eines bewußten und eines unbewußten Verstands und seine spätere dreigeteilte Theorie eines aus Es, Ich und Über-Ich bestehenden Selbst stellt seinen fortgesetzten Versuch dar, die verschiedenen Ebenen des Selbst zu verstehen und das psychologische Selbst zu definieren.[2] Andere Forscher haben im Rahmen kognitiver und verbundenheitsorientierter Theorien ähnliche Versuche unternommen.[3]

Ich beziehe mich hier auch auf empirische Daten, die ich zum Teil in meinem Buch *Social Cognition and the Acquisition of Self* vorgestellt habe.[4] Ich möchte zeigen, daß die Fähigkeit zur Betrachtung des Selbst nicht von Geburt an existiert, sondern sich im Lauf der Zeit entwickelt. Der Entwicklungsprozeß erfordert Reifungsänderungen, die genetisch und sozial beeinflußt sind. Wir werden hilflos geboren und überleben nur durch die Anstrengungen anderer. Das Selbst eines Kindes existiert zwangsläufig im Zusammenhang mit anderen Personen, insbesondere Erwachsenen, die die Fähigkeit zur Selbstreflexion besitzen. Innerhalb dieser Verflechtung von »Selbsten« führen die Reifungsprozesse des Kindes zu der Fähigkeit, über das Selbst nachzudenken.

Modi des Ichbewußtseins und Arten des Wissens

Die Vorstellung eines Selbst und seiner Entwicklung ist für das Verständnis der Scham von entscheidender Bedeutung. Ein mechanistisches Modell des menschlichen Verhaltens kann das Selbst ignorieren, aber Menschen sind keine Mechanismen, die wie Schalttafeln funktionieren, bei denen die Informationen ein- und ausgehen. Wir alle denken über uns selbst nach. Wir kennen uns nicht nur, wir kennen uns auf viele verschiedene Arten. Wir kennen unseren Namen, wir wissen, wie wir aussehen, wir wissen, wie es sich anfühlt, wir zu sein, etc.

Ein Zweifler könnte sagen: »Gut, Tiere haben Emotionen. Sie empfinden Angst und Glück. Sie scheinen etwas über sich und ihren Platz in Zeit und Raum zu wissen. Sie rennen keine Mauern ein, sondern können auf der Suche nach Nahrung Dinge umgehen. Sie scheinen Pläne und Ziele zu haben. Was ist dieses spezielle Ding, das Sie Selbst nennen, und warum ist es zum Verständnis des menschlichen Gefühlslebens so wichtig?«

Ich glaube, die Antwort ist relativ einfach. Wir haben Emotionen und tun Dinge, von denen wir keine bewußte Kenntnis besitzen. Wenn wir in die Küche gehen, um uns ein Glas Wasser zu holen, ist uns nicht bewußt, daß wir unsere Muskeln auf bestimmte Weise bewegen. Trotzdem tun wir es. Wenn wir unter »Selbst« die Fähigkeit zu nicht-reflektierten, aber komplexen Handlungen verstehen, kann man sicher sagen, daß Tiere ein Selbst haben. Trotzdem gibt es viele verschiedene Arten bzw. Modi des Selbst. Die Aspekte des Selbst kommen ontogenetisch zum Vorschein, das heißt, daß Kleinkindern viele Charakteristika des Selbst fehlen, die Erwachsene besitzen: Das Selbst des Kleinkindes ist nicht so komplex wie das Selbst des Kindes, und dieses wiederum ist weniger komplex als das Erwachsenen-Selbst. Ähnlich haben Tiere einige Merkmale des Selbst, die auch Menschen besitzen, andere aber nicht.

Versuche, Charakteristika des Selbst zu beschreiben, sind nicht neu. Freuds Beiträge, besonders seine Auffassung vom Unbewußten, haben unsere Vorstellung vom Selbst erweitert und es uns ermöglicht, verschiedene Verhaltensweisen als Produkt der Aktivität des Selbst zu verstehen.[5] Freud hat uns zu der Erkenntnis gebracht, daß das Selbst scheinbar ohne Bewußtsein handelt, plant, weiß und glaubt. Aber die psychoanalytische Vorstellung eines Unbewußten ist auch problematisch. Die Dreiteilung des Selbst in Es, Ich und Über-Ich, die alle ein Eigenleben besitzen und miteinander rivalisieren und streiten, ist anziehend und verwirrend zugleich. Eine solche Einteilung setzt voraus, daß diese Charakteristika des Selbst separate Entitäten mit je eigenen Zielen und Wünschen sind und daß irgendein allgemeiner und übergreifender Mechanismus sie kontrolliert. Freud wies dem Ich die Aufgabe zu, den Frieden zu wahren; und er gab dem Ich sowohl eine bewußte Funktion – die Überwachung der Welt, in der wir leben – als auch eine unbewußte Funktion – die Kontrolle und Organisation libidinöser Impulse.[6]

Die Vorstellung eines vielgestaltigen Selbst, eines Selbst, das viele Komponenten hat, ist der Kernpunkt der psychoanalytischen Theorie. Traditionellerweise jedoch hat die westliche Gesellschaft ein einziges Selbst, dessen Kennzeichen die Einheit von Absicht, Ziel und Funktion ist, als Höhepunkt menschlicher Reifung und seelischer Gesundheit betrachtet. Ich glaube, daß die Vorstellung eines einheitlichen Selbst trotz der Wertschätzung, die sie genossen hat, ein kulturelles Artefakt ist;

vieles deutet darauf hin, daß das Selbst am besten mit Hilfe der Vorstellung multipler Persönlichkeiten verstanden werden kann.[7]

Die vorstehende Erörterung des Unterschieds zwischen emotionaler Empfindung und emotionalem Zustand ist beim Abstecken der Probleme eines komplexen Selbst hilfreich. Emotionale Zustände sind auf der Ebene der subjektiven Selbsterkenntnis wirksam. Diese Zustände haben Ziele; sie lernen und profitieren von der Erfahrung; sie kontrollieren Funktionen und reagieren auf Ereignisse, auch auf Menschen. Die Prozesse sind uns nicht bekannt, aber sie erfordern Lernen und können sich verändern. Das Empfinden unserer Zustände entspricht der objektiven Selbsterkenntnis. Der Unterschied zwischen Zuständen und Empfindungen bzw. zwischen subjektiver und objektiver Selbsterkenntnis kann auf der biologischen Ebene untersucht werden. Vor kurzem ist ein Zusammenhang zwischen bestimmten Zuständen (und nicht Empfindungen) und der Stimulierung verschiedener Stellen im Gehirn festgestellt worden.

Karl Pribram beschreibt eine Patientin, bei der der Mittelteil des Schläfenlappens einschließlich des Corpus amygdaloideum beidseitig entfernt worden war:

»Es ist bekannt, daß Menschen und Tiere durch die Entfernung dieses Bereichs sehr stark an Gewicht zunehmen, manchmal bis zu 100 Pfund. Pribram fragte Patienten, wie es sich anfühlt, so hungrig zu sein; eine Patientin, die seit der ein paar Jahre zurückliegenden Operation mehr als 100 Pfund zugenommen hatte, sprach er um die Mittagszeit herum an und fragte sie: ›Sind Sie hungrig?‹ Sie antwortete: ›Nein.‹ – ›Hätten Sie gern ein saftiges Steak?‹ – ›Nein.‹ – ›Wollen Sie ein Stück Schokolade?‹ Sie antwortete: ›Hm, hm‹, aber als ihr keine Schokolade angeboten wurde, verfolgte sie die Angelegenheit nicht weiter. Als die Untersuchung ein paar Minu-

ten später beendet war, wurden die Türen zum Gemein-
schaftsraum geöffnet, und sie sah die anderen Patienten an
einem langen Tisch sitzen und zu Mittag essen. Sie stürzte
zum Tisch, stieß die anderen beiseite und begann, sich mit
beiden Händen Essen in den Mund zu stopfen. Sie wurde
sofort in den Untersuchungsraum zurückgerufen, und die
Fragen zum Essen wurden wiederholt. Wieder gab sie dieselben negativen Antworten, auch nachdem diese ausdrücklich
ihrem Verhalten am Tisch gegenübergestellt worden waren.
Irgendwie hatte die Läsion die Hunger- und Sattheitsgefühle
der Patientin beeinträchtigt, und diese Beeinträchtigung ging
mit übermäßigem Essen einher!«[8]

Hier sehen wir den Unterschied zwischen der objektiven Empfindung der Patientin und ihrem Hunger-Zustand.
Neuere Arbeiten von Joseph LeDoux und seinen Kollegen weisen ebenfalls darauf hin, daß bestimmte Hirnbereiche für – von
mir so genannte – spezifische emotionale Zustände (durch subjektive Selbsterkenntnis vermittelt) und emotionale Empfindungen (durch objektive Selbsterkenntnis vermittelt) verantwortlich sind.[9] Bei der Arbeit mit Ratten stellten LeDoux und seine
Kollegen fest, daß die Tiere auch nach Entfernung der Hörrinde
die Assoziation zwischen einem akustischen Signal und einem
Schock erlernen konnten. Nach nur ein paar Versuchen zeigten
die Ratten eine negative emotionale Reaktion auf das Geräusch.
Die Entfernung der Sehrinde und die spätere Verbindung eines
visuellen Signals mit einem Schock führte ebenfalls zum Lernen.
Diese Ergebnisse zeigen, daß die Konditionierung von Furcht –
die Erzeugung eines Furchtzustands –, durch subkortikale,
wahrscheinlich thalamisch-amygdalische Sinnesleitungsbah-
nen vermittelt wird. Ähnliche Befunde sind von Menschen berichtet worden und weisen auf unterschiedliche Hirnbereiche
für Empfinden und Zustände hin. Weiskrantz zum Beispiel hat

über ein Phänomen berichtet, das als Blindsehen bezeichnet wird.[10] Patienten, denen zumindest in einer Hirnhemisphäre eine Sehrinde fehlt, werden gefragt, ob sie einen Gegenstand sehen können, der in ihrem blinden Fleck plaziert ist. Alle Patienten berichteten, daß sie es nicht können. Wenn sie jedoch gebeten werden, nach dem Gegenstand zu greifen, den sie nicht sehen können, zeigen sie, daß sie dazu zumindest manchmal in der Lage sind. Diese Ergebnisse lassen vermuten, daß für die Erzeugung und Aufrechterhaltung emotionaler Zustände und das Empfinden dieser Zustände unterschiedliche Hirnbereiche verantwortlich sind. LeDoux glaubt, daß emotionale Zustände und emotionale Empfindungen durch voneinander getrennte, aber miteinander interagierende Hirnbereiche vermittelt werden. »Die Berechnung der Reizsignifikanz findet vor dem und unabhängig vom bewußten Erkennen statt ... das Corpus amygdaloideum spielt im affektiven Netzwerk möglicherweise eine zentrale Rolle ... zu emotionalem Empfinden kommt es meines Erachtens, wenn Reizrepräsentanzen das Repräsentierte beeinflussen und Repräsentanzen des Selbst sich decken, um Gedächtnis zu bewirken.«[11]

Bewußtsein und Selbst

Wie viele häufig verwendete Begriffe hat *Bewußtsein* zahlreiche Bedeutungen. Sehen wir uns die folgende Situation an:

Eine Frau steigt ins Auto und fährt ihre übliche Route zum Büro. Als sie in ihren Parkplatz einbiegt, wird ihr plötzlich klar, daß sie nicht auf das Fahren geachtet hat, und sie ist sehr überrascht, daß sie an ihrem Ziel angekommen ist. Sie kann sich nicht daran erinnern, die übliche Brücke überquert und

an den verschiedenen Stop-Schildern auf ihrer Strecke angehalten
zu haben. Aber sie hat es getan.

Wie sollen wir die Überraschung dieser Frau interpretieren, an ihrem Zielort angekommen zu sein, ohne sich der Fahrt bewußt gewesen zu sein? Wir könnten dies natürlich als irgendeine Psychopathologie abhandeln, Dissoziation oder Ähnliches. Die Betreffende erinnert sich nicht an ihre Handlungen, weil sie ein Gedächtnis-Problem hat. Aber diese und ähnliche Situationen sind so häufige Erfahrungen, daß wir uns irren würden, wenn wir die Erfahrung dieser Frau als psychopathologisch bezeichnen würden. Wir wissen, daß die Frau ins Büro fahren wollte. Sie stellte den Wecker auf 8 Uhr; sie ist aufgestanden, hat sich angezogen und ihre Aktentasche genommen; sie ist ins Auto gestiegen. Offensichtlich setzte sie eine geplante Strategie ein, um ein klar umrissenes Ziel zu erreichen, nämlich in ihr Büro zu kommen. Aber wie konnte sie diese komplexe Aufgabe ausführen, ohne sich ihrer Erledigung bewußt zu sein?

Wenn Autofahren eine einfache Reflexhandlung wäre, wie etwa Gehen, könnten wir sagen, daß bestimmte Bewegungen in einem automatisierten Prozeß zu anderen Bewegungen führen. Aber Autofahren ist keine einfache Reflexhandlung. Wie hat die Frau es fertiggebracht, zu ihrem Büro zu kommen, ohne die Regeln der Straßenverkehrsordnung zu brechen oder sich oder anderen zu schaden, wenn sie sich der komplexen Aufgabe des Autofahrens wirklich nicht bewußt war? Wir müssen unterschiedliche Arten des Wissens bzw. Beabsichtigens in Rechnung stellen.[12] Mir scheint die Annahme vernünftig, daß die Fahrerin weiß, wie sie fahren, an bestimmten Stellen entlang der Strecke anhalten, ihr Fahrzeug lenken und all die Handlungen ausführen muß, die notwendig sind, damit sie zu ihrem Parkplatz kommt. Dieses Wissen um Handlungen ist irgendwie ohne Erkenntnis möglich. Aber was meine ich mit »Erkenntnis«?

Sie muß eine Kenntnis von den Ampeln und ihrem Fuß auf Bremse oder Gaspedal gehabt haben. Diese Kenntnis löst nicht das möglicherweise eher semantische Problem, daß es unterschiedliche Arten bzw. Modi des Wissens und unterschiedliche Modi des Intendierens zu geben scheint. Diese unterschiedlichen Modi haben mit Aspekten des Selbst zu tun.

Sehen wir uns die Möglichkeiten an. Wir könnten sagen, daß ein Organismus auch auf der Ebene der Reflexe etwas weiß: Bestimmte Reize führen zu bestimmten Reaktionen. Dieses Reiz-Reaktions-Paar, das einem vorgegebenen Programm gleicht, könnte als einfachster Wissens-Modus betrachtet werden. Der komplizierteste Wissens-Modus tritt auf der Ebene auf, auf der wir wissen, daß wir etwas wissen, das heißt, wenn wir unsere Aufmerksamkeit darauf gerichtet haben, über die Kenntnis unseres Wissens nachzudenken. Dazwischen gibt es natürlich viele Abstufungen. So kann ich zum Beispiel etwas wissen, aber nicht darauf achten, daß ich es weiß. In unserem Beispiel weiß die Fahrerin, wie sie fahren muß und wie die Strecke zu ihrem Arbeitsplatz verläuft, aber sie hat diesem Wissen keine Aufmerksamkeit geschenkt. Diese unterschiedlichen Ebenen müssen beibehalten werden, wenn wir das Bewußtsein analysieren wollen, denn es ist klar, daß die unterschiedlichen Bewußtseinsmodi durch unterschiedliche Situationen erzeugt werden. Es gibt zum Beispiel Situationen und Gelegenheiten, in denen ich weiß, daß ich weiß – das heißt, ich habe objektive Selbsterkenntnis –, und dann wieder weiß ich etwas, weiß aber nicht, daß ich es weiß. Leider verwenden wir den Begriff *Bewußtsein* zur Beschreibung beider Zustände.

Der Begriff *bewußt* hat im allgemeinen die Bedeutung, zu wissen, daß man weiß, das heißt, er meint eine Ausrichtung nach innen, um zu beobachten, was genau wir wissen. Der Begriff *unbewußt* hat im allgemeinen die Bedeutung, etwas zu wissen, aber nicht zu wissen, daß man es weiß. Die unterschiedliche Verwendung dieser beiden Begriffe führt zu einiger Verwirrung. Aus erkenntnistheoretischer Sicht bezweifle ich diese eingeschränkte Verwendung des Begriffs *bewußt*. Ich meine, daß der Grad, zu dem Organismen handeln, planen und ein gesetzmäßiges Verhalten zeigen, der Grad ist, zu dem sie bewußt sind, das heißt, die Ereignisse ihrer Welt erkennen, auch wenn diese Ereignisse selbst nur im Unbewußten registriert werden. Dies bringt uns zu dem Problem zurück, welcher Person in der unbewußten Welt bewußt ist, was in der realen Welt passiert.

Wir können dieses Problem dadurch vermeiden, daß wir über unterschiedliche Bewußtseinsmodi reden oder den Begriff Bewußtsein ganz vermeiden und, wie wir es getan haben, die verschiedenen Arten der Erkenntnis betrachten. Ich folge Duval und Wicklund und verwende den Begriff *objektive Selbsterkenntnis* für die Handlung des Organismus, die Aufmerksamkeit auf das Selbst auszurichten, auf das, was das Selbst weiß, darauf, welche Pläne oder Wünsche der Organismus hat; ich benutze den Begriff *subjektive Selbsterkenntnis* für Prozesse und Systeme, die über die Welt wissen, die wir aber nicht beachten oder beachten können.[13]

Objektive Erkenntnis kann mit subjektiver Erkenntnis verglichen werden, um die Ausrichtung des Bewußtseins zu bestimmen. Wenn die Aufmerksamkeit nach innen gerichtet ist, konzentrieren wir uns auf uns selbst: Wir sind die Objekte unseres eigenen Bewußtseins. Dies ist objektive Selbsterkenntnis. Wenn die Aufmerksamkeit von uns weg gerichtet ist, sind wir das Subjekt eines Bewußtseins, das auf äußere Objekte gerichtet ist. Dann haben wir subjektive Selbsterkenntnis. In beiden Fällen wissen wir etwas. Im zweiten Fall wissen wir um die Ereignisse, die *dort draußen* geschehen, das heißt, wir haben ein Bewußtsein äußerer Ereignisse. Wir können planen, Pläne verändern und Handlungen korrigieren. Wir können lernen und erschaffen und neue Erinnerungen und Strukturen im Gedächtnis behalten. Die Reaktion auf äußere Ereignisse kann innere Strukturen, Zustände und Reize hervorrufen, die, wenn sie beachtet werden würden, objektive Selbsterkenntnis bzw. auf das Selbst ausgerichtetes Bewußtsein darstellen würden. Deshalb halte ich Bewußtsein für eine Eigenschaft aller Organismen, und obwohl andere Forscher den Begriff anders verwendet haben, meine ich mit objektiver Selbsterkenntnis weiterhin ein typisches Merkmal des Bewußtseins.[14]

Aus erkenntnistheoretischer Sicht wissen wir viele Dinge, aber unsere menschliche Fähigkeit, zu wissen, daß wir wissen, stellt einen typischen Bewußtseins-Modus dar, der in ontogenetischer und phylogenetischer Hinsicht der fortgeschrittenste Modus ist. Dasselbe gilt für das Selbst-System, das weiß und deshalb in der Welt funktionieren kann, aber auch die Fähigkeit besitzt, über sich selbst nachzudenken. Typisch für Scham (und Hybris, Schuld und Stolz) ist ihre Verbindung zu einem Selbst, das über sich selbst nachdenken kann.

Das Konzept der Modi ist wichtig. Es weist darauf hin, daß Menschen dieselbe Aufgabe durch unterschiedliche, aber miteinander verbundene Prozesse erledigen können. Um Fähigkeits-Modi zu analysieren, können wir etwa das Problem untersuchen, wie eine Ratte oder ein Erwachsener ihren Weg durch Zeit und Raum machen, oder wie Kinder und Erwachsene einen Gegenstand bekommen können, indem sie nach ihm greifen, oder wie Erwachsene dieselbe Aufgabe auf unterschiedliche Art erledigen können. Anders gesagt: Die unterschiedlichen Modi führen uns zum Thema der Gleichwertigkeit von Verhalten. Obwohl diese Frage sich besonders auf die Erforschung der Entwicklung bezieht, ist sie für alle Arbeiten über Verhalten relevant. Bei der Untersuchung reifer Geschöpfe gehen wir oft davon aus, daß ein bestimmtes Verhalten eine bestimmte Bedeutung hat. Und wir nehmen an, daß der Sinn des Verhaltens, die es hervorrufenden Mechanismen und das Verhaltenssystem, in das es eingebettet ist, gleich sind. Eine solche Annahme läßt die Wichtigkeit der Modi außer acht. Obwohl Anthropologen anerkennen, daß dasselbe Verhalten in unterschiedlichen Kulturen eine unterschiedliche Bedeutung haben kann, glauben sie irrtümlicherweise oft, wenn verschiedene Menschen in einer Kultur sich gleich verhalten, würde es dasselbe bedeuten. Anders als Anthropologen wissen Kliniker, daß eine bestimmte Verhaltensweise durch unterschiedliche und oft rivalisierende Mechanismen hervorgerufen wird. In entwicklungsbezüglichen Studien ist dieses Problem der Äquivalenz sehr stark beachtet worden, denn ähnliche Verhaltensweisen werden oft, sogar meistens durch unterschiedliche Prozesse verursacht und sind in unterschiedliche Prozesse eingebettet.

Nachstehend setze ich das Thema der Modi fort. Ich behaupte, daß Erwachsene unterschiedliche Fähigkeits-Modi des Selbst benutzen, das heißt, je nach den momentanen Erfordernissen erleben wir manchmal subjektive und manchmal objektive Selbsterkenntnis. Die bei Erwachsenen beobachtbaren unterschiedlichen Modi folgen zudem einer Entwicklungssequenz: Die objektive Erkenntnis erscheint nach der subjektiven Erkenntnis.

Die Dualität des Selbst

Über die Entwicklung des Selbst ist viel und seit langem nachgedacht worden. Ich kann dieser Geschichte nicht gerecht werden, aber ich möchte ein paar wichtige Theorien ansprechen. Vor hundert Jahren beschäftigte William James sich in *The Principles of Psychology* mit dem Problem des Selbst und erwähnte seine Dualität:

»Egal an was ich denke, ich bin mir zugleich immer mehr oder weniger meiner selbst, meiner persönlichen Existenz bewußt. Gleichzeitig bin ich es, der sich bewußt ist, so daß mein ganzes Selbst, das wie doppelt ist, teils Gewußtes und teils Wissender, teils Objekt und teils Subjekt, zwei unterschiedliche Aspekte in sich haben muß, die wir der Kürze halber ›Mich‹ und ›Ich‹ nennen können.«[15]

James unterschied eine Hierarchie von »Selbsten«, wobei ein »körperliches Mich« die Grundlage bildet, ein »spirituelles Mich« an der Spitze steht und verschiedene soziale »Selbste« sich dazwischen befinden. Er stellte sich einen Entwicklungsablauf von den ersten körperlichen Empfindungen des Selbst als Entität bis zu den späteren spirituellen bzw. nicht-materiellen Empfindungen vor.

James' duales Selbst findet sich in der philosophischen Literatur von Descartes bis Wittgenstein. Wittgenstein wies darauf hin, daß Descartes zwei Arten von Empfindungen unterschied, für die Schmerz und Kummer Beispiele sind.[16] Schmerz wird uns durch unsere Sinne mitgeteilt, durch das, was wir mit James als »körperliches Mich« bezeichnen könnten. Kummer dagegen entstammt nicht unmittelbaren Sinneseindrücken.

James' Vorstellungen über das Selbst und seine Entwicklung führten zu zwei Richtungen, einer kognitiven und einer sozialen. Baldwin, der zur selben Zeit wie James schrieb, und Piaget, der sehr viel später schrieb, erörtern, wenn auch mit unterschiedlichen Begriffen, die Entwicklung des Selbst innerhalb eines kognitiven Systems.[17] Baldwin sah die Entwicklung des Selbst in bezug auf seine Beziehung zu anderen, während Piaget diese Entwicklung in bezug auf die mathematisch-logischen Konstruktionen betrachtete, die bei der Bewegung von der Egozentrik zur Dezentralisation entstehen. Obwohl Piaget sich in seiner Erörterung auf Altersstufen konzentriert, die jenseits der Periode liegen, die für die Untersuchung des Auftauchens des objektiven Selbst am interessantesten ist, sind seine Ansichten faszinierend. Wenn wir die Tatsache außer acht lassen, daß er sich mit zwischen zwei und sechs Jahre alten Kindern beschäftigt, entspricht seine Darstellung der anderer Forscher, die über Zweijährige geschrieben haben. Piaget meint, daß

>das von seinem eigenen Ich nichts wissende Kind seinen Standpunkt als absolut betrachtet und zwischen sich und der äußeren Welt der Dinge nicht jene Reziprozität herstellt, die allein für Objektivität sorgen würde ... Immer, wenn vom Ich abhängige Beziehungen betroffen sind – sie bilden den Mittelpunkt des Problems –, erfaßt das Kind die Logik von Beziehungen nicht, weil es zwischen sich und anderen Menschen und zwischen sich und Dingen keine Reziprozität hergestellt hat.«[18]

Piaget zufolge ist das Kind nicht vor zwei und manchmal erst mit sechs Jahren in der Lage, sich zu dezentrieren, das heißt, die Perspektive eines anderen einzunehmen und dadurch sich selbst so zu sehen, wie andere es sehen, womit die Verlagerung von einem subjektiven zu einem objektiven Standpunkt angezeigt wird. Andere epistemologisch-kognitive Theoretiker haben das Problem der Dualität ebenfalls zur Sprache gebracht.[19] Ungefähr gleichzeitig wie James kämpfte der Soziologe James Cooley mit Problemen, die sich ebenfalls auf das Selbst und seinen Ursprung bezogen. Cooley, der über die soziale Natur des Menschen und die soziale Organisation schrieb, postulierte ein Reflektor- bzw. »Spiegel«-Selbst.[20] Das Selbst wird von anderen reflektiert; diese anderen sind daher der Spiegel für das Selbst. Cooley betonte, daß Selbst und Gesellschaft ein gemeinsames Ganzes bilden und nicht ohne einander existieren können. Cooley glaubte, daß Kleinkinder sich weder des Selbst bzw.

des »Ich«, noch der Gesellschaft oder anderer Menschen bewußt sind. Kleinkinder erleben einen einfachen Strom von Eindrücken, die sich allmählich differenzieren, wenn sie sich selbst bzw. ihr »Ich« von der Gesellschaft bzw. vom »Wir« abgrenzen. Im Gefolge Cooleys machte auch George Herbert Mead einen Unterschied zwischen objektivem und subjektivem Selbst, wobei er James' »Ich« und »Mich« verwendete. Das »Ich« ist das subjektive Selbst, das »Mich« das objektive Selbst, das über das »Ich« reflektiert. Mead ging davon aus, daß die Entwicklung vom subjektiven »Ich« zum objektiven »Mich« in einem sozialen Zusammenhang stattfindet und nur durch soziales Lernen ermöglicht wird. Mead meinte, durch das Einnehmen der Perspektive des anderen sei das Kind in der Lage, ein objektives Selbst zu entwickeln, und wie Cooley glaubte er, daß das Wissen um sich selbst und das Wissen um andere sich gleichzeitig entwickeln und beide Wissensarten von sozialer Interaktion abhängen. Stark von Darwin beeinflußt, vertrat er die Ansicht, Kleinkinder seien eher aktiv als passiv und würden eher selektiv auf Reize als wahllos auf alle Ereignisse reagieren. Mead glaubte daher, daß das Kleinkind das Selbst aktiv gestaltet (er bezieht sich hier auf das objektive Selbst). Er stellte fest:

»Das Selbst hat einen Charakter, der von dem des eigentlichen physiologischen Organismus verschieden ist, das Selbst ist etwas, was eine Entwicklung hat; es ist nicht bei der Geburt von Anfang an da, sondern entsteht im Verlauf der sozialen Erfahrung und Aktivität. Das heißt, es entwickelt sich im betreffenden Individuum als Folge von dessen Beziehung zu diesem Prozeß als ganzes und zu anderen Individuen innerhalb dieses Prozesses.«[21]

Die Vorstellungen von Mead und Cooley sind sich sehr ähnlich: Beide glauben an ein duales, subjektives und objektives Selbst und die Bedeutung, die das soziale Interagieren des Kindes für seine Entwicklung vom Subjektiven zum Objektiven hat.

Obwohl ich psychoanalytische Betrachtungsweisen des Selbst nicht detailliert darstellen kann, müssen wir zwei von Freuds zentralen Ideen im Sinn behalten, die bewußten und die unbewußten Prozesse des Selbst und seine dreigeteilte Struktur. Das Es und das Ich können als Darstellungen des subjektiven und des objektiven Selbst verstanden werden, auch wenn Freuds Vorstellungen über die Dreiteilung der Persönlichkeit vor kurzem in Frage gestellt wurden.[22]

Die klassische psychoanalytische Theorie hat sich im allgemeinen nicht besonders um das Selbst gekümmert, auch wenn die Psychologie des Selbst einen Ausgleich geschaffen hat. Ich möchte meine Erörterung der Psychologie des Selbst beschränken und die Arbeit von Erikson, Mahler und Stern nur kurz erwähnen. Sie alle gehen wie ich von einer Entwicklung aus. Erikson beschäftigt sich nicht direkt mit der Entwicklung des Selbst, nur mit dem Konflikt, den es in jeder Phase auszutragen hat. Diese in jeder Phase zu lösende Aufgabe bezieht sich jedoch direkt auf die Entwicklung des Selbst. Mahler und ihre Kollegen formulieren ein Selbst-System, das sich ganz klar in einer Abfolge entwickelt.[24] Mahlers Ansicht ähnelt der Eriksons insofern, als sie die Entwicklung des Selbst als Konflikt zwischen Getrenntheit und Bezogenheit beschreibt und dies den Trennungs-/Individuationsprozeß nennt. Dieser Prozeß, dieser Konflikt dauert das ganze Leben hindurch an. Besonders interessant für uns ist Mahlers Beschreibung des Kindes in der zweiten Hälfte des zweiten Lebensjahres. Sie sieht eine erhöhte Bewußtheit des Selbst und eine damit einhergehende intensivere Beziehung zur Mutter. Sie meint auch, daß das Einfühlungsvermögen und das Verständnis für Trennung und Autonomie zwischen 18 und 24 Monaten auftauchen. Die »Liebesaffäre« des Kindes mit der Welt wird modifiziert, wenn es Frustrationen und Begrenzungen erlebt. Im dritten Jahr ist die Individualität gefestigt, Trennungen von der Mutter werden leichter ertragen, und die Fähigkeit, sich an die Stelle des anderen zu versetzen, wird ausgeprägter. Das Kind hat ein Selbst entwickelt, das von andern getrennt, aber auch mit ihnen verbunden ist.

Daniel Stern spricht von vier Arten des Selbst, die sich zwar im Lauf der Zeit entwickeln, trotzdem aber dem Kind und dem Erwachsenen zur Verfügung stehen: dem auftauchenden Selbst, dem Kern-Selbst, dem subjektiven Selbst und dem verbalen Selbst.[25] Obwohl ein solches Schema nützlich ist, enthält es auch Probleme. Sterns Ansicht, daß das Kleinkind ein differenziertes Gefühl für ein subjektives und ein objektives Selbst entwickelt, entspricht der Meinung anderer Forscher. Auch er sieht verschiedene Entwicklungsphasen, wobei die von ihm beschriebene Entwicklungsabfolge in Frage gestellt werden kann.[26]

Die Entwicklung der objektiven Selbsterkenntnis

In den letzten 15 Jahren habe ich zunächst mit Jeanne Brooks-Gunn und neuerdings mit Linda Michalson und Margaret Sullivan die Entwicklung des Selbst und des Gefühlslebens untersucht.[27] Unser Interesse an der empirischen Erforschung der Ursprünge des Selbst bezog sich zunächst auf das Erkennen des Selbst. Da Säuglinge und kleine Kinder nicht sprechen können, läßt sich der Erwerb der bislang erörterten Selbstkonzepte nur schwer untersuchen. Obwohl wir die Mutter-Kind-Interaktion oder die Interaktionen von Kindern mit Gegenständen beobachten können, geben unsere Beobachtungen uns trotz ihres Informationsgehalts keine klare Vorstellung von der Entwicklungsabfolge. Deshalb beschloß ich, das Verhalten von Kindern vor sie wiedergebenden Flächen zu untersuchen. Wenn Kinder sich ohne fremde Hilfe in einem Spiegel wiedererkennen würden, könnte man sagen, daß sie sich auf sich selbst beziehen können; für mich war dieses auf sich selbst bezogene Verhalten das bestmögliche Kennzeichen für objektive Selbsterkenntnis. Meine Kolleginnen und ich führten zahlreiche Untersuchungen durch, die vor mehr als zehn Jahren begannen. Unsere Ergebnisse zeigen, daß echte objektive Selbsterkenntnis, die als auf das Selbst bezogenes Verhalten definiert wird, sich erst in der zweiten Hälfte des zweiten Lebensjahres herausbildet. Unsere Experimente erhärten also, was andere Forscher behauptet haben.

In unserer Versuchsanordnung beobachteten wir die Reaktionen der Kinder auf Spiegel sowie auf Videobilder und Photographien. Die ziemlich einfache Spiegeltechnik, die wir benutzten, wurde von Gordon Gallup in seiner Arbeit mit nicht-menschlichen Primaten entwickelt.[28] Bei ihr wird Farbe auf die Nase des Tieres gegeben, ohne daß das Tier dies merkt; dann wird sein Verhalten vor dem Spiegel beobachtet und als Ausrichtung auf den Spiegel oder als Ausrichtung auf das Selbst klassifiziert.

Viele Tiere reagieren auf ihr Spiegelbild, als wäre es das Bild eines anderen Tieres. Hühner zum Beispiel essen in Gegenwart anderer Hühner mehr, als wenn sie allein sind; dies gilt auch dann, wenn sie sich vor ihrem eigenen Spiegelbild befinden.[29] Zudem verhalten Tiere sich so, als wären die Spiegelbilder nicht nur soziale Objekte, sondern Tiere wie sie selbst. Fische, Vögel und Affen zum Beispiel zeigen ihrem Spiegelbild gegenüber dieselbe Aggression wie gegen Artgenossen. Einige Arten, insbesondere Primaten, reagieren, als ob die Bilder *un*bekannte, und nicht *bekannte* Angehörige ihrer Spezies wären. Ein auf das Selbst im Spiegel ausgerichtetes Verhalten zeigt, daß der Organismus erkennt, daß das Bild im Spiegel zum Selbst in einem anderen Raum gehört. Wenn Farbe auf die Nase des Tieres gegeben wurde, können wir beobachten, ob das Tier den Spiegel benutzt, um seine eigene Nase zu berühren. Dies wird als Erkennen des Selbst bzw. auf das Selbst ausgerichtetes Verhalten bezeichnet. Gallups Ergebnisse sind aus phylogenetischer Sicht interessant. Er hat festgestellt, daß nur höhere Primaten, insbesondere Schimpansen und vielleicht Orang-Utans, sich erkennen und ihr Tun auf das Zeichen in ihrem Gesicht ausrichten können. Niedere Primaten, einschließlich Affen, Gibbons und Paviane, können dies nicht.

Meine Kolleginnen und ich beschlossen, diese Techniken auf die Untersuchung von Kleinkindern anzuwenden. Obwohl sie weit hergeholt erscheinen mögen, treten ähnliche Situationen im Alltag auf. Sehen Sie sich zum Beispiel die folgenden beiden Kleinkinder an:

David ist ein Zweijähriger, der seiner Mutter gern beim Kuchenbacken hilft. In seinem Überschwang bekommt er mehr Mehl auf die Hände als in die Schüssel und wird gebeten, sich waschen zu gehen. Als er in den Spiegel über der Spüle schaut, entdeckt er zu seiner Freude, daß Mehl auf seiner Backe ist, und versucht, es mit der Hand abzuwischen.

Ein anderes, 18 Monate altes Kleinkind ist gefallen, als es seiner älteren Schwester nachlief, und hat sich die Stirn geprellt. Als später am Abend die Tränen und der Schmerz vergessen sind, geht es an einem lebensgroßen Spiegel im Flur vorbei, sieht sich und die Prellung, sagt »Oh« und beginnt zu weinen; offensichtlich erinnert es sich an den Fall und an den Schmerz.

Kinder haben Spiegelerfahrungen. Bei einer vor zehn Jahren durchgeführten Untersuchung stellten wir fest, daß fast alle Kinder mindestens mehrmals wöchentlich irgendeine Spiegel-

Erfahrung hatten. Seit noch nicht allzu langer Zeit gibt es eine ganze Reihe von Spielzeugen für Kleinkinder, bei denen sie die Gelegenheit haben, sich in reflektierenden Oberflächen zu beobachten.

Unter Verwendung derselben Technik wie Gallup stellten wir fest, daß 15 bis 24 Monate alte, vor einem Spiegel plazierte Kleinkinder ihren Körper oder ihr Gesicht berühren, nachdem ihr Gesicht mit einem Zeichen versehen wurde; dabei berührten die Kinder ihr Gesicht eher nach dem Kennzeichnen als vorher. Ähnlich wie die Schimpansen verwenden sie den Spiegel, um markierte Stellen ihres Körpers zu lokalisieren und zu berühren. Mit ungefähr 15 bis 18 Monaten beginnen die Kinder ihr markiertes Bild nachzuahmen, indem sie Gesichter schneiden, die Zunge herausstrecken oder beobachten, wie sie an der Seite des Spiegels verschwinden und wieder auftauchen. Diese Verhaltensweisen scheinen zu zeigen, daß ihnen die Eigenschaften der Spiegelung zunehmend bewußter werden. Zur gleichen Zeit, in der die Kinder mit dem Imitieren beginnen, fangen sie auch an, das Zeichen auf ihrem Gesicht zu berühren. Die Ergebnisse der von uns durchgeführten verschiedenen Untersuchungen waren überraschend konsistent: Bei Kleinkindern unter 15 Monaten war das Verhalten nie auf die Markierung ausgerichtet. Bei den 18 bis 24 Monate alten kam es zu einer drastischen Zunahme: Ungefähr 75% der 18 Monate alten und alle 24 Monate alten Kinder zeigten, daß sie die Markierung erkannten.

Wir untersuchten das visuelle Erkennen des Selbst auch mit Hilfe von Abbildungen des Kindes. Die Untersuchungen über das Wiedererkennen von Bildern konzentrieren sich fast immer auf das Gesicht, weil es auch Erwachsenen sehr schwer fällt, andere Körperteile als das Gesicht wiederzuerkennen. Bei Kindern, die noch nicht sprechen können, läßt sich die Fähigkeit zum Wiedererkennen des eigenen Gesichts auf einem Bild am besten daraus ableiten, daß man ihre Reaktionen auf Bilder von sich selbst mit ihren Reaktionen auf Bilder von anderen vergleicht. Die zum Vergleich benutzten »anderen« waren den getesteten Kindern so ähnlich wie möglich, um ein unterschiedliches Reagieren aufgrund von nicht die Selbstwahrnehmung betreffenden Aspekten auszuschließen. Kleinkinder reagieren zum Beispiel auf Erwachsene ganz anders als auf Kinder und könnten daher zwischen sich und Erwachsenen aufgrund von altersspezifischen Gesichtszügen und nicht aufgrund der für sie typischen Gesichtszüge unterscheiden.

Die ersten Untersuchungen zur kindlichen Entwicklung, die Bilder benutzten, stammen unseres Wissens nach von Zazzo; er zeigte seinem Sohn während seiner ersten Lebensjahre immer wieder Bilder von sich selbst, um zu sehen, wann er sich erkennen würde.[30] Zazzo berichtet, daß dieses Erkennen mit ungefähr drei Jahren stattfand.

Meine Kolleginnen benutzten ein verfeinertes Verfahren und führten neun bis 24 Monate alten Kleinkindern Dias von sich selbst, von Gleichaltrigen desselben Geschlechts und Gleichaltrigen des entgegengesetzten Geschlechts vor. Die Bilder dazu zeigten nur das Gesicht und den Schulterbereich. Kinder unter zwei Jahren reagierten auf Bilder von sich selbst anders als auf Bilder von anderen Kindern; ihrem eigenen Bild lächelten sie mehr zu. Die frühe Differenzierung zwischen sich selbst und anderen aufgrund von Bildern erfordert möglicherweise andere perzeptiv-kognitive Hilfsstrukturen als das Erkennen der Gesichtszüge.

Manche Kinder unterscheiden zwischen Bildern von sich selbst und Bildern von Kindern des entgegengesetzten Geschlechts, aber nicht zwischen Bildern von sich selbst und Bildern von gleichgeschlechtlichen Kindern. Die Differenzierung zwischen sich selbst und anderen aufgrund von Bildern scheint im ersten Lebensjahr von perzeptiven Strukturen wie Alter und Geschlecht abzuhängen. Ab der Mitte des zweiten Lebensjahres scheinen Kinder in der Lage zu sein, ihr eigenes Bild aufgrund der unterschiedlichen Gesichtszüge zu erkennen.

Wir haben auch die verbalen Reaktionen von Kindern untersucht und Kleinkinder gebeten, in einer Serie von Bildern, die aus ihrem Bild und den Bildern anderer Kinder bestand, ihr Bild zu zeigen und zuzuordnen. Wie viele Sprachforscher festgestellt haben, ging das Verständnis der Verbalisierung voraus. Fast alle Kinder konnten mit 18 Monaten auf ihr eigenes Bild im Gegensatz zu anderen Bildern zeigen. Aber die meisten konnten erst mit 21 bis 24 Monaten ihr eigenes Bild auch etikettieren, obwohl ein paar Ausnahmen dies schon mit 15 Monaten taten. Personalpronomen erscheinen zwar am Ende des zweiten Lebensjahres, wurden aber von den meisten Kindern erst im Alter von 30 bis 36 Monaten benutzt – ein Ergebnis, das auch von Gesell berichtet wird.[31] Die Verwendung von Personalpronomen ist nicht nur in bezug auf den Erwerb subjektiver Selbsterkenntnis, sondern auch im Hinblick auf die linguistische Repräsentation des Selbst ein interessanter Meilenstein. Obwohl Kinder sich auf andere Kinder mit »du«, »er« oder »sie« und nie mit »ich« oder »mich« beziehen, und obwohl sie hören, daß andere sich selbst als »ich« und nicht als »du«, »er« oder »sie« bezeichnen, beziehen sie sich meist nicht mit »du« auf sich selbst oder mit »ich« auf andere. Interessanterweise ist bei autistischen und blinden Kindern beobachtet worden, daß sie die Personalpronomen falsch verwenden; sie verwenden »ich« für andere und »du« für sich selbst.[32]

Die Untersuchung der Verwendung des Personalpronomens scheint darauf hinzuweisen, daß das Pronomen für die erste Person, »ich«, mit 20 bis 24 Monaten erscheint: Die Pronomen der zweiten und dritten Person, »du«, »er«, »sie«, erscheinen ungefähr zwei Monate später. Wenn Kleinkindern Fragen wie: »Wo sind meine Haare?«, »Wo sind deine Haare?« und »Wo ist ihr Haar?« gestellt wurden, reagierten sie auf die Frage mit dem

Pronomen in der zweiten Person früher als auf die Frage mit dem Pronomen in der ersten Person, obwohl sie in spontanen Unterhaltungen »ich« früher korrekt benutzten als »du«. Es scheint, daß Kleinkinder sich auf die Folgerichtigkeit des Sprechens konzentrieren und »ich« und »du« angemessen verwenden, und nicht die Äußerungen anderer einfach nachmachen. Wenn auf die Testperson Bezug genommen wird (»ich«, wenn das Kind spricht, »du«, wenn der Erwachsene spricht), ist die Verwendung der Personalpronomen zudem eher korrekt und tritt früher auf, als wenn auf jemand anderen Bezug genommen wird (»du«, wenn das Kind spricht, »ich«, wenn der Erwachsene spricht).

Wir beobachteten auch kindliche Reaktionen auf das Erkennen des Selbst in Filmen und Videobändern. Zazzo zeigte seinem Sohn Bilder und zu Hause gedrehte Filme. In diesen Filmen erkannte das Kind sich in seinem dritten Lebensjahr. Heute sind nicht mehr zu Hause gedrehte Filme, sondern Videobänder das bevorzugte Medium für die Untersuchung des Selbsterkennens und sich bewegender Repräsentanzen. Bei einer unserer Video-Untersuchungen wurden Kinder zwischen neun und 24 Monaten vor einen Fernsehbildschirm gesetzt und sahen neben anderen Aufzeichnungen ein Videoband von sich selbst in derselben Umgebung, das eine Woche vorher aufgenommen worden war, oder ein Videoband von einem Kleinkind desselben Geschlechts und Alters in derselben Umgebung. Bei einem anderen Videoband wurde dasselbe Verfahren benutzt, mit einer interessanten Ergänzung: Eine unbekannte Person nähert sich dem getesteten Kind oder einem anderen Kind leise von hinten. Das Näherkommen ist auf dem Bildschirm zu sehen, obwohl die Person natürlich nicht wirklich im Raum anwesend ist. Die Kinder achteten auf den Fremden eher und wandten sich ihm eher zu, wenn sie das Videoband von dem anderen Kind und nicht von sich selbst sahen; dagegen machten sie in Reaktion auf das Band von sich selbst eher Geräusche als in Reaktion auf das Band vom anderen Kind. Unterschiedliche Reaktionen auf das Band von sich bzw. anderen traten mit ungefähr 15 bis 18 Monaten auf und zeigen objektive Selbsterkenntnis.

Die Untersuchungen deuten auf eine ontogenetische Abfolge beim Erkennen des Selbst hin, die ich als Gradmesser für den Erwerb eines auf das Selbst bezogenen Verhaltens bzw. objektiver Selbsterkenntnis benutze. Aufgrund unserer Beobachtungen und anderer Informationen über die kindliche Entwicklung kann ich die Herausbildung der verschiedenen Modi des Selbst nachvollziehen. Obwohl ich diese Modi als ontogenetische Sequenz präsentiere, ist der Gedanke wichtig, daß beim Erwachsenen am Ende alle Modi vorhanden sind. Das Erreichen eines höheren Modus bedeutet nicht zwangsläufig die Aufhebung eines niedrigeren. Wenn das Kind also neue, andere Modi des Selbst entwickelt, existieren die früheren weiter. Frühere Modi werden nicht durch spätere ersetzt; die unterschiedlichen Modi werden das ganze Leben über weiterentwickelt.

Modi des Selbst: Von Reflexen zu objektiver Selbsterkenntnis

In Anlehnung an Kurt Fischers Ebenen-Theorie[33] definiere ich die drei Modi des Selbst, die jeder Erwachsene besitzt, als (1) sensomotorische affektive Arten des Wissens, (2) vorstellendes Wissen und (3) abstraktes Wissen. Obwohl die Arten des Wissens sich während der ersten beiden Lebensjahre herausbilden, existieren sie von ihrem ersten Auftreten an weiter und entwickeln sich. Obwohl sie also auf einem Reifungsprozeß beruhen, hängen sie auch mit der Transaktion des Organismus mit seiner Umgebung zusammen.

Sensomotorisches affektives Wissen

Von der Geburt bis zu acht Monaten dominiert das sensomotorische affektive Wissen vom Selbst. Die erste Hälfte dieser Zeitspanne wird durch Reflexe charakterisiert, die die Transaktionen des Kindes mit seiner Umgebung bestimmen. Diese Reflexe bzw. Handlungsmuster dienen der entwicklungsgemäßen Anpassung, das heißt, sie erlauben dem Kind, vom Augenblick der Geburt an in seiner Welt zu überleben. Kinder benötigen unmittelbar nach der Geburt bestimmte Fähigkeiten. Sie haben keine Zeit, diese Fähigkeiten allmählich zu erwerben, denn manchmal müssen sie ohne vorausgehende Erfahrung handeln können. Zu den Anpassungs-Reflexen gehört etwa, daß hellen Lichtern oder Gegenständen, die sich auf das Kind zubewegen, zugezwinkert wird, daß es lächelt und bei Kummer weint. Fütterungsreflexe wie Schlucken und Saugen sind lebenswichtig, damit das Kind Nahrung aufnehmen kann. Die zweite Hälfte dieser Zeitspanne betrifft Reflexe, Verhaltensmuster oder Arten des Wissens, die mit dem Umgang des Kindes mit seiner sozialen und Objekt-Welt zu tun haben. Ein Beispiel dafür ist das Greifen. Das Kind scheint irgendwie seinen Platz im Raum zu kennen, denn es kann nach Gegenständen greifen und sie fassen, die in einer bestimmten Raum/Zeit lokalisiert sind, und Entfernungen ahnen, denn die Greif-Reaktion scheint davon beeinflußt zu werden, ob Gegenstände nah oder weit weg sind.[34]

Gegen Ende der ersten acht Lebensmonate bildet das vorstellende Wissen sich heraus und ist neben dem reflexartigen Wissen wirksam. Auch das vorstellende Wissen vom Selbst erscheint und existiert neben dem reflexartigen Wissen vom Selbst; insbesondere taucht das Wissen auf, die eigene Position in Raum und Zeit neben den anderen als von sich selbst verschieden zu erkennen.

Vorstellendes Wissen

Dieser zweite Wissensmodus taucht mit ungefähr acht oder neun Monaten auf. Die Entwicklung des aktiven Gedächtnisses ist ein wichtiger kognitiver Meilenstein. Dank des Gedächtnisses kann das Kind wesentlich andere Aspekte des Wissens von sich selbst entwickeln. Das Gedächtnis befreit es von der völligen Abhängigkeit vom Hier und Jetzt und der einzigen Form des Wissens, dem sensomotorischen affektiven Wissen. Das Gedächtnis beschränkt sich in dieser Phase auf konkrete Repräsentationen von Menschen und Gegenständen; es umfaßt keine abstrakten Repräsentationen, die später kommen.

Die, wenn auch eingeschränkte, Fähigkeit zum Vorstellen hat andere wesentliche Implikationen. Das Wissen des Kindes um Gegenstände hängt nicht mehr von seiner sensomotorischen affektiven Ebene ab. Das Kind greift nun nach Gegenständen, die es nicht mehr sehen kann, die aber, wie es sich erinnert, versteckt wurden. Das Kind *stellt sich* Gegenstände *vor*, auch solche, die es nicht sieht. Noch wichtiger jedoch ist der Einfluß des Gedächtnisses und also der Vorstellung auf anspruchsvollere kognitive Aktivitäten, etwa die Entdeckung von Mittel und Zweck und das Erkennen der Kausalität.[35]

Das Wissen des Kindes von sich selbst wird durch das Gedächtnis vermehrt, denn es kann sich an Handlungen erinnern, die in der Objektwelt zu bestimmten Folgen geführt haben. Dasselbe gilt für sein Handeln in der sozialen Welt. Weil es sich jetzt an Verhaltensweisen und Menschen erinnern kann, kann es erfolgreiche Handlungen wiederholen. In dieser Phase kollidieren die Vorstellungen im Gedächtnis oft, denn sie sind abstrakt. So hat das Kind manchmal Interaktionen mit seiner Mutter, die zu positiven affektiven Zuständen und erwünschten Zielen führen, und dann wieder hat es Interaktionen, die zu negativen affektiven Zuständen, dem Nicht-Erreichen von Zielen und Frustrationen führen. Diese Vorstellungen müssen nebeneinander existieren, weil das Kind noch nicht in der Lage ist, sie zu organisieren und zu kombinieren. Im Hinblick auf seine sozialen Beziehungen bedeutet dies, daß es von einem guten und von einem bösen Vater (bzw. einer guten und einer bösen Mutter) und guten und bösen Handlungen weiß. Die Unfähigkeit, diese Aspekte von Eltern und Handlungen integrieren zu können, kann zu psychischen Problemen führen.[36]

Dank des Gedächtnisses kann das Kind überdauernde Vorstellungen von sich selbst, wichtigen anderen Menschen und Interaktionen schaffen. Der soziale Austausch, den wir bei Kindern zwischen acht und 15 Monaten erleben, zeigt eine anspruchsvolle und komplexe soziale Gestaltetheit, die teils auf dem reflexartigen sensomotorischen affektiven Wissen der ersten Ebene und teils auf der – auf dem Gedächtnis beruhenden – Vorstellung der zweiten Ebene basiert. Das vom Kind gezeigte Wissen über sich selbst, andere und Interaktionen zwischen sich und anderen ist anspruchsvoll und scheint aus der Sicht eines Dritten komplex und seiner Struktur nach erwachsenenähnlich. Viele Verhaltensweisen von Kindern dieses Alters weisen tatsächlich erwachsenenähnliche Muster auf, obwohl die Kinder sehr viel weniger vorstellendes Wissen und Abstraktionsvermögen besitzen und die Dauer des Behaltens kürzer ist.

Was weiß ein Kind dieses Alters? Es weiß, daß bestimmte Handlungen bestimmte Folgen haben; es weiß, wie es ist, wenn es andere Menschen einbezieht, und es weiß, wenn es etwas falsch macht. Das heißt, es hat ein fortgeschrittenes vorstellendes Wissen seiner eigenen und fremder Handlungen; es kann differenzieren und weiß um sein Interagieren. Das Kind zeigt in seinem sozialen Austausch, daß es (1) von Ereignissen weiß, die *es* als Mittelpunkt haben (genannt Selbst in Zeit/Raum), (2) von anderen verschieden ist (genannte Selbst/anderer), (3) überdauernde Muster besitzt (genannt Permanenz) und (4) bei bestimmten Interaktionen weiß, welche Handlungen mit Handlungen anderer übereinstimmen. Dieses Wissen über das Selbst ist jedoch vorstellend. Als solches ist es subjektiv. Das Kind hat ein *Ich*, aber kein *Mich*. Das objektive Selbst bildet sich erst mit dem abstrakten Wissen heraus.

Abstraktes Wissen

Ab ungefähr der zweiten Hälfte des zweiten Lebensjahres entwickeln Kinder die Fähigkeit zur Abstraktion. Ihre Vorstellungen beschränken sich nicht mehr auf das Reale: Das Kind kann jetzt Vorstellungen von Vorstellungen erzeugen. Durch die Abstraktion kann es Gegenstände und Menschen klassifizieren und über zukünftige und vergangene Ereignisse nachdenken; und sie erlaubt dem Kind, widersprüchliche Ereignisse in Einklang zu bringen.

Das Kind kann sich jetzt an relativ lange zurückliegende Zeiten erinnern. Noch wichtiger ist, daß auch das Gedächtnis selbst abstrakt geworden ist. Das abstrakte Wissen erlaubt die Ausbildung der Sprache und damit die weitergehende Entwicklung der Abstraktionen. In der vorstellenden Phase hatte das Kind Vorstellungen von bzw. Erinnerungen an Ereignisse; jetzt hat das Kind Erinnerungen an Erinnerungen, das heißt, es kann sich daran erinnern, daß es sich erinnert. Mit dem Auftreten dieser Fähigkeit zeigen sich im sozial-affektiven und im kognitiven Bereich zahlreiche Fähigkeiten. So kann das Kind durch sein Verständnis der Kausalität Mittel-Zweck-Beziehungen erkennen und daher das haben, was ich objektive Intentionen genannt habe; außerdem kann es zur Klassifizierung nicht nur reale, sondern auch abstrakte Größen heranziehen.[37]

Bis zum Ende des zweiten Lebensjahres haben alle drei Modi des Wissens vom Selbst sich herausgebildet. Der sensomotorisch-affektive und der vorstellende Wissensmodus bleiben erhalten, wenn das abstrakte Wissen sich entwickelt. Alle Wissensmodi entwickeln sich weiter, sobald sie aufgetaucht sind. Das affektive Wissen vom Selbst entwickelt sich weiter, wenn neue Emotionen auftauchen. Dasselbe kann vom motorischen Wissen gesagt werden. Die motorischen Fertigkeiten von Kindern entwickeln sich im Lauf der Zeit. Das Kind in der Mitte der Kindheit zum Beispiel lernt Sport, und durch diese neuen Formen körperlicher Aktivität lernt es sich durch ein anspruchsvolleres motorisches Verhalten kennen. In der Adoleszenz stellt die Pubertät dem Heranwachsenden weitere Arten des Wissens zur Verfügung. Ähnliches kann über das sensorische Wissen gesagt werden. Die sensorischen Systeme entwickeln sich, wenn wir älter werden. Die Sinne verändern sich im Verlauf des Lebens, was jede 50jährige mit Zweistärkenbrille bestätigen wird.

Auch die anderen Wissensmodi ändern sich. Durch die gesteigerte Gedächtniskapazität, Ergebnis der Entwicklung neuraler Netzwerke, ändern sich die Vorstellungen, deren ein Mensch fähig ist. Die vorstellenden Erinnerungen werden komplexer und unterstützen neue und anspruchsvollere Arten des Wissens. Schließlich entwickeln sich auch die Abstraktionen weiter. Piaget hat die Entwicklung des Denkens von zwei Jahren bis zum Teenageralter brillant beschrieben. Jeder Wissensmodus folgt einem Entwicklungspfad, der im Verlauf der Entwicklung immer anspruchsvoller wird.

Die drei Modi des Wissens von sich selbst entsprechen dem von mir dargestellten subjektiven und objektiven Selbst. Das erwachsene subjektive Selbst besteht aus reflexartigem und vorstellendem Wissen, die wahrscheinlich auf einer subkortikalen Ebene (der limbischen Hirnregion zum Beispiel) angesiedelt sind. Wie wir gesehen haben, ist das subjektive Selbst zur Selbst-Regulierung von Körperprozessen und zu erlerntem Verhalten fähig. LeDoux' Untersuchungen über Konditionierung zeigen, daß auf dieser subjektiven Ebene des Selbst ziemlich komplexe Lernprozesse stattfinden können.

Die objektive Selbsterkenntnis von Erwachsenen entspricht dem abstrakten Wissen vom Selbst, das wahrscheinlich im Neokortex, insbesondere den Stirnlappen, angesiedelt ist und wahrscheinlich mit Sprache zusammenhängt. (Siehe etwa Pribrams Untersuchungen und die Forschungen zum Blindsehen.) Die objektive Selbsterkenntnis, die notwendig ist, damit wir uns und unsere Körperprozesse empfinden können, ermöglicht das Nachdenken über die anderen Modi, da das subjektive Selbst keine abstrakten Fähigkeiten besitzt.

Ursachen für die Entwicklung des Selbst

Ich habe die Modi der Selbsterkenntnis umrissen, die in objektiver Selbsterkenntnis gipfeln. Außerdem habe ich die Meinung vertreten, daß alle drei Modi Erwachsenen verfügbar sind, weil sie sich nicht ineinander verwandeln. Jetzt bleibt noch die Frage, wie diese Modi sich aus ontogenetischer Sicht entwickeln und wie die objektive Selbsterkenntnis bei Erwachsenen, die öfter die beiden anderen Modi benutzen, angeregt werden kann. Der erste Anstoß zur Entwicklung des Selbst hat mit der sozialen Welt zu tun; der zweite hängt mit Reifungsprozessen zusammen, die mit Veränderungen der biologischen Strukturen zu tun haben; der dritte ist eine Folge der Interaktion von sozialer Welt und biologischer Veränderung.

Baldwin, Mead und Cooley haben sich auf den sozialen Anstoß konzentriert. Obwohl unklar ist, ob Mead bei der Entwicklung der objektiven Selbsterkenntnis Reifungsprozesse am Werk sah, ist für ihn sicher der Umgang des Kindes mit seiner sozialen Umwelt die Ursache für seine Entwicklung. Allein kann das Kind kein Gefühl für sich selbst bzw. objektive Selbsterkenntnis entwickeln. Mead benutzt das Beispiel eines Jungen, der eine Straße entlangläuft. Der Junge hat eine rudimentäre Kenntnis von seinem Körper (subjektiv), die aber kein echtes Selbst begründet (objektiv). Für Mead besteht die Entwicklungsaufgabe des Kindes darin, von der Erkenntnis seiner selbst zurückzutreten und einen äußeren Standpunkt einzunehmen. Es muß einen außerhalb von sich selbst gelegenen Standpunkt einnehmen und dann auf sich selbst zurückblicken. Die Fähigkeit, auf sich selbst zurückzublicken, bedeutet, daß man in die Rolle eines anderen schlüpft, so, als würde der Junge den Kopf eines anderen betreten und sich so beobachten, wie andere ihn beschreiben. Für Mead führt die Art und Weise, in der andere das eigene Selbst beschreiben, zu objektiver Selbsterkenntnis.

Elternfiguren beeinflussen durch ihr Tun das Kind bei seiner Absolvierung der verschiedenen Ebenen der Entwicklung. Schlechte Elternfiguren müßten daher zu Brüchen in der objektiven Selbsterkenntnis führen. Diese Ansicht wird von fast allen Sozialtheoretikern vertreten. Obwohl sie anziehend und auf den ersten Blick vernünftig ist, zeigt eine eingehendere Betrachtung ihre Mängel. Am wichtigsten ist, daß außer bei den besonderen Kategorien psychotischer oder autistischer Kinder nichts darauf hindeutet, daß eine schlechte Betreuung die Entwicklung der objektiven Selbsterkenntnis verhindert. Obwohl gezeigt wurde, daß eine schlechte elterliche Betreuung (1) beeinflußt, wie Kinder über sich selbst denken (das heißt, ob sie sich als gute oder schlechte Menschen betrachten), (2) ihr Einfühlungsvermögen vermindert und (3) ihre Fähigkeit zur Selbstreflexion beeinträchtigt, deutet nichts darauf hin, daß eine schlechte elterliche Betreuung zu fehlender objektiver Selbsterkenntnis führt. Grundlage für Mahlers Untersuchungen und Theorien war ihre Arbeit mit autistischen Kindern. Ihre Individuationserklärungen sind vielleicht für diese spezielle Kategorie von Kindern sinnvoll, aber auch da habe ich gewisse Zweifel. Heute wird angenommen, daß Autismus bei Kindern sehr stark biologisch beeinflußt wird. Die Theorie vom sozialen Ursprung der Selbsterkenntnis bleibt daher zweifelhaft. Unzweifelhaft jedoch ist, daß die Eigenschaften, die wir zu haben meinen, also die Aspekte unseres objektiven Selbst, von sozialen Faktoren beeinflußt werden. Obwohl ich multiple Persönlichkeiten bzw. multiple »Selbste« erst in Kapitel 9 erörtern werde, möchte ich hier betonen, daß sie fast immer durch schlechte elterliche Betreuung, insbesondere schwere elterlichen Mißbrauch verursacht werden. Auch hier jedoch fällt die objektive Selbsterkenntnis nicht weg: Es ist nur so, daß solche Kinder multiple objektive Persönlichkeiten hervorbringen.[38]

Die Elternfigur als Spiegel spielt eine wichtige Rolle bei der Entwicklung des Selbstbildes, aber nicht bei der Entwicklung der objektiven Selbsterkenntnis. Kenneth Kayes meint in seinem interessanten Buch über die Interaktionen von Kindern mit ihren Eltern, daß das Bedeutungssystem, das die Eltern dem Kind vermitteln, die Veränderungen verursacht.[39] Kaye nimmt an, daß das Bedeutungssystem des Erwachsenen, das sich in seinem Verhalten gegenüber dem Kind äußert, etwas hervorbringt, was das Kind nach Meinung des Elternteils schon hatte. Die elterliche Überzeugung, daß ihre Kinder Selbsterkenntnis besitzen, dient in gewisser Weise also als Mechanismus, durch den Kinder Selbsterkenntnis erwerben. Dies ist aus der Sicht der Hermeneutiker eine vernünftige Position: Die Bedeutung ist nicht im Individuum vorhanden, sondern ergibt sich aus kollektiver Übereinkunft. Der Erwerb objektiver Selbsterkenntnis dürfte sich vom Erwerb anderer Bedeutungsformen nicht unterscheiden, denn Selbsterkenntnis ist eine Vorstellung, die wir von uns selbst haben. Die sozial-kognitiven Theoretiker nähern sich mit ihrer Spiegel-Position sehr stark Kohut und Fairbairn an, für die das Wissen sich durch das soziale Milieu entwickelt.[40] Sicher hat es den Anschein, daß der Erwerb von Wissen über das Selbst und die verschiedenen von Kindern erreichten Ebenen des Wissens vom Selbst bis zu einem bestimmten Grad von der sozialen Umgebung bestimmt werden. Aber die Annahme, die besondere biologische Ausstattung des Menschen spiele für den Erwerb objektiver Selbsterkenntnis keine Rolle, scheint nicht vernünftig.

In all diesen Theorien ist die Beziehung zwischen dem Kind und seinen erwachsenen Artgenossen die Grundlage dafür, daß es etwas über die soziale Welt und andere, auch sich selbst, weiß. Trotzdem bleibt unklar, durch was die objektive Selbsterkenntnis gefördert wird und wie die soziale Umwelt diese verschiedenen Arten, von sich selbst zu wissen, dem Kind näherbringt. Aber der gesunde Menschenverstand zeigt, daß ein Goldfisch keine objektive Selbsterkenntnis entwickelt, auch wenn man ihn wie ein Kleinkind behandeln würde. Offensichtlich muß das genetische Potential des Kindes eine solche Entwicklung erlauben und ermöglichen.

Wenn die soziale Umgebung allein also nicht für die Veränderung verantwortlich sein kann, ist es dann eine genetisch beeinflußte Reifung? Psychotische und autistische Kinder zeigen oft keine objektive Selbsterkenntnis, wenn wir diese Fähigkeit am Erkennen des Selbst messen.[41] Der Psychoanalytiker Theodore Shapiro hat mich darauf hingewiesen, daß die autistischen Kinder, die zeigen, daß sie sich selbst erkennen, die sind, die am ehesten genesen. Der Nicht-Erwerb objektiver Selbsterkenntnis liegt möglicherweise an biochemischen Faktoren oder einer mangelnden kognitiven Entwicklung.

Daß die objektive Selbsterkenntnis sich durch Reifungsprozesse entwickelt, wird auch von Forschungsergebnissen über Unterschiede im Intelligenzalter erhärtet. Das Intelligenzalter ist einfach ein Versuch, die Fähigkeiten von Kindern im Hinblick auf die anderer Kinder einzuschätzen. Es ist eine Darstellung der intellektuellen Fähigkeit des Kindes zu einem bestimmten

Zeitpunkt. Bei einer Reihe von in unserem Labor durchgeführten Untersuchungen beobachteten wir Kinder mit geistigen Behinderungen und stellten fest, daß Kinder ein Intelligenzalter von ungefähr 15 bis 20 Monaten brauchen, um sich selbst erkennen zu können. Wir stellten fest, daß Kinder mit einem Down-Syndrom sich selbst erkennen können, wenn sie ein Intelligenzalter von 18 Monaten erreicht haben. Wenn ein drei Jahre altes Down-Kind nur ein Intelligenzalter von einem Jahr hat, wird es sich wahrscheinlich nicht selbst erkennen; aber ein 30 Monate altes Down-Kind, das ein Intelligenzalter von 15 bis 18 Monaten hat, wird sich erkennen. Es ist klar, daß für das Selbsterkennen und den Erwerb objektiver Selbsterkenntnis bestimmte geistige Fähigkeiten erforderlich sind. Was genau diese Fähigkeiten sind, ist noch nicht klar. Obwohl die soziale Umgebung das Intelligenzalter von Kindern bis zu einem gewissen Grad beeinflussen kann, wird es im allgemeinen durch Reifungsprozesse im kindlichen Nervensystem bestimmt.

In den meisten Fällen wird am ehesten die Kombination von Reifung und sozialem Kontext die objektive Selbsterkenntnis erklären. Duval und Wicklund haben vorgeschlagen, daß mindestens drei Bedingungen erfüllt sein müssen, damit das Kind objektive Selbsterkenntnis entwickelt: (1) Es muß eine Entität geben, die einen anderen Standpunkt als das Kind hat; (2) die beiden unterschiedlichen Standpunkte müssen dasselbe Objekt betreffen; (3) das Kind muß sich dieser beiden unterschiedlichen Meinungen gleichzeitig bewußt sein. Duval und Wicklund gründen ihre Position auf der Überzeugung, daß das objektive Selbst sich vom subjektiven Selbst differenziert. Zu Beginn handelt, bemerkt und denkt das Kind, aber es richtet seine Aufmerksamkeit nicht auf sich selbst. Die Ausrichtung der Aufmerksamkeit auf das Selbst setzt einen Konflikt zwischen dem Tun des Kindes und dem Tun anderer voraus. Dieser Konflikt ermöglicht dem Kind, seine Handlungen, Gedanken und Gefühle zu objektivieren und so objektive Selbsterkenntnis zu entwickeln.

Der Konflikt wird am ehesten in der sozialen Welt auftreten. Damit er auftritt, muß das Kind in der Lage sein, zwei Ereignisse simultan zu sehen und zu vergleichen. Die Gleichzeitigkeit setzt voraus, daß das Kind sich ein Ereignis A in Raum/Zeit ansieht, sich an Ereignis A erinnert, und sich dann Ereignis B ansieht. Wenn das Kind sich nicht an A erinnern kann, wenn es sich B ansieht, wird B ziemlich neu sein, und ein Vergleich ist nicht möglich. Ich habe die Meinung vertreten, daß die Fähigkeit zum Vergleichen Erinnerungsfähigkeit voraussetzt, und daß diese Erinnerungsfähigkeit mit ungefähr acht Monaten zum Vergleichen ausreicht. Wichtig ist hier, daß bestimmte reifungsbezogene Fähigkeiten – insbesondere die Zunahme des Gedächtnisses und dadurch die Fähigkeit, zu vergleichen – die Vorbedingungen für Bewußtsein sind. Ein anderer Mensch mit einem unterschiedlichen Standpunkt ist nur insoweit notwendig, als die Gleichzeitigkeit des Unterschieds wichtig dabei ist, daß das Kind einen Vergleich vornimmt; die gleichzeitigsten und diskrepantesten Ereignisse in der Welt des Kindes sind nun andere soziale Objekte, insbesondere die Eltern. Wenn etwa das Kind beginnt, nach einem Spielzeug zu greifen, und die Mutter ihm sagt, daß es das nicht tun soll, werden der Wunsch und das Handlungsmuster, nach dem Spielzeug zu greifen, unterbrochen. Dieser simultane Vergleich fördert das objektive Selbst. Duval und Wicklund meinen:

»Die Interaktion muß einen Widerspruch zwischen dem Wahrnehmen, Denken und Tun des Kindes zu einem bestimmten Zeitpunkt und denselben Prozessen zu einem anderen Zeitpunkt hervorrufen. Daher haben wir unbeschadet aller Kontakte, die das Kind mit der Welt hat, nur zwei Möglichkeiten. Erstens: Das Kind weicht von einer früheren

Meinung ab. Aufgrund einer Überprüfung der Realität ändert es seine Meinung zu einem Objekt und stellt einen Widerspruch zu seiner früheren Meinung fest. Zweitens: Die Nicht-Übereinstimmung mit den Wahrnehmungen eines anderen. Jetzt muß geprüft werden, ob beide Alternativen die Bedingung erfüllen, die zur Aktivierung des wahrnehmungsbezogenen Differenzierungsmechanismus notwendig ist.«[42]

Unter Bezugnahme auf Piagets Arbeit zum Dezentrieren kamen sie zu dem Schluß, daß die Eltern-Kind-Beziehung tatsächlich zu dieser Objektivierung führen kann, zum Teil, weil Interaktionen die Zeitspanne zwischen den beiden Wahrnehmungen füllen – der Wahrnehmung des Kindes und seiner Wahrnehmung, daß der andere eine andere Wahrnehmung hat.

Wichtig ist die Gleichzeitigkeit differierender Meinungen und Wahrnehmungen. Wahrnehmungsbezogene Unterschiede entstehen am ehesten in Konfliktsituationen, in denen Bestrafungen und negative Verbote vorkommen.[43] Interessanterweise gleicht diese Analyse der psychoanalytischen Ansicht vom Auftauchen der sekundären Denkprozesse. Die Unfähigkeit des Es, sein Ziel in der Welt zu erreichen, führt zur Entstehung der Ich-Mechanismen. Der Wunsch, etwas zu essen, ruft ein gesetzmäßiges Planen in der Welt nur dann hervor, wenn die Umgebung mit den Wünschen des Es kollidiert.

Zusammenfassend: Am Ende des zweiten Lebensjahres haben Kinder ein kompliziertes Selbst-System entwickelt. Obwohl es im Verlauf des Lebens wichtige Veränderungen durchmacht, sind seine Hauptmerkmale jetzt aktiviert. Dazu gehören drei Modi des Wissens um sich selbst, von denen die objektive Selbsterkenntnis als letzter auftaucht. Obwohl alle drei Modi von Erwachsenen (und Kindern über zwei Jahren) benutzt werden, wird der Modus der objektiven Selbsterkenntnis mit den Emotionen Scham, Schuld und Stolz in Verbindung gebracht.

4
Selbstreflexion und Scham

Als mir das Ausmaß der Scham im Alltag bewußt wurde und ich die Ansichten anderer Forscher untersuchen wollte, beschäftigte ich mich zunächst mit der psychoanalytischen Literatur. Ich tat dies besonders deshalb, weil ich dachte, Freuds Unterscheidung zwischen Über-Ich, Ich und Es würde einen Schlüssel zum Verständnis dieses Problems liefern. Ich entdeckte jedoch, daß weder Freud noch andere Verfechter der klassischen Psychoanalyse noch die Anhänger der Objektbeziehung das Thema eingehend untersucht hatten. Wie Donald Nathanson gesagt hat, ist die Scham in den Schriften Freuds und, zumindest bis vor kurzem, in der psychoanalytischen Literatur im allgemeinen auffallend abwesend.[1]

Die Psychoanalyse und das Thema Scham

Die psychoanalytische Theorie verbindet Ursprung und Auslösung der Scham mit der Reinlichkeitserziehung. Für Fenichel zum Beispiel wird Scham durch die Reinlichkeitserziehung hervorgerufen, wobei er aber eher vom Training des Wasserlassens als von dem des Stuhlgangs spricht.[2] Freud erörtert in seinen späteren Schriften die Funktionen der Schuld, sagt aber wenig über Scham. Bei seiner Darstellung der Schuld macht er ganz deutlich, daß er nicht über Scham spricht. Für Freud ist das Über-Ich – der Mechanismus, durch den elterliche Normen vom Selbst verinnerlicht werden – und insbesondere die Furcht des Kindes, bei einem Vergehen von den Eltern durch Liebesentzug oder sonstwie bestraft zu werden, die Ursache des Schuldgefühls.[3]

Freuds Erörterung der Schuld im Hinblick auf das Über-Ich gleicht seiner Erörterung der Schuld im Hinblick auf die instinktiven Triebe und ihre Äußerung. Für Freud lassen sich Angst bzw. Furcht direkt als Schuld übersetzen. Die mit dem Über-Ich zusammenhängenden zwei Phasen bei der Entwicklung des Schuldgefühls sind erstens die Furcht vor Autoritäten und zweitens die Furcht vor dem Über-Ich selbst, sobald die Normen der Autorität verinnerlicht wurden. In einem gut entwickelten Über-Ich entsteht das Schuldgefühl nicht nur, wenn eine Verletzung begangen wird, sondern auch dann, wenn eine Verletzung erwartet wird. Die Schuld, auf die Freud sich konzentriert, bezieht sich nicht auf das ganze Selbst, sondern eher auf dessen Handlungen. Daher sagt er in *Das Unbehagen in der Kultur*, daß der Betreffende bei einem Vergehen »seine Seele sucht, seine Sündhaftigkeit bekennt, die Ansprüche an sein Gewissen steigert, sich Abstinenz auferlegt oder sich mit Buße bestraft«.[4] Für Freud ist Schuld also die spezielle und konzentrierte Reaktion auf ein Vergehen, das durch Abstinenz und Buße korrigiert werden kann.

Freud beschäftigt sich mit Schuld, nicht mit Scham. Psychopathologisch ist ein überentwickeltes Schuldgefühl, das die Folge eines überentwickelten Über-Ich ist. Bei einem normalen Funktionieren verurteilt das Über-Ich das Ich. Diese Verurteilung wiederum führt zu normaler Schuld. In *Das Ich und das Es* erörtert Freud das Problem eines überstarken Gewissens bzw. Schuldgefühls.[5] In einer solchen Situation

»zeigt [das Über-Ich] besondere Strenge und wütet oft grausam gegen das Ich. Das Ich-Ideal weist bei diesen beiden Zuständen, Zwangsneurosen und Melancholie, neben der Ähnlichkeit Unterschiede auf, die nicht weniger bedeutsam sind. Bei bestimmten Zwangsneurosen ist das Schuldgefühl überlaut, kann sich aber dem Ich gegenüber nicht rechtfertigen. Infolgedessen rebelliert das Ich des Patienten gegen die Schuldzuschreibung und sucht die Hilfe des Arztes, um sie zurückzuweisen ... Bei der Melancholie ist der Eindruck, das Über-Ich habe das Bewußtsein in seiner Gewalt, sogar noch stärker, aber hier wagt das Ich keinen Einwand. Es gibt seine Schuld zu und unterwirft sich der Bestrafung.«

Wenn Freud Scham erwähnt, geschieht dies gewöhnlich im Zusammenhang mit Trieben und Impulsen, die eingeschränkt werden müssen. Bei der Besprechung aufgegebener Impulse aus den erogenen Zonen stellt er zum Beispiel fest, daß diese Impulse

»an sich pervers erscheinen – sie gehen von erogenen Zonen aus und leiten ihre Aktivität von Instinkten ab, die im Hinblick auf die Entwicklung des Betreffenden nur unangenehme Gefühle wecken können. Sie [die Impulse] rufen infolgedessen entgegengesetzte seelische Kräfte [reagierende Impulse] hervor, die die Dämme ... von Ekel, Scham und Moral aufbauen, um dieses Mißfallen affektiv zu unterdrücken.«[6]

Obwohl Fenichel vier Abwehrgründe erwähnt, nämlich Ekel, Angst, Scham und Schuld, konzentrierte Freud sich hauptsächlich auf Angst. In seinem Gefolge haben viele andere Forscher, zum Beispiel Sullivan, Rank und Horney, Angst als Signal für Abwehr gedeutet.[7] Freud und das klassische psychoanalytische Denken beschäftigen sich offensichtlich mit Schuld und Strafe, und nicht mit Scham.

Erik Erikson erörtert Scham, aber auch er unterscheidet Scham und Schuld nicht genau. Er steht der Darwinschen Ansicht näher, denn er meint, daß Scham entsteht, wenn »man völlig exponiert ist und weiß, daß man angesehen wird, das heißt, kurz gesagt, wenn man ichbewußt ist.«[8] Dieses Ichbewußtsein ist ein undifferenzierter Seinszustand, der Scham, Schüchternheit, Verlegenheit und Schuld einschließt. Erikson versucht, diese Begriffe zu unterscheiden, ist aber damit nicht besonders erfolgreich. Zum Beispiel diskutiert er visuelle Scham im Gegensatz zu auditiver Schuld, entwickelt dieses verwirrende Konzept aber nicht weiter. Ich kann mir vorstellen, daß der Verweis auf visuelle Scham auf Darwins Theorie beruht, wonach Scham dadurch entsteht, daß man angesehen wird, und man sein Gesicht verbergen und verschwinden möchte, wenn man sich schämt. Obwohl Erikson eine Ansicht vertritt, bei der Selbst und Ichbewußtsein stärker miteinander interagieren, gibt er auch an, daß zu den Bedingungen für das Schamgefühl eine aufrechte und exponierte Position gehört. Er schreibt: »Die klinische Beobachtung bringt mich zu der Überzeugung, daß Scham sehr viel mit dem Wissen zu tun hat, daß man eine Vorder- und eine Rückseite hat, besonders ein ›Hinterteil‹.«[9] Erikson glaubt, daß Scham mit bestimmten Körperfunktionen zu tun hat, insbesondere den Ausscheidungsfunktionen. Das sich entwickelnde Kind beginnt, diese Funktionen als böse, beschämend und gefährlich anzusehen. Nach Art biologischer Imperative rufen also die »Hinterseite« und ihre Funktionen automatisch eine Scham-Reaktion hervor. Die Scham-Erfahrung bietet für Erikson jedoch auch die Gelegenheit zu ihrem Gegenteil, das heißt Stolz, Sicherheit, Initiative und Vertrauen. Die anale Phase hängt also mit dem Auftauchen von Scham und Stolz zusammen.

Eriksons bekannte Theorie der Ich-Aufgaben bietet die klarste Unterscheidung zwischen Scham und Schuld, ihrem Platz im menschlichen Leben und den Ereignissen, die sie am ehesten auslösen. Eriksons zweite Aufgabe heißt Autonomie versus Scham und Zweifel. Autonomie ist der Versuch des Kindes, etwas zu leisten, etwas für sich zu tun; dieser Versuch hängt mit dem sich entwickelnden Selbstgefühl zusammen. Der Erwerb der Muskelkontrolle einschließlich der Kontrolle über die Ausscheidung der Körperabfälle ist die Sozialisations- und Entwicklungsaufgabe dieser Lebensphase. Scham und Zweifel tauchen in dieser Phase als Kontrapunkt zur Autonomie auf, der erfolgreichen Leistung. Mit anderen Worten: Scham und Zweifel ergeben sich aus der Unfähigkeit des Kindes, Körperfunktionen vollständig zu beherrschen. Erst nach dieser elementaren Ich-Aufgabe wird die dritte Ich-Aufgabe, Initiative versus Schuld, relevant. Erikson meint, daß Schuld eine Wiedergutmachungsfunktion besitzt. Seine Entwicklungsreihe zeigt, daß er erkennt, daß Scham und Schuld unterschiedliche Emotionen sind, daß Scham der Schuld vorausgeht und daß sie kontrapunktisch mit unterschiedlichen Ich-Aufgaben verbunden sind. Trotz ihrer bedeutenden Unterschiede zur herrschenden psychoanalytischen Meinung ist Eriksons Analyse in einer Theorie biologischer Notwendigkeiten verankert, in der es um Körperfunktionen und die von ihnen präsentierten Aufgaben geht. Erikson postuliert keine Theorie über das Selbst. Und er kommt nicht über die traditionellen Auslöser von Scham und Schuld hinaus: Die Entblößung der Genitalien und die Reinlichkeitserziehung lösen Scham aus, und Mißerfolg löst Bedauern und Schuld aus. Die Theoretiker der klassischen analytischen Tradition haben eine Vielzahl scham-auslösender Ursachen vorgeschlagen: inakzeptable Impulse etwa, die mit Aggression und libidinösen Trieben zu tun haben, sowie die Reaktion auf spezielle Aufgaben und Herausforderungen, vor die das sich entwickelnde Ich gestellt wird, insbesondere die Muskelkontrolle bei Ausscheidungsprozessen und die körperliche Sauberkeit. Seit kurzem wird innerhalb der psychoanalytischen Bewegung die Bedeutung der Scham zunehmend anerkannt. Aufbauend auf den Arbeiten von H.B. Lewis, Piers und Singer sowie Wurmser ist in den letzten zehn Jahren eine Reihe von theoretisch wichtigen,

mit der Psychologie des Selbst in Zusammenhang stehenden Analysen zur Scham erschienen, unter anderem die Arbeiten von Broucek, Nathanson und insbesondere Morrison.[10]
Anhand von zwei Beispielen möchte ich klar machen, was ich unter Scham verstehe.

Ein Student erzählte mir, vor kurzem habe er eine Auseinandersetzung mit seiner Freundin gehabt. Als er aus ihrem Zimmer ging, konnte er sehen, daß sie sehr aufgebracht war. Er hielt nicht inne, um sie zu trösten, aber auf dem Rückweg zu seinem Zimmer begann er, an sie und ihr offensichtliches Leiden zu denken. Er schämte sich so, sie in einem so elenden Zustand zurückgelassen zu haben, daß er verschwinden wollte.

Eine andere Studentin erzählte mir, sie habe in der Eile, ohne nachzudenken, einer guten Freundin gesagt, sie sehe in ihrem Kleid nicht gut aus. Sie sagte, daß ihre Freundin durch die gedankenlose Bemerkung offensichtlich verletzt war und daß sie ihrerseits sich wegen dem, was sie gesagt hatte, schlecht fühlte. Sie bemerkte dann: »Ich muß meinen Mund halten, wenn Betty etwas Schreckliches anhat.«

Die Äußerung der Studentin steht für eine ganz andere phänomenologische Erfahrung als die Äußerung des Studenten. In beiden Beispielen verletzen die Studenten eine Regel bzw. eine Norm, die sie im Grunde akzeptierten. Im ersten Fall, in dem der Student den Kummer seiner Freundin ignorierte, reagierte dieser stark negativ. Er wollte verschwinden; er konzentrierte sich also auf sich selbst und seine eigenen Gefühle. Im zweiten Fall fühlte die Studentin sich ebenfalls schlecht wegen dem, was sie getan hatte, aber sie konzentrierte sich nicht auf sich selbst. Sie konzentrierte sich auf die Gefühle von Betty, ihrer Freundin, und auf das, was sie selbst tun konnte, um zu verhindern, daß sie Betty in Zukunft verletzte. Das erste Beispiel gibt uns eine klare Vorstellung von Scham, das zweite eine Vorstellung von Schuld.

Was genau Scham auslöst, ist sehr umstritten. Viele Ereignisse können Scham oder Schuld auslösen. Die Identifizierung eines speziellen Auslösers ist weder bislang gelungen noch zu erwarten.[11] Wir könnten Scham leichter verstehen, wenn wir sagen könnten, welche äußeren Ereignisse sie wahrscheinlich auslösen werden. Wenn es zuträfe, daß Scham bzw. Schuld Angst insofern gleichen, als sie die Furcht des Betreffenden vor unkontrollierbaren Impulsen zeigen, könnten wir sexuelle oder aggressive Impulse als Ursache für Scham betrachten. Wenn wir beweisen könnten, daß Situationen, die mit analen oder genitalen Funktionen zu tun haben, Scham auslösen, oder wenn wir beweisen könnten, daß unser körperliches Erscheinungsbild oder unser Verhalten vor anderen automatisch Scham auslösen, könnten wir Situationen benennen, die uns die Definition von Scham erleichtern und unser Verständnis für ihre Ursachen vermehren würden. Ein derart eindeutiges Ursache-Wirkung-Muster ist jedoch nicht nachgewiesen worden. Es gibt keine eindimensionale Kategorie von Ereignissen, die Scham herbeiführen. Aber wir können sagen, daß Scham ein Gefühlszustand ist, der damit zusammenhängt, daß wir bewußt auf uns selbst achten.

Wir brauchen eine sehr viel entwickeltere Theorie über die ichbewußten Emotionen Scham und Schuld. Wir brauchen eine Scham-Theorie, die auch alle anderen ichbewußten Emotionen behandelt und erklärt. Im Vorgriff auf meine spätere ausführlichere Erörterung möchte ich ein paar Einzelheiten hier grob darstellen. Ich meine, daß unser Erfolg oder unser Versagen im Hinblick auf Normen, Regeln und Ziele dem Selbst ein Signal geben. Dieses Signal beeinflußt den Organismus und ermöglicht Individuen, über sich selbst zu reflektieren. Die Reflexion geschieht auf der Grundlage der Selbst-Attribuierung, das heißt der Schuldzuweisung. Die Selbst-Attribuierung, die jemand vornimmt, bestimmt die Natur der sich ergebenden Emotion. Entscheidend für die Theorie sind drei wichtige Faktoren. *Erstens* versucht das Modell nicht, festzulegen, was einen Erfolg bzw. einen Mißerfolg darstellt oder woran der Betreffende Erfolg oder Mißerfolg mißt. *Zweitens* benennt das Modell nicht spezielle Normen, Regeln oder Ziele. Mit anderen Worten: Es ist nicht klar, ob es spezifische Reize gibt, die eindeutig zu Scham oder anderen ichbewußten Emotionen beitragen. *Drittens* geht das Modell davon aus, daß Selbst-Attribuierungen, die zu bestimmten Emotionen führen, innere Ereignisse sind, die in den Menschen selbst angesiedelt sind.

Obwohl dieses Modell auf einer phänomenologischen und kognitiven Attribuierungsmethode beruht, meine ich damit nicht, daß ichbewußte Emotionen epiphänomenologisch sind oder ihnen ein »geringerer Rang« zukommt als den kognitiven Attribuierungs-Prozessen selbst. Ichbewußte Emotionen können im Körper spezifisch lokalisiert sein und mit spezifischen körperlichen Prozessen einhergehen. Ich meine aber, daß die Reizereignisse für Scham, Schuld und die anderen ichbewußten Emotionen mit kognitiven Attribuierungen zu tun haben. Diese Erkenntnisse dienen genauso als Auslöser für spezifische Emotionen wie andere Reize, etwa das soziale Verhalten anderer oder laute Geräusche, plötzliche Veränderungen oder unkontrollierte Ereignisse in der physischen Umgebung eines Menschen. Wichtig ist hier, daß die spezifischen Emotionen durch eine Reihe Attribuierungen ausgelöst werden können. Die Vorstellung, daß Erkenntnisse zu Emotionen führen, ist von einigen Forschern schlecht aufgenommen worden, weil sie glauben, sie impliziere, daß Erkenntnisse einen realen Status besitzen, während Emotionen epiphänomenologisch sind.[12] Ich gebe Emotionen denselben Status wie Erkenntnissen. Genauso wie Erkenntnisse zu Emotionen führen, können Emotionen zu Erkenntnissen führen. Die Theorie impliziert keinen Statusunterschied. Im Hinblick auf Scham meine ich, daß Scham nicht durch irgendein »äußeres« Ereignis ausgelöst wird. Statt dessen führen die äußeren Ereignisse zu bestimmten inneren Interpretationen und Attribuierungen, die ihrerseits Scham auslösen.

Modelle, die ein kognitives Ereignis als Reiz für die Herbeiführung eines emotionalen Zustands benutzen, sind nicht selten oder ungewöhnlich. Spezifische Reize – die auch eine Reihe von Gedankenprozessen und Interpretationen sein können – können eine spezifische Kategorie emotionaler Reaktionen hervorbringen. Diese emotionalen Reaktionen sind real, gegenständlich; das heißt, sie können als spezifische, auf bestimmte Weise meßbare körperliche Aktionen beobachtet und phänomenologisch als unterschiedliche Ereignisse erlebt werden. Die mit dem unterschiedlichen Erleben zusammenhängenden Verhaltensweisen sind sehr unterschiedlich. Wir haben daher keinen Grund zu der Annahme, die Emotion »Scham« sei nicht substantiell und von anderer Substanz als die Emotion »Schuld«. Zwei Merkmale – die potentielle Nicht-Spezifizierbarkeit der Reize in bezug auf die Interpretation und Attribuierung des Individuums sowie die Tatsache, daß eine in den Gedanken, Interpretationen und Attribuierungen des Betreffenden angesiedelte Kategorie von Ereignissen diese Emotionen auslöst – bilden den Schwerpunkt der Theorie und erlauben, zwischen den verschiedenen bislang vorgestellten Positionen eine Brücke zu schlagen.[13]

Eine kognitive Attribuierungstheorie

Die Abbildung unten stellt das Strukturmodell vor, das ich zur Differenzierung der ichbewußten Emotionen benutzen werde. Die drei Subkategorien A, B und C stehen für kognitive Prozesse, die als Reiz für diese kognitiven Emotionen dienen. Ich werde Begriffe benutzen, die in der Literatur und im Alltag geläufig sind. Zumindest anfangs könnten einige Leser ihre Verwendung für sehr eigen halten. Aber wie ich bereits bemerkt habe, besteht eines der mit der Untersuchung der ichbewußten Emotionen zusammenhängenden Probleme in der Vermischung von Begriffen, etwa von Scham und Schuld.

A. Normen und Regeln

B. Bewertung

C. Selbst-Attribuierung

Erfolg	Versagen	
Hybris	Scham	global
Stolz	Schuld/Bedauern	spezifisch

Normen, Regeln und Ziele

Das erste Merkmal des Modells hat mit den Normen, Regeln und Zielen zu tun, die unser Verhalten bestimmen. Wir alle haben bestimmte Überzeugungen in bezug auf das, was für uns und andere im Hinblick auf unsere Handlungen, Gedanken und Gefühle akzeptabel ist. Diese Sammlung von Normen, Regeln und Zielen bzw. Überzeugungen hat ihren Ursprung in der Information, die wir durch die Akkulturation in einer bestimmten Gesellschaft erwerben. Die Normen (der Einfachheit halber verwende ich diesen Begriff als Kürzel für »Normen, Regeln und Ziele«) sind je nach den Gesellschaften, den

Gruppen innerhalb dieser Gesellschaften, den Zeitepochen und den Altersgruppen der Menschen etc. unterschiedlich. Die Normen unserer Kultur sind vielfältig und komplex, aber jeder von uns kennt zumindest einige von ihnen. Zudem hat jeder von uns eine Reihe von Normen, die ihm eigen sind. Um zu einem Mitglied irgendeiner Gruppe zu werden, müssen wir die Normen der Gruppe erlernen. Ich kenne keine Gruppe, die keine Normen hat, und keine Gruppe, die zur Durchsetzung ihrer Normen nicht negative Sanktionen benutzt. Diese Normen werden durch eine Vielzahl von Prozessen erworben. Sie hängen immer mit dem menschlichen Verhalten einschließlich Denken, Handeln und Fühlen zusammen. Sie werden von der Kultur vorgeschrieben, die sich von der Familieneinheit über andere soziale Gruppen (Bezugsgruppe, Arbeitskollegen etc.) zur ganzen Kultur erweitert.[14]

Schon nur das Denken an bestimmte Dinge kann eine Normverletzung darstellen. Studenten zum Beispiel, die ans Mogeln denken, werden wissen, daß dies eine Normverletzung darstellt, und diesen Gedanken daher auch ihnen nahestehenden Menschen wahrscheinlich nicht offenbaren. Ebenso unpassend bzw. verpönt ist es, sich Nachbarsmann oder -frau als Sexualobjekt vorzustellen, den Plan auszuhecken, jemanden zu töten, oder daran zu denken, in einem überfüllten Lebensmittelgeschäft einen Apfel zu stehlen. Wie wir denken und was wir denken, wird durch Normen bestimmt.

Normen bestimmen auch unsere Gefühle. Bestimmte Gefühlszustände sind angemessen, andere nicht. Wir wissen, welche Gefühle von uns oder anderen in bestimmten Situationen erwartet werden. Wir wissen, daß Lachen, die Äußerung von Freude und Glück oder Freude darüber, daß der Betreffende tot ist, bei Beerdigungen mit den Gruppennormen nicht vereinbar ist.[15]

Viele Emotionen können Scham hervorrufen. Die Triebanalyse etwa sagt, die – sexuellen und libidinösen – Gefühle, die das

Kind seiner Mutter oder seinem Vater entgegenbringt, seien inakzeptabel und würden deshalb entweder verdrängt oder Angst, Schuld oder Scham erzeugen.

Die uns vorgeschriebenen Handlungen und die mit ihnen zusammenhängenden Normen beginnen in der frühesten Kindheit, wenn die Gesellschaft sorgfältig und überlegt Verhaltensweisen lehrt und reguliert. Ich habe mich zum Beispiel lange für die Frage interessiert, warum Frauen weinen und Männer nicht. Das Weinen und die Regulierung des Weinens stellen eine Norm dar, bei der Jungen und Männer in den meisten Fällen vom Weinen abgeraten wird, während Frauen und Mädchen weinen dürfen bzw. sogar zum Weinen ermutigt werden.[16]

Ich glaube, daß man ruhig behaupten kann, daß Kinder mit einem Jahr die angemessenen Handlungsmuster zu erlernen beginnen, die die Normen ihrer Kultur spiegeln. Im zweiten Lebensjahr beginnen sie, angemessene Gefühle sowie Denkweisen und Vorstellungen zu erlernen, die in der Kultur angemessen oder unangemessen sind. Die den Angehörigen einer Kultur zugewiesenen Normen unterscheiden sich je nach Zeitepoche und Status, aber sie werden den Kindern von einem extrem frühen Alter an vermittelt. Der Erwerb dieser Normen wird in der Kindheit nicht abgeschlossen, denn sie ändern sich in jeder Kultur in Abhängigkeit vom Alter: Der Prozeß des Erwerbs hört nie auf.

Die Bewertung der eigenen Handlungen, Gedanken und Gefühle anhand von Normen ist der zweite kognitive Bewertungsprozeß, der als Reiz für die ichbewußten Emotionen dient. Dieser Prozeß hat zwei Hauptaspekte. Der erste hat mit den inneren und äußeren Bewertungsaspekten zu tun. Damit mein Modell über die Auslösung von Emotionen funktioniert, ist eine innere Bewertung im Gegensatz zu keiner oder einer äußeren Bewertung notwendig. Offensichtlich unterscheiden sich die Menschen in bezug auf ihre charakteristischen Bewertungsreaktionen. Daß die Ursache für eine Situation im Menschen selbst liegt, ist auch nicht immer gesagt. Der zweite Aspekt des Bewertungsprozesses hat damit zu tun, wie Menschen Erfolg oder Versagen in bezug auf eine Norm bestimmen.

Die Bewertung von Handlungen, Gedanken oder Gefühlen anhand von Normen ist ein wichtiges Merkmal unseres laufenden Verhaltens. Ich kenne kein auf das Erreichen eines Ziels orientiertes System, das keine Bewertungskomponente aufweist. Genauso wie ein Mensch nach einem Gegenstand greift und die Bewegung seiner Hand und seines Arms korrigiert, wenn er feststellt, daß der Gegenstand nicht dort ist, wo er hingegriffen hat, setzen Menschen sich Ziele und beurteilen ihre Handlungen danach, ob sie diese Ziele erreichen oder nicht. Wie Lawrence Pervin vor kurzem gezeigt hat, ist das Setzen von Zielen eine wichtige menschliche Aktivität.[17]

Menschen erschaffen Normen, Regeln und Ziele sowohl aus ihren inneren Bedürfnissen heraus als auch aufgrund der Informationen, die sie aus der äußeren Umgebung zusammentragen. Skinner und sein Verstärkungsparadigma betonten die äußere Umgebung.[18] Skinner meinte, daß auch die einfachsten Verhaltensweisen des Menschen durch äußere Kräfte, unter anderem Eltern, Bezugsgruppen und sonstige Mitmenschen geformt und modifiziert werden. In seinem Modell müssen Organismen auf eine bestimmte Weise handeln, weil die Umwelt Belohnung oder Bestrafung bietet.[19]

Das Setzen von Zielen ist auf vielen unterschiedlichen Ebenen möglich. Auf der einfachsten Ebene impliziert es physiologische Prozesse, die unser körperliches Wohlergehen regeln und stabilisieren. Ziele werden auf dieser Ebene gesetzt, um die Homöostase der biologischen Funktionen zu wahren; unsere Physiologie soll ein bestimmtes Ziel erreichen, etwa die Regulierung der Körpertemperatur. Einfach gesagt besteht das Ziel des Körpers darin, Stoffwechselprozesse so zu konzipieren, daß die richtige Temperatur beibehalten wird.

Auf den komplexeren Ebenen entwickeln auch schon sehr kleine Kinder Normen, Regeln und Ziele. Vor kurzem beobachtete ich ein einjähriges Mädchen, das sich über den Boden im Spielzimmer bewegte, um zu einem Gegenstand zu kommen, mit dem es spielen wollte. Mir war klar, daß es ein Ziel im Sinn hatte. Kinder setzen sich selbst Ziele und können dies schon in einem extrem frühen Alter. Die Arbeiten von Hans Heckhausen, Deborah Stipek und meine eigene scheinen darauf hinzuweisen, daß Kinder schon zu Beginn des dritten Lebensjahres ihre eigene Sammlung von Normen, Regeln und Zielen haben und Kummer zeigen, wenn sie sie verletzen.[20] Das folgende Beispiel dazu entstammt unserer neueren Arbeit über das Täuschungsverhalten von Kindern.[21]

Die Kinder befinden sich in einem Raum und werden angewiesen, nicht nach einem attraktiven Spielzeug zu sehen, das sich hinter ihnen befindet. Nach kurzer Zeit verläßt der Versuchsleiter den Raum, nachdem er den Kindern vorher mitgeteilt hat, daß sie das Spielzeug während seiner Abwesenheit nicht anschauen sollen. Für die meisten zweieinhalbjährigen Kinder ist die Versuchung zu groß, und sie drehen sich fast sofort nach dem Spielzeug um. Wenn der Versuchsleiter den Raum wieder betritt, werden die Kinder gefragt, ob sie das Spielzeug angesehen haben. Mindestens 65% der Kinder berichten, daß sie das Spielzeug nicht angeschaut haben. Die Kinder werden auf Video aufgenommen, bevor der Versuchsleiter geht, während seiner Abwesenheit und nachdem er zurück ist. Die Untersuchung des Ausdrucks der Kinder nach ihrem Hinschauen, aber vor der Rückkehr des Versuchsleiters, läßt Anzeichen von Schuld erkennen: Niederschlagen der Augen, kein Lächeln, eine gewisse Spannung im Körper. Wenn der Versuchsleiter den Raum wieder betritt, zeigen die Kinder

diesen Gesichtsausdruck nicht mehr. Vielmehr konnte er als neu-
tral und unschuldig beschrieben werden, etwa nach dem Motto:
»Was? Ich soll geguckt haben?«

Diese Ergebnisse zeigen, daß Kinder ab dem Beginn des dritten Lebensjahres irritiert sind, wenn sie ihre eigenen Normen verletzen. Die Wichtigkeit dieser Beobachtungen für mein Modell besteht darin, daß die Bewertung unseres Verhaltens anhand unserer Normen ein natürlicher, von der Art der Norm unabhängiger Prozeß ist.
Manche Normen, Regeln und Ziele sind wertvoller als andere. Für mich hat das Ziel, gut Auto zu fahren, weniger Wert als das Ziel, einem Studenten zu helfen oder ein wissenschaftliches Problem zu lösen. Daher müßte die Bewertung meines Verhaltens anhand dieser beiden unterschiedlichen Normen zu unterschiedlichen Emotionen führen. Die Verletzung von Normen, die für das Selbstbild zentraler sind, werden wahrscheinlich zu Scham führen. Was eine zentralere bzw. peripherere Norm darstellt, wird vom Individuum und der Familie, verschiedenen intermediären Gruppen und der Kultur insgesamt bestimmt. Wenn neue Normen, Regeln und Ziele zu den bei einem Menschen bereits vorhandenen dazukommen, verändert sich zudem ihre Position auf der Wichtigkeitsskala. Normen, Regeln und Ziele und ihre Wichtigkeit ändern sich im Lauf des Lebens.

Interner versus externer Vorwurf

Die Attribuierungsstudien haben ein anderes, mit der Bewertung zusammenhängendes Problem untersucht, das von interner versus externer Attribuierung.[22] Menschen verletzen Normen, Regeln und Ziele, schreiben aber das Versagen oft nicht sich selbst zu. Statt dessen erklären sie es mit dem Zufall oder den Handlungen anderer.[23]

Jemand kann sich im Geschäftsleben ein Ziel setzen, es aber nicht erreichen. Wenn er internalisiert, sagt er: »Ja, ich bin verantwortlich. Wenn ich es so und so gemacht hätte, hätte ich mein Ziel erreichen können.« Die Alternative ist eine externe Attribuierung. Hier schreibt der Betreffende das Versagen etwas außerhalb von ihm selbst Liegendem zu. Der Geschäftsmann könnte etwa sagen: »Ich hätte das Haus nicht kaufen sollen, denn der Immobilienmarkt war in der Talsohle. Es war nicht meine Schuld, daß der Markt zusammengebrochen ist. Ich habe Geld verloren, aber alle anderen auch.«

Interne und externe Bewertungen werden durch die Situation bestimmt und hängen von individuellen Charaktereigenschaften ab. Es gibt Menschen, die sich selbst Vorwürfe machen, egal was geschieht.

Ich habe einen Freund, für den es sehr wichtig ist, Geld zu verdienen. Er ist der Prototyp für das Gute-Ernährer-Syndrom, das in der amerikanischen Gesellschaft so häufig ist, besonders bei Männern über 40. Für ihn ist es ein zentrales Ziel, ein guter Ernährer zu sein. Jeden Mißerfolg beim Geldverdienen schreibt er sich selbst zu, auch wenn er über die Ereignisse bzw. Situationen, die ihm einen Strich durch die Rechnung machten, keine Kontrolle hatte. Er sagt: »Es ist meine Schuld, ich hätte die Börsenzeitungen lesen sollen.«

Carol Dweck und ihre Mitarbeiter haben weithin bekannte Untersuchungen durchgeführt, in denen Jungen und Mädchen nach den Ursachen für ihren Erfolg bzw. ihr Versagen befragt wurden, hauptsächlich in bezug auf den schulischen Bereich.[24] Viele Kinder machen für Erfolg/Mißerfolg äußere Kräfte verantwortlich (obwohl einige Kinder Erfolg/Mißerfolg natürlich auch im Hinblick auf ihr eigenes Tun bewerten). Interessanterweise zeigten sich ausgeprägte geschlechtsspezifische Unterschiede. Bei schulischen Leistungen neigen Jungen dazu, sich für ihren Erfolg und andere für ihren Mißerfolg verantwortlich zu machen, während Mädchen dazu neigen, ihren Erfolg anderen und ihren Mißerfolg sich selbst zuzuschreiben.

Zusammenfassung: Wenn etwas schiefläuft, hat ein Mensch manchmal rationale Gründe, sich selbst verantwortlich zu machen, und manchmal hat er rationale Gründe, andere (oder den Zufall) verantwortlich zu machen. Manche Situationen sind unsere Schuld, und manche Situationen sind nicht unsere Schuld. Es gibt jedoch Menschen, die dazu neigen, bei Erfolg oder Versagen interne Attribuierungen vorzunehmen, das heißt, sie bewerten sich selbst anhand von Normen, Regeln und Zielen. Diese Bewertung anhand ihrer Normen findet bei einem Erfolg und einem Versagen statt. Andererseits gibt es Menschen, die eher anderen Vorwürfe machen. In diesem Fall versuchen die Betreffenden, es zu vermeiden, sich selbst die Schuld zu geben. Wie wir sehen werden, vermute ich sehr stark, daß Menschen, die charakteristischerweise andere für ihre Mißerfolge verantwortlich machen und sich selbst für ihre Erfolge loben, an narzißtischen Störungen leiden, ein Thema, auf das wir in Kapitel 9 zurückkommen werden.

Erfolg oder Versagen

Ein anderes Bewertungsmerkmal hat mit der – auf Sozialisation beruhenden – Einschätzung zu tun, was einen Erfolg/Mißerfolg darstellt. Woran messen wir, nachdem wir die Verantwortung übernommen haben (interne Bewertung), ob wir erfolgreich waren oder nicht? Ein Beispiel veranschaulicht vielleicht am besten, was ich meine.

Ein Immobilienmakler verkaufte vor kurzem ein ziemlich großes Gebäude. Er bekam eine stattliche Provision, die ihn hätte glücklich machen müssen. Aber er war alles andere als froh über sein scheinbares Glück. Als ich ihn nach dem Grund fragte, antwortete er: »Ja, ich habe es verkauft; aber ich kenne einen anderen Makler, der ein noch größeres Gebäude verkauft und noch mehr Geld verdient hat.«

Während andere, auch ich selbst, seine Transaktion als großen Erfolg bewertet hätten, betrachtete er sie als Mißerfolg. Solche individuellen Bewertungsunterschiede sind ziemlich häufig.

Ich hörte zufällig, wie zwei Studentinnen miteinander redeten. Die eine war ziemlich unglücklich über die Tatsache, daß sie bei ihrer Prüfung in organischer Chemie eine 3 bekommen hatte. Die andere sagte: »Du hast eine 3 bekommen, mein Gott, ich wäre überglücklich, wenn ich eine 3 hätte!«

Die eine Studentin betrachtet also die 3 als einen Erfolg, ihre Freundin dieselbe Note als Mißerfolg. Es ist noch nicht genau klar, wie wir dazu kommen, unsere Handlungen, Gedanken und Gefühle als Erfolg oder als Mißerfolg zu bewerten. Wie die Abbildung S. 114 zeigt, können dieselben Normen, Regeln und Ziele zu grundverschiedenen Gefühlen führen, je nachdem ob wir Erfolg oder Mißerfolg sehen.

Zunächst einmal kann die anhand von Normen vollzogene Bewertung als Erfolg oder Versagen eine »zutreffende« Interpretation sein, das heißt, die Bewertung würde von einem unvoreingenommenen Beobachter für normal gehalten werden oder ungefähr die Art von Bewertung sein, die ein typisches Selbst in einer ähnlichen Situation vornehmen würde. Oder die Bewertung spiegelt eine ungewöhnliche Interpretation. Die ungewöhnliche Interpretation könnte die Folge einer zu hoch angesetzten Norm sein. Ein Student, für den die Leistungsnorm eine 1 ist, wird sich wahrscheinlich für einen Versager halten, wenn er nur eine 2 bekommt. Ähnlich wird eine Studentin, die sich eine zu niedrige Norm vorgibt, es wahrscheinlich als Erfolg verbuchen, wenn sie eine Note erhält, mit der sie gerade durchkommt. Die unzutreffende Erfolgs- bzw. Versagens-Interpretation dieser Studenten hat mit dem zu tun, was andere in derselben Situation entscheiden würden.

Ein anderer Grund für unzutreffende Interpretationen hängt mit einem Mißverstehen zusammen. Nehmen wir den Fall einer Studentin, die meint, sie wüßte die richtige Antwort auf eine ihr in einem Test vorgelegte Frage, diese in Wirklichkeit aber falsch beantwortet. Aus ihrer Sicht hat sie es gut gemacht, aber aus der Sicht des Professors, der den Test konzipiert und bewertet hat, hat sie schlecht abgeschnitten. Hier haben wir den Fall, daß Erfolg/Mißerfolg anhand einer Norm falsch bewertet werden.

An unzutreffenden bzw. ungewöhnlichen Bewertungen als Erfolg/Mißerfolg sind viele Faktoren beteiligt. Dazu gehören frühe Beeinträchtigungen des Selbstsystems, die zu narzißtischen Störungen führen, schwierige Sozialisationserfahrungen und ein hohes Belohnungsniveau bei Erfolg bzw. ein hohes Bestrafungsniveau bei Versagen. Wenn ich in Kapitel 6 die Sozialisationsfaktoren erörtere, komme ich auf die möglichen Ursachen für die Interpretation als Erfolg/Mißerfolg zurück. Die Bewertung des eigenen zielgerichteten Verhaltens als Erfolg/Mißerfolg ist ein sehr wichtiger Aspekt bei der Organisation von Plänen und der Festlegung neuer Ziele und Pläne. Für das Konzept der Unterbrechung ist sie zentral. Wenn, wie ich glaube, die ichbewußten Emotionen Schuld und Scham als unterbrechende Signale dienen, die uns darüber informieren, daß Aktionen, die wir unternommen haben, mißlungen sind, hat die Unterbrechung ganz klar die biologische Funktion, dem Organismus zu ermöglichen, seine Strategie zu überdenken und zu ändern. An diesen Prozeß müssen wir denken, wenn wir betrachten, was bei Erfolg geschieht (siehe Abbildung S. 114).

Erfolg führt zu positiven Affekten wie Freude, Interesse, Aufregung und Stolz. Das Selbst wird für die Handlung, den Gedanken oder das Gefühl belohnt. Bei der negativen und bei der positiven Bewertung des eigenen Handelns ist die Folge eine affektive Entladung.

Arten des Attribuierens

Wir kommen jetzt zum letzten Aspekt der Erkenntnisse, die zur Entstehung der ichbewußten Emotionen notwendig sind. Erinnern Sie sich daran, daß fast alle Modelle des Selbst, die die phänomenologische Erfahrung der Scham beschreiben, dahingehend übereinzustimmen scheinen, daß das Selbst die Rolle des Objekts spielt. H.B. Lewis zum Beispiel sagt von der Scham, bei ihr gehe es mehr um das Selbst, während es bei Schuld mehr um den anderen gehe. Die Phänomenologie dieser Emotionen deutet darauf hin, daß das Selbst bei Scham auf ein anderes Objekt ausgerichtet ist als bei Schuld. Ich meine, daß Scham ausgelöst wird, wenn das Selbst sich auf das Selbst als ganzes ausrichtet und eine Bewertung des gesamten Selbst stattfindet, während das Selbst bei der Schuld auf die Handlungen des Selbst ausgerichtet ist, und zwar entweder nur auf die Handlungen oder auf die Handlungen und ihren Einfluß auf andere. Sehen wir uns das folgende Beispiel an:

Robert, einer meiner Patienten, erzählte: »Letzte Nacht habe ich meine Partnerin gebumst, obwohl sie sagte, daß sie nicht wollte. Hinterher fühlte ich mich schrecklich. Verdammt, warum habe ich sie gezwungen? Was ist mit mir nicht in Ordnung? Ich bin depressiv. Heute morgen meinte ich, ich könnte nicht aufstehen. Ich bin einfach liegengeblieben, bis John anrief.«

Vergleichen Sie Robert mit Ted, einem anderen Patienten, der über eine aggressive Interaktion mit seiner Freundin berichtet:

»*Gestern abend besuchte ich Barbara [seine Freundin]. Sie wollte den Kassettenrecorder nicht leiser stellen. Ich rempelte sie an und zog ihn vom Tisch runter und machte ihn kaputt. Barbara begann zu weinen. Ich war außer mir. Ich konnte nur noch an meinen Zorn denken. Ich versuchte, ihr zu sagen, daß ich mich falsch verhalten hatte und daß ich mich wirklich sehr bemühen wollte, so etwas nicht wieder zu tun. Weil ich ihren Kassettenrecorder kaputt gemacht hatte, gab ich ihr meinen, während ich ihren zur Reparatur brachte.*«

In beiden Fällen taten die jungen Männer etwas, was sie für moralisch unangemessen hielten. Robert, der Protagonist des ersten Falls, konzentriert sich auf sich selbst und sein Gefühl der Unzulänglichkeit; er läßt allgemeine Gefühle erkennen, wieso er so schlecht sein konnte. Ted dagegen ist auf sein Tun ausgerichtet; er will verhindern, daß es sich wiederholt, und versucht, sein schlechtes Verhalten zu korrigieren, indem er den beschädigten Kassettenrecorder reparieren läßt. Robert konzentriert sich nicht auf einzelne Handlungen oder auf das Mädchen, das er zum Geschlechtsverkehr zwang. Er ist uninteressiert oder unfähig, sich auf irgend etwas anderes zu konzentrieren als auf sein ganzes Selbst – und in jedem Fall unfähig, sich auf den anderen zu konzentrieren.

Die Persönlichkeitstheorie hat die Aufmerksamkeit auf ein wichtiges Merkmal von Selbstachtung und Selbstbewertung gelenkt. Martin Seligman hat dargestellt, was er gelernte Hilflosigkeit nennt. Auch Studien zur Depression, insbesondere die von Aaron Beck, haben sich mit individuellen Unterschieden bei der Selbst-Attribuierung beschäftigt.[25] Menschen können bei der Selbstbewertung *global* oder *spezifisch* vorgehen. Global bezieht sich auf die Neigung eines Menschen, sich auf das ganze Selbst zu konzentrieren. Bei irgendeiner Verletzung des Verhaltenskodex konzentrieren diese Menschen sich auf ihr ganzes

Selbst. Sie benutzten bewertende Sätze wie: »Weil ich das getan habe, bin ich schlecht (oder gut).« Janoff-Bulmans Unterscheidung zwischen charakter- und verhaltensbezogenen Selbst-Vorwürfen ist hier besonders nützlich.[26]

Wir können jetzt untersuchen, wie gut diese Vorstellung zur phänomenologischen Erfahrung der Scham paßt. Bei einer Scham-Situation liegt die Unterbrechung und die Konzentration auf dem Selbst, das Objekt und Subjekt zugleich ist. Das Selbst gerät mit dem Selbst in Konflikt, weil die vom Selbst vorgenommene Bewertung des Selbst total ist. Es gibt keinen Ausweg. Der Schwerpunkt liegt nicht auf dem Verhalten des Menschen, sondern auf seinem ganzen Selbst. Ein Mensch, der globale Attribuierungen vornimmt, konzentriert sich auf sich selbst, nicht auf sein Tun. Aufgrund seiner Ausrichtung nach innen ist er handlungsunfähig, wird vom Handlungsfeld vertrieben und möchte sich verstecken oder verschwinden.

Mit spezifischer Attribuierung meine ich, daß manche Menschen in manchen Situationen die Neigung haben, sich auf einzelne Handlungen des Selbst zu konzentrieren. Sie bewerten ihr Selbst nicht global, sondern spezifisch. Nicht das ganze Selbst hat etwas Falsches oder Richtiges, Gutes oder Böses getan: Statt dessen werden einzelne Verhaltensweisen untersucht und bewertet. Die Betreffenden benutzen dann urteilende Sätze wie: »Was ich getan habe, war falsch. Ich darf es nicht wieder tun.« Der Schwerpunkt liegt hier also auf dem Verhalten des Selbst in bezug auf Gegenstände oder Personen und auf seiner Wirkung auf andere.

Die globale bzw. spezifische Ausrichtung kann ein Persönlichkeitsstil sein.[27] Manche Menschen nehmen relativ konstant globale oder spezifische Bewertungen vor. In den meisten Erfolgs/Mißerfolgs-Umständen behalten sie eine globale oder eine spezifische Haltung bei. In der von anderen Forschern diskutierten Attribuierungs-Literatur haben solche Dispositionen wichtige Folgen für viele feststehende »Persönlichkeitsmuster«. Depressive Menschen zum Beispiel nehmen wahrscheinlich konstant globale Attribuierungen vor, während es bei nichtdepressiven Menschen weniger wahrscheinlich ist, daß sie durchgängig globale Attribuierungen vornehmen.

Es ist festgestellt worden, daß die Geschlechtszugehörigkeit zum einen oder anderen Attribuierungsstil prädisponiert. Ergebnisse zahlreicher Untersuchungen, einschließlich der Arbeiten von Carol Dweck über geschlechtsspezifische Leistungsunterschiede und von Aaron Beck über Depression, weisen darauf hin, daß Mädchen und Frauen bei einem Versagen eher globale Attribuierungen vornehmen als Jungen und Männer. Ob dieser geschlechtsspezifische Unterschied für alle Arten von Versagen gilt, muß noch geprüft werden. Bei schulischen und universitären Leistungen sowie bei zwischenmenschlichen Beziehungen nehmen Frauen jedenfalls, zumindest in unserer Kultur, bei einem Mißerfolg eher globale Attribuierungen vor als Männer.[28]

Bevor ich diesen Abschnitt über globale und die spezifische Attribuierung abschließe, möchte ich noch einen gruppenspezifischen Unterschied erwähnen, der Einfluß auf die Entwicklungstheorie haben kann. Obwohl wir zu diesem Thema relativ wenig Informationen haben, weisen die vorliegenden Ergebnisse darauf hin, daß jüngere Kinder im Vergleich zu älteren eher globale als spezifische Attribuierungen vornehmen. Wir werden diesen entwicklungsspezifischen Unterschied später ausführlich erörtern; hier möchte ich nur sagen, daß die altersabhängigen Unterschiede beim globalen und spezifischen Attribuieren einen wichtigen Einfluß auf die Altersunterschiede beim Erscheinen von Scham und Schuld auf die unterschiedlichen schamauslösenden Reizereignisse der verschiedenen Generationen haben.

Obwohl es für spezifisches oder globales Attribuieren anlagebedingte Faktoren geben mag, spielen wahrscheinlich auch situationsbedingte Zwänge eine Rolle. Manche Forscher haben sie als prototypische Situationen bezeichnet. Denn trotz des Vorliegens disponierender Faktoren nehmen nicht alle Menschen ständig nur globale oder nur spezifische Attribuierungen vor. Leider sind diese situationsbedingten Faktoren bisher noch nicht genau untersucht worden. Die Annahme scheint vernünftig, daß bestimmte Arten von Situationen eine bestimmte Ausrichtung des Selbst eher auslösen als andere. Welche genauen Reizkategorien letztendlich globale oder spezifische Attribuierungen auslösen, ist noch nicht bekannt. Körperliches ist jedenfalls sehr schwer von der Vorstellung des ganzen Selbst zu trennen.

Einer in der Adoleszenz befindlichen Patientin gegenüber äußerte ich, es stimme zwar, daß sie körperlich nicht schön sei, daß sie aber sehr intelligent sei und körperliche Attraktivität nur eins von vielen Merkmalen des Selbst darstelle. Es ist überraschend, wieviel Widerstand sie diesen Vorschlägen entgegenbringt. Ich habe auch einen Patienten mittleren Alters, der körperlich sehr vital war. Nun haben verschiedene Wehwehchen seine Beteiligung an sportlichen und sonstigen körperlichen Aktivitäten stark eingeschränkt. Wenn er mit mir über seine Gefühle spricht, berichtet er oft, dieses körperliche Problem sei wie Impotenz und führe dazu, daß er sich schämt. Wenn ich ihm vorschlage, seine körperlichen Beschränkungen als spezifisches und nicht als globales Versagen zu interpretieren – schließlich ist er in vielen anderen Bereichen seines Lebens erfolgreich –, sagt er, es sei schwierig für ihn, dieses körperliche Merkmal von seinem ganzen Selbst zu trennen.

Solche Empfindungen deuten darauf hin, daß es durchaus prototypische Normen geben kann, die bei Verletzung oder Erfüllung wahrscheinlich zu globalen Attribuierungen führen. Auf das Thema »Prototypisches« komme ich noch zurück.

Das Modell zusammenfügen

Auf der Grundlage der genannten dynamischen Kategorien – (1) Normen, Regeln und Ziele, (2) Bewertung des eigenen Tuns als Erfolg oder Versagen anhand dieser Normen und (3) Attribuierung des Selbst – ist es jetzt möglich, die ganze Gruppe der ichbewußten emotionalen Zustände zu untersuchen. Wichtig ist, daß sich bei diesem Modell positive und negative ichbewußte Emotionen symmetrisch entsprechen. Daher werde ich mich nicht nur mit Scham und Schuld beschäftigen, sondern auch mit der anderen Seite der Achse, mit Hybris und Stolz. Bei der Erörterung der kognitiven Bewertungsprozesse habe ich darauf hingewiesen, daß bestimmte Ereignisse typische Auslöser sein können. Trotzdem wird der Zustand durch den kognitiven Bewertungsprozeß des Organismus ausgelöst. Die unmittelbaren Auslöser für ichbewußte Emotionen sind ihrem Wesen nach kognitiv.

Ich unterscheide in meinem Modell zwischen vier emotionalen Zuständen. Wenn ein Mensch bei einem Verhalten, das er anhand seiner Normen als Mißerfolg bewertet, sein Selbst global bewertet, ist Scham die Folge. Auch Schuld ist die Folge eines Versagens; bei ihr liegt der Schwerpunkt jedoch auf dem Tun des Selbst. Bei Erfolg finden wir dieselbe Parallele vor. Wenn eine Handlung als Erfolg bewertet und eine globale Attribuierung vorgenommen wird, ist Hybris (Hochmut) die Folge; wenn die Handlung als Erfolg bewertet und eine spezifische Attribuierung vorgenommen wird, ist Stolz die Folge.[29] Ich betrachte Hybris als das Gegenstück der Scham. Die Stolz-Scham-Achse ist von anderen Forschern beschrieben worden, die die die Ähnlichkeit zwischen diesen beiden emotionalen Zuständen bemerkt haben.[30]

Nach dieser kurzen Skizzierung möchte ich die ichbewußten Emotionen jetzt genauer definieren.

Scham

Scham ist das Ergebnis komplexer kognitiver Aktivitäten: der Bewertung des Tuns eines Menschen anhand seiner Normen, Regeln und Ziele sowie seiner globalen Bewertung des eigenen Selbst. Phänomenologisch möchte der Scham-Geplagte sich verstecken, verschwinden oder sterben. Scham ist ein ausgesprochen negativer und schmerzhafter Zustand, der auch zu einer Unterbrechung des laufenden Verhaltens, Verwirrung der Gedanken und der Unfähigkeit zu sprechen führt. Auf der physischen Ebene geht mit der Scham ein Zusammensinken des Körpers einher, so, als wolle er den eigenen oder fremden Augen entgehen. Dieser emotionale Zustand ist so intensiv und hat eine so verheerende Wirkung auf das Selbst-System, daß mit ihm konfrontierte Menschen versuchen müssen, sich von ihm zu befreien. Da Scham jedoch einen globalen Angriff auf das Selbst darstellt, fällt es den Betreffenden sehr schwer, diese Emotion zu zerstreuen. Sie unternehmen bestimmte Handlungen, um zu versuchen, den Zustand zu beseitigen, was in den Kapiteln 7 und 8 erörtert wird.

Beachten Sie, daß Scham nicht durch eine bestimmte Situation hervorgerufen wird, sondern eher durch die Interpretation dieser Situation. Noch wichtiger ist, daß Scham nicht zwangsläufig mit dem öffentlichen oder privaten Charakter der Situation zu tun hat. Obwohl viele Forscher behaupten, Scham trete bei einem öffentlichen Mißerfolg auf, ist dies nicht unbedingt so. Der dem ganzen Selbst zugeschriebene Mißerfolg kann öffentlich oder privat sein. Hier ein Beispiel für private Scham:

Jeanette hielt einen Vortrag, bei dem sie neuere Arbeiten vorstellte. Der Vortrag wurde gut aufgenommen, und das Publikum war der Meinung, sie habe das Material klar dargestellt. Sie sagte mir: »Sie waren ganz begeistert, und mehrere Leute kamen nachher zu mir, um mir zu sagen, daß ich es sehr gut gemacht hätte.« Aber sie erzählte auch, daß sie das Gefühl hatte, versagt zu haben, und sich schämte, weil »ich meine Arbeit nicht so gut vorgestellt habe, wie ich es hätte tun können«. Ursache ihrer Scham war, daß sie ihre innere Leistungsnorm nicht erfüllt hatte, eine Norm, die unabhängig von der Bewertung durch das Publikum war.

Scham ist oft öffentlich, aber sie kann genausogut privat sein. Jeder von uns wird sich an private Ereignisse erinnern, bei denen er sich selbst sagte: »Ich schäme mich, das getan zu haben.« Scham kann auch im Zusammenhang mit einem moralischen Verhalten auftreten. Wenn jemand eine moralische Norm verletzt, wird er sich unter Umständen schämen. Eine Freundin erzählte mir vor kurzem, daß sie sich schäme, weil sie einer wohltätigen Einrichtung, die sie für besonders wichtig hielt, nicht genug Geld gegeben hatte. Als ich sie fragte, warum sie Scham, nicht Schuld empfand, erwiderte sie: »Ich hätte es wissen müssen«, was ich so interpretierte, daß sie eine globale Attribuierung vorgenommen hatte.

Schuld

Schuld bzw. Bedauern werden hervorgerufen, wenn Menschen ihr Verhalten als Versagen beurteilen, sich aber auf spezielle Merkmale des Selbst oder das Tun des Selbst konzentrieren, das zu dem Versagen geführt hat. Anders als bei der Scham, bei der der Schwerpunkt auf dem globalen Selbst liegt, konzentriert der Betreffende sich bei Schuld auf die Handlungen des Selbst und auf Verhaltensweisen, die das Versagen korrigieren können. Aus phänomenologischer Sicht schmerzt dieses Versagen, aber das schmerzliche Gefühl wird auf die Ursache des Versagens oder das geschädigte Objekt ausgerichtet. Weil der kognitive Attribuierungsprozeß sich auf die Handlung des Selbst und nicht auf das ganze Selbst konzentriert, ist das hervorgerufene Gefühl nicht so stark negativ wie bei Scham und führt nicht zu Verwirrung und Handlungsverlust. Schuld hängt tatsächlich immer mit einer korrigierenden Handlung zusammen, mit etwas, was der Betreffende tun kann – aber nicht unbedingt auch tatsächlich tut –, um das Versagen wiedergutzumachen. Das Versagen wiedergutmachen und verhindern, daß es wieder geschieht, sind zwei Möglichkeiten der Korrektur. Während bei Scham der Körper in dem Versuch, sich zu verstecken und zu verschwinden in sich zusammensinkt, bewegen Menschen sich bei Schuld so, als würden sie versuchen, ihr Tun wiedergutzumachen. Die unterschiedlichen Körperhaltungen bei Scham und Schuld sind sehr ausgeprägt und für die Unterscheidung dieser Emotionen und die Messung individueller Unterschiede hilfreich. Ich könnte auch auf das Erröten hinweisen, um Scham von Schuld zu unterscheiden; aber da nicht alle Menschen gleich schnell und oft erröten, ist es als Maßstab ungeeignet.

Weil bei Schuld der Schwerpunkt auf dem Spezifischen liegt, können Menschen mit Schuldgefühlen sich durch korrigierende Handlungen von diesem emotionalen Zustand befreien. Die Handlung kann auf das Selbst oder auf den anderen ausgerichtet sein. Anders als bei der Scham, bei der das Selbst Subjekt und Objekt ist, ist bei der Schuld das Selbst vom Objekt verschieden. Daher ist die Emotion weniger intensiv und eher zerstreubar.

Schuld kann sich auf verschiedenen Ebenen manifestieren, wobei ihre Schwere mit der Leichtigkeit oder Verfügbarkeit korrigierender Handlungen verknüpft ist. In manchen Fällen wird ein berichtigendes Tun nicht so leicht verfügbar sein wie in ande-

ren. In allen Fällen jedoch wird der Versuch einer korrigierenden Handlung unternommen. Wenn die korrigierende Handlung im Denken, Fühlen oder Tun nicht zum Vorschein kommt,
kann eine Schuld- in eine Scham-Empfindung verwandelt werden. Hier haben wir also einen weiteren Unterschied zwischen
Scham und Schuld: Wir können uns eines schuldhaften Tuns
schämen, aber wir können uns nicht schuldig fühlen, weil wir
uns schämen; dieses Faktum deutet darauf hin, daß das Empfinden dieser beiden Emotionen vom Niveau und von der Ausrichtung her unterschiedlich ist. Der Schuld fehlt die negative Intensität der Scham. Sie zerstört nicht das Selbst und kann insofern
als eine nützlichere Emotion angesehen werden, als sie ein
spezifisches, korrigierendes Tun initiiert. Da sie aber weniger
intensiv ist, wird sie unter Umständen die für Veränderung oder
Korrektur notwendige Motivation nicht zur Verfügung stellen.
Hier ein weiteres Beispiel für den Unterschied zwischen Scham
und Schuld in bezug auf das nachfolgende Handeln:

*Vor kurzem legte eine Kollegin eine ihrer Arbei-
ten einer Zeitschrift zur Veröffentlichung vor. Sie erfährt, daß die
Arbeit abgelehnt worden ist. Jetzt sind zwei Arten von Bewertung
möglich. Bei der ersten kommt die Wissenschaftlerin zu dem
Schluß, daß die Ablehnung nicht ihre Schuld ist, sondern an der
»Dummheit« der Empfänger liegt. Sie bewertet ihr Tun also nicht
als Versagen, und deshalb treten auch Schuld oder Scham nicht
auf. Die zweite Möglichkeit ist, daß die Wissenschaftlerin die
Verantwortung für die abgelehnte Arbeit übernimmt. Jetzt kann
eine Bewertung stattfinden. Wenn die Wissenschaftlerin die Ablehnung auf ihr gesamtes Selbst bezieht und sie als ein Zeichen sieht,
daß sie keine gute Wissenschaftlerin ist, wird sie wahrscheinlich
Scham empfinden. Die Scham könnte die Wissenschaftlerin dazu
veranlassen, ihre Arbeit in einer Schublade verschwinden zu lassen
und keinen Versuch zu unternehmen, sie zu verbessern; vielleicht*

vernichtet sie sie sogar. Wenn die Wissenschaftlerin die Ablehnung jedoch anhand der gegen die Arbeit erhobenen Kritik bewertet, kann sie Schuld empfinden. Sie könnte sich sagen: »Ich habe nicht die richtige Analyse gemacht.« Im zweiten Fall erlaubt ihre Konzentration auf das spezifische Selbst, daß sie weiterhandelt. Anstatt die Arbeit in die Schublade zu legen oder wegzuwerfen, wird sie an ihr arbeiten und versuchen, ihre Schwachpunkte zu berichtigen.[31]

Hybris

Hybris kann als übertriebener Stolz bzw. übertriebenes Selbstvertrauen definiert werden, das oft zu einer Strafe führt. Sie ist ein Beispiel für Hochmut, etwas Unangenehmes, was vermieden werden muß. Hybris entsteht, wenn das eigene Tun anhand der eigenen Normen, Regeln und Ziele als Erfolg beurteilt wird und der Schwerpunkt auf dem globalen Selbst liegt. Bei dieser Emotion wird das ganze Selbst als erfolgreich gesehen. In extremen Fällen ist Hybris mit Grandiosität oder Narzißmus verbunden. Aufgrund ihres globalen Charakters ist sie wahrscheinlich vorübergehend. Um den Zustand aufrechtzuerhalten, muß der Betreffende entweder seine Normen ändern oder neu bewerten, was einen Erfolg darstellt. Anders als Scham ist Hybris sehr positiv und emotional befriedigend, denn man fühlt sich »gut«.

Hybris ist schwer aufrechtzuerhalten, weil das Gefühl nicht durch eine spezifische Handlung herbeigeführt wird. Weil Hybris süchtig macht, ziehen für sie anfällige Menschen wenig Befriedigung aus dieser Emotion. Infolgedessen suchen und erfinden sie Situationen, die diesen emotionalen Zustand wiederholen könnten. Dies wird dadurch erreicht, daß sie entweder ihre Normen, Regeln und Ziele ändern oder das, was für sie einen Erfolg darstellt, anhand ihres aktuellen Tuns, Denkens und Fühlens neu bewerten.

Außenstehende betrachten einen Hybris empfindenden Menschen mit einiger Geringschätzung. Das Lexikon definiert Hybris als ungehöriges, verächtliches Verhalten. Überhebliche Menschen haben Schwierigkeiten in zwischenmenschlichen Beziehungen, weil ihre Hybris die Wünsche, Bedürfnisse und Antriebe anderer durchkreuzt und dadurch Konflikte fördert. Aufgrund der Verächtlichkeit, die mit der Hybris einhergeht, wird der andere zudem durch die Handlungen des überheblichen Menschen wahrscheinlich beschämt. Der überhebliche Mensch steht vor drei Problemen: (1) Hybris ist eine vorübergehende, aber süchtigmachende Emotion; (2) sie hat nichts mit einer bestimmten Handlung zu tun und erfordert daher eine Veränderung der Ziele oder des Bewertungsmaßstabs; (3) aufgrund ihres verächtlichen und unverschämten Charakters beeinträchtigt sie zwischenmenschliche Beziehungen.

Stolz

Die Emotion, die ich als Stolz bezeichne, ergibt sich, wenn eine spezielle Handlung als erfolgreich beurteilt wird. Das phänomenologische Erleben kann als Freude über eine Handlung, einen Gedanken oder ein Gefühl beschrieben werden, die man gut »hingekriegt« hat. Der Schwerpunkt der Freude ist spezifisch und hat mit einem bestimmten Verhalten zu tun. Bei Stolz sind Selbst und Objekt genauso voneinander getrennt wie bei Schuld. Anders als bei Scham und Hybris, bei denen Subjekt und Objekt miteinander verschmolzen sind, richtet Stolz den Organismus auf sein Tun aus. Der Organismus ist ganz in die spezielle Handlung, die ihn stolz macht, vertieft. Einige Forscher haben diesen Zustand mit der Leistungsmotivation verknüpft,[32] eine Assoziation, die ich für besonders zutreffend halte. Weil dieser positive Zustand mit einer bestimmten Handlung verbunden ist, verfügen die Betreffenden über die Mittel, ihn zu reproduzieren. Anders als bei Hybris läßt die Ausrichtung auf das Spezielle weiteres Handeln zu. Weil der

Begriff Stolz im allgemeinen unterschiedslos auf Hybris und auf Effizienz und Befriedigung angewandt wird, ist Stolz allein bislang leider relativ wenig untersucht worden. Dweck und Leggett haben sich mit Stolz anhand von implizierten Ideen des Betreffenden beschäftigt.[33] Wie ich betrachten sie kognitive Attribuierungen als Reizauslöser für diese ichbewußte Emotion.

Verlegenheit und Schüchternheit

Ich habe gesagt, Scham und Schuld ließen sich vom Verhalten her und aus phänomenologischer Sicht unterscheiden. Es gibt aber noch zwei weitere Emotionen, die gern mit diesen beiden verwechselt werden, nämlich Verlegenheit und Schüchternheit.

Izard und Tyson betrachten Schüchternheit als Ängstlichkeit, Verwirrung, Gefühl der Unsicherheit oder des psychischen Unbehagens in sozialen Situationen; sie meinen, Schüchternheit entstehe aus dem Schwanken zwischen Furcht und Interesse bzw. Vermeidung und Annäherung.[34] Bemerkenswert ist hier, daß sie Schüchternheit mit Angst in Verbindung bringen und meinen, sie sei eine nicht-bewertende Emotion, bei der es um das Unbehagen eines Menschen in Reaktion auf andere geht. Studenten haben mir gesagt: »Ich bin ein sehr schüchterner Mensch. Bitte rufen Sie mich im Unterricht nicht auf.« Ich glaube, daß es solchen Studenten nicht so sehr um eine Bewertung ihrer Leistung anhand ihrer Normen geht, als vielmehr um das Beobachtet-Werden. Ihr Unbehagen hat weniger mit dem Gefühl zu tun, anhand der eigenen Normen, Regeln und Ziele beurteilt zu werden, als damit, gesehen zu werden.

Ich kenne das Kind von Freunden seit seiner Geburt. Das Mädchen ist extrem schüchtern und ängstlich. Schon mit drei Monaten war sie Fremden gegenüber sehr ängstlich (das Fremdeln tritt normalerweise im letzten Viertel des ersten Lebens-

*jahres auf) und mit acht Monaten war ihre Reaktion auf sie stark
und anhaltend. Sie hielt sich von sozialen Kontakten zurück und
schien tendenziell asozial. Aber sobald sie jemanden kannte, war
sie sehr zutraulich.*

Ihre Schüchternheit scheint sich in Situationen zu zeigen, in
denen sie andere Menschen nicht kennt. Dieser Fall entspricht
Arnold Buss' Vorstellung von Schüchternheit als einer emotionalen Reaktion, die durch Erfahrungen des Neuseins bzw. der
Auffälligkeit ausgelöst wird.[35] Für Buss hängen Schüchternheit
und Furcht eng zusammen und bedeuten Furchtsamkeit gegenüber anderen. Schüchternheit erscheint sehr viel früher als
Scham oder Schuld; dieses frühe Auftreten ist vielleicht ein
wichtiger Hinweis auf ihre separate Identität.

Diese Auffassung von Schüchternheit scheint vernünftig, denn
sie paßt zu anderen Modellen, die das soziale Selbst, d.h. den
Umgang des Selbst mit anderen, betreffen. Eysenck hat gesagt,
Menschen seien ihrer genetischen Veranlagung nach sozial
oder asozial. In neuerer Zeit haben Jerome Kagan und seine
Mitarbeiter die physiologischen Reaktionen von Kindern aufgezeigt, die sie als gehemmt bezeichnen.[36] Diese gehemmten bzw.
schüchternen Kinder sind in sich gekehrt, fühlen sich in sozialen Situationen unwohl und scheinen furchtsam. Meine Beobachtung von Kindern in den ersten Lebensmonaten weist ebenfalls darauf hin, daß Schüchternheit eine Disposition sein
könnte, die mit einer Bewertung des Selbst nichts zu tun hat.
Schüchternheit kann einfach aus dem Unbehagen entstehen, in
Gegenwart anderer sozialer Objekte zu sein.

In einer Reihe von Untersuchungen haben wir drei Monate alte
Kinder bei ihren Interaktionen mit ihren Müttern beobachtet.
Es lassen sich zwei Arten von Kindern unterscheiden. Die erste
Gruppe war sozial orientiert, auch schon im Alter von zwölf
Wochen. Diese Kinder sahen und lächelten ihre Mütter an und

artikulierten im Wechsel mit diesen Laute oder Lautreihen. Außerdem spielten sie lieber mit ihren Müttern als allein oder mit anderen Spielzeugen. Diese Kinder bezeichneten wir als soziale Kinder. Die andere Gruppe von Kindern charakterisierten wir als asozial. Sie machten ungefähr 20% der Gesamtzahl aus. Anders als die Kinder der ersten Gruppe zogen diese Kinder es vor, ihre Mütter nicht anzusehen, sie anzulächeln oder Laute zu artikulieren – sie taten dies signifikant weniger oft als die erste Gruppe. Noch überraschender ist, daß diese Kinder lieber allein und mit Spielzeugen als mit ihren Müttern spielten.[37] Die Kombination von Allein-Spielen und nicht-sozialer Interaktion steht in starkem Kontrast zu den Kindern, die sozialer zu sein scheinen.

Wir stellten auch fest, daß die Mütter dieser beiden Kategorien von Kindern sich ihnen gegenüber sehr unterschiedlich verhielten. Asozial erscheinende Kinder hatten Mütter, die wiederholt versuchten, ihre Kinder in eine Interaktion zu verwickeln. Manchmal war es fast peinlich zu beobachten, wie die Mutter eines asozialen Kindes versuchte, mit ihm zu interagieren, um es zu einem sozialen Austausch zu veranlassen. Das unterschiedliche Verhalten der Kinder konnte daher nicht auf die Behandlung durch die Mütter zurückzuführen sein, denn die asozialen Kinder scheinen meist Mütter zu haben, die auf sozialen Austausch erpicht sind.

Die asozialen Kinder wurden im Alter von ein und zwei Jahren noch einmal beobachtet, und wieder stellten wir fest, daß sie asozialer waren. Obwohl wir keine direkten Einzelheiten über ihre sozialen Interaktionen mit anderen haben, müßten sie schüchterner sein als die anderen Kinder. Mir scheint klar, daß Schüchternheit sich von Scham und Verlegenheit unterscheidet, weil sie keine bewertende Komponente aufweist. Schüchternheit hat wahrscheinlich eher biologische als psychologische Ursprünge.

Für manche Forscher ist Verlegenheit eng mit Scham verbunden.[38] Der bemerkenswerteste Unterschied zwischen Scham und Verlegenheit ist das Intensitätsniveau. Während Scham eine intensive und unterbrechende Emotion zu sein scheint, ist Verlegenheit eindeutig weniger intensiv und führt nicht zu der Unterbrechung des Denkens und Sprechens, die bei Scham auftritt. Im Hinblick auf die Körperhaltung nehmen verlegene Menschen nicht die Scham-Haltung ein, sich verstecken, verschwinden oder sterben zu wollen. Der Körper verlegener Menschen zeigt eine ambivalente Annäherung-/Vermeidungs–Haltung. Im allgemeinen weist ein wiederholtes Hin-und-wieder-weg-Sehen, das mit Lächeln einhergeht, auf Verlegenheit hin.[39] In einer Scham-Situation geht die Blickabwendung selten mit Lächeln einher. Aus der Sicht des Verhaltens scheinen die beiden Emotionen also unterschiedlich zu sein.

Phänomenologisch unterscheidet Verlegenheit sich von Scham weniger als von Schuld. Menschen erzählen oft, Verlegenheit sei »eine weniger intensive Scham-Empfindung«. Es ist festgestellt worden, daß Situationen, die Verlegenheit bewirken, Situationen gleichen, die Scham bewirken. Die Intensität, die Dauer und die Qualität der Unterbrechung kommen jedoch nicht der bei Scham gleich. Zur weiteren Unterscheidung zwischen Scham und Verlegenheit möchte ich auf zwei Arten von Verlegenheit hinweisen, die ich »ichbewußte Verlegenheit« und »leichte Scham-Verlegenheit« nenne.

Bei ersterer scheint die Verlegenheit eher Schüchternheit als Scham zu gleichen. In bestimmten Situationen der Exponiertheit werden Menschen verlegen. Diese Art Verlegenheit hat nichts mit einer negativen Bewertung zu tun, was bei der Scham der Fall ist. Vielleicht das beste Beispiel sind Komplimente. Menschen, die vor Publikum erscheinen, machen die phänomenologische Erfahrung der Verlegenheit, die durch die positiven Kommentare während ihrer Vorstellung verursacht werden.

Betrachten wir den Augenblick, in dem ich vorgestellt werde. Die Person, die mich vorstellt, steht auf, wendet sich ans Publikum und rühmt meine Vorzüge. Überraschenderweise löst dieses Lob eher Verlegenheit aus als Mißfallen oder eine negative Bewertung. Diese Art von Verlegenheit zeigt sich auch, wenn wir in der Öffentlichkeit angesehen werden. Ich habe oft bemerkt, daß Menschen leicht ichbewußt werden, wegsehen und ihren Körper berühren oder justieren, wenn sie merken, daß jemand sie ansieht. Eine beobachtete Frau wird ihr Haar in Ordnung bringen oder berühren; ein beobachteter Mann wird nicht sein Haar berühren, sondern eher seine Kleider ordnen oder seine Körperhaltung verändern. In manchen Fällen sehen die Beobachteten traurig aus. Die Aufmerksamkeit scheint ihnen alles andere als angenehm zu sein. Diese Verhaltenskombination – kurz sich abwendender Blick, kein Stirnrunzeln, nervöses Berühren – bezeichne ich als ichbewußte Verlegenheit.

Oft empfinden wir Verlegenheit, wenn uns Komplimente gemacht werden. Wenn ich im Unterricht zu demonstrieren versuche, daß Verlegenheit allein durch die Exponiertheit ausgelöst werden kann, zeige ich manchmal einfach auf einen Studenten. Dieses Hinzeigen löst in dem Studenten, auf den gezeigt wird, immer Verlegenheit aus. Wie kann Verlegenheit dann mit Scham verbunden sein? Im Fall der Scham wird die Empfindung durch die negative Bewertung des Selbst anhand von Normen, Regeln und Zielen hervorgerufen. Die hier besprochene Art von Verlegenheit wird durch Lob ausgelöst. Falls wir nicht ein Szenario konstruieren, in dem Lob als negative Bewertung interpretiert wird, ist es schwierig, sich vorzustellen, Verlegenheit sei eine weniger intensive Form der Scham. Da Lob nicht ohne weiteres zur Bewertung eines Verhaltens als Versagen führen kann, hat auf Komplimente zurückzuführende Verlegenheit wahrscheinlich mehr mit der Exponiertheit des Selbst als mit der Bewertung zu tun. Mit anderen Worten: Diese Art von Verlegenheit hat mit Ichbewußtsein zu tun. Sie wird oft mit einer öffentlichen Exponiertheit in Verbindung gebracht. Nehmen wir als Beispiel den einfachen Vorgang, in einen Vortragssaal zu gehen, kurz bevor der Redner mit seinem Vortrag beginnt. Obwohl die Person rechtzeitig ankommt, wird sie die Aufmerksamkeit auf sich lenken; wenn sie bemerkt, daß die Augen des bereits sitzenden Publikums auf sie gerichtet sind, empfindet sie Verlegenheit. Nun könnte man sagen, daß diese Situation eine negative Selbstbewertung fördert: »Ich hätte früher hier sein sollen; ich hätte ganz hinten im Saal bleiben sollen.« Ich glaube, daß das Empfinden von Verlegenheit in diesem Fall nicht durch eine negative Selbstbewertung ausgelöst wird, sondern durch die öffentliche Exponiertheit.

Die zweite Art von Verlegenheit, die ich leichte Scham-Verlegenheit nenne, scheint mit einer negativen Bewertung des Selbst zusammenzuhängen. Der Intensitätsunterschied ist wahrscheinlich auf die Art der Norm zurückzuführen, die nicht erfüllt wird. Ich habe weiter oben die Meinung vertreten, daß manche Normen mit dem Zentrum des Selbst enger verbunden sind als andere; ein Mißerfolg beim Autofahren ist für mein Selbst weniger wichtig als ein Mißerfolg bei der studentischen Betreuung. Ich glaube, daß ein mit weniger wichtigen, weniger zentralen Normen zusammenhängendes Versagen eher zu Verlegenheit als zu Scham führt.[40]

Es ist durchaus möglich, daß Verlegenheit nicht dasselbe wie Scham ist. Aus phänomenologischer Sicht erscheinen sie unterschiedlich. Andererseits besteht die Möglichkeit, daß Verlegenheit und Scham tatsächlich zusammenhängen und sich nur durch ihre Intensität unterscheiden.

5
Die Ursprünge der Scham

Die Genesis und
der Schöpfungsmythos

Jede Kultur hat ihren Schöpfungsmythos. Für die jüdisch-christlich geprägte westliche Gesellschaft ist es die in der Genesis erzählte Schöpfungsgeschichte. Ich gebe hier einen Auszug aus diesem Mythos wieder, weil er direkt mit dem Thema Scham zu tun hat.

Und Gott der Herr pflanzte einen Garten in Eden ... und ... ließ aufwachsen aus der Erde allerlei Bäume ..., und den Baum des Lebens mitten im Garten und den Baum der Erkenntnis des Guten und des Bösen ... Und Gott der Herr gebot dem Menschen und sprach: »Du darfst essen von allen Bäumen im Garten, aber von dem Baum der Erkenntnis des Guten und des Bösen sollst du nicht essen; denn an dem Tage, an dem du von ihm issest, mußt du des Todes sterben ...«

Da sprach die Schlange zum Weibe: »Ihr werdet keineswegs des Todes sterben, sondern Gott weiß: an dem Tage, da ihr davon esset, werden eure Augen aufgetan, und ihr werdet sein wie Gott und wissen, was gut und böse ist ...«

Und sie [Eva] nahm von der Frucht und aß und gab ihrem Mann, der bei ihr war, auch davon, und er aß. Da wurden ihnen beiden die Augen aufgetan, und sie wurden gewahr, daß sie nackt waren.

Und Adam versteckte sich mit seinem Weibe vor dem Angesicht Gottes des Herrn ..., und als er sie rief, antworteten sie nicht. Und er sprach zu ihnen: »Warum versteckt ihr euch vor mir?« Und sie antworteten: »*Weil wir nackt sind.*« Und dadurch wußte er, daß sie vom Baum der Erkenntnis gegessen hatten.

In der Genesis ist Scham die einzige Emotion, die länger erörtert wird. Die biblische Version vom Ursprung der Scham hat für das westliche Denken erhebliche Bedeutung. Außerdem entspricht sie meiner Auffassung vom ontogenetischen Entwicklungsprozeß. Die in der Genesis erzählte Version von der Erschaffung der Welt und ihrer Bewohner verbindet die Erschaffung von Mann und Frau mit einem fast unmittelbaren Fall aus der Gnade. Den Theologen lieferte diese alttestamentarische Geschichte die Rechtfertigung für das Konzept der Erbsünde.[1] Diese Sünde, das heißt die Verletzung des Gebot Gottes, entspricht einem besonders wichtigen und schmerzlichen Punkt in der Entwicklung des Menschseins. Für mich zeigt die alttestamentarische Geschichte von der Erschaffung Adams und Evas, ihrer Freiheit, dem Befehl Gottes zu gehorchen oder nicht, ihres Ungehorsams, ihrer Verurteilung und ihrer Bestrafung die Wichtigkeit der Scham.[2]
Scham ist in der Schöpfungsgeschichte der Genesis die zentrale Emotion. Der Scham eigene Verhaltensweisen – Adam und Eva erkennen ihre Nacktheit, haben das Gefühl, vor Gott entblößt zu sein, und versuchen, ihre Nacktheit zu verbergen – stehen im Mittelpunkt der Geschichte. Diese Geschichte hat drei entscheidende Merkmale. Adam und Eva sind Gott ungehorsam, weil sie neugierig sind, weil das Unbekannte sie verlockt. Ihre Neugierde bringt sie dazu, von der Frucht vom Baum der Erkenntnis zu kosten. Mit anderen Worten: Ihre Neugierde führt zu Wissen. Dieses Wissen wiederum ist Anlaß für ihr Schamgefühl. Sinngemäß sagt Gott nach der Sünde zu ihnen: »Ah! Weil ihr wißt, daß ihr nackt seid und euch eurer Nacktheit schämt,

müßt ihr von der Frucht vom Baum der Erkenntnis gegessen haben. Ihr könntet euch nicht schämen, wenn ihr nichts wüßtet, und wissen könnt ihr nur dadurch etwas, daß ihr von der verbotenen Frucht gegessen habt.«

Das ist also der Kernpunkt des Mythos. Neugierde führt zu Wissen, das zu Scham führt. Die Struktur dieser frühen Schöpfungsgeschichte entspricht der ontogenetischen Entwicklung der Scham beim Kind und beschreibt den Prozeß der Scham-Entstehung bei Erwachsenen. Bei der Erörterung der Scham und der anderen ichbewußten Emotionen habe ich bereits darauf hingewiesen, daß man bestimmte Kenntnisse haben muß, damit es zu ihnen kommt: Man muß etwas wissen über (1) Normen, Regeln und Ziele, (2) das eigene Verhalten im Hinblick auf diese Normen und (3) sich selbst. Nur wenn man etwas über diese Dinge »weiß«, kann es zur Scham kommen.

Ein anderes wichtiges Merkmal der Schöpfungsgeschichte ist die unterschiedliche Darstellung der Geschlechter. Jüdische und christliche Theologen haben im allgemeinen viel Aufhebens um die Tatsache gemacht, daß zuerst Eva, eine Frau, Gottes Gebot bricht und dann Adam überzeugt, es ihr nachzutun. Die Frau, nicht der Mann, begeht die erste Verletzung. Adam sündigt, aber es war Evas Schuld. Die Vorstellung, daß Frauen neugieriger sind als Männer, eher für Versuchungen anfällig und moralisch schwächer, hat im Westen eine lange Geschichte.[3] Freud akzeptierte und entwickelte diese Ideen; er meinte, Frauen seien weniger moralisch als Männer.[4] Das häufige Thema wurde später von Lawrence Kohlberg in seiner Theorie der moralischen Entwicklung eingehend behandelt.[5] Obwohl die Vorstellung durch die Arbeit von Carol Gilligan in Mißkredit geraten ist, wird die angeborene moralische Unterlegenheit der Frauen weiterhin von vielen religiösen Traditionen behauptet.[6] Ich werde später auf die geschlechtsspezifischen Unterschiede zurückkommen; hier möchte ich nur darauf hinweisen, daß die Schöpfungsgeschichte uns über historische Anschauungen zur Natur des Menschen und Unterschiede im Ichbewußtsein von Männern und Frauen informiert. Für mich stellt dieses Thema eine Möglichkeit dar, ontogenetische Unterschiede zu untersuchen, was ich nachstehend tun werde.

Die Entwicklung der ichbewußten Emotionen

Die folgende Abbildung (S. 147) präsentiert ein schematisches Modell der Scham-Entwicklung. Das Modell hat fünf Hauptkomponenten, die den Veränderungen während der ersten drei Lebensjahre Rechnung tragen. Die Entwicklung der Scham ist mit der Umwandlung und Integration von Strukturen und Funktionen verbunden. Sie ist nicht von Geburt an da, sondern entwickelt sich. Die ersten Emotionen, die auftauchen, sind die primären Emotionen.[7]

Nicht alle diese Emotionen erscheinen gleichzeitig. Bridges hat beschrieben, wie die ersten zwei Emotionskategorien, positive Emotion (Freude/Glück) und Kummer, sich in die anderen Emotionen differenzieren.[8] Ekel ist eine Folge von Kummer und zieht Zorn nach sich, der ungefähr im Alter von zwei bis vier Monaten auftaucht; Furcht tritt etwas später in Erscheinung, mit ungefähr acht Monaten. Auch Erstaunen zeigt sich früh, vielleicht ausgehend von der Interessen-/Freude-Achse. Diese differenzierten primären Emotionen sind bereits mit ungefähr acht Monaten offensichtlich. Ihre Sozialisation mit Hilfe des zwischenmenschlichen Lebens des Kindes und die Reifung tragen zur nächsten Entwicklungsphase bei: der kognitiven Fähigkeit zur objektiven Selbsterkenntnis.

Da ich die objektive Selbsterkenntnis bereits ausführlich erörtert habe, möchte ich hier nur erwähnen, daß Kinder diese

Fähigkeit um die Mitte des zweiten Lebensjahres herum erwerben. Die alttestamentliche Erzählung von Adam und Eva und dem Baum der Erkenntnis ist so etwas wie eine metaphorische Version über das Auftauchen der objektiven Selbsterkenntnis. Der Baum der Erkenntnis stellt Adam und Eva zwei Arten von Wissen zur Verfügung: das Wissen um sich selbst, das ich objektive Selbsterkenntnis nenne, und das Wissen um Normen, Regeln und Ziele. Wenn die objektive Selbsterkenntnis sich entwickelt hat, erscheint die erste Kategorie der ichbewußten Emotionen.

Die exponierten Emotionen

Wenn das Kind sich selbst objektiv erkennt, tauchen verschiedene Emotionen auf, die mit seiner Objektivität zusammenhängen. Diese Emotionen sind ihrem Wesen nach nicht-bewertend: Sie entstehen nicht aus richtigen oder falschen Gedanken, Handlungen oder Gefühlen. Ich führe drei dieser Emotionen auf, Verlegenheit, Einfühlungsvermögen und Neid, aber möglicherweise gibt es andere. Diese Emotionen, die Folge der Objektivierung des Selbst, bilden die erste Gruppe der Emotionen des exponierten Selbst (s. Grafik S. 147).

Wie ich bereits gezeigt habe, gibt es zwei Arten von Verlegenheit: eine ohne Bewertung, die mit Exponiertheit zu tun hat, und eine mit Bewertung. Hier werde ich die Verlegenheit behandeln, die durch die Objektivierung des Selbst bzw. Exponiertheit verursacht wird.

Wenn das Kind sich selbst objektiv erkennt, kommt es zu Verlegenheit. Warum tritt Verlegenheit zu der Zeit auf, in der das Selbst sich differenziert und objektiviert? Ich vermute, daß die Verbindung zwischen der Objektivierung des Selbst und dieser leicht negativen, aber intensiven Emotion eine entwicklungsspezifische Bedeutung hat. Verlegenheit kann vor dieser sich herausbildenden Fähigkeit schützen. Die objektive Selbsterkennt-

Primäre Emotionen

Freude
Furcht
Zorn
Trauer
Ekel
Erstaunen

kognitive Fähigkeit

objektive
Selbsterkenntnis

kognitive Fähigkeit

Normen, Regeln
und Ziele

exponierte Emotionen

Verlegenheit
Einfühlungsvermögen
Neid

*ichbewußte
bewertende Emotionen*

Verlegenheit
Stolz
Scham
Schuld

nis ist bei Erwachsenen nicht immer aktiv und kann den Handlungen des Selbst manchmal sogar schaden. Es kann einen hohen Preis haben, sich auf das Selbst zu konzentrieren, denn diese Konzentration kann zu einer Leistungsminderung führen. Ich kann mir viele Situationen vorstellen, in denen die Konzentration auf das Selbst – in denen also das Selbst Objekt des Selbst ist – schädlich ist und ein laufendes Verhalten stört. Wenn Sie während eines Vortrags darauf achten, was Sie sagen oder wie Sie aussehen, beeinträchtigt dies Ihre Fähigkeit, mit dem Vortrag fortzufahren. Wenn ein Ballspieler sich während eines Leistungstiefs zu sehr mit seiner mangelhaften Leistung beschäftigt und seine Zeit und Energie damit verbringt, sich während eines Spiels selbst zu beobachten, kann diese Besorgnis zu dem Tief beitragen und es verlängern. Sexuelle Störungen sind ein weiteres geläufiges Beispiel für den Preis, der zu zahlen ist, wenn man zur Unzeit auf das Selbst achtet. Wenn die Partner einer sexuellen Interaktion sich darauf konzentrieren, wie sie etwas tun, und nicht auf die Reizempfindungen, führt dies zu einem dysfunktionalen sexuellen Verhalten. Die therapeutische Behandlung versucht in solchen Fällen, die Betreffenden dazu zu bringen, sich nicht auf sich selbst, sondern auf die genitalen Reize zu konzentrieren.

Ich kann das Problem auch in bezug auf zirkuläre Reaktionen und geschlossene Schleifen analysieren. Je mehr das Selbst sich auf das Selbst konzentriert, desto mehr wird die Feedback-Reaktion zu einem Kreis: »Ich denke, daß ich denke, daß ich denke.« Ein Mensch kann in einer endlosen Regression feststecken, in der er seine gesamte Zeit verbringt und so das Handeln verhindert. Organismen sind darauf angelegt, durch Denken, Fühlen und Handeln in ihrer Welt zu agieren; deshalb ist es wichtig, daß sie nicht die ganze Zeit damit verbringen, über sich selbst nachzudenken. Aufmerksamkeit, die sich auf das Selbst richtet, unterbricht. Die Fähigkeit, sich nicht auf die objektive Selbsterkenntnis einzulassen, kann durch eine emotionale Begleiterscheinung erleichtert werden, die intensiv und leicht abschreckend ist. Ich glaube, daß Verlegenheit, die mit dem Auftreten der Objektivierung einherzugehen scheint, die objektive Selbsterkenntnis abschrecken und dem Organismus ermöglichen soll, aus einem zirkulären Reagieren auszubrechen.[9]

Meinen Kollegen und mir ist es gelungen, einen logischen Zusammenhang zwischen Verlegenheit und objektiver Selbsterkenntnis herzustellen. In einer Reihe von Untersuchungen haben wir entdeckt, daß Verlegenheit erst dann auftritt, wenn das Kind objektive Selbsterkenntnis zeigt.[10] Manche Kinder zeigen mit 15 bis 18 Monaten bereits objektive Selbsterkenntnis, und diese Kinder werden dann wahrscheinlich auch Verlegenheit zeigen; andere Kinder desselben Alters, die noch keine objektive Selbsterkenntnis zeigen, zeigen auch keine Verlegenheit.[11]

Ich habe Einfühlungsvermögen als Emotion mit aufgeführt, obwohl viele Forscher es nicht als solche betrachten. Aber Einfühlungsvermögen ist nicht nur eine Form des Wissens dessen, was ein anderer fühlen oder denken könnte; es ist auch das tatsächliche Fühlen der Gefühle des anderen. Aus diesem Grund betrachte ich Einfühlungsvermögen als Emotion.[12] Einfühlendes Verhalten ist die Fähigkeit, sich an die Stelle des anderen zu versetzen. Einfühlendes Verhalten bzw. Wissen verweist auf eine wichtige Kategorie des Wissens. Ich kann mir die Qualen Ihrer Kopfschmerzen vorstellen, wenn ich daran denke, wie ich mich fühlte, als ich Kopfschmerzen hatte. Wir können etwas über die Qual von Kopfschmerzen lesen und das Verhalten anderer beobachten, wenn sie Kopfschmerzen haben; aber wir können die Kopfschmerzen des anderen nicht *kennen*, wenn wir mit kennen meinen, daß wir sie tatsächlich empfinden. Im besten Fall können wir die Kopfschmerzen des anderen empfinden, wenn wir an unsere eigenen Kopfschmerzen in der Vergangenheit denken.

Für ein mitfühlendes Verhalten dieser Art brauchen wir die Fähigkeit, an frühere eigene Kopfschmerzen zu denken, und die Fähigkeit, uns an die Stelle des anderen zu versetzen. Mit anderen Worten: Mitfühlendes Verhalten hat kognitive und affektive Aspekte. Nichts deutet darauf hin, daß die kognitiven und affektiven Aspekte des mitfühlenden Verhaltens von Erwachsenen auch bei Neugeborenen oder sehr kleinen Kindern vorhanden sind. Ich meine, daß mitfühlendes Verhalten – sich selbst an die Stelle des anderen versetzen – erst auftreten kann, wenn die objektive Selbsterkenntnis auftaucht. Deshalb ordne ich das Einfühlungsvermögen in die Kategorie der ichbewußten Emotionen ein.

Es gibt allerdings Meinungsverschiedenheiten bezüglich des Zeitpunkts, zu dem das Einfühlungsvermögen sich herausbildet, denn zumindest eine Untersuchung hat gezeigt, daß manche Neugeborenen weinen können, wenn ein anderer Säugling weint.[13] Ich bin nicht bereit, das Weinen eines Kindes in Reaktion auf das Weinen eines anderen Kindes als mitfühlende Reaktion zu bezeichnen, auch wenn ich die Tränen eines Erwachsenen, die durch das Weinen eines anderen Erwachsenen angeregt werden, durchaus als mitfühlende Reaktion bezeichne. Dieselbe Reaktion bedeutet nicht immer dasselbe. Statt des Begriffs mitfühlende Reaktion möchte ich lieber den Begriff *mitfühlender Reflex* für das Weinen von Säuglingen in Anwesenheit anderer weinender Säuglinge benutzen. Der gerade erörterte Fall war leicht aufzuklären; ich möchte daher ein schwierigeres Beispiel vorstellen. Eine Mutter, die mit ihrem einjährigen Kind spielt, verletzt sich den Finger an einem Spielzeug. Sie sagt »Aua! Das tut weh«, macht ein trauriges Gesicht und hält ihren Finger fest. Das Einjährige ist durchaus bestimmter Reaktionen fähig, die Mitgefühl gleichen. Das Kind wird etwa zur Mutter gehen und ihr den Rücken tätscheln oder sie umarmen und versuchen, sie zu trösten. Eine solche Reaktion könnte als mitfühlendes Verhalten interpretiert werden.[14] Aus der Sicht der Mutter scheint das Kind tatsächlich Mitgefühl zu zeigen. Aber empfindet das Kind tatsächlich Mitgefühl, oder produziert es einfach eine Reaktion, die mit anderen Prozessen zusammenhängen könnte? Das Kind wurde von der Mutter gehalten und umarmt, wenn es bekümmert war; ist es dann überraschend, wenn das Kind seinerseits diese Verhaltensweisen benutzt? Was wie mitfühlendes Verhalten aussieht, ist in Wirklichkeit erlerntes Verhalten. Diese Analyse wird durch die Untersuchung der emotionalen Äußerungen von Kindern bei der Besänftigung ihrer Mütter erhärtet. Ihre Äußerungen spiegeln kein mitfühlendes Verhalten.

Obwohl einige mit Mitgefühl zusammenhängende Reaktionen früh auftauchen, sind sie nicht einheitlich. Die Systematisierung der kognitiven und effektiven Komponenten des Mitgefühls geschieht erst in der zweiten Hälfte des zweiten Lebensjahres. Miri Halperin hat zwei Arten mitfühlenden Verhaltens beobachtet, emotionales und handelndes.[15] Bei einem Experiment, bei dem die Mutter so tut, als würde sie sich verletzen, während sie dem Kind ein Abzeichen anzustecken versucht, sagt sie mit traurigem Gesicht: »Oh, ich habe meinen Finger verletzt!« Obwohl Kinder schon mit neun Monaten einen mitfühlenden Gesichtsausdruck zeigen und auch ein Verhalten an den Tag legen, das den Kummer der Mutter ungeschehen machen soll, zeigen sie erst dann, wenn sie objektive Selbsterkenntnis besitzen, eine einheitliche Reaktion von Handlung und Gesicht.

Die mitfühlenden Reaktionen Erwachsener setzen voraus, daß sie den anderen verstehen und mit ihm sympathisieren, *weil sie sich an seine Stelle versetzen können*. Wenn diese Analyse mitfühlenden Verhaltens richtig ist, erfordert es objektive Selbsterkenntnis. Vor seinem Auftauchen können Organismen – kleine

Kinder oder Tiere – erlernte Reaktionen oder automatische Reflexe produzieren, die nur zum Teil mitfühlendes Verhalten darstellen.[16]

Als dritte nicht-bewertende ichbewußte Emotion habe ich Neid aufgeführt, den Wunsch, für sich selbst das zu bekommen, was andere haben. Leider ist dieses Thema kaum erforscht worden. Eltern berichten und meine eigene Beobachtung zeigt, daß Kinder mit ungefähr zwei Jahren mit Verhaltensweisen anfangen, die an Neid erinnern – sie wollen etwa das Spielzeug des anderen. Vorher nehmen Kinder Gegenstände, die ihnen nicht gehören, genauso wie alle anderen Gegenstände. Wenn sie älter werden, macht dieses Verhalten ein paar interessante Veränderungen durch. Wenn die objektive Selbsterkenntnis auftaucht, kann man beobachten, daß Kinder die Gegenstände anschauen, die anderen Kindern gehören, und sich dann, wenn der andere nicht hinsieht, den gewünschten Gegenstand nehmen.

In einer Reihe von Untersuchungen zum Verhalten Ein- bzw. Zweijähriger haben wir festgestellt, daß Einjährige keinen Hinweis darauf zeigen, daß Gegenstände ihnen gehören. Mit zwei Jahren jedoch scheinen sie zu wissen, welche Gegenstände »ihre« sind und welche anderen Kindern gehören. Das Wissen, was ihnen gehört, tritt um die Zeit herum auf, in der die objektive Selbsterkenntnis erscheint, und ist als weiterer Maßstab für diese Objektivität benutzt worden.[17]

Gleichzeitig oder kurz nach dem Auftauchen der objektiven Selbsterkenntnis erscheint also eine neue Gruppe von Emotionen. Diese ichbewußten Emotionen sind nicht bewertend, stellen aber die emotionalen Folgen eines exponierten Selbst dar. Zusammenfassend läßt sich sagen: Die Objektivität tritt um die Mitte des zweiten Lebensjahres herum auf und bildet das letzte große strukturelle Merkmal des Selbst-Systems. Das Auftauchen der objektiven Selbsterkenntnis führt zu Kategorien von Emotionen, die mit Ichbewußtsein zu tun haben. Das Auftauchen von Verlegenheit, Mitgefühl und möglicherweise Neid bildet eine Kategorie von ichbewußten Emotionen, die diesen Prozeß zeigen. In der zweiten Hälfte des zweiten Lebensjahres sind die Meta-Erkenntnisse des menschlichen Organismus (die Erinnerung an Erinnerungen; das Wissen, zu wissen; Gefühle über Gefühle) der große Meilenstein bei der Entwicklung der ichbewußten Emotionen des Kindes.

Die Ursprünge der Scham

Das Auftauchen der Scham und der anderen ichbewußten Emotionen erfordert mehr als objektive Selbsterkenntnis: Das Kind muß gewisse andere kognitive Fähigkeiten besitzen. Es muß Normen, Regeln und Ziele haben, die zusammen mit objektiver Selbsterkenntnis zu einer neuen Kategorie ichbewußter Emotionen führen, den ichbewußten *bewertenden* Emotionen, wozu auch die Scham gehört.

Zu welchem Zeitpunkt tauchen Normen, Regeln und Ziele auf? Von dem Augenblick an, in dem das Kind mit seinem sozialen Netzwerk zu tun bekommt, werden ihm die Regeln, Werte und Normen der primären Betreuer, der Familie und der Kultur aufgezwungen. Gewisse Verhaltensweisen werden belohnt, andere bestraft. Vom Beginn ihres Lebens an sind Kinder die direkten und indirekten Empfänger von Normen und Regeln. Warum sage ich dann, daß sie mit ungefähr zwei Jahren auftauchen? Nicht, weil das Kind vorher keine Regeln kennt, sondern weil es sie sich vor dem Auftauchen der objektiven Selbsterkenntnis nicht »zu eigen gemacht« hat. Lassen Sie mich erklären, was »sich zu eigen machen« bedeutet. Normen und Regeln erscheinen früh im kindlichen Leben; genaugenommen bilden sie das Material, das dazu beiträgt, die Beziehung des Kindes zur Pflegeperson zu definieren. Wenn das Kind die Normen des anderen erfüllt, ist Erfolg die Folge, und das Kind zeigt Freude. Wenn das Kind versagt, kann es Furcht, Angst oder Kummer zeigen. Die Reaktionen des Kindes werden durch die erwarteten Belohnungen und Bestrafungen des anderen bestimmt. Sie werden dem Kind aufgezwungen.

Nach dem Auftauchen der objektiven Selbsterkenntnis treten zwei Ereignisse ein. Erstens erscheinen auch die mit dem exponierten Selbst zusammenhängenden Emotionen Verlegenheit, Mitgefühl und Neid. Zweitens erlaubt die objektive Selbsterkenntnis die Internalisierung der Normen des anderen. Das verstehe ich unter »sich zu eigen machen«. Der Erwerb und die Internalisierung von Normen ist ein Prozeß in zwei Phasen. Zunächst akzeptiert das Kind die Normen des anderen passiv, weil sein emotionales Leben davon abhängt, daß es die vom anderen festgelegten Regeln befolgt. Später beginnt das Kind konkret, diese Normen zu internalisieren. Dieser Prozeß kann auf einer in die Vergangenheit gerichteten Beobachtung beruhen. Das Kind beobachtet, was es glücklich oder traurig macht, und bringt dann die Normen, Regeln und Ziele ohne den anderen hervor. Durch diesen zweiten Lernschritt können die Normen und Regeln objektiviert werden.

Jetzt ist es nicht mehr nur der andere, der das Kind belohnt oder bestraft. Durch die Internalisierung der Normen des anderen kann das Kind sich selbst belohnen und bestrafen. Die Fähigkeit, von den Normen des anderen zu den eigenen zu wechseln, ist vom Auftauchen des objektiven Selbst abhängig. Das »Mich« im Unterschied zum »anderen« taucht auf. Im Fall der Scham ist es das Auge des anderen im Mich, das mein Vergehen sieht. Dieser »andere« im Selbst kann nur auftreten, wenn es ein objektives Selbst gibt, dem er einverleibt werden kann. Wenn die objektive Selbsterkenntnis erscheint, wenn also die Normen, Regeln und Ziele der Eltern zu denen des Kindes geworden sind, tauchen die ichbewußten bewertenden Emotionen auf. Weil sie eine kompliziertere kognitive Struktur erfordern, tauchen sie nach den selbstbewertenden Emotionen Verlegenheit, Mitgefühl und Neid auf. Diese zeitliche Abfolge wird von vielen Quellen bestätigt.

Obwohl Tomkins zum Beispiel glaubt, daß Scham, Schuld, Hybris und Stolz im Säuglingsalter existieren, sind die Anzeichen dafür, daß sie nach den ersten beiden Lebensjahren auftauchen, beeindruckend. Darwins Untersuchungen zum Erröten zeigen, daß es erst ab 2½ Lebensjahren auftritt. Inge Brethertons Arbeit über die Aneignung einer Bewußtseinstheorie beim Kind und meine eigene Arbeit über Verlegenheit weisen darauf hin, daß die ichbewußten Emotionen im zweiten bis dritten Lebensjahr erscheinen.[18] Auch die Arbeiten über das Auftauchen von Schuld und Mitgefühl sprechen für ihr Auftreten ab diesem Zeitpunkt. Die kindliche Angst vor Versagen tritt mit ungefähr zwei Jahren auf, was die Beobachtung erhärtet, daß Bewertungsprozesse ab dem Ende des zweiten Lebensjahres stattfinden.[19] Geppert und Kuster beschreiben die Reaktionen kleiner Kinder, wenn sie bei einem Turmbau-Wettbewerb erfolgreich waren. Die Kinder, die zuerst fertig waren und ihr Ziel erreichten, blickten auf, lächelten und sahen die Verlierer triumphierend an. Sie setzten sich aufrecht hin, und einige warfen die Arme in die Luft, als wollten sie sich selbst größer machen. Bei den Kindern, die keinen Erfolg hatten, sank der Körper in sich zusammen, sie senkten den Kopf, stellten keinen Augenkontakt mit den Gewinnern her, und ihre Hände entfernten sich nicht von ihrer Arbeit. Die Entwicklungssequenz von Stolz oder Versagen zeigt, daß auf das Selbst bezügliche Reaktionen bei zwei- bis dreijährigen Kindern beobachtet werden.[20]

Auch die psychoanalytische Literatur bestätigt diese zeitliche Abfolge. Freud glaubte zunächst, Scham und Schuld würden sehr früh aus inakzeptablen sexuellen (oder aggressiven) Impulsen entstehen. In seiner späteren ausführlichen Darstellung des Auftauchens von Über-Ich und Identifikation jedoch setzte er die Entwicklung der ichbewußten Emotionen auf ungefähr drei Jahre fest. Erikson und Klein verknüpften das Auftauchen der ichbewußten Emotionen, insbesondere der Scham, mit der Sauberkeitserziehung, die gewöhnlich am Ende des zweiten Lebensjahres stattfindet. Festzuhalten ist, daß für Erikson Scham vor Schuld erscheint; in seiner Hierarchie der Aufgaben stellt sich die Scham-Aufgabe vor der Schuld-/Autonomie-Aufgabe.

Wieso können andere Theoretiker behaupten, diese Emotionen würden früher auftauchen? Die entsprechende Vorstellung ist weder theoretisch besonders gut untermauert noch empirisch bewiesen, und trotzdem bleibt sie eine allgemein verbreitete Ansicht.[21] Dafür gibt es zwei mögliche Erklärungen. Die erste hat mit Attribuierung und Mensch-Werdung zu tun. So hat etwa Robert Emde Mütter gefragt, wann ihrer Meinung nach bestimmte Emotionen auftauchen.[22] Die große Mehrheit der Mütter meinte, daß Interesse, Freude, Erstaunen, Zorn, Furcht und Kummer mit zwei bis vier Monaten vorhanden seien, und ein signifikanter Prozentsatz meinte, daß Trauer (38%), Schüchternheit (19%), Ekel (27%), Verachtung (11%) und sogar Schuld (3%) vorhanden seien. Erstaunlich ist, daß 11% dachten, mit vier Monaten sei Verachtung vorhanden, und daß 3% dachten, Schuld sei vorhanden. Eltern und, wie ich vermute, auch Wissenschaftler schreiben sehr kleinen Kindern also eine Vielzahl von Fähigkeiten zu. Mit der zweiten Erklärung habe ich mich weiter oben beschäftigt, aber sie soll hier noch einmal betont werden: Frühere Manifestationen späterer Fähigkeiten stellen nicht unbedingt erwachsenenähnliche Modi dar. Wenn wir uns an diese einfache Regel nicht erinnern, brauchen wir den Begriff der Entwicklung nicht. Nehmen wir als Beispiel das Auftauchen des Stolzes. Kleinkinder zeigen schon sehr früh Freude über bestimmte Arten von Leistung. Meine Kolleginnen und ich haben bei einer Reihe von Untersuchungen festgestellt, daß bereits zwei Monate alte Kinder positive Aspekte zeigen, wenn sie bei einer Aufgabe erfolgreich sind.[23] Aber Effizienz ist nicht dasselbe wie Stolz, auch wenn beide im Zusammenhang mit denselben auslösenden Ereignissen erscheinen. Das zwei Monate alte Kind, das an einer Kordel ziehen kann, damit etwas geschieht, und das fünf Jahre alte Kind, das erfolgreich ein Problem löst, zeigen beide Freude und Vergnügen über ihre Kompetenz. Bei dem Fünfjährigen bezieht der Stolz sich jedoch speziell auf die Vollbringung einer Handlung, die im Hinblick auf die dem Selbst bekannten Normen, Regeln und Ziele erforderlich ist. Entsprechend würde ich behaupten, daß ein an den Normen des anderen gemessenes Versagen zu Furcht, Angst und Trauer führt. Nach der Entwicklung der objektiven Selbsterkenntnis werden Trauer, Angst und Furcht durch Scham und Schuld ergänzt. Da die Situationen dieselben sind, ist es verständlich, warum die beobachteten Verhaltensweisen oft als dieselben behandelt werden. Nur eine die Entwicklung einbeziehende Perspektive erlaubt das Wachstum von Strukturen und Prozessen.

Immer mehr Forschungsergebnisse zeigen, daß Stolz und Scham sich von Freude und Trauer unterscheiden. Vor kurzem führten wir eine Studie mit drei Jahre alten Kindern durch. Sie bekamen zwei Arten von Aufgaben, solche, die leicht gelöst werden konnten, und schwierigere. Verschiedene Ergebnisse beziehen sich auf die Frage, wann die bewertenden Emotionen auftreten. Wenn Kinder bei der Lösung eines Problems erfolgreich waren, zeigten sie Freude; aber *wenn sie bei einer schwierigen Aufgabe erfolgreich waren, zeigten sie Stolz.* Dieses Ergebnis zeigt, daß Stolz mit der Ausführung einer Aufgabe zu tun hat, *die das Kind selbst als schwierig bewertete.* Wenn die Kinder bei einer Aufgabe nicht erfolgreich waren, zeigten sie Trauer; aber *wenn sie bei einer leichten Aufgabe nicht erfolgreich waren, zeigten sie Scham*. Stolz und Scham hatten damit zu tun, daß das Kind die Aufgabe als schwierig beurteilte, aber bei Freude und Trauer war dies nicht der Fall.[24]

Vielleicht noch wichtiger ist die neuere Arbeit von Deborah Stipek und ihren Kollegen.[25] Bei einer Reihe von Untersuchungen zur leistungsbezogenen Selbsteinschätzung wurde die folgende Entwicklungssequenz beobachtet. Schon ein Jahr alte Kinder empfinden Freude, wenn sie Erfolg haben, aber »es fehlt ihnen das kognitive begriffliche Können, das zur Selbstbewertung in einem auf das Selbst reflektierenden Sinn erforderlich ist«. Mit zwei Jahren können Kinder die Reaktionen Erwachsener voraussehen, aber ihre Reaktion hängt mit dem Verhalten des Erwachsenen zusammen.[26] Mit ungefähr drei Jahren sind Kinder wegen der Mißbilligung Erwachsener betroffen, aber »sie können auch unabhängiger auf ein Versagen reagieren«, so als hätten sie eine eigene Norm.

Die Ergebnisse vieler Quellen zeigen, daß die Selbstbewertung und mit ihr die selbstbewertenden Emotionen Scham, Schuld und Stolz mit ungefähr drei Jahren auftauchen, während ein auf das Selbst reflektierendes Verhalten und damit Verlegenheit mit ungefähr 18 bis 24 Monaten auftaucht. Es steht außer Zweifel, daß während der ersten drei Lebensjahre eine klare Entwicklungssequenz stattfindet.

Scham versus Schuld
aus der Perspektive der Entwicklung

Es gibt drei mögliche Modelle, um die Entwicklung von Scham und Schuld zu beschreiben. Beim ersten taucht Scham vor Schuld auf; beim zweiten Schuld vor Scham; beim dritten tauchen Scham und Schuld gleichzeitig auf. Die ersten beiden Modelle beruhen auf der Überzeugung, daß eine dieser Emotionen die Hauptemotion und die andere eine Subkategorie von ihr ist. Obwohl viele Forscher das erste oder zweite Modell befürworten würden, glaube ich, daß Scham und Schuld ungefähr gleichzeitig auftauchen.

Wenn Scham zur selben Gruppe wie Verlegenheit und Schüchternheit gehört, die erwiesenermaßen früh auftauchen, müßte ich zugeben, daß Scham früher als Schuld auftritt. Oder ich könnte behaupten, daß Schuld nicht als erstes auftauchen kann, und zwar wegen der für ihr Auftreten notwendigen Vorbedingungen: Das Kind muß richtig und falsch voneinander unterscheiden können, und es muß ein gutes Gefühl für das richtige moralische Verhalten haben. Es ist behauptet worden, daß ein moralisches Verhalten erst sehr viel später auftaucht, als Scham oder Verlegenheit von den meisten Menschen beobachtet werden. Das Erröten tritt, wie berichtet wird, ab 2½ Jahren auf, aber Piaget hat festgestellt, daß das Auftauchen eines moralischen Verhaltens von kognitiven Fähigkeiten abhängt, die nicht vor diesem Zeitpunkt erscheinen.[27] Aus dieser Sicht scheint Scham vor moralischen Normen und moralischem Verhalten aufzutreten, und Schuld nach ihnen; diese Meinung setzt jedoch voraus, daß ein moralisches Verhalten und Vergehen die Grundlage für Schuld sind.

Scham kann Schuld vorausgehen, besonders wenn meine Analyse der globalen bzw. spezifischen Attribuierung korrekt ist. Manche Forscher haben behauptet, Kinder würden erst globale und dann spezifische Attribuierungen vornehmen.[28] Wenn dies der Fall ist, müßte Scham vor Schuld auftreten. Ein solcher Vorschlag scheint dann plausibel, wenn globale vor spezifischen Attribuierungen erscheinen.

Daß Schuld früher als Scham auftritt, beruht auf einer Reihe von Überzeugungen. Im allgemeinen war eher Schuld als Scham Thema der Untersuchungen. Aber es gibt keine empirischen Daten, die darauf hinweisen, daß Schuld früher als Scham auftritt. Zur Unterstützung dieser Ansicht könnte auf die Wichtigkeit der Schuld im Gegensatz zur Scham hingewiesen werden, obwohl es auch der Fall sein könnte, daß Schuld später als Scham auftritt, weil erstere komplexer und differenzierter ist. Daß Schuld eine höhere moralische Emotion ist, ist eine weithin vertretene Ansicht.[29] Trotzdem gibt es kaum Grund zu der Annahme, daß Schuld früher als Scham auftaucht. Man könnte auf die Tatsache hinweisen, daß sehr kleine Kinder sich nur mit Konkretem beschäftigen; die Vorstellung von Kategorien ist ihnen intellektuell zu anspruchsvoll. Daraus könnten wir schließen, daß wir keine globalen, sondern nur spezifische Attribuierungen vornehmen können. Wenn dies so wäre, müßte Schuld früher auftreten als Scham.

Die Frage bleibt, ob diese Emotionen nacheinander oder gleichzeitig auftauchen. Sie hängen von der Ausrichtung des Selbst ab. Wenn Kinder zuerst globale Attribuierungen vornehmen, werden sie wahrscheinlich zuerst Scham oder Hybris empfinden. Wenn sie sich auf die Handlung oder das Objekt der Handlung konzentrieren, werden sie zuerst Schuld oder Stolz empfinden. Gibt es irgendeinen Hinweis darauf, daß Kinder sich eher auf das eine als auf das andere konzentrieren? Einige Ergebnisse deuten darauf hin, daß Kinder globale Attribuierungen früher vornehmen. Andere Ergebnisse jedoch zeigen, daß Kinder mit ungefähr zwei Jahren ein mitfühlendes Verhalten zeigen, das heißt, sie können sich auf die Gefühle anderer konzentrieren. Diese Feststellung impliziert, daß Kinder andere Personen irgendwie verstehen und in der Lage sind, ihr Interesse auf den anderen auszurichten, ein notwendiges Charakteristikum für Schuld. Wenn dies so ist, können Kinder Schuld-Verhaltensweisen im selben Alter zeigen, in dem sie Scham zeigen. Diese Vorstellung wird durch Untersuchungen erhärtet, die darauf hinweisen, daß Kinder über zwei Jahren in Reaktion auf ein Vergehen, für das sie sich selbst verantwortlich halten, sowohl Scham als auch Schuld zeigen. Sie werden sich daran erinnern, daß wir Kindern ein Spielzeug gaben, das aufgrund seiner Konstruktionsweise nach kurzer Zeit kaputt ging. Das Verhalten der Kinder in der Situation schien Scham und Schuld zu zeigen. Einige Kinder vermieden es, den Versuchsleiter anzusehen und ihm zu sagen, daß die Puppe kaputt war. Sie versuchten nicht, die Puppe wieder ganz zu machen, indem sie sie entweder selbst reparierten oder den Versuchsleiter baten, es für sie zu tun. Andere Kinder jedoch versuchten, die Puppe selbst zu reparieren, oder zeigten sie dem Versuchsleiter und baten ihn, ihnen bei der Reparatur zu helfen.[30] Die Kinder der zweiten Gruppe mieden den Erwachsenen nicht, und sie zeigten nicht das Muster »niedergeschlagene Augen, eingesunkener Körper«. Wenn wir diese Verhaltensweisen im Hinblick auf unsere Definitionen von Scham und Schuld interpretieren, sehen wir, daß Scham und Schuld von Kindern dieses Alters gezeigt werden. Daraus können wir schließen, daß Scham und Schuld ungefähr gleichzeitig auftauchen.

Exponierte versus bewertende ichbewußte Emotionen

Wahrscheinlich bedarf mein Modell weiterer Korrektur. Eins seiner Merkmale hat mit der Beziehung zwischen den exponierten ichbewußten Emotionen und den bewertenden ichbewußten Emotionen zu tun. Wie ich in der Abbildung auf S. 147 angegeben habe, bringt die Kombination von objektiver Selbsterkenntnis und Normen die bewertenden Emotionen hervor. Auch wenn dies der Fall ist, erklärt es nicht den Entwicklungsprozeß an sich.

Ich meine, daß Normen, Regeln und Ziele und objektive Selbsterkenntnis mit den exponierten ichbewußten Emotionen interagieren und sie in die bewertenden ichbewußten Emotionen verwandeln, die ich erörtert habe. Dieser Transformationsprozeß benutzt die exponierten Emotionen, die aber im Verlauf des Prozesses nicht zerstört werden. Das Material der frühen Strukturen wird verwendet, aber durch den Prozeß nicht verwandelt. Auf diese Weise erscheinen auf der nächsten Ebene *exponierte und bewertende* Emotionen. Wenn dies so ist, wäre es zweckdienlich, in der Abbildung auf S. 147 von den exponierten zu den bewertenden Emotionen einen Pfeil einzuzeichnen. Bei der Verwandlung wird Verlegenheit zum Material für Scham, während Mitgefühl zum Material für Schuld wird. Untersuchen wir, ob eine solche Verbindung besteht.

Mitgefühl und Schuld ist eins gemeinsam: Bei beiden konzentriert man sich eher auf den anderen als auf sich selbst. Daher scheint die Annahme vernünftig, daß mitfühlendes Verhalten zu Schuld führt. Grundlage für diese Umwandlung von Mitgefühl in Schuld ist die Anwendung der objektiven Selbsterkenntnis und der internalisierten Normen. Die strukturelle Ähnlichkeit zwischen ihnen ist offensichtlich, und eine Beziehung ist vorgeschlagen worden. Die Entwicklungssequenz zwischen ihnen wird deutlicher werden, wenn ich mich in Kapitel 6 mit den Sozialisationsfaktoren beschäftige, die die ichbewußten Emotionen beeinflussen. Vor kurzem hat June Tangney die Beziehung zwischen Mitgefühl, Scham und Schuld untersucht und festgestellt, daß Mitgefühl und Schuld bei Erwachsenen sehr hoch positiv korrelieren, während zwischen Scham und Mitgefühl eine negative Korrelation bestand.[31] Menschen, die sehr viel Scham zeigten, zeigten kaum Mitgefühl. Diese Feststellungen bestätigen die Prozesse, die Schuld und Scham zugrunde liegen, und unterstreichen die Tatsache, daß an Schuld und Mitgefühl dieselben Prozesse beteiligt sind: die Leichtigkeit, mit der jemand sich eher auf den anderen als auf sich selbst konzentriert.

Ich habe eine Entwicklungssequenz vorgestellt, die die Entwicklung der ichbewußten Emotionen bis zum Ende des dritten Lebensjahres aufzeigt. Im weitesten Sinne können wir sagen, daß Emotionen zu Gedanken über Emotionen führen, die ihrerseits zur Objektivierung des Selbst und den neuen ichbewußten Emotionen führen. Obwohl ichbewußte Emotionen ab dem Alter von drei Jahren vorhanden sind, geht der Prozeß ihrer Differenzierung und Entwicklung das ganze Leben hindurch weiter, wenn neue Normen, Regeln und Ziele geschaffen und neue Handlungen, Gedanken und Gefühle geäußert werden. Trotzdem sind in emotionaler und sozialer Hinsicht die ersten Jahre, die prä-ödipale Phase, für unser Wachstum und unsere Gesundheit entscheidend.

6
Die Sozialisation der Scham
Von den Eltern zum Kind

Bei der Erörterung meines Modells habe ich bestimmte Charakteristika angesprochen, die auf unterschiedliche Weise sozialisiert werden können und so zu individuellen Scham-Unterschieden führen. In diesem Kapitel möchte ich untersuchen, wie Eltern beeinflussen, welche Gedanken und Gefühle Kinder zu sich selbst haben; im Mittelpunkt steht dabei durch Demütigung, Ekel und Liebesentzug hervorgerufene Scham.

Warum wir so über uns denken, wie wir es tun

Manche Erwachsene setzen sich für ihr Verhalten derart hohe Maßstäbe, daß sie ständig versagen. Das Versagen im Hinblick auf diese inneren Normen führt zu Scham. Individuelle Unterschiede in bezug auf die Höhe der Maßstäbe müßten daher die Scham beeinflussen. Sehen Sie sich den Studenten an, der eine 2 bekommt. Wenn er einen hohen Maßstab hat und eine 1 erhofft und erwartet, wird die 2 ihm das Gefühl vermitteln, versagt zu haben. Ein Student dagegen, der eine 2 als Maßstab für Erfolg ansieht, wird auf diese Note nicht so reagieren, als habe er versagt. Aus psychoanalytischer Sicht könnten wir sagen, daß solche Unterschiede mit der Stärke des Über-Ich zu tun haben. Es gab Versuche, die Beziehung zwischen einer strengen Sozialisation und einem starken Über-Ich zu untersuchen, aber sie haben zu gemischten Ergebnissen geführt. Eine rigorose Entwöhnung oder eine strenge Sauberkeitserziehung – Beispiele einer strengen elterlichen Sozialisation – scheinen mit der kindlichen Reaktion auf ein Vergehen nichts zu tun zu haben.[1] Trotzdem scheint die Annahme berechtigt, daß die frühe Sozialisation von Normen bei der Auslösung von Scham eine Rolle spielt.

Martin Hoffmans Analyse starrer und flexibler Reaktionen auf Schuld zeigt die Sozialisation von Normen.[2] Die starre Reaktion spiegelt Interesse an der Regel an sich: Das Kind konzentriert sich auf die Regel als Norm und auf seine Verletzung dieser Norm. Die flexible Reaktion, die manchmal als humanistische oder empathische Reaktion bezeichnet wird, spiegelt Interesse an dem Schaden, der anderen durch die Verletzung zugefügt wurde, und nicht so sehr Interesse an der Verletzung selbst. Liebesentzug oder Angriffe auf das Ich, die eingesetzt werden, um dem Kind durch Kritik und unter Umständen auch durch Demütigung hohe Maßstäbe beizubringen, führen zu der starren Reaktion. Ob diese Situation auch mit Scham zu tun hat, ist schwer feststellbar, weil Hoffman wie viele andere Forscher nicht zwischen Scham und Schuld unterscheidet.

Individuelle Scham-Unterschiede können durch die unterschiedliche Sozialisation von Normen, Regeln und Zielen entstehen. Ich hatte einen Patienten, der mir erzählte, daß sein Vater ihn fragte: »Was ist mit den anderen 3 Punkten passiert?«, als er bei einer Chemieprüfung 97 von 100 möglichen Punkten erhielt. Die elterliche Frage: »Was ist mit den anderen 3 Punkten passiert?« weist auf eine Situation hin, in der hohe Maßstäbe gesetzt und verlangt werden. Natürlich kann die Art der Forderung im Hinblick auf den Maßstab der entscheidende Faktor sein. Obwohl gemeinhin angenommen wird, daß ein überlastetes Über-Ich zu Schuld führt, kann es auch sein, daß nicht der geforderte hohe Maßstab für die Schuld verantwortlich ist, sondern die bei Nicht-Erfüllung der Norm auferlegte Strafe. Sehen wir uns zwei Familien an, die beide hohe Maßstäbe setzen. In der einen reagieren die Eltern auf ein Versagen des Kindes mit Bestrafung, oder ihr Verhalten ist voller Spott, Ekel und Erniedrigung. Diese Kinder werden von ihren Eltern erniedrigt und beschämt, wenn sie deren Normen nicht erfüllen. Nicht das Versagen, sondern die Bestrafung des Versagens ruft Scham hervor. Vergleichen Sie eine solche Familie mit einer Familie, die ebenfalls auf hohen Maßstäben besteht, die aber, statt Spott, Ekel oder Demütigung zu zeigen, dem Kind erklärt, wie es die Sache besser machen kann.

Normen, Regeln und Ziele gibt es immer. Vielleicht ist das wichtige Merkmal nicht, daß hohe Maßstäbe gesetzt werden, sondern wie auf ihre Verletzung reagiert wird. Ich meine, daß Normen zwar sozialisiert werden, individuelle Norm-Unterschiede aber mit der Reaktion *des anderen* auf ihre Verletzung zu tun haben.

Aufgrund der unterschiedlichen Normen werden auch die Situationen unterschiedlich sein, die wahrscheinlich Scham hervorrufen. Einige Familien schätzen zum Beispiel die schulische Leistung mehr als andere. Ein Versagen im schulischen Bereich wird bei den Kindern dieser Familien eher zu Scham führen als bei den Kindern anderer Familien, die bei schulischen Leistungen keinen hohen Maßstab anlegen. Ähnlich kann eine Familie, die körperliche Aktivität, Sport und risikoreiche Unternehmungen schätzt, ihre Kinder so erziehen, daß diese sich wegen eines Versagens in diesen Situationen schämen, während die Kinder von Familien, die auf körperliche Aktivitäten wenig Wert legen, sich bei einem diesbezüglichen Versagen wahrscheinlich kaum schämen werden.[3]

Die unterschiedlichen Normen, Regeln und Ziele können zu den geschlechtsspezifischen Unterschieden beitragen. Manche Eltern erziehen männliche und weibliche Kinder unterschiedlich: Mädchen werden im allgemeinen auf Normen ausgerichtet, die mit zwischenmenschlichen Beziehungen zu tun haben, während Jungen auf Normen ausgerichtet werden, die mit Effizienz und der Beherrschung von Objekten und Dingen zu tun haben. Die sozialisationsbedingten Unterschiede solcher Normen könnten bei bestimmten Verhaltensweisen zu Unterschieden bei der Auslösung von Scham führen. Ein aggressives Verhalten im zwischenmenschlichen Bereich zum Beispiel wird je nach dem Geschlecht des Aggressors unterschiedlich beurteilt. Wenn ein Mädchen Wut zeigt, benutzen Eltern eine Vielzahl von Techniken einschließlich direkter Bestrafung und Liebesentzug, um dieses Verhalten zu verhindern. Aber wenn ein Junge sich aggressiv verhält, unternehmen seine Eltern wenig oder keine Anstrengungen, um sein Verhalten zu verhindern; es kann sogar sein, daß sie es aktiv ermutigen.

Schulische Leistungen sind ein anderer Bereich, in dem unterschiedliche Ziele anerzogen werden. Akademischer Erfolg scheint ein Ziel zu ein, das eher von Männern als von Frauen angestrebt wird. Obwohl gleich viele Jungen und Mädchen zum College gehen, besuchen auch heute noch unverhältnismäßig wenig Mädchen eine Hoch- oder Berufsschule. Diese Normunterschiede müssen sicher noch eingehender erforscht werden. Klar ist, daß Eltern, deren Maßstäbe hoch sind, Kinder haben, deren Maßstäbe ebenfalls hoch sind. Wenn solche Kinder erwünschte Ziele nicht erreichen, fühlen sie sich schlecht. Ob das Gefühl, versagt zu haben, zu Scham-Unterschieden führt, hängt von anderen Faktoren ab; trotzdem scheint die Annahme plausibel, daß zwischen hohen Maßstäben, dem Nicht-Erreichen dieser Maßstäbe und der Anfälligkeit für Scham eine signifikante Verbindung besteht.

Interne und externe Attribuierungen

Das Setzen von Normen, Regeln und Zielen ist ein Aspekt des Attribuierungssystems, das das Selbst einbezieht und zu Scham führt. Ein zweiter Aspekt hat mit der Bewertung des Selbst durch den Betreffenden zu tun. Diese Attribuierung kann spezifisch sein, das heißt, sich auf das Tun des Selbst konzentrieren, oder global, das heißt, sich auf das gesamte Selbst konzentrieren. Ich habe bereits darauf hingewiesen, daß es zu Scham nur kommt, wenn Menschen eine interne Bewertung vornehmen, das heißt, wenn sie sich selbst für ein bestimmtes Versagen verantwortlich machen. Sie können aber auch eine externe Bewertung vornehmen, das heißt, für das Versagen jemand anderen oder den Zufall verantwortlich machen. Ein Ausgangspunkt für individuelle Unterschiede ist also die Wahrscheinlichkeit, mit der jemand interne Attribuierungen vornimmt.

Die Frau, die mein Büro saubermacht, hat vor kurzem bei einer Lotterie einen kleinen Geldbetrag gewonnen. Ich gratulierte ihr zu ihrem Glück, und sie antwortete: »Nein, es war kein Glück. Ich wußte, daß ich gewinnen würde, wenn ich auf das Geburtsdatum meiner Tochter setze.« Diese Frau nimmt gewohnheitsmäßig interne Attribuierungen vor. Sie schrieb ihren Erfolg in der Lotterie etwas zu, was sie tat – für sie hatte der Zufall bei ihrem Gewinn keine Rolle gespielt.

Vorwürfe können ebenfalls intern attribuiert werden. Das beste Beispiel dafür sind Menschen, bei denen ein Familienangehöriger eine schwere Krankheit hat.

Einer meiner Studenten hatte das Gefühl, es sei seine Schuld, daß sein Vater eine Herzattacke hatte. Er sagte mir: »Wenn ich [in den Ferien] nach Hause gefahren wäre statt nach Florida, hätte ich verhindern können, daß er diese Attacke bekam.«

Eine solche Vorstellung zeigt den unvernünftigen individuellen Anspruch an das Selbst, Verursacher eines Ereignisses zu sein, über das man keine Kontrolle hat. Jemand anderes hätte die Herzattacke des Vaters dem Übergewicht, starkem Rauchen, mangelnder Bewegung, Streß am Arbeitsplatz, dem Altersprozeß, der genetischen Veranlagung, Pech oder anderen äußeren Ursachen zugeschrieben. Aber mein Student neigte zu internen Attribuierungen, und deshalb machte er sich selbst für die Krankheit des Vaters verantwortlich: »Wenn ich nur nach Hause gefahren wäre ...« Dies ist derselbe Vorgang, der Überlebende des Holocaust quält. Irgendwie machen sie sich für den Tod der anderen verantwortlich.

Es gibt Untersuchungen über die Kinder depressiver Eltern, die sich mit der Sozialisation von internen Attribuierungen beschäftigen. Sehr kleine Kinder kranker Eltern neigen dazu, Vorwürfe zu internalisieren.[4] Dies kann sich auf unterschiedliche Weise zeigen. Die Kinder haben unrealistischerweise das Gefühl, sie müßten etwas finden, das ihren Eltern hilft. Warum sollten, da Eltern Kindern helfen können, Kinder nicht auch ihren Eltern helfen können? Da aber die Kinder ihren Eltern nicht helfen können, übernehmen sie einen Teil der Verantwortung für die Krankheit des Elternteils. Es kann auch sein, daß kranke Eltern ihre Kinder überzeugen, daß sie für die Krankheit der Eltern verantwortlich sind.

Ich hatte einen Patienten, dessen Mutter starken Bluthochdruck hatte. Die Mutter litt unter schrecklichen Kopfschmerzen und mußte sich hinlegen, um sie zu lindern. Wenn das Kind irgendein Geräusch machte, sagte die Mutter: »Sei still, du tust meinem Kopf weh.« Da es für das Kind fast unmöglich war, längere Zeit völlig ruhig zu bleiben, wurde ihm oft gesagt, es sei der Grund für die Kopfschmerzen seiner Mutter. Schließlich machte es selbst sich dafür verantwortlich, daß seine Mutter Kopfschmerzen hatte.

Jüngere Kinder scheinen für eine Internalisierung empfänglicher zu sein als ältere Kinder. Der Tod eines Elternteils zum Beispiel führt eher zu Scham, wenn er sich früh im Leben des Kindes ereignet, weil jüngere Kinder sich eher für den Tod verantwortlich machen und daher für Scham empfänglicher sind. Individuelle Unterschiede bei der Sozialisation dieser Attribuierung sind bislang nur minimal beachtet worden; es ist jedoch bemerkt worden, daß die Kinder depressiver Eltern die Verantwortung für die Krankheit der Eltern auf sich zu nehmen scheinen.

Ob jemand Verantwortung internalisiert oder externalisiert, ist wichtig für die Bestimmung, ob er sich bei einem Versagen schämt.[5] Je mehr man eine äußere Ursache verantwortlich machen kann, desto mehr werden Schamgefühle vermieden. Steve Alessandri und ich haben untersucht, was Eltern kleinen Kindern sagen, wenn diese mit einer Aufgabe beschäftigt sind. Unsere Ergebnisse zeigen, daß manche Eltern dazu neigen, den Erfolg bzw. Mißerfolg des Kindes Kräften zuzuschreiben, die sich außerhalb des Kindes befinden. Wenn die Aufgabe darin bestand, einen Ball in ein Netz zu werfen, sagte ein Elternteil zum Mißerfolg eines dreijährigen Kindes: »Der Ring [des Korbs] ist zu klein; du kannst den Ball nicht hineinbekommen.« Solche Aussagen teilen Kindern mit, daß ihr Versagen nicht mit dem zusammenhängt, was sie tun, sondern mit der Art der Aufgabe selbst. Andere Eltern machten Bemerkungen wie:»Du mußt mehr üben, damit du den Ball ins Netz bekommst« oder: »Du strengst dich nicht an; wenn du dich mehr anstrengst, schaffst du es«. Diese Eltern veranlassen ihre Kinder dazu, sich auf ihre eigenen Anstrengungen zu konzentrieren, wenn sie Erfolg haben wollen. Das elterliche Verhalten informiert das Kind über interne oder externe Attribuierungen.

Das interne oder externe Attribuieren kann von einer bestimmten Situation oder einem individuellen Charakterzug abhängen.

Manche Menschen nehmen immer wieder dieselben Attribuierungen vor, interne oder externe. Andere nehmen je nach Aufgabe interne oder externe Attribuierungen vor. Der aufgabenabhängige Wechsel von einer internen zu einer externen Attribuierung und umgekehrt ist die typische Form des Verhaltens; die Tendenz, nur eine Art von Attribuierung vorzunehmen, wird oft mit einer Pathologie assoziiert. Zudem variieren Menschen bei ihren internen oder externen Attribuierungen, je nachdem, ob sie bei der Aufgabe Erfolg haben oder nicht. Es gibt alle möglichen Kombinationen. Manche Menschen neigen dazu, die erfolgreiche Erledigung einer Aufgabe sich selbst zuzuschreiben, bei einem Versagen aber andere (oder den Zufall) verantwortlich zu machen. Auch das Gegenteil ist möglich: Manche Menschen schreiben Erfolg bei einer Aufgabe andern zu, machen sich selbst aber bei einem Versagen verantwortlich.

Der unter anderem von Morrison beschriebene narzißtische Persönlichkeitstyp schreibt Erfolg auch dann seinen eigenen Anstrengungen zu, wenn er – wie bei dem Lotteriegewinn keinen logischen Grund hat, den Ruhm für sich in Anspruch zu nehmen; gleichzeitig will er für sein Versagen keine Verantwortung übernehmen.[6] Wie wir sehen werden, neigen solche Persönlichkeitstypen bei einem Versagen zu globalen Attribuierungen. Wenn sie ihr Versagen internalisieren, fühlen sie Scham; deshalb versuchen sie um jeden Preis, dieses Gefühl zu vermeiden.

Die Untersuchung individueller Unterschiede bei der internen bzw. externen Attribuierung von Erfolg/Mißerfolg zeigt interessante geschlechtsspezifische Unterschiede. Frauen nehmen bei einem Versagen eher interne und bei einem Erfolg eher externe Attribuierungen vor, während Männer umgekehrt verfahren. Das gegenüber Jungen und Mädchen unterschiedliche Verhalten von Eltern und Lehrern ist mit dem Attribuierungsstil von Kindern verknüpft worden, obwohl diese Unterschiede und die Art der Aufgabe einander beeinflussen. Frauen zeigen das Muster »Internalisierung bei Versagen, Externalisierung bei Erfolg« bei zwischenmenschlichen Beziehungen und bei schulischem Erfolg.

Die meisten Angaben über diese geschlechtsspezifischen Unterschiede haben wir für schulische Leistungen. Frauen werden erzogen, sich für ihr Versagen verantwortlich zu machen, sich für ihren Erfolg aber nicht zu belohnen; das Umgekehrte gilt für Männer. Unsere Untersuchung der Reaktionen von Eltern auf die Leistung ihrer Kinder ergab, daß Mütter und Väter bei Jungen signifikant mehr positive Attribuierungen vornahmen als bei Mädchen. Sie sagten: »Das ist eine gute Möglichkeit, das [Puzzle-]Stück in die Schachtel zu bekommen« oder: »Stell den linken Fuß nach vorne, so kannst du den Ball [in den Korb] werfen.« Diese positiven spezifischen Attribuierungen werden bei drei Jahre alten Jungen öfter vorgenommen als bei drei Jahre alten Mädchen; bei Mädchen werden öfter negative spezifische Attribuierungen vorgenommen. Diese unterschiedliche Sozialisation deutet darauf hin, daß viele bei Schulkindern und Erwachsenen beobachteten Unterschiede durch diese typischen Sozialisationsmuster verursacht werden. Ähnliche Ergebnisse bei Kleinkindern sind von anderen Forschern berichtet worden. Seligman und seine Kollegen zum Beispiel haben berichtet, daß Mütter, die ein Unglück intern attribuierten, Kinder mit ähnlichen Attribuierungsmustern hatten.[7]

Die individuellen Unterschiede beim internen oder externen Attribuieren bestimmen, ob selbstbewertende Emotionen auftreten. Bei Menschen, die sich nicht für ein Versagen verantwortlich machen und/oder sich Erfolg nicht selbst zuschreiben, werden die bewertenden Emotionen Scham, Schuld, Hybris und Stolz kaum erscheinen. Nur Menschen, die interne Attribuierungen vornehmen, werden als eine Folge ihres Versagens Scham empfinden.

Spezifische und globale Attribuierungen

Das dritte Attribuierungsmerkmal des Modells hat mit der globalen oder spezifischen Ausrichtung des Selbst zu tun. Sie wirken mit dem internen oder externen Attribuieren zusammen, so daß wir vier Elemente haben. Globales versus spezifisches Attribuieren ist ein Konzept, das mit vielen Begriffen bezeichnet wurde, etwa Merkmal des Selbst versus Tun des Selbst, Entität versus Zuwachs oder Schwerpunkt des Selbst auf Leistung versus Schwerpunkt des Selbst auf dem Lernen.[8] Ich definiere das Konzept als »Schwerpunkt auf dem ganzen Selbst versus Schwerpunkt auf dem Tun des Selbst.«

Vor einziger Zeit klagte eine Studentin bei mir über ein Problem, das sie beim Studieren hatte. Sie erzählte mir, sie sei zum Studieren zu unruhig, weil sie sich wegen der Note Sorgen mache, die sie bekommen würde. Als ich sie fragte, ob sie sich für das Thema interessiere, antwortete sie: »Ich bin sehr [an dem Thema] interessiert, aber ich kann nicht aufpassen, denn ich beschäftige mich zu sehr damit, wie gut ich abschneide.«

Dies ist ein Beispiel für einen Menschen, der sich auf seine Leistung und nicht auf sein Lernen konzentriert. Die Studentin konnte ihre Arbeit im Kurs nur in bezug auf ihre Leistung und ihre Beurteilung als Person sehen, nicht als eine Aufgabe, durch die sie etwas lernte.

Obwohl Angaben über den Erwerb von globalen bzw. spezifischen Attribuierungen und individuelle Unterschiede sehr nützlich wären, ist in diesem Bereich relativ wenig geforscht worden. Die meisten Arbeiten beschäftigen sich mit geschlechtspezifischen Unterschieden, weshalb wir uns zur Untersuchung des Prozesses mit ihnen befassen müssen. Denken wir daran, daß Menschen, die bei einem Versagen eine globale Attribuierung vornehmen, bei einem Erfolg nicht zwangsläufig ebenso verfahren. Wir müssen dies berücksichtigen, wenn wir globale Attribuierungen als Persönlichkeitsmerkmal betrachten.

Biologische Faktoren beim globalen Attribuieren

Ein globaler bzw. spezifischer Attribuierungsstil kann einen genetischen Ursprung haben. Diese Möglichkeit wurde von Herman Witkin in Erwägung gezogen, der im Bereich der Feldabhängigkeit arbeitete. Feldabhängigkeit hat mit der Fähigkeit zu tun, zu analysieren und wahrzunehmen: der Fähigkeit, ein Objekt in dem Kontext, in den es eingebettet ist, im Wahrnehmungsfeld zu behalten.[9] Ein Standard-Test zur Bestimmung dieser analytischen Kapazität mißt die Fähigkeit des Betreffenden, eine Stange im Verhältnis zum Fußboden vertikal zu halten. Die Aufgabe wird dadurch erschwert, daß die Stange sich in einem schrägen Rahmen befindet. In einer Reihe von Untersuchungen wurden gleichbleibende individuelle Unterschiede beobachtet. Witkin glaubte, daß die Fähigkeit biologisch veranlagt sei. H.B. Lewis behauptete, daß ein globales Attribuieren besonders bei Versagen mit der Feldabhängigkeit zusammenhänge.[10,11] Außer in dieser Arbeit sind die genetischen Unterschiede beim globalen oder spezifischen Attribuieren nicht beachtet worden. Möglicherweise besteht jedoch eine Verbindung zum Temperament.

Von manchen Menschen heißt es, sie hätten ein schwieriges Temperament: Sie sind reizbarer und neigen dazu, sehr körperbezogen zu sein. Sie klagen über kleine Schmerzen, scheinen Schwierigkeiten zu haben, mit inneren Körperempfindungen umzugehen, und konzentrieren sich auf die Reize, die von ihrem Körper ausgehen. Weil sie mehr Zeit mit der Konzentration auf sich selbst verbringen als Menschen, die kein schwieriges Temperament haben, nehmen sie möglicherweise eher globale als spezifische Attribuierungen vor. Vor kurzem arbeitete Rose DiBiase in meinen Untersuchungsräumen mit zweijährigen

Kindern; sie konnte zeigen, daß Kinder mit schwierigem Temperament am ehesten verlegen sind.[12] Wir konnten dieses Ergebnis ausweiten und zeigen, daß Kinder mit schwierigem Temperament im Alter von drei Jahren mehr Scham zeigten, wenn sie bei einer Aufgabe versagten, als andere Kinder. Ein schwieriges Temperament kann ein Kind dazu prädisponieren, bei Versagen eine globale Attribuierung vorzunehmen, aber wahrscheinlich sind diese Unterschiede kein Hauptfaktor.

Sozialisationsfaktoren beim globalen Attribuieren
Frühes Trauma. Über die Sozialisation von Schuld ist viel geschrieben worden. Die entsprechende Literatur könnte sich auf globale bzw. spezifische Attribuierungen beziehen, weil die Autoren möglicherweise Scham und Schuld erörtern.

Daß zwischen der Art der Sozialisation und der Stärke der geäußerten Schuld (oder Scham) eine gewisse Beziehung besteht, ist berichtet worden. Vielleicht noch wichtiger ist, daß das häusliche Klima die Schuldentwicklung beim Kind wesentlich zu beeinflussen scheint. Besonders ein Ergebnis ist hier von Bedeutung: Depressive Mütter machen sich gern selbst für ihre Probleme verantwortlich, und diese Frauen neigen dazu, ein eigenes Versagen und ein Versagen ihrer Kinder global zu bewerten. Zudem werden die Kinder depressiver Mütter eher durch Liebesentzug bestraft und tendieren dazu, die Verantwortung für die Probleme ihrer Eltern zu übernehmen. Die Kinder meinen, sie wären für die Depression der Mutter verantwortlich; sie zeigen also mehr Interesse am Wohlergehen der Mutter als Kinder, die keine depressiven Eltern haben.[13]

Wir können diese Ergebnisse verallgemeinern und folgern, daß Eltern mit Schwierigkeiten – Alkoholismus, Drogenabhängigkeit, offenem Streit oder Hader – bei ihren Kindern zunächst mehr einfühlungsartiges Verhalten hervorrufen, weil die Kinder versuchen, ihnen zu helfen. Da es unwahrscheinlich ist, daß den Kindern dies gelingt, werden sie global für ihr Versagen verantwortlich gemacht. Kinder in familiären Umgebungen, die durch elterlichen Kummer gekennzeichnet sind, werden sich die Ursache des Problems global zuschreiben. Die globale Attribuierung kann dann in die späte Kindheit und ins Erwachsenenleben übernommen werden.

Intensive negative Ereignisse im Leben des Kleinkindes könnten das Kind zwingen, sie sich global zuzuschreiben. Die Intensität des negativen Ereignisses führt zu einer globalen Attribuierung des Versagens, weil es für das Kind zu schwierig ist, unter diesen Umständen an eine spezifische Attribuierung zu denken. Eine Art der frühen Sozialisation, die eher zu einer globalen als zu einer spezifischen Attribuierung bei Versagen führt, hat also mit der Intensität negativer Ereignisse im Leben des Kindes zu tun. Leider bleibt die Art dieser negativen Ereignisse vage. Meine Analyse zeigt, daß die Ereignisse die Kriterien Intensität und Negativität erfüllen müssen. Ob sie direkt mit den Eltern oder anderen Mitgliedern der unmittelbaren Familie oder mit allgemeinen Unglücksfällen zu tun haben, die der Familie (oder anderen) geschehen, bleibt offen. Ein Hausbrand, bei dem der gesamte Besitz der Familie zerstört wird, ist wahrscheinlich ein ausreichend negativer Umstand, um eine globale Versagens-Attribuierung hervorzurufen. In diesem Bereich müßte weiter geforscht werden, denn dann könnten wir verstehen, warum frühe traumatische Ereignisse eine so tiefgreifende Wirkung auf das Leben von Kindern haben. Ich meine, daß das Trauma durch den von den Ereignissen aufgezwungenen Attribuierungsstil zustande kommt. Bei Streß entsteht ein globaler Attribuierungsstil, der bei anderen Störungen eine Rolle spielt.

Verwendung globaler Attribuierungen durch Erwachsene. Die Neigung, bei einem Versagen globale oder spezifische Attribuierungen vorzunehmen, kann von den Menschen um uns herum erlernt sein. Wie Eltern oder Lehrer unsere Handlungen beschreiben, wird wahrscheinlich zu dem jeweiligen Stil beitragen. Wenn etwa eine Mutter angesichts eines Versagens ihrer Tochter sagt: »Du bist nicht intelligent«, macht sie ihre Tochter für das Versagen verantwortlich (interne Attribuierung) und trifft eine globale Aussage zum Selbst. Unter solchen Umständen wird auch das Kind diese Attribuierungen vornehmen. Attribuierungen können erlernt werden. Obwohl wir über die elterliche Verwendung von Attribuierungen relativ wenig Forschungsergebnisse haben, gibt es über das Verhalten von Lehrern bei Leistungsaufgaben einige Informationen, besonders im Hinblick auf geschlechtsspezifische Unterschiede.

Untersuchungen des Leistungsverhaltens von Schulkindern zeigen die Unterschiede beim globalen und spezifischen Attribuieren im Fall des Versagens. Mädchen neigen dazu, ihr Versagen Faktoren wie etwa fehlenden Fähigkeiten zuzuschreiben, während Jungen ihr Versagen eher spezifischen Faktoren zuschreiben, einschließlich der Einstellung des Lehrers.[14] Mädchen vermeiden zudem Situationen, in denen sie versagen könnten, während Jungen solche Situationen als Herausforderungen sehen: Dies zeigt, daß ein Versagen das Selbstwertgefühl (Scham) unterschiedlich beeinflußt. Wenn Mädchen versagen, denken sie häufig, daß sie insgesamt nicht gut sind – eine globale Attribuierung –, und erleben infolgedessen einen Verlust an Selbstwertgefühl. Männer denken nicht, daß sie die Ursache ihres Versagens sind, und werden daher nicht unter einem Verlust ihres Selbstwertgefühls leiden. In meiner Terminologie: Jungen nehmen keine internen Attribuierungen vor; sie tendieren dazu, sich zu sagen: »Es ist nicht meine Schuld, daß ich versagt habe.« In den Grundschuljahren ist einer der Hauptverursacher von Bewertung der Lehrer des Kindes, der den Attribuierungsstil und das Leistungsverhalten stark beeinflußt. Die unterschiedliche Behandlung von Jungen und Mädchen durch Lehrer ist belegt.[15] Die von Lehrern an Jungen gerichtete Kritik betrifft überwiegend spezifische Fälle von schlechtem Betragen oder fehlender Motivation, und nicht ein allgemeines schulisches Versagen. Es findet keine globale Attribuierung statt. Mädchen haben weniger Probleme mit dem Betragen und sind bei ihrer schulischen Arbeit insgesamt fleißiger und gewissenhafter als Jungen. Obwohl Mädchen im Durchschnitt in der Grundschule bessere Leistungen erbringen als Jungen, schreiben sie ein Versagen eher ihrem allgemeinen Mangel an Fähigkeiten zu. Dieser allgemeine Mangel an Fähigkeiten hat in meiner Terminologie mit dem globalen Attribuieren zu tun. Dweck und Leggett sehen das bewertende Feedback des Lehrers als direkte Ursache für die kindliche Tendenz zu erlernter Hilflosigkeit bzw. Bemeisterung. Sie haben festgestellt, daß die Kritik von Lehrern an Mädchen fast immer damit zu tun hatte, daß es ihnen an allgemeiner Kompetenz fehlte und sie die Arbeit nicht verstanden (globale Attribuierungen), während die Kritik an Jungen sich oft auf spezifische und nicht-intellektuelle Aspekte des Versagens bezog.

Es gibt fast keine Untersuchungen darüber, welche Attribuierungen Eltern in Abhängigkeit vom Geschlecht des Kindes vornehmen. Da die Kinder vor der Schulzeit in der Familie sozialisiert werden, wobei die Eltern die Hauptverursacher von Bewertung sind, ist es durchaus möglich, daß Unterschiede im Attribuierungsstil auf die Vorschuljahre zurückgehen. Zur Untersuchung dieses Problems haben Steve Alessandri und ich die Mütter und Väter von drei Jahre alten Kindern beobachtet, wenn die Eltern mit den Kindern spielten und wenn sie ihnen Probleme zur Lösung vorlegten. Wir untersuchten die Aussagen der Mütter und Väter, wenn ihre Kinder mit Spielzeug spielten. Wir zählten die von den Eltern vorgenommenen globalen Attribuierungen, das heißt Aussagen, die mit einem Aspekt des Kindes zu tun hatten, etwa: »Du bist wirklich gut« oder »Du bist klug«.

Ebenso verzeichneten wir die spezifischen Attribuierungen. Dies waren Aussagen, die mit einer spezifischen Handlung des Kindes zu tun hatten, im allgemeinen im Zusammenhang mit der Aufgabe. Wir verzeichneten die positiven und die negativen globalen und spezifischen Attribuierungen.

Unsere Ergebnisse verweisen auf individuelle und geschlechtsspezifische Unterschiede. Wir stellten fest, daß Eltern eine Vielzahl von Attribuierungsstilen haben. Mütter und Väter zeigten nur geringe Konsistenz, das heißt, manche Mütter nahmen mehr spezifische als globale Attribuierungen vor, andere mehr globale als spezifische. Dasselbe galt für die Väter. Insgesamt stellten wir große Unterschiede im elterlichen Attribuieren fest. Leider waren die Kinder erst drei Jahre alt, weshalb wir nicht in Erfahrung bringen konnten, welche Attribuierungen die Kinder selbst vornahmen. Wir konnten jedoch Stolz- und Scham-Reaktionen bei Erfolg bzw. Versagen bewerten. Wir stellten fest, daß zwischen der Verwendung globaler Attribuierungen durch die Eltern und der Stärke der Scham, die die Kinder bei einem Versagen zeigen, eine Verbindung besteht. Diese Ergebnisse weisen darauf hin, daß individuelle Unterschiede beim globalen und spezifischen Attribuieren existieren und mit frühen sozialen Erfahrungen zusammenzuhängen scheinen.

Der Attribuierungsstil von Vätern war anders als der von Müttern; Väter nahmen mehr spezifische Attribuierungen vor als Mütter. Mütter *und* Väter nahmen bei Jungen mehr spezifische Attribuierungen vor als bei Mädchen. Wenn die Aufgabe im Mittelpunkt stand, machten die Väter bei ihren Söhnen mehr leistungsbezogene spezifische Kommentare, etwa »Das hast du gut gemacht« oder »So geht es«, als bei Töchtern. Väter schienen ihr eigenes Verhalten je nach dem Geschlecht des Kindes zu differenzieren. Auch die Mütter nahmen bei Söhnen mehr spezifische Attribuierungen vor als bei Töchtern. Die meisten spezifischen Attribuierungen nahmen Väter bei ihren Söhnen vor; die wenigsten spezifischen Attribuierungen machten Mütter bei ihren Töchtern. Oft beobachteten wir, daß Mütter zu ihren Töchtern Dinge wie: »Du bist wirklich gut« oder »Was für ein gutes Mädchen du bist!« sagten. Wir waren beeindruckt von der generationsübergreifenden Wechselwirkung zwischen der Geschlechtszugehörigkeit und der Verwendung spezifischer Attribuierungen; Angehörige des männlichen Geschlechts erhalten als Kinder mehr und verwenden als Erwachsene mehr.

Wir beobachteten sehr wenige negative spezifische Attribuierungen, zum Teil, weil die Eltern wußten, daß sie während der Studie auf Video aufgenommen wurden. Trotzdem gab es genug negative Attribuierungskommentare von Eltern, um aus ihnen einige Schlüsse zu ziehen. Mütter und Väter benutzten sie bei Mädchen mehr als bei Jungen. Dieses Ergebnis kann erklären, warum Mädchen sich häufiger als Jungen bei einem Versagen selbst verantwortlich machen und warum sie sich weniger oft als Jungen einen Erfolg global zuschreiben. Diese Ergebnisse bestätigen meine Überzeugung, daß gewisse geschlechtsspezifische Unterschiede des globalen und spezifischen Attribuierens mit der Sozialisationserfahrung des Kindes zusammenhängen. Im Augenblick weist alles darauf hin, daß Mädchen und Frauen bei einem Versagen eher globale Attribuierungen vornehmen als Männer.

In dem von mir vorgestellten Modell sind die Ursachen der Scham in der Bewertung anhand von Normen, Regeln und Zielen und in globalen und spezifischen Attribuierungen lokalisierbar. Für beide Aspekte sind individuelle und geschlechtsspezifische Unterschiede festgestellt worden; dies deutet darauf hin, daß individuelle Scham-Unterschiede zum Teil von Sozialisationsunterschieden im Zusammenhang mit diesen beiden Prozessen herrühren. Sowohl die Behandlungsweise der Kinder durch Eltern (und Lehrer), als auch die Menge an Streß in der Familie tragen zu den Attribuierungsunterschieden bei.

Die Rolle von Ekel, Verachtung, Erniedrigung und Liebesentzug bei der Entstehung von Scham

Bis hierher habe ich die Meinung vertreten, daß Sozialisationserfahrungen die Herausbildung der Attribuierungen direkt beeinflussen. Eltern oder Lehrer sagen Dinge, die ihrem Wesen nach global oder spezifisch sind. Obwohl dies stimmt, werden bei der Entstehung der Attribuierungen wahrscheinlich auch andere Faktoren eine Rolle spielen. Wie weiter unten ausführlicher dargestellt, können auch Erniedrigung, Beschämung oder Liebesentzug zu diesen Attribuierungen beitragen. Heinz Kohut streift dieses Problem bei seiner Erörterung des Selbstwertgefühls.[16]

»Die intensivsten Scham-Erfahrungen und die heftigsten Formen narzißtischer Wut entstehen bei Menschen, für die das Gefühl absoluter Kontrolle in einer archaischen Umgebung unerläßlich ist, weil die Aufrechterhaltung des Selbstwertgefühls und eigentlich das ganze Selbst von der bedingungslosen Verfügbarkeit der bestätigenden Spiegelfunktionen eines bewundernden Selbst-Objekts oder der immer vorhandenen Gelegenheit zur Verschmelzung mit einem Ideal abhängt.«

Wie Andrew Morrison in seinem Buch über Narzißmus betont, sieht Kohut die Korrektur durch eine psychoanalytische Behandlung als »Reparatur des Kerndefekts des Selbst durch wiederholte verwandelnde Internalisierungen (innerhalb des analytischen Kontexts durch Transfer auf den mitfühlenden Analytiker als regierendes Selbst-Objekt); oder durch Modifikation der kompensatorischen Strukturen durch die Schaffung flexiblerer und realistischer Ambitionen, Ziele und Ideale«.[17] In bezug auf Scham kann die »kompensatorische« Handlung darin bestehen, daß man (1) die Normen, Regeln und Ziele verändert, (2) seine Bewertung von Erfolg und Versagen verändert, (3) die Art der Attribuierung verändert. Zum Beispiel kann ich entscheiden, daß (1) es nicht wichtig ist, eine gute Note zu bekommen, (2) eine 3 einen Erfolg und kein Versagen darstellt oder (3) eine 3 nicht »Ich bin dumm« bedeutet (allgemeine Beurteilung des Selbst), sondern daß ich nicht genug gelernt habe (eine spezifische Handlung des Selbst). Bei kognitiven Therapien werden die Patienten ermutigt, einen oder mehrere dieser Gedanken anzuwenden, um ihre Attribuierungen zu ändern.

Die Analyse der individuellen Attribuierungsunterschiede konzentriert sich im allgemeinen auf Aussagen und Verhaltensweisen, die direkt mit diesen Attribuierungen zu tun haben. Obwohl diese Verhaltensweisen die Attribuierungen und Schamgefühle von Menschen wahrscheinlich beeinflussen, können auch andere Ursachen genannt werden. Kohuts Betonung der Eltern als Spiegel lenkt unsere Aufmerksamkeit auf diese Überlegung, die auch von meinen Ergebnissen bestätigt wird. Wie ich gesagt habe, hängt Scham mit globalen und spezifischen Äußerungen der Eltern zusammen. Ich habe aber auch festgestellt, daß Scham mehr damit zusammenhängt, wie die Kinder im allgemeinen behandelt werden. Zwischen einem strengen negativen Verhalten etwa Erniedrigung – und Scham besteht eine Verbindung. Eltern sozialisieren durch Argumentieren, Beschämen und Liebesentzug. Diese Techniken sind für die Entwicklung individueller Scham-Unterschiede möglicherweise gleich wichtig.

Eltern, vor allem solche aus der Mittelklasse, sehen sich als gütige Erzieher ihrer Kinder. Freud und die psychoanalytische Theorie jedoch sehen die Sozialisation als Kampf. Das Kleinkind, das voller Triebe und Bedürfnisse steckt, begibt sich in eine Schlacht mit seinen Eltern; deren Aufgabe besteht darin, das Kind zu sozialisieren, es in einen Erwachsenen zu verwandeln, der dieselben Werte, Ziele und kognitiven Strukturen besitzt wie sie. Obwohl die in diesem Konflikt verwendeten Methoden unschädlich erscheinen mögen, sind sie es vielleicht gar nicht. Alice Miller behauptet, daß der Sozialisationsprozeß voller Erniedrigung und Scham sei.[18] Viele Kinder entwickeln sich in einem Kontext von Erniedrigung und Scham. Miller zitiert aus Hermann Hesses *Das Herz eines Kindes*: »Würde nicht Gott einen Ausweg finden, irgendeine höhere Täuschung als die der Erwachsenen und Mächtigen, die im letzten Augenblick noch eine Trumpfkarte herausziehen, mich beschämen, mich nicht ernst nehmen, mich unter der verdammenswerten Maske der Freundlichkeit demütigen?«[19]

Miller möchte, daß wir prüfen, wie wir Kinder beschämen und erniedrigen. Vielleicht fragen Sie: Wie können besorgte Eltern im 20. Jahrhundert ihre Kinder beschämen und erniedrigen? Aber eine Untersuchung des Verhaltens von Kindern und Eltern zeigt, daß dies öfter vorkommt, als wir denken. Ich möchte über zwei Methoden der Sozialisation sprechen, Scham/Erniedrigung und Liebesentzug.

Ekel, Verachtung und Erniedrigung

Erinnern Sie sich an den in Kapitel 1 erwähnten jungen Mann, der von seinem Vater wiederholt beschämt und gedemütigt wurde. Er war oft die Zielscheibe für den Sarkasmus seines Vaters. Solche Fälle sind häufig. Eltern und andere leugnen die Wirkung der Demütigung, indem sie die Begriffe »Necken« oder »Hänseln« verwenden. Menschen erkennen den aggressiven Charakter des Hänselns an, aber sie begreifen es nicht als Werkzeug der Demütigung und Scham. Ich behaupte, daß Hänseln in vielen Fällen einen Akt der Erniedrigung oder Beschämung darstellt. Fälle der Erniedrigung oder Beschämung finden sich im alltäglichen Leben.[20]

Meinen Beobachtungen zufolge gehört es zu den schmerzlichsten persönlichen Erfahrungen, wenn ein anderer angesichts unserer Handlungen, Gedanken oder Gefühle Ekel zeigt. Die meisten Menschen sind überrascht, wenn sie erfahren, daß ein Ekelgesicht bei der Sozialisation von Kindern sehr häufig benutzt wird. Schließlich wird von der Mittelklasse nicht angenommen, daß sie ihre Kinder bestraft. Wie bekommen Eltern aus der Mittelklasse ihre Kinder dann dazu, das zu tun, was sie wollen? Es werden viele Techniken eingesetzt, unter anderem Argumentieren, Machtausübung, körperliche Bestrafung, Liebesentzug und Erniedrigung/Scham.[21] Die Verwendung der letzten beiden Techniken ist tatsächlich weit verbreitet. Stellen Sie sich ein Ekelgesicht vor. Denken Sie sich, Sie würden etwas essen, das schrecklich schmeckt, so schrecklich, daß Sie es ausspucken. Oberlippe und Nase sind in die Höhe gezogen, oft zeigen sich die Zähne, die Zunge kommt heraus, die Nasenflügel beben. Wenn Sie in einen Spiegel schauen und diesen Ausdruck produzieren, werden Sie unter anderem feststellen, daß das Ekelgesicht einem Zorn-/Wut-Gesicht gleicht, wenn Sie die Zähne weiter entblößen, indem Sie die Lippen zurückziehen. Wenn Sie die Intensität der Muskelbewegung reduzieren und die Zunge nicht herausstrecken, sieht das Gesicht wie Verachtung aus. Auf die Ähnlichkeit zwischen Ekel-, Verachtungs- und Wutgesichtern ist bereits von anderen Forschern hingewiesen worden.

Ich habe häufig Eltern beobachtet, die das Ekelgesicht aufsetzen, wenn das Kind etwas tut, was die Eltern nicht billigen. Mütter sagen: »Faß das nicht an«, ziehen Nasenflügel und Oberlippe hoch und zeigen kurz ein Ekelgesicht. Auch wenn dieser Ausdruck nur kurz erscheint, nehmen die Kinder ihn wahr. Wenn sie ein Ekelgesicht sehen, drehen sie sich abrupt weg und scheinen einen Augenblick gehemmt. Wahrscheinlich spiegelt dieses Verhalten Scham. Das Ekelgesicht ist bei der Sozialisation wirksam, weil es beim Kind Scham auslöst und ihm mitteilt, so etwas nicht wieder zu tun.

Eltern benutzen zahlreiche Sozialisationstechniken. Wenn ein Elternteil nicht argumentiert und es für unangemessen oder unzulässig hält, zu schreien oder zu bestrafen, ist das Aufsetzen des Ekel-/Verachtungs-Gesichts eine ideale Lösung. Ideal deshalb, weil es die Handlung hemmt, die das Kind nach den Wünschen des Elternteils nicht ausführen soll. Es ist um so wirksamer, als es etwas Heimliches an sich hat. Das Ekelgesicht ist sehr schnell aufgesetzt, und Eltern können leugnen, es gemacht zu haben; wenn sie es zugeben, können sie leugnen, daß das Kind es entdeckt hat.

Eltern sind sich oft nicht bewußt, daß sie dieses Gesicht aufsetzen. Wenn ich die Verwendung des Ekelgesichts mit ihnen erörtere, sind sie oft über diese Entdeckung schockiert. Noch wichtiger ist, daß Eltern im allgemeinen nicht bewußt ist, daß ihre Verwendung des Ekelgesichts der Beschämung ihres Kindes dient.

Meine Beobachtung von Eltern und ihren Kindern unter normalen Umständen zeigt, daß mit verbalen Verboten einhergehende Ekel-/Verachtungs- oder Wutgesichter mindestens 40% des entschlüsselbaren Gesichtsausdrucks von Eltern ausmachen. Meine Kolleginnen und ich haben sehr viele Eltern-Kind-Beziehungen gesehen, die wir aufgrund der übermäßigen Verwendung des Ekel-/Verachtungs-Gesichts für gefährdet halten. Hier ein solcher Fall:

Eine Mutter und ihre dreijährige Tochter spielen im Spielzimmer meiner Untersuchungsräume. Das Kind wurde von der Mutter gebeten, nicht mit Knetmasse zu spielen, weil es seine Kleidung schmutzig machen würde. Das Kind blieb hartnäckig. Die Mutter erhöhte nun den Einsatz. Sie sah das Kind an, zeigte ein Ekel-/Verachtungsgesicht und sagte: »Pfui! Du machst

dich schmutzig!« Das kleine Mädchen sah sie an, wandte sich ab,
nahm dann die Knetmasse und warf sie zornig auf den Boden.

Diese Zurschaustellung von Zorn war eine Reaktion auf das
Beschämt-Werden. Im vorliegenden Fall benutzte die Mutter im
Umgang mit ihrem Kind diese Beschämungstechnik oft.
Ich werde den Gedanken nicht los, daß Scham bei der Sozialisation eine wesentliche Rolle spielt. Die Aufgabe der Eltern
besteht darin, ihre Kinder zu lehren, Werte zu verinnerlichen,
und sie dazu zu motivieren, diese Normen, Regeln und Ziele in
der Abwesenheit der Eltern nicht zu verletzen. Was könnte das
Kind besser daran hindern, als das Hervorrufen einer starken
Emotion? Auch schon auf normalen Ebenen ist das Erzeugen
von Scham ein ideales Mittel, um Werte einzuimpfen. Ich komme in Kapitel 11 auf dieses Thema zurück, weil es für kulturelle
Unterschiede wichtig ist. Hier möchte ich nur noch einmal daran
erinnern, daß Eltern, Lehrer und Bezugsgruppe den Ekel-/Ver-
achtungs-Gesichtsausdruck benutzen, um in Kindern und anderen Erwachsenen Scham und Demütigung hervorzurufen.
Die Verwendung des Ekel-/Verachtungsgesichts im zwischenmenschlichen Verhalten von Erwachsenen ist leicht zu beobachten. Ich werde zwischenmenschliche Beziehungen und das Milieu der Scham in Kapitel 10 eingehend erörtern. Hier möchte
ich nur darauf hinweisen, daß Erwachsene ein Ekel-/Verach-
tungsgesicht benutzen, um im anderen Scham auszulösen. Zwischen zwei Erwachsenen ist die Verwendung von Scham jedoch
nicht so weit verbreitet wie zwischen Eltern und Kindern. Dies
ist darauf zurückzuführen, daß ein solches Gesicht im Empfänger wahrscheinlich Wut auslösen wird. Aus diesem Grund üben
Erwachsene untereinander bei seiner Verwendung mehr Zu-
rückhaltung, denn sie fürchten die Wut des anderen.
Wie lösen Ekel/Verachtung im anderen Scham aus? Wir brauchen das System der Attribuierungen nicht zu verlassen, um

diesen Vorgang zu verstehen. Ekel/Verachtung zeigen dem anderen, daß er in bezug auf eine Norm versagt hat. Der Ekel bzw. die Verachtung eines anderen zwingen uns zu einer globalen Attribuierung. Man kann sich sehr schwer vorstellen, daß jemand angesichts des Ekel-/Verachtungsblicks des anderen eine spezifische Attribuierung vornimmt, denn der Blick sagt: »Du widerst mich an.« Durch den Ekel-/Verachtungs-Blick der Mutter und die bereits angesprochenen Mechanismen wird in dem Kind Scham ausgelöst.

Obwohl eine solche Analyse plausibel ist, könnte man eine Ansicht vorziehen, bei der das Kind Ekel/Verachtung sieht und dieses Verhalten nachmacht. Eine solche Erklärung könnte auf Situationen anwendbar sein, in denen der Erwachsene sich beschämt fühlt. Wie bereits gesagt, schämen Menschen sich oft für die Scham eines anderen. Mitfühlende Scham ist von anderen Forschern erörtert worden; sie ist uns vertraut – denken Sie an Paul und seinen Vater, die ich in Kapitel 1 beschrieben habe. Kinder, deren Eltern sich schämen, lernen Scham durch eine empathische Scham-Induktion. Schon das Zusammensein mit einem Elternteil, der scham-anfällig ist, führt beim Kind zu Scham. Eine solche Scham-Entstehung bei Kindern müßte vom Nachmachen abhängig sein, und Merkmale wie Verantwortung und globale Attribuierungen dürften erst später auftauchen. Das Nachmachen der Scham erklärt jedoch nur die Initiierung dieser Emotion. Das eigenständige Hervorbringen von Scham unter anderen Umständen müßte denselben Regeln folgen, die ich zuvor dargestellt habe. In einem Scham-Milieu erleben Menschen mehr Scham als Menschen, die nicht in ein solches Milieu eingebettet sind. Eine schamerfüllte Umgebung ist für das Kind vergleichbar mit einer streßerfüllten Umgebung. Daher hat die schamerfüllte Umgebung dieselbe Wirkung auf die Anfälligkeit des Kindes für Scham wie der Tod eines Elternteils oder schwere Belastungen. Wie wir gesehen haben, werden solche Streß-

Umgebungen das Kind dazu veranlassen, sich selbst global die Verantwortung zuzuschreiben. Wenn das Kind sich in einer schamerfüllten Umgebung aufhält, wird es sich per Mitgefühl schämen. Dies wiederum führt zu Attribuierungen, die das Gefühl aufrechterhalten.

Obwohl individuelle Unterschiede offensichtlich sind, muß die Frage der geschlechtsspezifischen Unterschiede bei der Verwendung des Ekel-/Verachtungsgesichts noch untersucht werden. Es gibt keine direkten Ergebnisse, die erhärten, daß Mütter diese Techniken öfter bei Mädchen als bei Jungen einsetzen, aber die vorhandenen Daten lassen einige Schlußfolgerungen in dieser Richtung zu. Die Sozialisationsliteratur zum Beispiel weist darauf hin, daß Mütter dazu neigen, Töchter eher zu bestrafen als Söhne, daß sie bei Söhnen aber eher körperliche Strafen verwenden. Ich glaube, daß diese Ergebnisse zum Bestrafungsverhalten von Müttern die Tatsache spiegeln, daß sie Ekel/Verachtung bei Töchtern mehr verwenden als bei Söhnen. Wenn Mütter Töchter mehr bestrafen als Söhne, körperliche Strafen bei Mädchen aber weniger häufig einsetzen als bei Jungen, müssen die Mütter bei Töchtern häufiger andere Arten von Bestrafung verwenden als bei Söhnen, etwa mehr Scham. Eine Komponente der besonderen Beziehung zwischen Müttern und Töchtern scheint die Verwendung und Vermittlung von Scham zur Verhaltensmodifikation zu sein. Die fehlende Ähnlichkeit der Scham-Empfindung bei Mutter und Sohn, die den Unterschied zwischen Männern und Frauen spiegelt, rührt vielleicht daher, daß Mütter Ekel/Verachtung anders verwenden.

Interessant an der Sozialisationspraxis von Erniedrigung/Ekel/Verachtung ist, daß sie im allgemeinen im Zusammenhang mit bestimmten Ereignissen stattfindet, zum Beispiel, wenn das Kind weint, Körperfunktionen nachgibt, mit seinen Genitalien spielt und die Eßregeln nicht einhält. Es ist nicht überraschend, daß Ekel/Verachtung und Scham mit Körperfunktionen wie Sauberkeitserziehung und Spielen mit den Genitalien in Zusammenhang gebracht werden. Die psychoanalytische Untersuchung der kindlichen Scham im Zusammenhang mit Körperfunktionen kann damit zusammenhängen, daß Eltern in diesen Situationen ein starkes Ekel- und Verachtungsverhalten zeigen. Die Scham von Kindern wird durch den Ekel der Eltern vor diesen Funktionen hervorgerufen. Für mich hat daher die Verknüpfung dieser Funktionen mit Scham weniger mit der Art der Aktivität, als vielmehr mit der Ekel-/Verachtungs-/Erniedrigungs-Komponente der elterlichen Reaktion zu tun; sie führt dazu, daß das Kind eine Selbstattribuierung vornimmt. Wie läßt sich die Sozialisation der Scham mit Hilfe von Ekel/Verachtung verstehen? Ihre Verwendung hat zweifellos positive Eigenschaften; insbesondere kann der Elternteil Schreien, andere Arten öffentlicher Zurschaustellung und körperlicher Bestrafung vermeiden. Außerdem wird der elterliche Ekel wahrscheinlich effizient sein. Ekel/Verachtung werden häufig verwendet, oft ohne bewußte Absicht. Die Ekel-Technik wird sicher zu oft benutzt. Alice Miller versucht durch ihre Arbeit nicht nur, uns für diese Sozialisationspraxis zu sensibilisieren, sondern auch auf ihre pathologische Verwendung hinzuweisen. Mehrere andere Sozialisationstechniken, insbesondere Machtausübung, Liebesentzug und Argumentieren müssen im Hinblick auf Scham untersucht werden. Machtausübung führt zu Schuld sowie zu Angst und Furcht. Wie Machtausübung und Scham genau zusammenhängen, ist unklar. Es gibt gute Gründe für die Annahme, daß Machtausübung für sich Scham hervorrufen kann, weil die Intensität des Reizes Kinder vom Nachdenken über den Inhalt der Botschaft abbringt. Sie sind unfähig zur Wiedergutmachung, weil sie nicht auf die Botschaft achten können, die den Schaden oder Fehler nennt.

Argumentieren führt wahrscheinlich zu Schuld. Sie wird hauptsächlich dadurch herbeigeführt, daß mit dem Kind über die Ursache seines Problems vernünftig geredet wird. Das bringt es dazu, sein Tun zu überprüfen und eine Wiedergutmachung einzuleiten; es nimmt also eine interne spezifische Attribuierung vor. Weil der Vorgang durch eine weniger intensive Botschaft herbeigeführt wird, können Kinder auf sie achten und der vorgebrachten Vorschrift folgen.

Liebesentzug

Die Verwendung von Liebesentzug als Sozialisationstechnik ist von vielen Forschern erörtert worden.[22] Obwohl Liebesentzug im allgemeinen mit Schuld in Zusammenhang gebracht wird, glaube ich, daß die meisten Menschen Schuld mit Scham verwechseln oder diese beiden unterschiedlichen Emotionen als äquivalent behandeln. Liebesentzug ist seinem Wesen nach intensiv und macht es daher schwer, sich mit dem Grund zu beschäftigen, aus dem die Liebe entzogen wurde. Liebesentzug führt dazu, daß man sich selbst für ihn verantwortlich macht, und da er sich auf das ganze Selbst bezieht – »Ich liebe dich nicht« –, führt er auch zu einer globalen Attribuierung des Versagens.[23] Liebesentzug ruft Scham durch denselben Attribuierungsprozeß hervor, den ich früher besprochen habe.

Die Objektbeziehungs- und Bindungstheoretiker haben Liebesentzug als Ereignis bezeichnet, das zwischenmenschliche Schwierigkeiten beschleunigt. Sie beschäftigen sich vor allem mit dem Scheitern zwischenmenschlicher Beziehungen. Ich glaube, daß wir Psychopathologisches verstehen können, wenn wir Liebesentzug als Ursache für Scham und Scham als Ursache für schlechte zwischenmenschliche Beziehungen betrachten. Die biologische Hilflosigkeit des Säuglings erfordert zweifellos, daß ein anderer das Kind versorgt; durch diese Fürsorge wird der Betreuer zu einem wichtigen »anderen«. Aus soziobiologischer Sicht führt der Entzug von Liebe und Aufmerksamkeit des anderen zum Tod oder zumindest zu ernsthaften Folgen für das Kind. Die Bindungstheoretiker, insbesondere John Bowlby, haben auf die biologische Bedeutsamkeit der Mutter-Kind-Beziehung hingewiesen.[24] Liebesentzug stellt für den Säugling und auch noch für das Kleinkind einen schweren biologischen Verlust dar. Wenn Kinder älter werden, können sie sich diese Beziehung als Modell nehmen. Diese Modelle haben insofern eine Wirkung auf das Leben des Kindes, als sie andere soziale Beziehungen beeinflussen. Diese Arbeitsmodelle des Kindes stellen nicht nur die Mutter, sondern auch das Selbst dar, denn die Darstellung der Mutter beinhaltet das Selbst. Bowlby meint, daß »das Modell der Bindungsgestalt und das Modell des Selbst sich wahrscheinlich so entwickeln, daß sie komplementär sind und sich gegenseitig bestätigen. Ein unerwünschtes Kind wird daher das Gefühl haben, nicht nur von seinen Eltern nicht erwünscht zu sein, sondern auch glauben, daß es an sich nicht wünschenswert sein kann.«[25] Zu beachten ist, daß das Modell die vom Kind vorgenommene Attribuierung »Ich bin nicht erwünscht« beschreibt. Dies ist eine globale Attribuierung, die von dem lieblosen Elternteil verursacht wurde. Genauso muß der Liebesentzug durch Mutter oder Vater eine sehr starke interne globale Versagens-Attribuierung bewirken, die der wesentliche Bestandteil der Scham ist![26]

Meines Erachtens bestätigt diese Deutung die Vorstellung, daß der Liebesentzug eines wichtigen anderen die Entwicklung des Kindes stark beeinflußt. Ich sehe die Wichtigkeit des anderen jedoch eher in seiner Bedeutung für die Entwicklung der Emotionen und die Entwicklung des Selbst – insbesondere die unterschiedliche Scham-Empfänglichkeit von Kindern. Mit den traditionelleren Objektbeziehungs-Theoretikern verbindet mich die Überzeugung, daß das Scheitern der Eltern-Kind-Beziehung durch eine Disposition für Scham zu Pathologien führt.

Eine solche Deutung ist an sehr kleinen Kindern schwer direkt zu überprüfen; unsere Arbeit mit Erwachsenen – Studenten, Patienten und Paaren – zeigt jedoch klar, daß Liebesentzug Scham heraufbeschwört.

Prototypische Reize, die Scham auslösen

Zur Identifizierung prototypischer Ereignisse, die zu Scham führen, untersuchten wir, welche Situationen nach Meinung der Leute Scham auslösen. In den letzten zwei Jahren habe ich – vor allem bei Vorträgen – sehr viele Menschen gebeten, mir durch ein Handzeichen anzugeben, ob sie in den letzten 24 Stunden oder in der letzten Woche Scham empfunden hatten. Weil der Begriff Scham sehr viele Interpretationen zuläßt, habe ich die Frage auf folgende Weise gestellt: »Können Sie mir sagen, ob Sie irgendeinen Mißerfolg hatten, bei dem Sie sich verstecken oder verschwinden wollten?« Ich benutze eine solche Beschreibung der Scham, um sie von Schuld oder anderen Emotionen, die mit ihr verwechselt wurden, zu unterscheiden. Von den vielleicht tausend Menschen, denen diese Frage gestellt wurde, berichteten gut 20% von Scham-Erfahrungen in den letzten 24 Stunden und weit über 50% von Scham-Erfahrungen in der letzten Woche – und das bei einer öffentlichen Veranstaltung.

Dieselbe Frage stellte ich in einem Seminarraum 15 Hochschulstudenten über 25. Ich fragte sie zuerst, ob sie in den letzten 24 Stunden Scham empfunden hatten, und bat sie dann zu schätzen, wie oft sie in der letzten Woche Scham empfunden hatten. Die Ergebnisse zeigten sehr große Unterschiede. Drei Studenten berichteten, in der vergangenen Woche keine Scham-Erfahrungen gehabt zu haben; drei Studenten berichteten von zehn oder mehr; der Rest lag zwischen diesen beiden Extremen. Da die Studenten die Unterschiede zwischen Scham, Schuld und Verlegenheit kannten, waren ihre Antworten besonders interessant.

Sie wurden gebeten, eine Reihe von Scham-Erfahrungen sowie Situationen, die wahrscheinlich Scham auslösen würden, aufzuschreiben. Die unterschiedlichen Antworten auf die auslösenden Situationen entsprachen Arnold Buss' fünf Verlegenheitstypen (die ich für Maßnahmen der Scham halte) und der Modigliani-Liste.[27] Es wurden genannt:

Unschicklichkeit oder etwas Unschickliches tun, zum Beispiel ein besetztes Badezimmer betreten;
fehlende Kompetenz oder Versagen bei einer Fertigkeit, die für wichtig gehalten wird;
unwillentlich auffälliges Benehmen, etwa Rülpsen oder ein lautes Körpergeräusch machen;
Verletzung der Privatsphäre – ein Mädchen schämte sich wegen zu lauten Sprechens;
Versagen in zwischenmenschlichen Beziehungen, etwa ein Streit mit dem Freund oder der Freundin;
mitfühlende Scham – eine Studentin schämte sich, weil ein Freund von ihr in ihrer Gegenwart beschämt wurde.

Diese Liste wahrscheinlich schamerzeugender Situationen zeigt, daß Scham ihrem Wesen nach vielfältig und individuell ist. Trotzdem scheinen alle Situationen ähnliche Merkmale aufzuweisen: die Verletzung einer Regel oder einer Norm und die Bewertung des eigenen Selbst als global unzulänglich oder nicht gut.

June Tangney bat vor kurzem eine große Zahl von Studenten, kurz drei Scham- und drei Schuld-Erfahrungen zu beschreiben.[28] Die Ergebnisse zeigten, daß folgende Situationen die meiste Scham auslösten (in abnehmender Reihenfolge): Versagen bei der Arbeit, Versagen beim Sport, Versagen in der Schule, jemanden anlügen.[29]

Auch Lawrence Pervin fragte Studenten nach Situationen, die wahrscheinlich Scham auslösen würden, und erhielt so unterschiedliche Antworten wie: »Wenn mein Scheck für die Miete nicht gedeckt ist«, »Dabei ertappt werden, daß ich gelogen habe, als ich sagte, wo ich bin« , »Versuchen, vor einer Frau einen guten Eindruck zu machen, und es nicht schaffen«, »Wenn die Eltern meiner Freundin merken, daß sie morgens zu spät zur Arbeit kam, weil wir die Nacht zusammen verbracht haben« und »Aus dem Bus steigen, auf den Hintern fallen und hören, wie die Leute lachen«.[30]

Offensichtlich unterscheiden die Menschen sich sowohl im Hinblick auf die Situationen, die wahrscheinlich Scham auslösen, als auch im Hinblick auf die Häufigkeit, mit der Scham wahrscheinlich die Folge ist. Ich kann verstehen, warum bei jedem Menschen eine andere Situation Scham auslöst: Jede Situation, in der man sich selbst für ein Versagen verantwortlich macht und eine globale Attribuierung vornimmt, kann ungeachtet der Art des Versagens zu Scham führen. Obwohl jede Situation zu Scham führen kann, führen Situationen, bei denen keine zentralen Fähigkeiten betroffen sind, eher zu einem weniger intensiven Schamgefühl bzw. zu dem, was ich Verlegenheit genannt habe.

Unter einer prototypischen Scham-Erfahrung (siehe Kapitel 4) verstehe ich daher, daß Menschen bei einem bestimmten Ereignis keine Wahl haben, sondern bei einem Versagen eine interne und globale Attribuierung vornehmen. Die Bezeichnung als prototypisch bedeutet nicht, daß der Attribuierungsprozeß wegfällt; sie meint eher, daß bestimmte Ereignisse bei allen Menschen zu diesen Attribuierungen und daher zu Scham führen. In ihrer allgemeinsten Form beruht sie auf meiner Überzeugung, daß alle Reizereignisse durch einen kognitiven Prozeß eine Emotion auslösen.

Als ich davon sprach, daß Ereignisse nur dann Scham hervorrufen, wenn bei einem Versagen eine globale Attribuierung vorgenommen wird, habe ich bislang gesagt, daß prototypische schamauslösende Ereignisse fehlen. Trotzdem weist meine Analyse darauf hin, daß es möglicherweise gewisse Situationen gibt, die eher zu solchen Attribuierungen führen. Impotenz bei Männern zum Beispiel wird wahrscheinlich zu einer solchen Attribuierung führen. Dieses Ereignis ist prototypisch, weil Impotenz und Scham verknüpft zu sein scheinen. Um die Scham zu vermeiden, müßte ein Mann in der Lage sein, sich etwa folgendes zu sagen: »Nun gut, mein Penis funktioniert nicht, aber mein Gehirn funktioniert gut.« Eine solche Gedankenkonstruktion ist möglich; tatsächlich wissen wir, daß ältere Männer eine solche Attribuierung vornehmen können. Aber auch hier wird es wahrscheinlich zu Scham kommen. Ein ähnlicher prototypischer Auslöser bei Frauen könnte ihre Attraktivität sein. Obwohl ich mir im Zusammenhang mit solchen Ereignissen Attribuierungen vorstellen könnte, die nicht zu Scham führen, fällt dies sehr schwer.

Die meisten potentiell prototypischen Auslöser für Scham, etwa die Sauberkeitserziehung und das Spielen mit den Genitalien, haben wahrscheinlich mehr mit der Einstellung der Eltern als mit der Wahrscheinlichkeit zu tun, von sich aus zu globalen Attribuierungen zu führen. Dies gilt nicht für Liebesentzug durch den wichtigen anderen. Liebesentzug ist für mich aus verschiedenen Gründen ein prototypischer Auslöser: erstens wegen der Wichtigkeit, als Kind von einem anderen geliebt zu werden; zweitens wegen der Wichtigkeit der Liebe und Zuneigung anderer, um sich als Erwachsener fortpflanzen zu können. In bezug auf Attribuierungen hat Liebe mit dem ganzen Selbst zu tun und muß daher zu einem globalen Gedanken führen.

Daher scheint die Annahme plausibel, daß für das Kleinkind und für den Erwachsenen Liebesentzug eine prototypische Scham-Situation darstellt. Obwohl man die Ursache des Liebesentzug externalisieren kann, indem man ihn einem Fehler des anderen oder unkontrollierbaren Umständen zuschreibt, wird er zuerst eine Internalisierung und eine globale Attribuierung des Versagens auslösen. Aus diesen Gründen scheint mir, daß Liebesentzug der geeignetste Anwärter auf das Prototypische ist und wahrscheinlich zu Scham führt.

7
Auf unsere Gefühle reagieren
Empfundene und nicht
empfundene Scham

Scham ist wie ein Atomteilchen: Oft erkennen wir seinen Aufenthaltsort nur an den Spuren, die es hinterläßt, an den Wirkungen, die es hervorruft. Donald Nathanson hat über die Scham gesagt: »Der Therapeut sieht nicht das Symptom Scham, sondern den Symptom-Verursacher Scham.«[1] Ich zweifle nicht daran, daß dies zutrifft. H.B. Lewis hat dies bereits vor über zwei Jahrzehnten gesagt. Obwohl ich ihren Aussagen und Deutungen nicht ganz zustimme, teile ich ihre Überzeugung, daß Scham – genauso wie andere intensive Emotionen – zur Symptombildung führt, wenn sie verdrängt, geleugnet oder sonstwie übergangen wird. In ihrem letzten Buch, dem sie den Titel *The Role of Shame in Symptom Formation*[2] gab, wies Lewis noch einmal auf diesen Punkt hin. Sie bezweifelt und erweitert die traditionelle psychoanalytische Vorstellung von der Verdrängung libidinöser Triebe und fügt die Verdrängung der Scham als wichtiges Merkmal hinzu, das erklären kann, warum Menschen krank werden. Lewis benutzte bei ihrer Erörterung dieses Problems den Begriff »übergangene« Scham. Ich werde diese Terminologie übernehmen und sie verwenden, um über zwei Aspekte der Scham zu sprechen: empfundene und nicht empfundene bzw. übergangene Scham. In diesem und im nächsten Kapitel möchte ich untersuchen, wie empfundene und übergangene Scham unser Leben beeinflussen. Bevor ich mich damit beschäftige, wie mit Scham, einer häufig auftretenden Emotion, umgegangen wird, werde ich empfundene und übergangene Scham vergleichen. Ich erörtere zunächst, wie H.B. Lewis übergangene Scham definiert, und untersuche dann, wie ihre Vorstellung so erweitert werden kann, daß sie viele Themen umfaßt.

Empfundene und übergangene Scham

H.B. Lewis formulierte eine Theorie der Scham, die sich mit dem Auftreten von Scham im normalen Lebenslauf eines Menschen beschäftigte. Weil sie Analytikerin war, konzentrierte sie sich auf Scham und Schuld bei Neurosen. Die von ihr entwickelte Theorie beruhte auf ihrer Arbeit mit Patienten, die sie sah und behandelte. Ihre Entdeckungen über Scham und Schuld fanden im Zusammenhang mit deren Auftreten im Leben von Menschen statt, die echte Schwierigkeiten hatten. Wie bei jeder aus einer klinischen Arbeit erwachsenen Theorie wird auch in Lewis' Arbeit das Risiko deutlich, ein Phänomen nur aus pathologischer Sicht zu betrachten. Die meisten ihrer Schriften, Hinweise und Überlegungen waren tatsächlich die Folge ihres Interesses an psychopathologischen Zuständen und ihrer Entstehung. Die von mir formulierte Theorie stellt die Scham in einen normaleren Kontext. Ich betrachte individuelle Scham-Unterschiede im Alltag nicht aus pathologischer, sondern aus affektiv-kognitiver Sicht.

Wenn wir uns mit Scham im Seelenleben eines Menschen beschäftigen, müssen wir uns auf eine Reihe paralleler Fragen konzentrieren, die sich aus der Rolle der Scham als empfundenes Gefühl und als uneingestandenes bzw. übergangenes Ereignis ergeben. Viele Auswirkungen der Scham in unserem Leben treten deshalb ein, weil wir uns die Scham nicht eingestanden haben. Tatsächlich ist es durchaus möglich, daß der größte Teil der Scham in unserem Leben uneingestanden ist bzw. übergangen wird. Trotzdem wird ein Teil der Scham in unserem Leben empfunden und eingestanden. Offen geäußerte und uneingestandene bzw. übergangene Scham beeinflußt unser Leben auf unterschiedliche Weise. Menschen empfinden ihre Scham und gestehen sie ein. Wie gehen wir mit eingestandener Scham um? Es gibt drei Möglichkeiten, die ich später erörtern werde. Sie haben mit Vergessen, Humor und Bekennen zu tun. Hier möchte ich mich auf uneingestandene Scham konzentrieren, die mit Leugnung und ihren vielen Manifestationen zu tun hat, unter anderem Depression, Wut, Narzißmus und multiplen Persönlichkeitsstörungen.

Uneingestandene, geleugnete, verdrängte oder übergangene Scham übt ihre für die Psyche schädliche Wirkung auf zweierlei Weise aus: Erstens verstehen wir nicht, was in unserem Leben geschieht, insbesondere daß uneingestandene Scham ein Verhalten verursacht, das wir nicht leicht erklären können und dessen Auswirkung uns in Schwierigkeiten bringt. Zweitens wissen wir seit Freud, daß alle intensiven Emotionen, die verdrängt oder geleugnet werden, psychisch nicht gelöst sind und im übertragenen Sinne als Reize wirken. Die Idee, daß Verdrängung zu psychischer Irritation führt, entspricht der Vorstellung, die H.B. Lewis der traditionellen Psychoanalyse entnommen hat: Verdrängte Ereignisse verursachen Psychopathologien.

Für mich ist uneingestandene bzw. übergangene Scham weniger deshalb problematisch, weil sie als Reiz wirkt, sondern eher deshalb, weil sie als Erklärung nicht zur Verfügung steht, wenn man versucht, das eigene Verhalten sich selbst oder anderen zu erläutern. Lewis zufolge äußert sich bei übergangener Scham »die affektive Komponente der Scham-Reaktion als Zurückschrecken, als wortloser Schock im Gefühl, dem Vorstellungen über das Selbst aus der Sicht des anderen folgen«.[3] Ihre Definition beinhaltet also zwei Merkmale. Erstens gibt es einen Ausdruck, einen Hinweis, daß Scham sich ereignet hat, was Lewis als »Zurückschrecken, als wortlosen Schock« bezeichnet. Zweitens beginnt der Betreffende dann aus irgendeinem Grund – vielleicht weil er besondere Schwierigkeiten hat, die Scham zu akzeptieren – damit, sich Vorstellungen über das Selbst aus der Sicht des andern zu machen. Lewis scheint also zu meinen, daß das Selbst erstens versuche, die affektive Komponente der Scham – das Zurückschrecken, den Schock – loszuwerden, und zweitens Vorstellungen benutzt, um das Selbst von dem Schamgefühl zu entfernen.

Lewis benutzt das Konzept der übergangenen Scham auf vielerlei Weise; ich möchte nur ein paar erwähnen. In einem Fall betrachtet eine Patientin sich als schuldig, nicht als beschämt. Schuld wird benutzt, um Scham zu übergehen, denn erstere ist eine weniger heftige Emotion. Ich akzeptiere Lewis' Vorstellung, daß Scham sich unter bestimmten Umständen in Schuld verwandelt. Ich akzeptiere auch die Vorstellung, daß man anfangs das eine oder das andere wählt. Daß die Patientin die Scham übergeht und Schuld empfindet, bedeutet einfach, daß Scham sich unter anderem in Schuld verwandeln kann. Trotzdem ist die Schuld der Scham nachgeordnet. Meinem Modell zufolge würde dies bedeuten, daß Menschen, die keine Scham empfinden wollen, diese leugnen, indem sie sich auf ihr Tun und nicht auf ihr ganzes Selbst konzentrieren. Mit anderen Worten: Sie nehmen eine spezifische, keine globale Attribuierung vor. Schuld kann auch selbständig existieren.[4] Ich halte die Annahme für vernünftig, daß Scham übergangen und in Schuld verwandelt werden kann. Die umgekehrte Verwandlung jedoch von Schuld in Scham kommt wahrscheinlich nicht vor, was noch einmal die unterschiedliche Intensität der beiden Emotionen zeigt.

Menschen versuchen auch, eine beschämende Erfahrung durch verschiedene Gedankenkonstruktionen zu bewältigen. Diese Gedankenkonstruktionen erlauben dem Patienten, sich selbst an die Stelle des anderen zu versetzen und so nicht mehr der zu sein, der die Scham empfindet. Diese Methode, Scham zu übergehen, zeigt sich oft durch Lachen oder Bekennen, zwei Versuche, sich von dem beschämten Selbst zu entfernen, indem man in die Rolle des anderen schlüpft. Gedankliche Konstruktionen als Möglichkeit, der Scham zu entgehen, sind für meine Analyse des Narzißmus und der multiplen Persönlichkeitsstörungen – Themen, die ich in Kapitel 9 erörtere – ein zentraler Punkt.[5] Eine weitere Reaktion auf übergangene Scham ist der Verlust des Selbst, nicht wie bei einer Psychose oder einer multiplen Persönlichkeitsstörung, sondern als Folge eines Gedächtnisverlusts. Scham kann Gedächtnisverlust verursachen.[6] Lewis spricht auch von übergangener Scham, dem Ich-Ideal und vergeltender Feindseligkeit.

Zumindest in ihrer ursprünglichen Konzeption betrachtete Lewis übergangene Scham als Versuch des Individuums, das Selbst vom Schamgefühl zu entfernen. Für vieles in ihrer Analyse können wir dankbar sein, aber das Konzept der übergangenen Scham muß weiter ausformuliert und analysiert werden. Lewis schrieb: »Die Vorstellung einer Phänomenologie übergangener Scham ist fast ein Widerspruch in sich selbst.«[7] Ihre Erkenntnis des dem Konzept der übergangenen Scham inhärenten Widerspruchs bringt uns dazu, sie eingehender zu untersuchen. Dazu müssen wir zwei grundlegende Ideen akzeptieren: Gedanken und Gefühle können verdrängt werden, und diese als Reiz wirkende Verdrängung verursacht psychische Schwierigkeiten, die sich durch Symptome äußern. Diese Symptome wiederum machen uns auf die Verdrängung und Umwandlung der Scham aufmerksam.

Um die Vorstellung zu akzeptieren, daß Scham verdrängt und in etwas anderes verwandelt, das heißt übergangen werden kann, müssen wir das Konzept akzeptieren, daß Scham infolge der Verdrängung unbewußt umgewandelt wird.[8] Obwohl die Verdrängung ein nützliches Konstrukt sein mag, kann übergangene oder, wie ich lieber sage, uneingestandene (oder nicht sich zu eigen gemachte) Scham auch auf andere Weise erklärt werden. Thomas Scheff meint, daß uneingestandene Scham mit sehr viel Denken und Sprechen, aber wenig Fühlen zu tun habe.[9] Er meint auch, daß für offen geäußerte Scham das Gegenteil gelte, das heißt sehr viel Gefühl, aber sehr wenig Denken. Obwohl Scheff nicht genau sagt, ob bei übergangener Scham ein Gefühl da ist, scheint die Annahme plausibel, daß etwas Gefühl beteiligt ist: »Übergangene, nicht analysierte Scham zeigt sich an einem kurzen schmerzlichen Gefühl, dem eine längere Phase zwanghaften Denkens oder Sprechens folgt.« Mir erscheint klar, daß es bei uneingestandener Scham nicht darum geht, ob Scham da war, sondern ob ihr Dasein erkannt wird. Aus klinischer Sicht würde fast jeder sagen, daß sie irgendwie registriert wird: Zurückschrecken bzw. Schock weisen auf das Auftreten der Scham hin.

Scheffs Analyse ist nützlich, obwohl auch sie vielleicht von einer falschen Voraussetzung ausgeht. Für ihn ist an uneingestandener Scham nicht viel Gefühl beteiligt. Sollen wir daraus schließen, daß Scham, die selbst ein Gefühl ist, wenig Gefühl haben kann? Ich glaube nicht. Was passiert dann mit dem Gefühl? Scheff macht keine genauen Angaben. »Übergangene Scham zeigt sich gewöhnlich als kurzer Augenblick eines starken Gefühls, dem eine längere Phase zwanghaften Denkens oder Sprechens folgt. Man könnte einen sehr kurzen Stich eines schmerzlichen Gefühls empfinden …, dem unmittelbar eine zwanghafte Wiederholung der Szene folgt.«[10] Die Frage bleibt: Was passiert mit dem Zurückschrecken, dem Stich, dem Schamgefühl? Für Lewis wird es verdrängt. Aber welcher Mechanismus steht uns zur Verfügung, wenn wir nicht verdrängen wollen?

Ich schlage die bei der Erörterung des Selbst vorgestellte Hypothese vom Aufmerksamkeitsschwerpunkt vor. Die objektive Selbsterkenntnis ist nur ein Aspekt des Selbst-Systems. Das

System kann funktionieren, ohne daß Zuständen oder Zielen objektive Aufmerksamkeit geschenkt wird. Dies bedeutet nicht, daß der Zustand nicht aktiviert ist, eher im Gegenteil. Sie können zornig sein und entsprechend handeln, brauchen aber Ihren emotionalen Zustand bzw. Ihre emotionalen Handlungen nicht objektiv zu erkennen. Ähnliches gilt für den Zustand der Scham. Sie können in einem Scham-Zustand sein, was zunächst objektive Erkenntnis verlangt, aber dann beschließen, sich nicht weiter mit diesem Zustand zu beschäftigen. Sie entfernen sich von der Beachtung des Gefühls, aber der Zustand an sich bleibt. Offen geäußerte Schamgefühle zeigen einfach, daß Sie Ihren objektiven Aufmerksamkeitsschwerpunkt nicht von dem Zustand entfernt haben, in dem Sie sich befinden, und daß Sie eine von mehreren – oben bereits skizzierten – Methoden ausprobieren, um den negativen Zustand zu vertreiben. Bei uneingestandener Scham haben Sie Ihren objektiven Aufmerksamkeitsschwerpunkt von dem negativen Zustand entfernt. Dies können Sie unmittelbar nach seiner Entstehung tun; dann würde ein Beobachter hier das »Zurückschrecken, den Schock« sehen. Oder Sie können Ihren objektiven Aufmerksamkeitsschwerpunkt langsamer von dem negativen Zustand entfernen, etwa durch den Vorgang des Vergessens.

Die Umwandlung verdrängter Scham kann ähnlich abgehandelt werden. Die bislang nicht definierte Vorstellung der Umwandlung beinhaltet, daß gespeicherte Energie als Reiz wirkt und sich durch Symptome ausdrückt. Dies ist eine ansprechende Idee; aber es ist schwer, genau zu sagen, wie eine solche Umwandlung vor sich geht. Eine andere Position wird von den Forschern vorgeschlagen, die sich mit multiplen Persönlichkeitsstörungen beschäftigen.[11] Ihre Alternative dreht sich um das Konzept der Dissoziation, das wiederum mit der Einheit des Selbst zu tun hat. Ich werde diese Theorie später eingehender erläutern.

Wir können jetzt uneingestandene Scham so verstehen, daß eine durch objektive Selbsterkenntnis verursachte Emotion existiert, aber nicht eingestanden wird, weil *sie nicht als Aufmerksamkeitsschwerpunkt gewählt wird*. Die mit uneingestandener Scham in Verbindung gebrachten Probleme haben nicht mit der Umwandlung zu tun, sondern mit den Problemen, die entstehen, wenn Menschen in einem Zustand sind, ihm aber keine objektive Aufmerksamkeit schenken wollen. Die Verwendung dieser psychischen Strategie hat drei Schwierigkeitsbereiche: (1) Aktivitäten des Körpers, (2) Denken an andere Zustände, (3) zwischenmenschlicher Austausch.

Erstens wird der uneingestandene Zustand durch äußere Ereignisse hervorgerufen und hat *gewisse körperliche Folgen*. Bei der Bestimmung der körperlichen Begleitumstände aller Emotionen waren wir nicht besonders erfolgreich, aber in bezug auf die Scham haben wir einige Fortschritte gemacht. Menschen, die Scham empfinden, können erröten, ihr Körperausdruck ändert sich (sie sinken zusammen, wenden den Blick ab), sie haben Denkschwierigkeiten und fühlen sich unbehaglich und gequält. Das Nicht-Eingestehen des Zustands bedeutet nicht, daß diese körperlichen Merkmale nicht aufgetreten sind. Bei Menschen mit uneingestandener Scham beobachten wir tatsächlich die körperliche Veränderung, das »Zurückschrecken«, bevor es verschwindet.

Zudem gibt es Ereignisse, die unsere interne Attribuierung verursacht haben. Diese werden möglicherweise nicht eingestanden oder bekommen eine andere Bedeutung, damit wir uns die Scham nicht einzugestehen brauchen. Problematisch daran ist, daß uneingestandene körperliche Zustände uns nicht erlauben zu handeln, um sie abzustellen. Sie können auch mit den neuen Zuständen, die wir haben oder haben wollen, unvereinbar sein. Es kommt zu einem Konflikt zwischen unterschiedlichen Ebenen des Selbst, der durch die auf einen Punkt ausgerichtete objektive Erkenntnis hervorgerufen wurde, die wichtige körperliche Informationen ausschließt.

Wenn die Scham nicht eingestanden wird, kann der Betreffende beschließen, *sich auf einen anderen emotionalen Zustand zu konzentrieren.* Dies bezeichne ich als Ersetzen von Emotionen. Es ist bei vielen Emotionen weit verbreitet. Ich habe bereits von John gesprochen, einem Patienten, den der Tod seiner Tante betrübte. Er beschloß, sich auf seine Müdigkeit und nicht auf seine Trauer zu konzentrieren. Das Ersetzen von Emotionen kann viele Formen annehmen. John, dessen Fall ein einfaches Beispiel darstellt, beschloß, sich auf ein spezielles Merkmal des Gefühlszustands und nicht auf den ganzen Zustand zu konzentrieren. Im Fall der Scham ist es möglich, sich auf ein spezielles Merkmal zu konzentrieren. Wir könnten uns zum Beispiel auf das Erröten konzentrieren. Da Erröten in jeder Situation auftritt, in der wir exponiert sind, auch wenn *keine* Bewertung stattfindet, können wir uns – statt »Ich werde rot, weil ich mich schäme« – sagen: »Ich werde rot, weil ich so verlegen bin.« Tatsächlich benutzen wird den Begriff »verlegen« oft, um uns Scham nicht eingestehen zu müssen. Oder wir können uns auf den Aspekt »geistige Verwirrung« konzentrieren und uns sagen: »Ich verstehe einfach nicht, was da passiert ist.« Oder wir können uns auf irgendein Merkmal des negativen Gefühlszustands konzentrieren, der mit Scham einhergeht. Wir können »somatisieren« und denken, daß dieses Gefühl etwas mit unserem körperlichen Wohlergehen zu tun habe. Wir könnten unseren negativen Gefühlszustand sogar mit irgendeinem früheren körperlichen oder gesundheitlichen Problem verknüpfen – ein Vorgang, der als rückwirkende Konditionierung bekannt ist.

Auch hier vermeiden wir durch die Konzentration auf ein einziges Merkmal des gesamten Zustands, Scham als Scham anzuerkennen. Das Problem für den Betreffenden besteht darin, daß die Erklärung nicht dem entspricht, was wirklich vor sich geht. Auch hier muß ein innerseelischer Konflikt die Folge sein.

Bei einer anderen Art des Ersetzens wird eine völlig neue Emotion anerkannt. Dies kann eine Emotion sein, die für die Situation nicht relevant ist, oder eine Emotion, die mit der Situation wahrscheinlich in Zusammenhang gebracht wird. Im ersten Fall schämen die Betreffenden sich, gestehen sich diese Scham aber nicht ein. Statt dessen werden sie manisch und beginnen, zwanghaft zu reden.

Ich habe einen Kollegen, der sich leicht schämt. Er ist wirklich scham-anfällig; jede Kritik behandelt er als globale Aussage des Versagens. Ich kann immer sagen, wann er sich schämt, denn unmittelbar nach dem Scham-Ereignis zeigt er ein unglückliches Lächeln (sein »Zurückschrecken«), und dann fängt er eine Nonstop-Unterhaltung an. Mir ist nicht klar, warum seine uneingestandene Scham mit einem Zustand verbunden ist, der sehr großem Glück gleicht, außer daß er zu verhindern scheint, daß er sich seine Scham eingesteht.

Möglicherweise richtet das Ersetzen sich nach speziellen Regeln. Lewis hat einige vorgeschlagen. Ich denke, daß sie auf der Hierarchie möglicher Emotionen beruhen, die dem Betreffenden unter den gegebenen Umständen verfügbar sind. Vielleicht stellen auch frühe Lernerfahrungen die Mechanismen bereit. Die frühen Lernerfahrungen sorgen für fertige Gewohnheiten, wenn eine Ersetzung verlangt wird.

Die für uneingestandene Scham relevanten Emotionen sind die, die mit ihren Auslösern und Reaktionen verwandt sind. Die zwei Haupt-Emotionen, die diese Anforderung erfüllen, sind Trauer und Zorn. Da ich dieses Thema später eingehend untersuchen werde, gebe ich hier nur einen kurzen Abriß. Trauer tritt aus vielerlei Gründen im Zusammenhang mit uneingestandener

Scham auf. Die emotionale Stimmung der Scham ist negativ und unlustig, und ihr Objekt ist das Selbst. »Sich schlecht fühlen« das heißt traurig sein – ist eine Ersatzemotion, die vom Zustand der Scham nicht allzuweit entfernt ist.[12] Die Attribuierungen bei Trauer gleichen denen, die Scham auslösen: Sie sind global und selbstbeschuldigend. Trauer kann ein natürlicher Ersatz sein, weil Scham oft in Gesellschaft anderer oder durch andere hervorgerufen wird. Daß diese anderen die Schamgefühle verursacht haben, die man fühlt, kann auf natürliche Weise zu Trauer führen, denn jemand, den man kennt, hat einem etwas angetan. Im letzten Fall konzentriert der Beschämte sich auf die soziale Einbettung der schädigenden Situation und/oder die Auslöser der Emotion, und nicht auf die Scham selbst. Wahrscheinlich ist Trauer angenehmer zu erleben als Scham; deshalb sind wir gern bereit, die schmerzhaftere Scham durch sie zu ersetzen.

Daß Zorn als Ersatzemotion in Frage kommt, hat ebenfalls zahlreiche Ursachen. Aus phänomenologischer Sicht stellen wir fest, daß wir, wenn wir Scham empfinden, auch Schmerz empfinden. Schmerz impliziert eine Ursache, und Zorn ist eine angemessene Emotion, um eine schmerzliche Ursache zu überwinden. Es ist festgestellt worden, daß der Ausdruck von Schmerz dem Ausdruck von Zorn gleicht und körperlicher Schmerz oft mit einem Ausdruck des Zorns einhergeht.[13] Vergangene Lernerfahrungen können über einen körperlichen oder sozialen Schmerz mit Zorn verbunden sein. Zorn nimmt daher im emotionalen Reaktionsrepertoire der Scham einen hohen Rang ein. Das Ersetzen der Scham durch Zorn tritt bei Männern häufiger auf als bei Frauen.

Anstatt den Zorn nach außen auf die Ursache unseres Scham-Schmerzes zu wenden, können wir auf uns selbst zornig werden, daß wir »so etwas Dummes getan haben«. Das »Dumme« war die Ursache der Attribuierung und daher die Ursache der Scham. Durch die Konzentration auf die Ursache können wir das Gefühl selbst vermeiden. Der Zorn über unser Tun erlaubt uns, das Schamgefühl zu übergehen und zugleich die Ereignisse zu korrigieren, die zu erneuter Scham führen könnten.

Der dritte Grund für die Verwendung von Zorn als Ersatz für Scham hat mit den sozialen Aspekten der Ursachen zu tun. Scham findet oft in einem sozialen Kontext statt. Ein beschämter Mensch, der sich das Schamgefühl nicht eingestehen will, kann auf einen anderen zornig werden, den er, anstatt sich selbst zu beschuldigen, zum Sündenbock macht. Durch diese Art von Zorn können die Kritik externalisiert und unser eigener Anteil an der Scham-Erfahrung reduziert werden. Zorn dieser Art erlaubt uns nicht, unsere Fehler zu korrigieren, sondern nur, uns von der Kritik zu distanzieren. Zorn ist, wie Trauer, angenehmer (oder weniger unangenehm) zu erleben als Scham.

Das Ersetzen in all seinen Spielarten hat für die Psyche einen Preis: Sie ist sich des im Augenblick vorhandenen Emotionszustands objektiv nicht bewußt. Dadurch, daß wir uns nicht auf diesen Zustand konzentrieren, sondern uns statt dessen mit anderen Aspekten oder anderen Emotionen beschäftigen, entgeht uns die Gelegenheit, die Kräfte zu verstehen, die um uns herum und in uns am Werk sind. Diese fehlende Ausrichtung kann zumindest teilweise der Anpassung dienen, denn sie schützt die Psyche vor einer intensiven und schmerzhaften emotionalen Erfahrung. Trotzdem ist sie nicht ganz vorteilhaft, denn der emotionale Zustand existiert und ist präsent; er beeinflußt unser Verhalten, auch wenn wir nicht auf ihn achten. Das Ersetzen ist eine Form der Selbsttäuschung: Es lindert den Schmerz und das Unbehagen, verändert aber nicht den Zustand, zumindest nicht unmittelbar.

Die Bedeutung uneingestandener Scham für den Anpassungsprozeß zeigt sich am besten in *sozialen Interaktionen*. Bei meiner früheren Erörterung der Emotionen habe ich darauf hingewiesen, daß Emotionen nicht nur Zustände in Individuen, sondern kommunikative Signale sind, die zum Material für sozialen Austausch und soziale Beziehungen gehören. Uneingestandene emotionale Zustände gleich welcher Art unterbrechen zwangsläufig soziale Interaktionen. Denken Sie an das Gespräch meines Patienten mit dem Automechaniker. Mein Patient war zornig, aber er gestand sich seinen Zorn nicht ein. Wie ich bereits gesagt habe, existiert ein Zustand, egal ob er objektiviert wird oder nicht. Der Patient war in einem – wenn auch uneingestandenen – Zorn-Zustand und handelte daher zornig, wozu Gesichtsausdruck, Körperhaltung und Sprache gehörten. Der Automechaniker verstand diese Botschaft und reagierte seinerseits zornig. Weil mein Patient sich seinen eigenen Zorn nicht eingestanden hatte, war er überrascht, als sein Verhalten den Zorn des Mechanikers erregte. Uneingestandene Handlungen und Gefühlszustände haben Konflikte und Verwirrung zur Folge.

Diese generelle Wahrheit gilt verstärkt im Fall der Scham. Verstärkt deshalb, weil Scham eine so machtvolle Emotion ist, daß die mit diesem Zustand verbundenen Verhaltensweisen wahrscheinlich eine starke Signalwirkung haben. Da jedoch die Scham-Zustände anderer in uns selbst Scham hervorrufen können, ist es leider möglich, daß diese Zustände vom Sender und vom Empfänger der Botschaft nicht bemerkt werden. Die gesendete Botschaft kann erstens deshalb fehlerhaft sein, weil der Betreffende sich schämt, es sich aber nicht eingesteht. Sein Verhalten stimmt nicht mit dem konstatierten bzw. eingestandenen Zustand überein, und der andere erhält eine »gemischte« Botschaft – ein Durcheinander offener und verdeckter Formen unterschiedlicher Emotionen. Solche gemischten Botschaften führen leicht zu zwischenmenschlichen Schwierigkeiten.

Betrachten wir das Beispiel eines Patienten, der durch die Kommentare seines Vaters beschämt wird. Er gesteht sich die Scham nicht ein, sondern wird statt dessen müde. Seine Freundin ist Zeugin der Interaktion zwischen Vater und Sohn und wegen ihres Freundes sehr deprimiert. Sie sagt: »Es tut mir leid, daß dein Vater diese Dinge zu dir gesagt hat. Er hat unrecht. Er hatte nicht das Recht, diese Dinge zu sagen.« Der Junge jedoch antwortet: »Wovon sprichst du? Es ist nichts; ich bin nur müde.«

Die Freundin weiß nicht, was sie tun soll, denn ihr Versuch, ihn zu trösten, ist zurückgewiesen worden. Aber sie fühlt sich schlecht und möchte helfen. Sie versteht nicht, daß der Patient unter uneingestandener Scham leidet. Er fühlt sich lieber müde als beschämt. Wenn sie sich mit dem Schamgefühl, das er ihrer Meinung nach spüren muß, angemessen beschäftigt, zwingt sie ihn, sich die Scham einzugestehen. Da er das nicht will, weist er ihren Trost zurück.[14]

Gesendete Botschaften können zweitens deshalb fehlerhaft sein, weil das ursprüngliche Gefühl ersetzt wird. In diesen Situationen äußert der Beschämte eine andere Emotion. Wie ich oben sagte, sind die beiden häufigsten Ersatz-Emotionen Trauer und Zorn. Dieses Ersetzen verursacht alle möglichen Probleme.

Denken Sie etwa an den Fall des Paars, das nicht versteht, daß die Partner sich gegenseitig beschämen; der Mann fühlt sich zornig, die Frau traurig und isoliert. Dieses Thema führt zur Erörterung zwischenmenschlicher Konflikte, die ich in den Kapiteln 8 und 10 ausführlich abhandle. Im Vorgriff auf meine Theorie möchte ich hier nur sagen, daß die Beschäftigung mit dem Gefühlsleben des anderen die Hauptaufgabe von Beziehungen darstellt. Diese Aufgabe wird durch ein verborgenes Schamgefühl erschwert, das sehr viel Konfliktmaterial bietet.

Eingestandene Scham loswerden

Was tun Menschen, wenn sie offene bzw. empfundene Scham haben? Ihre Attribuierungen haben sie dazu gebracht, daß sie sich schämen, und jetzt müssen sie sich mit diesem Gefühl beschäftigen. Weil Scham sehr intensiv und schmerzhaft ist, empfindet der Betreffende das starke Bedürfnis, das Gefühl loszuwerden. Aber eben weil Scham so intensiv und schmerzhaft ist und das Verhalten unterbricht, ist es sehr schwierig, mit ihr umzugehen. Die einfachste Bewältigungsmethode besteht darin, sie sich »zu eigen zu machen« und zuzulassen, daß sie sich mit der Zeit zerstreut. Die Menschen tun dies, indem sie sich von der beschämenden Situation distanzieren, wenn sie können, und dann zulassen, daß die Scham von selbst weggeht. Wie alle intensiven Ereignisse verblaßt die Scham allmählich und wird durch andere Emotionen und Erkenntnisse ersetzt. Keine Emotion hält ewig. Aber es gibt mindestens drei andere Methoden, die Menschen verwenden, um Scham loszuwerden: Leugnen/Vergessen, Lachen und Bekennen.

Leugnen und Vergessen

Leugnung kann das Scham-Phänomen auf vielerlei Weise beeinflussen. Nehmen wir an, eine Scham-Empfindung ereignet sich und der Betreffende möchte, daß die Scham weggeht. Die Scham ist empfunden und eingestanden worden, aber aufgrund ihrer Intensität und ihrer unangenehmen Merkmale will man sie loswerden. Jeder von uns wird sich an ein Scham-Vorkommnis erinnern und vielleicht auch an das, was er tat, um es loszuwerden. Meine Kollegin, die ihre von der Zeitschrift abgelehnte Arbeit auf Nimmerwiedersehen in einer Schublade verschwinden läßt, benutzt die Methode, den Aufmerksamkeitsschwerpunkt zu ändern, um die eingestandene Scham-Empfindung zu vergessen. Indem sie ihre Arbeit versteckt, leugnet sie deren Existenz und damit die durch die Ablehnung verursachte Emotion.

Obwohl der Begriff »Leugnung« ihr Tun adäquat beschreibt, ziehe ich den Begriff »Vergessen« vor. Die Scham wird bei derartigen Fällen nicht wirklich geleugnet: Sie steht der Betreffenden immer noch zur Verfügung, aber sie konzentriert sich einfach nicht auf sie.

Im Fall meiner Kollegin gesteht sie sich die Scham über die Nicht-Annahme ihrer Arbeit ein. Aber sie sagt sich: »Ich möchte nicht an sie denken. Ich möchte sie vergessen, sie aus meinem Kopf herausbekommen.« Sie tut dies, indem sie sie an einen Ort legt, an dem sie für ihr Gedächtnis keinen Reiz mehr darstellt. Dadurch, daß sie sie in eine Schublade legt und sich an eine andere Arbeit macht, hat sie die Möglichkeit zu vergessen.

Das Vergessen, das heißt, etwas aus dem aktiven Denken verbannen, ist eine Möglichkeit, das Selbst vom Gefühl zu trennen. Vergessen unterscheidet sich von Leugnung insofern, als die Scham ein erkanntes Gefühl ist, eins, das man sich eingesteht. Eine Studentin erzählte mir eine Geschichte, die diesen Punkt veranschaulicht.

Ihr Professor hatte sie gebeten, einen Überblick über die Theorie einer gewissen Professorin X vorzubereiten. Am entsprechenden Tag stand sie im Seminar auf und stellte die Theorie von Professorin X vor, nur um zu entdecken, daß diese im Seminar saß. An einem bestimmten Punkt ihrer Präsentation berichtete sie über eine spezielle Aussage von Professorin X. Sie bemerkte, daß Professorin X den Kopf schüttelte und damit anzeigte, daß sie die Gedanken von Professorin X nicht richtig darstellte. Die Studentin erzählte mir, daß sie meinte, sie würde sterben: Sie wollte sich nur noch verstecken und verschwinden. Sie war in der

Lage, ihre Präsentation zu beenden, aber sobald sie fertig war, sammelte sie ihre Sachen ein, entschuldigte sich und verließ den Seminarraum.

Sie gestand sich ihre Scham sowohl direkt ein – sie sagte: »Ich war so gedemütigt« – als auch durch ihr Tun – sie verschwand, indem sie den Seminarraum verließ und Professorin X mied. Zwei Tage vergingen, und sie konnte nicht ins Seminar zurückkehren, weil sie sich immer noch an das Ereignis erinnerte. Sie war nicht in der Lage, die beschämende Erfahrung zu vergessen. Schließlich konnte sie natürlich ihre Scham vergessen und ins Seminar zurückkommen. Aber ihre Scham war erst ganz zerstreut, als sie für den Kurs ein Referat machen konnte. Das Vergessen ist zweifellos eine Möglichkeit, eine Scham-Empfindung zu zerstreuen. Es erlaubt uns, uns von der Empfindung zu distanzieren, sobald wir sie uns eingestanden haben.

Leugnung verhindert, daß Scham auftritt. Leugnung ist nicht dasselbe wie Vergessen. Ein Patient könnte etwa sagen: »Ich habe die Regel nicht verletzt, deshalb besteht für mich kein Grund, mir Vorwürfe zu machen.« Man könnte auch leugnen, überhaupt eine Norm oder ein Ziel zu haben. Kommentare wie: »Ich wollte es sowieso nicht« können ein Versuch sein, ein Ziel oder eine Norm aus der Überlegung zu streichen, so daß der gesamte zu Scham führende Attribuierungszyklus nicht stattfindet. Wenn keine Norm verletzt wurde, hat man keinen Grund, sich um Scham zu kümmern. Wir alle haben sicher zu Recht das Gefühl, daß viele dieser Leugnungen »im nachhinein« stattfinden, das heißt, die entsprechenden Gedanken werden nicht vor der Scham-Empfindung, sondern *nach* ihr gefaßt. Diese Gedankenkonstruktionen stellen einen Versuch dar, das Selbst von der Scham wegzubringen, indem geleugnet wird, daß überhaupt etwas Schlimmes passiert ist. Ich vermute, daß Leugnung im allgemeinen als Mittel verwendet wird, um Scham zu übergehen, und nicht als Methode, um keine Scham zu empfinden.[15]

Es kann jedoch sein, daß die Leugnung manchmal vor der Scham-Empfindung stattfindet, um das Auftreten des Gefühls zu verhindern, und manchmal nach der Scham-Empfindung, um das Gefühl zu umgehen. Diese Problematik muß weiter erforscht werden. Das Zusammenzucken bzw. der Schock als Kennzeichen für das Auftreten von Scham erlauben uns vielleicht, Leugnung zum Übergehen von Scham von Leugnung zum Verhindern von Scham zu unterscheiden. Wenn wir die Hinweise darauf, daß die Scham registriert wurde, genau messen könnten, wüßten wir, ob die Leugnung nach der Registrierung oder vor ihr stattfand.

Leugnung ist auch auf andere Weise am Werk. Wir können sie zum Beispiel benutzen, um eine interne Attribuierung der Vorwürfe zu verhindern. Wenn jemand diese Attribuierung verhindert, tritt keine Scham auf, wie der folgende Fall demonstriert.

Ein Heranwachsender in einer unserer Langzeitstudien sagte auf die Frage, warum er eine einfache Aufgabe, für die er fünf Minuten Zeit hatte, nicht erfolgreich zum Abschluß bringen konnte: »Ich konnte sie wegen dem Krach nebenan nicht fertig machen.« Es stimmte, daß Bauarbeiten in Gang waren und der Heranwachsende durch den Krach hätte abgelenkt werden können. Aber viele andere Kinder waren denselben Umständen ausgesetzt gewesen und hatten die Aufgabe beenden können, und wenn nicht, machten sie für ihren Mißerfolg nicht den Krach draußen verantwortlich. Dieses Kind schrieb sein Versagen einem äußeren Ereignis zu. Aufgrund seines Gesichtsausdrucks und seiner Körperhaltung schien mir, daß die Tatsache, daß es sich nicht für sein Versagen verantwortlich machte, eine Form von Leugnung »im nachhinein« war.

Lachen

Auch Lachen ist ein Mechanismus, durch den eingestandene Scham vermindert oder beseitigt werden kann. Lachen hat mit vielen unterschiedlichen Mechanismen zu tun. Das Lachen über sich selbst dient erstens dazu, sein Selbst von der emotionalen Empfindung zu distanzieren. Weil Lachen ein sehr starker Reiz ist, erlaubt es uns, uns auf eine andere Emotion zu konzentrieren und so die Scham aus dem Zentrum der Aufmerksamkeit zu entlassen.

Zweitens bietet Lachen, vor allem das Lachen über ein in einem sozialen Kontext stattfindendes Vergehen, der sich vergehenden Person die Gelegenheit, sich zwecks Betrachtung des Selbst mit den anderen zu verbinden. Bildlich gesprochen bewegt das Selbst sich vom Ort der Scham zu dem Ort, von dem aus die Scham zusammen mit dem anderen beobachtet wird. Nehmen wir das Beispiel einer Frau, die auf ihren Schal tritt und fällt. Die Umstehenden lachen über ihr ungeschicktes Verhalten. Dieses Lachen demütigt die Frau, und sofort fühlt sie Scham; aber indem sie über sich selbst lacht, verbindet sie sich mit den anderen; anstatt das Objekt für das Gelächter der anderen zu sein, tut sie sich teilweise mit ihnen zusammen und wird zu jemandem, der über das Mißgeschick eines anderen lacht. Es ist, als ob das Selbst sich von der Position des Beschämten, auf dem die Augen der anderen ruhen, zu einer Position bewegen würde, an der man mit den anderen, den beobachtenden Augen, zusammen ist. Diese Bewegung gestattet die Identifikation mit dem Beobachter und entfernt von der Identifikation mit dem Beobachteten – ein ganz ähnlicher Mechanismus wie der, den Freud Identifikation mit dem Aggressor nannte. Durch das Lachen identifiziert die Betreffende sich mit dem Beobachter, nicht mit der Beobachteten; mit denen, die über die Beschämte lachen, nicht mit der Beschämten.

Ein drittes Merkmal des Lachens ist seine soziale Bedeutung.

Ich habe bereits gesagt, daß es beschämt, die Scham eines anderen zu erleben. Sensible, mitfühlende Beobachter, die sehen, wie die Frau stolpert, die lachen, Gelächter hören und die Scham der Frau registrieren, schämen sich ihrerseits. Scham ist ansteckend. Die Frau, die sich schämt, weil sie gestolpert ist, veranlaßt ihre Beobachter dazu, sich für sie zu schämen. Diese Scham-Spirale kann durch das Lachen dessen, der sich zuerst schämte, unterbrochen werden. Es ist, als würde die Frau zu den Beobachtern sagen: »Seht ihr, in Wirklichkeit schäme ich mich nicht, deshalb habt ihr keinen Grund, euch wegen meiner Scham zu schämen.« Mit anderen Worten: Lachen kann benutzt werden, um die Spirale des Scham-Austauschs zwischen Beobachter und Beobachtetem zu unterbrechen.[16]

Susanne Retzinger hat das Scham-/Lachen-Phänomen mit Hilfe von Videobändern untersucht, die Paare in einer Scham-Wut-Spirale zeigen.[17] Sie beobachtete, daß Lachen eine Scham-Spirale wie die soeben von mir beschriebene beendet. Freud schrieb über eine enge Verbindung zwischen Witzen und Scham. Er berichtete zum Beispiel, daß die Witze, die das meiste Gelächter hervorriefen, mit Erniedrigung zu tun hatten.[18]

Lachen kann noch einen anderen Effekt haben. Physiologisch ist es der Gegenpol zur Scham. Die Verwendung von Lachen zur Spannungsreduzierung scheint phänomenologisch ein vernünftiges Ideal zu sein.[19] Norman Cousin empfahl in seiner berühmten »Kur« gegen Krebs das Lachen als Reaktion, die Streß und Krankheit entgegenwirkt. Zweifellos gibt es physiologische Entsprechungen, die zur Physiologie der Scham im Widerspruch stehen. Leider ist die Physiologie von Scham und Lachen noch relativ vage; bis wir sie besser verstehen, kann ich über die konkreten Mechanismen, die Lachen zum Gegenpol der Scham machen, nur Vermutungen anstellen.

Lachen zeigt beispielhaft, wie eingestandene Scham reduziert werden kann. Es scheint vor allem eine soziale Funktion zu haben, obwohl seine physiologische Funktion vielleicht wichtiger ist, als wir wissen.

Bekennen

Bekennen ist wie Lachen und Vergessen ein Versuch, eingestandene Scham zu bewältigen. Beim Bekennen gehen wir zu anderen und erzählen ihnen von einem Ereignis, das uns beschämt hat. Das öffentliche Eingeständnis der Übertretung und der mit ihr einhergehenden Scham scheint eine erfolgreiche Möglichkeit zu sein, Scham zu bewältigen. Das in manchen Religionen seit Hunderten von Jahren verwendete Beichten ist sicher ein Hinweis auf seinen Erfolg bei der Bewältigung der Scham.

Zum Beichten braucht es jedoch nicht unbedingt einen designierten religiösen Führer. Weltliche – weibliche und männliche – Beicht»väter« können genauso effektiv sein, wenn sie uns verstehen und schätzen und uns, wie wir sehen werden, unser Vergehen verzeihen.

Untersuchen wir, wie Beichten funktioniert. In gewisser Hinsicht ist es wie Lachen. Wenn Menschen ihre Verfehlungen anderen bekennen, tun sie sich mit dem anderen zusammen, um sich selbst zu beobachten. Dies erlaubt dem Selbst, sich vom Selbst, dem Ursprung der Scham, weg- und zum anderen hinzubewegen. Dies wiederum sorgt dafür, daß das Selbst das Selbst als Objekt und nicht als Subjekt sieht.

Ich interviewte einmal einen Mann, der mir von einer Erfahrung erzählte, die er vor kurzem gehabt hatte. Nach fast zehn Jahren traf er sich mit einer ehemaligen Freundin. Sie waren vier oder fünf Jahre miteinander gegangen und hatten heiraten wollen. Aber ihre Beziehung war oft sehr stürmisch gewesen. Am Schluß wurde sie sehr zornig auf ihn und brach die Verlobung. Sie lebten sich auseinander. Er hatte sie seit ungefähr zehn Jahren

nicht gesehen, nicht mit ihr gesprochen und ihr auch nicht geschrie
ben; dasselbe galt für sie. Als sie sich wieder trafen, war er
verheiratet, genauso wie sie. Im Verlauf der Unterhaltung sprach
sie davon, was für ein unangenehmer Mensch er gewesen sei. Er
erzählte mir, ihr immer noch vorhandener Zorn habe ihn nicht
verstimmt – eigentlich gefiel es ihm sogar, daß sie immer noch
starke Gefühle für ihn hatte. Als ich ihn fragte, wie er die gegen ihn
erhobene Kritik empfunden habe, sagte er: »Es war so lange her,
es war, als würde sie über jemand anderen reden.« Er erzählte
dann, wie er ihr zugehört und es fertiggebracht hatte, ihren andau
ernden Zorn auf ihn zu besänftigen, indem er ihr zustimmte. Es
war, sagte er, »als würden wir über jemand anderen reden. Es war,
als würden wir beide aus der Entfernung auf mich schauen.«

Durch diesen Mechanismus konnte er sich von sich selbst lösen
und sich an die Stelle des anderen versetzen. Er erzählte, daß er
aufgrund dieser Verlagerung keine Scham empfand, obwohl er
inzwischen eingesehen hatte, daß er im Unrecht gewesen war,
denn die damalige Person war nicht wirklich er gewesen. Eine
ähnliche Verlagerung des Selbst zum anderen hin findet beim
Bekennen statt. Durch das Bekennen eines vergangenen Fehlers begibt man sich vom Ort des Beobachteten zum Ort des
Beobachtenden.

Das Beichten hat noch eine andere Funktion.[20] Wenn man sich
für sein globales Selbst schämt, ist das Bekennen dieser Scham
in gewisser Weise eine Tugend, die die globale Bewertung
mildert. Man kann sich dann etwa sagen: »Okay, ich bin nicht
gut, aber zumindest gebe ich meine Fehler zu.« Durch eine
solche Gedankenkonstruktion kann ein Teil der auf dem abgewerteten Selbst lastenden Intensität zerstreut werden, indem
man durch eine positive Aktion an Wert gewinnt. Diese Funktion
mag angesichts der Tatsache, als ich Scham als Ergebnis einer
globalen Selbstattribuierung bezeichnet habe, bei der für die

Beschäftigung mit spezifischen Handlungen kein Platz ist, überraschen. Der Versuch, eine globale Attribuierung durch den positiven Akt des Bekennens aufzuheben, scheint auf den ersten Blick unvernünftig. Aber die Technik scheint zu funktionieren. Ich glaube, daß ich zeigen kann, wie und warum. Die Literatur über sexuelle Funktionsstörungen beweist, daß das Bekennen der sexuellen Schwierigkeit die mit ihr einhergehende Scham vermindert. Lassen Sie uns den Fall einer Frau betrachten, die ohne längere manuelle Stimulation keinen Orgasmus bekommen kann. Nehmen wir an, sie schämt sich, weil sie ihren Partner bitten muß, ihr diese Art von Stimulation zu bieten. Aufgrund ihrer Scham vermeidet die Patientin heterosexuelle Aktivitäten denn sie weiß, daß eine solche Aktivität wahrscheinlich zu Scham führen und vergangene Scham-Empfindungen reakivieren wird. Wenn sie eine heterosexuelle Aktivität versucht, wird sie sehr ängstlich sein. Die therapeutische Literatur meint, daß sie sich von dem Problem distanzieren kann, wenn sie zu ihrem Bedürfnis steht. Wenn sie sich zu ihrem speziellen sexuellen Bedürfnis bekennt, wird dies die mit dem potentiellen Auftreten einer Scham-Empfindung verbundene Angst vermindern. Die anhand solcher Fälle zusammengetragenen klinischen Daten weisen darauf hin, daß Bekennen eine effektive Technik zur Verminderung von Scham ist.

Man könnte daraus schließen, daß das Bekennen der Schwierigkeit die mit ihr zusammenhängende Scham vermindert, was wiederum das sexuelle Problem vermindern könnte. Es kann jedoch sein, daß die sexuelle Schwierigkeit nicht nur mit der Scham über ein vergangenes Versagen zu tun hat, sondern auch mit der Angst vor zukünftiger Scham. Das Bekennen vermindert die Angst vor dem Beschämtwerden; es fördert die sexuellen Empfindungen, indem es die Spannung vermindert. Zu beachten ist hier, daß es sich um die Verminderung einer Angst handelt, die mit potentieller Scham zusammenhängt. Daß das

Bekennen die Angst vor Scham vermindern kann, muß auch bedeuten, daß es Scham verhindern kann. Nachdem die Frau ihr sexuelles Problem dem Therapeuten bekannt und mit ihm besprochen hat, kann sie zu dem anderen sagen: »Du siehst, ich hatte recht. Ich habe dir gesagt, daß ich es nicht kann – ich brauche manuelle Stimulation.« Die Scham wird durch Bekennen zerstreut, indem das Selbst sich von dem beschämten Selbst entfernt.

Bekennen hängt mit den Konzepten Vergebung und Liebe zusammen. Dieses Merkmal des Bekennens läßt sich am besten verstehen, wenn wir es an seinem ursprünglichen Platz in der katholischen Doktrin sehen. Denken Sie daran, daß Christus für die Sünden der Menschheit leidet und stirbt. Durch seine Beziehung zu Christus kann der Beichtvater, der Priester, Gottes Vergebung und Liebe weitergeben. Die Beichte zerstreut die Scham durch den Akt der Erlösung. Dieses Merkmal der Beichte setzt voraus, daß der Beichtvater die Merkmale besitzt, die Vergebung und Liebe zulassen. Nicht jeder kann jedem unter allen Umständen Vergebung und Liebe bieten. Innerhalb der formalen Struktur einer Religion, etwa des Katholizismus, ist dem Priester durch seine besondere Beziehung zu Gott diese Macht gegeben. Je mehr der einzelne glaubt, daß der Priester diese Macht besitzt, desto mehr ist das Beichten ein erfolgreiches Werkzeug zur Reduzierung von Scham.

Außer religiösen Würdenträgern können auch andere Menschen eine solche Rolle übernehmen. Wenn Ihre Scham durch ein Verhalten verursacht wurde, das Sie einem anderen angetan haben, kann dieser andere Ihnen vergeben.

Eine meiner Patientinnen hatte außerhalb der Ehe eine sexuelle Begegnung. Sie erzählte mir, diese Begegnung liege mehrere Jahre zurück, und sie habe sich furchtbar geschämt. Sie meinte, sie habe sich gegen die Familieneinheit vergangen, und war wegen ihrer Scham so unglücklich, daß sie ihr Vergehen schließlich ihrem Mann bekannte. Es ist wichtig, was sie nach der »Beichte« fühlte. Sie sagte: »Nachdem ich es ihm gesagt hatte und er sagte, er würde mich verstehen und immer noch lieben, hatte ich das Gefühl, als würde ein Gewicht von mir genommen.« Mit anderen Worten: Die Beichte hatte sie erlöst, denn sie konnte dem beichten, gegen den sie sich vergangen hatte und der ihr vergab.

Menschen können uns in dem Maße vergeben, in dem wir ihnen – im allgemeinen durch irgendeine religiöse Überzeugung – diese soziale Rolle zuschreiben, oder sie sind die, gegen die wir uns vergangen haben. Auch eine dritte Gruppe von Menschen kann als Beichtvater dienen. Wir können sie als *Menschen mit Status* bezeichnen – es sind Menschen, die die Gesellschaft wegen ihres Berufs, ihres Reichtums, ihrer Macht usw. mit einer bestimmten Autorität ausgestattet hat. Menschen in Heilberufen zum Beispiel werden oft als Beichtväter behandelt. Kollegen von der medizinischen Fakultät haben mir erzählt, daß ihre Patienten ihnen Dinge bekennen, die für die Behandlung völlig irrelevant sind. Ein Internist zum Beispiel berichtete, daß mehrere Patienten ihm Einzelheiten aus ihrem Leben erzählten, die mit der Behandlung nichts zu tun zu haben schienen. Er erinnerte sich vor allem an einen Fall.

> *Der Internist hatte bei einem jungen Universitätsstudenten eine Routineuntersuchung vorgenommen. Er würde den Sommer über an einer Feldexkursion teilnehmen und brauchte dafür eine allgemeine Untersuchung. Der Arzt hatte seinen Puls gefühlt, seinen Herzrhythmus abgehört und machte jetzt das EKG. Der Student erzählte ihm plötzlich, er habe vor kurzem eine Prüfung gehabt, und »eine Prüfungsarbeit vom letzten Jahr benutzt, die jemand mir gegeben hatte«. Der Internist verstand nicht, warum er ihm von diesem Vergehen erzählte; wie er mir sagte, fiel*

ihm nur ein, zu sagen: »Ich glaube, das war nicht ehrlich.« Ich fragte ihn, wie der Patient reagiert habe: Er berichtete, er wisse es nicht genau, aber der Student habe danach nicht mehr viel mit ihm gesprochen.

Ich glaube, daß der Student ihm beichtete, weil er für ihn eine Autoritätsfigur war, jemand, der einen hohen Status besitzt; die wenig verständnisvolle und nichtverzeihende Antwort rief die Scham wieder hervor und führte zum anschließenden Schweigen des Studenten.

Offenbar erwerben Menschen, denen aufgrund ihrer sozialen Rolle in einer Gesellschaft ein hoher Status zugesprochen wird, das Recht, Beichten anzuhören und Vergebung zu erteilen. Mir ist nicht ganz klar, warum dies der Fall ist. Vielleicht sind Scham, Bekennen und Autoritätsfiguren seit der Kindheit miteinander verknüpft: Das Kind ist erleichtert, wenn es dem Elternteil »gebeichtet« hat, und assoziiert von nun an Erleichterung mit »Autoritätsfiguren beichten«. Da der Beichtende Vergebung sucht, erleben wir möglicherweise die Neuinszenierung der Ereignisse, die ursprünglich die Scham herbeigeführt haben. Erinnern Sie sich daran, daß zur Sozialisation der Scham gehört, daß die Normen, Regeln und Ziele des anderen und seine Bewertung von Erfolg/Mißerfolg akzeptiert werden. Es ist eine Internalisierung, eine Verinnerlichung der Ansicht des anderen, die zu unserer eigenen wird. Je mehr das Bekennen die Eltern-Kind-Beziehung wiederholt, desto mehr kann es die Scham durch Vergebung und Liebe reduzieren. Wenn, wie ich glaube, durch die Verletzung von Normen verursachter Liebesentzug zwangsläufig zu Scham führt, kann die beim Bekennen zutage tretende Liebe die Scham verbannen. Das Bekennen ist dann eine Neuinszenierung der ursprünglichen Ursache der Scham. Es erlaubt uns, unsere Scham zu vertreiben und unser Seelenleben wieder ins Gleichgewicht zu bringen.

Zwei Warnungen in bezug auf das Bekennen sind nötig. Die erste betrifft den Fall, daß man sich dem Menschen bekennt, gegen den man sich vergangen hat. Wir vertreiben dann vielleicht die Scham, aber dies hat für den anderen und unsere Beziehung zu ihm einen gewissen Preis. Menschen, die die Nachricht hören, daß ihr Partner untreu war und Vergebung wünscht, befinden sich in einem unerträglichen Dilemma. Sie müssen vergeben, weil sie den anderen lieben und mögen und weil der Wunsch des anderen nach Vergebung Reue und Bedauern anzeigt. Das Bekenntnis verletzt und erzürnt oft den Menschen, dem gebeichtet wird, aber aufgrund der ihm zugewiesenen Rolle darf er Verletzung oder Zorn nicht äußern. Der Beichtende fühlt sich erleichtert, aber der, dem gebeichtet wird, trägt jetzt ein schweres emotionales Gepäck. Daß der Beichtende von der geschädigten Partei diese Rolle verlangte kann in sich selbst einen aggressiven Akt darstellen, der narzißtische Befriedigung – nämlich die Verminderung der eigenen Scham – anstrebt und verhindern soll, daß der andere seinen Zorn gegen den Beichtenden richtet, denn der andere wird in die Rolle dessen gezwungen, dem gebeichtet wird. Die Verwendung des Bekennens zur Verminderung von Scham wird aufgrund dieser Dynamik bei zwischenmenschlichen Schwierigkeiten eine wichtige Rolle spielen.

Ein Mann bekennt seiner Frau, daß er eine Affäre mit einer anderen Frau hatte. Er behauptet, er würde es ihr bekennen, weil er in Wirklichkeit sie, seine Frau, liebe und ihre Beziehung verbessern möchte. Er gibt an, die beste Möglichkeit, um eine engere Beziehung und mehr Nähe zu erreichen, bestehe darin, zu bekennen, so daß es keine Geheimnisse zwischen ihnen gebe.

Seine derart präsentierte Beichte ist für ihn eine Äußerung der Liebe, einer mitgeteilten und erneuerten Verpflichtung. Seine

Frau jedoch ist zweifach verletzt: erstens durch seine Untreue und zweitens durch sein Erzählen dieser Untreue. Sie ist zornig und verletzt, aber daran gehindert, diese Emotionen zu äußern. Weil er sich ihr bekannt hat und diesen Vorgang als Erneuerung ihrer Beziehung betrachtet, fällt es ihr schwer, ihre Scham über ihre Zurückweisung und ihren Zorn über sein Vergehen zu äußern. Dadurch, daß er seine Scham vermindert, beschämt er sie und macht es ihr unmöglich, ihre Gefühle zu äußern.

Der zweite Punkt, den ich erwähnen möchte, hat mit dem Einfluß des Bekennens auf die Entstehung von Scham-Anfälligkeit zu tun. Wenn wir dem Beichtvater die Macht geben, die Scham durch Vergebung zu reduzieren, fördern wir möglicherweise weitere Scham. Die Scham-Reduzierung durch Bekennen findet statt, weil der andere durch seine Liebe dem ganzen Selbst vergibt. Da Liebe und Vergebung sich auf das ganze Selbst beziehen, wird der Missetäter wahrscheinlich globale Attribuierungen vornehmen. Die dem ganzen Selbst geltende Vergebung und Liebe verbindet den Missetäter mit dem Beichtvater, denn nur dieser kann dem ganzen Selbst vergeben. Das bedeutet, daß der Bekennende sich weiter auf das ganze Selbst ausrichtet. Er wird jedes neue Vergehen ebenfalls global zuschreiben und daher eine neue Beichte brauchen. Ein System, das die Vergebung des globalen Selbst fördert, fördert auch das Selbst als Zentrum der Aufmerksamkeit. Bekennen kann süchtig machen, denn es fördert globale Attribuierungen und bietet gleichzeitig eine Gelegenheit zur Verminderung der Scham. Aus diesem Grund kann Bekennen ein sehr wirkungsvoller Mechanismus sein, um Menschen in einer sozialen Ordnung zu halten.

Obwohl Bekennen neue Probleme schaffen kann, betrachte ich es nicht als negative Methode zur Bewältigung von Scham, zumindest nicht in den meisten Fällen. Die Rolle des Beichtvaters ist eine sehr positive, die wir ausgewählten Menschen in einer Gesellschaft übertragen. Die Verminderung solcher Rol-

lenzuweisungen in einer Gesellschaft hat für viele Menschen –
besonders für die, die an narzißtischen Störungen leiden –
schwerwiegende Folgen. Wenn Scham nicht vergeben werden
kann, weil in der Kultur keine soziale Struktur existiert, die ihre
Vergebung erlaubt, wird Scham zu einer besonders gefährli-
chen Empfindung, und die Menschen werden versuchen, sie zu
vermeiden. Deshalb ist die Rolle des Bekennens in einer Gesellschaft wichtig; ihr (mit dem Niedergang der Religion verbunde-
nes) Abnehmen hängt wahrscheinlich mit der Zunahme narzißtischer Störungen zusammen.

Durch Vergessen, Lachen und Bekennen versuchen beschämte
Menschen, ihre Empfindung zu beseitigen. Obwohl Scham wie
alle Emotionen einen vorübergehenden Charakter hat und
wahrscheinlich von selbst verblaßt, unterstützen diese Techniken den Prozeß. In all diesen Fällen wird die Scham zuerst
anerkannt und dann reduziert.

8
Anhaltende Reaktionen auf Scham
Erniedrigung, Depression und Wut

Wenn wir erörtern, was bei einem eingestandenen oder auch nicht eingestandenen Scham-Erlebnis geschieht, können wir die Diskussion nicht auf das Individuum beschränken. Menschen sind von Natur aus soziale Wesen. Erkenntnis, Wahrnehmung, Motivation, Emotionen und Verhaltensweisen haben sich in Anpassung an eine soziale Umwelt entwickelt. Hilflos geboren, brauchen wir andere, die unser Überleben sichern. Als zweigeschlechtliche Wesen brauchen wir andere, um unsere Art fortzupflanzen. Wie Levi-Strauss gesagt hat, ist sogar unsere Sprache ein System, das auf Übereinkunft beruht. Wenn der Sprachgebrauch eines Menschen so außergewöhnlich ist, daß der Betreffende nicht mehr kommunizieren kann, vermuten wir eine Psychopathologie.[1] Obwohl wir unsere Scham ohne die Anwesenheit anderer empfinden (objektivieren) können, erwerben wir unsere Normen, Regeln und Ziele von ihnen; unsere Normen entsprechen im allgemeinen den ihren. Also sind auch die Normen sozial. Auch die Objektivierung selbst muß zumindest teilweise mit den Handlungen anderer verbunden sein.[2] Was wir als Erfolg und was wir als Versagen bewerten, leitet sich zum Teil von den Werten und Zielen unserer Familien, Freunde und Verwandten ab. Unser gesamtes Gefühlsleben, auch das Empfinden von Scham, findet in einem sozialen Zusammenhang statt.

Bei der Erörterung innerseelischer, mit Scham verbundener Ereignisse war immer wieder von zwischenmenschlichem Verhalten die Rede. Es könnte nicht anders sein, denn Kinder und Erwachsene existieren in einem sozialen Kontext, und ihre Attribuierungen finden im Kontext dieser zwischenmenschlichen Situationen statt. Zudem lösen Menschen durch unterschiedliche Techniken in anderen spezifische Emotionen aus – in unserem Fall Scham. Eltern zum Beispiel, die Erniedrigung als Sozialisationstechnik benutzen, erzeugen Scham bei den Kindern entweder direkt – durch bestimmte Verhaltensweisen – oder indirekt – indem sie sie zu bestimmten Attribuierungen veranlassen. In beiden Fällen – direkter Erniedrigung und erlernter Attribuierungen –, erkennen und empfinden Menschen Scham durch den Umgang mit ihrer Umgebung.

Obwohl kein anderer zugegen sein muß, damit wir Scham empfinden, und obwohl Menschen nicht immer in einen sozialen Kontext eingebettet sind, ist klar, daß wir Scham im Zusammenhang mit anderen sehen müssen, wenn wir sie verstehen wollen.[3] Dies gilt insbesondere deshalb, weil behauptet wurde, Scham würde anders als Schuld die Gegenwart eines anderen erfordern. Denken Sie an Darwins Beispiel, einem Bettler Geld zu geben. Verlegenheit tritt nur auf, wenn wir uns vorstellen, daß Gott uns beobachtet. Natürlich erkannte sogar Darwin an, daß die effektive Gegenwart eines anderen nicht notwendig ist: Oft reicht es schon, wenn wir an den anderen denken. Das Problem der Notwendigkeit eines anderen ist leicht gelöst, wenn wir den anderen als Teil der vom Individuum verinnerlichten Normen, Regeln und Ziele sehen, als Teil der Attribuierung von Erfolg oder Versagen. Er ist das Auge in uns. Wie Cooley und Mead gezeigt haben, können wir uns nur so sehen, wie andere uns sehen. Da die Objektivierung in der frühen Kindheit stattfindet, sind die Augen des oder der anderen im allgemeinen die unserer Eltern – es können aber auch die anderer Erwachsener sein, wenn wir sie während dieser Zeit gut kennen. Unsere soziale Natur sorgt oft dafür, daß wir Scham empfinden. Aber sobald sie entstanden ist, kann sie in der Stille eines leeren Raums objektiv empfunden werden. Wie das folgende Beispiel zeigt, kann Scham ohne die Anwesenheit eines anderen auftreten.

Eine Kollegin hielt vor kurzem einen Vortrag.
Jeder, der ihn hörte, hielt ihn für ausgezeichnet: gelehrt, kohärent,
voller Informationen. Die Kollegin selbst jedoch wußte, daß sie eine
wichtige Ausnahme nicht erwähnt hatte. Obwohl sie wußte, daß
niemand etwas von dieser Ausnahme wissen konnte, schämte sie
sich, als sie nach Hause ging. Sie sagte mir: » Es war egal, was die
anderen dachten, ich wußte, daß ich versagt hatte.«

Bei der Erörterung der Scham aus innerseelischer Sicht habe
ich dargestellt, wie Menschen mit ausgelöster Scham umgehen.
Wenn die Scham eingestanden wird, können Versuche unternommen werden, sie zu beseitigen. Dazu gehören Verges-
sen/Leugnen, Lachen und Bekennen. Auch in diesen Fällen
versucht das Selbst, sich von der Scham zu trennen. Der Beschämte bewegt sich von dem beschämten Selbst weg. Leugnen
und Vergessen erfordern einen neuen Schwerpunkt; die Aufmerksamkeit wird von den Scham verursachenden Ereignissen
oder der beschämenden Erfahrung abgezogen. Lachen fungiert
zum Teil als physiologische Sperre für Scham und hat ebenfalls
die Funktion, das Selbst vom beschämten Selbst zu entfernen.
Wenn wir über unsere Scham lachen, werden wir zu Beobachtern des Selbst wir nehmen eine Art Dissoziation vor. Auch beim
Bekennen geben wir das Selbst auf – wir übergeben es einem
anderen Menschen, der uns vergeben kann. In all diesen Fällen
versuchen die Menschen, das unangenehme Schamgefühl loszuwerden. Entscheidend bei allen Formen des Umgangs mit
eingestandener Scham ist, daß der an ihr Leidende sie sich erst
»zu eigen machen« muß, bevor er sie weggibt.
Bei uneingestandener Scham arbeitet der Betreffende daran,
das »Zu-eigen-Machen« der Scham zu vermeiden. Dabei wird
derselbe Prozeß verwendet, der bei eingestandener Scham
grundlegend ist: Der Betreffende versucht, das Selbst von dem
beschämten Selbst zu trennen. Die hierzu verwendeten Metho-

den haben mit dem Ersetzen von Emotionen in seinen verschiedenen Formen zu tun. Ich vermeide hier, von Umwandlung zu sprechen, weil dieser Begriff zwar deskriptiv ist, zum Verständnis des Prozesses selbst aber nicht beiträgt. Die beiden Ersatz-Emotionen, über die wir die meisten Informationen haben, sind Depression und Wut. Vielleicht ist Ihnen aufgefallen, daß ich im vorhergehenden Kapitel die Begriffe Trauer und Zorn, nicht Depression und Wut benutzt habe. Diese Verwendung hatte einen wichtigen Grund: Trauer und Zorn sind die normalen Formen von Emotionen, deren psychopathologische Formen Depression und Wut sind.

Wie bereits erwähnt, hat die Untersuchung von Emotionen im allgemeinen und von Scham im besonderen oft in einem klinischen Kontext stattgefunden. Unsere Einsichten in den Scham-Prozeß entstammen der Arbeit mit Psychopathologien. Obwohl man vom Pathologischen auf normale, entwicklungsgemäße und individuelle Unterschiede schließen kann, ist dies riskant. Außer daß normale Vorgänge sich signifikant von pathologischen unterscheiden können, ist vor allem die Betrachtungsweise des Themas problematisch. Genauer: Scham ist kein pathologischer Zustand.[4] Sie ist eine normale Emotion, wenn wir unter normal verstehen, daß jeder sie fühlen kann und bei manchen Gelegenheiten tatsächlich fühlt. Pathologisch ist vielmehr, keine Scham zu erleben, unfähig zu sein, Scham zu fühlen. Dieser Gedanke zieht sich durch das ganze Buch. Niemand möchte Scham empfinden, und wir alle versuchen, das Schamgefühl zu beseitigen, sobald es auftritt. Innerhalb bestimmter Grenzen ist es ein völlig normaler Prozeß, Scham durch andere Emotionen zu ersetzen. Sich traurig oder zornig zu fühlen, wenn man beschämt wird, ist ein defensiver Prozeß. Zur Anpassung an Umweltbedingungen jedoch ist es wichtig, daß wir zumindest einen Teil der Scham kurzzeitig anerkennen. Ich weise darauf hin, weil Scham unter anderem eine moralische

Funktion hat. Dinge, für die wir uns schämen, sollten wir nicht tun, zumindest nicht aus unserer speziellen Sicht. Die Intensität der Erfahrung soll sicherstellen, daß Gedanken, Handlungen oder Gefühle, die zu der Scham führten, sich nicht wiederholen – sie hat also eine abschreckende Wirkung.

Ich habe mich oft gewundert, warum Handlungen, die mit hoher Wahrscheinlichkeit Scham auslösen, auch dann nicht ausgeführt werden, wenn klar ist, daß kein direkter Schaden entstehen kann. Vielleicht kann ein Beispiel diesen Punkt veranschaulichen.

Eine Freundin von mir mußte früh zum Flughafen, weshalb sie um 5 Uhr morgens auf der Straße war. Die kleine Straße vor ihrem Haus führte zu einer breiteren. Vor der Einmündung befand sich eine Ampel, die gerade rot wurde, als sie ankam. Sie hatte Angst, zu spät zu kommen, und fuhr deshalb ihr Auto ein wenig nach vorn, um zu sehen, ob die Straße leer war. Sie war absolut verlassen. Sie wußte, daß die Ampel lange auf Rot bleiben würde, was schlecht für sie war, und sie wußte auch, daß kein Verkehr herrschte; deshalb dachte sie daran, die rote Ampel zu mißachten. Sie tat es und wurde weder von einem versteckten Polizeiauto angehalten noch von einem übersehenen Lastwagen zerquetscht. Trotzdem fühlte sie sich eine Zeitlang schrecklich. Ich fragte sie, wie sie sich fühle, und sie sagte, sie sei mit sich selbst nicht im reinen. Ich kenne ihre endgültige Attribuierung nicht, und deshalb weiß ich nicht, ob sie Scham oder Schuld empfand. Aber meine Frage, ob Scham und Schuld bei der Anpassung an Umweltbedingungen eine Rolle spielen, war beantwortet. Wir müssen unsere Scham anerkennen, damit wir wissen, was wir fühlen, denken oder tun sollten und was nicht.

Aufgrund dieses Beispiels scheint die Annahme plausibel, daß die beständige Weigerung bzw. Unfähigkeit, Scham anzuerkennen und sie also nie (oder fast nie) zu empfinden, wahrscheinlich fehlangepaßt ist. Wenn dies der Fall ist, muß die beständige Verwendung eines Ersatzes oder eines anderen Prozesses, der uns nicht erlaubt, die Scham zumindest kurzzeitig anzuerkennen, als pathologisch gelten. Manche Menschen fühlen keine Scham, aber sie fühlen Schuld. Wenn es stimmt, daß Menschen oft emotionale Begriffe, nicht aber Emotionen ersetzen, wäre Schuld ohne Scham ein weiteres Beispiel für eine Pathologie. Stellen Sie sich vor, jemand sagt, er würde alle Emotionen fühlen außer Trauer. Wenn er die Wahrheit sagt, werden Sie mir zustimmen, daß dies eine eigentümliche und vielleicht sogar pathologische Situation ist. Dasselbe gilt für Scham.

Im Fall eines Ersetzens von Emotionen durch Trauer und Zorn können wir untersuchen, welche Substituierungsmuster sich im Verlauf der Zeit und in Interaktionen ergeben. Einzelne Scham-Vorfälle können zu Trauer oder Zorn als Ersatzemotionen führen. Aber bei wiederholten Vorfällen oder Interaktionen, bei denen Scham durchgängig durch Trauer oder Zorn ersetzt wird, verwandelt Trauer sich in Depression und Zorn in Wut. Weil H.B. Lewis eher pathologische als normale Prozesse untersuchte, beobachtete sie Depression und Wut. Diese pathologischen Zustände sind die Folge anhaltender Scham, entweder weil die Betreffenden zu Scham neigen oder in zwischenmenschlichen Umgebungen gefangen sind, in denen sie beständig beschämt werden. Dieser pathologische Zustand, der als Scham-Depression- oder Scham-Wut-Achse bekannt ist, ist von anderen Forschern erörtert worden.[5] Ich möchte jetzt Scham als Charakterzug behandeln; dieser Charakterzug ist bei manchen Menschen stärker ausgeprägt als bei anderen, und das aus zwei ganz verschiedenen Gründen. Im ersten Fall ist er ein Teil ihrer Persönlichkeit: Ihr Beurteilungsmechanismus im Hinblick auf Erfolg und Versagen ist sehr stark, oder sie litten unter einer erniedrigenden Kindheit, die zu globalen Attribuierungen führte. Der zweite Fall hat mit der Art ihrer sozialen Beziehungen zu tun. In diesem Fall sind Menschen der Beschämung durch andere ausgesetzt. Während der erste Charakterzug in ihnen selbst lokalisiert ist, ist der zweite in ihrem sozialen Kontext lokalisiert.

Diese Analyse zwingt mich zu folgender Behauptung: Wenn Menschen ihre Scham durch emotionalen Ersatz bewältigen, steht dieser im Zentrum ihres Interesses. Ähnlich entgeht einem Therapeuten, der sich auf die Symptome Depression oder Aggression konzentriert, das zugrundeliegende Reizereignis, nämlich die mit der Beschämung verbundene globale, interne Attribuierung des Versagens. Dieser Punkt wurde vor fast 20 Jahren zuerst von H.B. Lewis erwähnt und beginnt erst jetzt von der therapeutischen Gemeinschaft akzeptiert zu werden.[6] Morrison hat vor kurzem dieselbe Ansicht vertreten: »Weil Depression so leicht zu beobachten ist, während Scham oft verborgen bleibt, ist ihre Beziehung nicht hervorgehoben worden, und die Elemente der Scham werden oft nicht erforscht.«[7]

Wenn wir zwischenmenschliche Probleme im Zusammenhang mit Scham verstehen wollen, müssen wir uns zunächst mit der Grundannahme beschäftigen, daß die Scham-Empfindung von einem oder beiden Mitgliedern des Paars – oder der Familie, wenn wir es mit größeren Einheiten als zwei Menschen zu tun haben – nicht eingestanden wird. Weil emotionaler Ersatz die wahrscheinlichste Reaktion auf andauernde Scham-Empfindungen ist, müssen diese beiden Achsen, die Scham-Depression- und die Scham-Wut-Achse, eingehender betrachtet werden.

Die Frage, die erst seit kurzem beachtet wird, lautet: Wie findet dieser Ersatz statt?[8] Im Hinblick auf die Scham-Depression- und die Scham-Wut-Achse stellt sich auch eine weitere Frage: Werden diese Substituierungsvorgänge von denselben Prozessen gesteuert? Dies könnte der Fall sein, wenn zwischen Depression und Wut ein Zusammenhang besteht, und darauf deutet einiges hin.

Freud behauptet in *Trauer und Melancholie*, Depression sei die Folge einer Feindseligkeit, die unter dem Druck der Schuld gegen das Selbst gerichtet wird.[9] Ich glaube, daß der von Scham ausgeübte Druck zu einem ähnlichen Ergebnis führt. Nehmen wir an, Depression sei nach innen gerichtete Aggression, eine Erklärung, die das Ersetzen durch Depression oder Wut miteinander verbinden würde. Wie könnte diese gegen sich selbst gerichtete Feindseligkeit funktionieren? Scham kann zu Zorn führen. Ich habe den Prozeß der Substituierung weiter oben bereits erklärt. Uneingestandene Scham löst manchmal Zorn aus, weil das Selbst verletzt wurde. Uneingestandene Scham läßt sich leicht ersetzen, weil sie ein Vermeidungsverhalten auslöst und die mit ihr zusammenhängende Aktivität hemmt. Da die Hemmung eines laufenden Verhaltens frustrierend ist, wäre die Frustration-Zorn-Verbindung ein leichter Ersatz für Scham. Da uneingestandene Scham durch Zorn ersetzt wird, muß dieser nach innen gerichtet werden, so daß er zu Zorn auf das Selbst wird. Der Vorgang beginnt mit uneingestandener Scham, die zu Zorn führt, und geht weiter mit Zorn, der zu Depression führt. Obwohl ein solcher Prozeß möglich ist, macht seine komplizierte Zusammenstellung von Substituierungen und Umwandlungen ihn unhandlich. Es gibt Alternativen zu der Theorie, Depression sei nach innen gerichtete Feindseligkeit; sie erlauben uns, Depression als direkte Folge uneingestandener Scham zu betrachten.

Scham, Depression und zwischen-
menschliche Beziehungen

Wie ich bereits erwähnt habe, kann uneingestandene Scham in Trauer verwandelt werden. Da Trauer eine
Emotion ist, die normalerweise bei bestimmten Gelegenheiten
hervorgerufen wird, während Depression ein andauerndes Persönlichkeitsmerkmal ist, muß die Verbindung zwischen Scham
und Depression überprüft werden. Wir müssen uns mit der
Möglichkeit beschäftigen, daß die Verbindung zwischen Scham
und Depression auf wiederholten Scham-Vorfällen beruht. Welche klinische Verbindung besteht zwischen diesen beiden emotionalen Zuständen?

Die Informationen, die wir über die Verbindung zwischen
Scham und Depression haben, entstammen klinischen Beobachtungen und der Depressionsforschung.[10] Freuds Vorstellungen über Depression spiegeln eine objektlibidinöse Ausrichtung, wenn er behauptet, Depression sei nach innen gerichtete
Aggression.[11] Da meine Betrachtungsweise des Gefühlslebens
sich um das System des Selbst dreht, sprechen Bibrings und
Bowlbys Analysen mich mehr an.[12] Bibring sah Depression als
Folge eines verminderten Selbstwertgefühls aufgrund des Versagens, die eigenen narzißtischen Ambitionen zu erreichen.
Bibrings Ansicht entspricht der häufigeren Vorstellung, Depression entstehe durch Probleme, die mit dem Selbstwertgefühl zu
tun haben, und insbesondere der aktuellen Arbeit über Attribuierungen, die mit den Namen Aaron Beck, Martin Seligman und
Bernard Weiner assoziiert wird. All diese Theoretiker behaupten, Depression sei die Folge einer Versagens-Attribuierung, die
(1) intern ist, das heißt, mit der Verantwortung des Selbst zu tun
hat; (2) global ist, das heißt, das ganze Selbst betrifft; und (3)
stabil ist, das heißt, über die Zeit hinweg konstant ist. Die
Attribuierungs- und die Selbst-Psychologen analysieren Depres-

sion also ähnlich. Interessanterweise gleicht die Literatur, die Depression durch Attribuierungen erklärt, sehr stark meiner Analyse der Scham. Bestimmte Situationen haben Scham und/oder Depression zur Folge. Depression wäre dann nicht eine Umwandlung der Scham, sondern eine sie begleitende Emotion. Aus meiner Sicht konzentriert der Betreffende sich eher auf Depression als auf Scham.

Aus der Sicht der Selbst- oder Attribuierungs-Psychologie haben Scham und Trauer die gleiche Ursache und äußern sich durch ein ähnliches Verhalten. Unsere Untersuchungen über Scham haben ergeben, daß Menschen, die in einer bestimmten Situation Scham empfinden, die Verhaltensmerkmale eines traurigen Menschen zeigen. Sie wenden den Blick ab, ziehen die Schultern hoch, lassen den Körper zusammensinken, werden gehemmt und zeigen Denkschwierigkeiten. Dem Ausdruck nach scheinen diese Menschen traurig zu sein.

Ich habe die Ansicht vertreten, daß die emotionale Substituierung bzw. die Konzentration auf das objektive Selbst Trauer oder Scham möglich macht. Dasselbe gilt für die Verbindung zwischen Scham und Depression. Es zeigt sich, daß Menschen, die wiederholt Scham-Erlebnisse haben, eher Depression als Trauer empfinden. Warum nun konzentrieren Menschen, die wiederholt beschämt wurden (weil sie zu Scham neigen oder in einer Scham-Umgebung leben), sich eher auf die Depression als auf die Scham? Die Frage lautet: Gibt es bei wiederholter Scham keine andere Wahl, als depressiv zu sein? Ich habe behauptet, daß Ersatzgefühle möglich sind, etwa Wut. Die vorhergehende Frage führt zu einer anderen: Gibt es Patienten, die fortwährend beschämt werden und diese Scham eingestehen? In meiner Praxis habe ich einen solchen Fall nicht gehabt, außer bei Borderline- oder Psychose-Patienten. Auch in der Literatur habe ich keine Hinweise auf solche Fälle gefunden. In diesen Fällen wird die Scham so unerträglich, daß das Selbst zerfällt, anstatt einen abwehrenden emotionalen Ersatz zu verwenden. Wenn ich in Kapitel 9 die multiplen Persönlichkeitsstörungen erörtere, werde ich auf das Thema der multiplen Persönlichkeiten zurückkommen. Hier möchte ich nur erwähnen, daß ein wiederholt beschämtes oder zu Scham neigendes Selbst, das nicht in der Lage ist, die Scham durch andere Emotionen zu ersetzen, wahrscheinlich zerfällt und zerbricht. Der Verlust des Selbst, der sich bei Affektstörungen wie Schizophrenie oder einer Borderline-Psychose zeigt, ist die wahrscheinliche Folge. Wenn diese Deutung korrekt ist, wofür bestimmte klinische Arbeiten sprechen, können wir eine depressive Symptomatik als einen – vielleicht sogar recht erfolgreichen – Versuch erklären, die Integrität des Selbst vor einem Angriff zu bewahren.[13]

Ich habe mich noch nicht mit der Frage beschäftigt, warum wiederholte Scham bzw. Scham-Anfälligkeit sich eher durch eine depressive Symptomatik als durch aggressives Verhalten äußert. Dazu möchte ich mich der Sozialisation zuwenden. Eine depressive Symptomatik erscheint zumindest bei Erwachsenen eher bei Frauen als bei Männern. Diese Verbindung läßt uns den verantwortlichen Sozialisationsmechanismus besser verstehen.

Wenn jemand wiederholt Scham empfindet, kann er mit diesem Problem verschieden umgehen. Einige Bewältigungsmechanismen habe ich bereits genannt, etwa Vergessen, Leugnen, Lachen, Bekennen und so weiter; diese Mechanismen stehen jedoch nur für einzelne Scham-Vorfälle zur Verfügung, nicht für wiederholte Erlebnisse. Wiederholte Scham-Erlebnisse sind zu überwältigend, als daß diese Mechanismen greifen könnten. Wenn der Betreffende versucht, den Zerfall des Selbst-Systems zu vermeiden, werden sich wahrscheinlich die Symptome einer Ersetzung durch andere Emotionen zeigen.[14]

Da Frauen in unserer Kultur anders als Männer nicht aggressiv handeln dürfen und aktiv sozialisiert werden, nicht aggressiv zu sein, wird ihr Ersatz wahrscheinlich die depressive Symptomatik sein, wenn sie den Zerfall des Selbst abwehren wollen.

Auch andere Faktoren sind möglicherweise relevant. Anlagebedingte Faktoren, die ihrem Ursprung nach genetisch sind, können einen Menschen dazu bewegen, diese oder jene emotionale Substituierung vorzunehmen. Die Veranlagung der Menschen für Depression ist unterschiedlich. Manche Menschen benutzen in einer schamauslösenden Situation eher als andere Depression und nicht Wut als emotionalen Ersatz.

Ich vermute, daß Depression und nicht die von der Gesellschaft stark mißbilligte Aggression als emotionaler Ersatz für Scham benutzt wird, wenn das Selbst-System vom Zusammenbruch bedroht ist. Wenn dies zutrifft, hat es wichtige klinische Implikationen. Wir müssen dann Menschen mit einer depressiven Symptomatik, der möglicherweise Scham zugrunde liegt, mit Vorsicht behandeln, denn die Beseitigung der depressiven Symptomatik wird die Scham aufdecken, die ohne Abwehrmechanismen schwerwiegendere Störungen wie etwa Schizophrenie hervorrufen kann.[15]

Vor kurzem hatte ich mit zwei Situationen zu tun, die diese Dynamik beleuchten.

Der erste Fall hatte mit dem Freund einer meiner Studentinnen zu tun. Sie erschien gut gekleidet in meinem Büro. Sie erzählte mir, ihr Problem sei, daß sie depressiv sei, aber sie wußte nicht, warum. Ihre Familie unterstützte sie, im Studium war sie gut, sie hatte mehrere gute Beziehungen zu Freunden und Freundinnen und ging zur Zeit mit einem Studenten höheren Semesters, den sie seit über einem Jahr kannte. Ihr Sexualleben war gut, aber sie war nicht sicher, ob die Beziehung halten würde, wenn er seinen Abschluß gemacht hatte.

Je mehr sie über ihren Freund sprach, desto klarer wurde, daß er die Ursache ihrer Depression war. Ihren Äußerungen zufolge war

ihr Freund sehr intelligent, aber auch sehr arrogant. Er verachtete
ihr inkonsequentes Denken und »macht mich [intellektuell] stän-
dig herunter«. Sie erzählte, daß sein Verhalten sie zornig mache,
aber weil er so intelligent war, glaubte sie auch, daß er recht haben
müsse. Außerdem hielt sie Streiten für schrecklich. Sie fragte mich,
ob ihre Dummheit und ihre Sensibilität die Ursache des Problems
seien. Ich schlug eine Therapie vor, aber sie lehnte ab, weil ihr
Freund die Idee als albern bezeichnete und für Energieverschwen-
dung hielt.

Ich behandelte sie nicht, aber ich denke, daß die Schwierigkeiten dieser jungen Frau von der Art waren, die wir betrachtet
haben. Sie war in einer Beziehung, in der ihr Partner sie fortwährend beschämte. Er verachtete sie und »machte sie ständig
herunter«. Da sie die Beziehung schätzte und sie nicht verlassen
wollte, saß sie in einer Scham-Umgebung fest. Infolgedessen litt
sie unter Depression und wertete sich selbst ab. Interessant ist,
daß sie die Überzeugung ihres Freundes, daß ihre Probleme
ihre eigene Schuld seien, akzeptiert zu haben scheint. Obwohl
sie zornig darüber ist, daß sie beschämt wird, hat sie das Gefühl,
daß sie die Beziehung stört, was sie noch mehr beschämt.

Der zweite Fall hat mit einer mißhandelten
Frau zu tun, die wegen einer Depression ans Gesundheitszentrum
überwiesen wurde. Eine Kollegin berichtete, die Patientin sei von
ihrem Mann geschlagen worden und nun depressiv. Aufgrund der
Berichte der Therapeutin schien mir, daß die Frau vielleicht
beschämt war, weil sie geschlagen und mißhandelt worden war.
Die Scham verursachte die Depression ihrer Patientin, nicht die
Schläge. Als die Therapeutin diese Möglichkeit mit der Patientin
untersuchte, berichtete die Therapeutin, die Frau glaube, sie sei
die Ursache für die Schläge. Diese Attribuierung trug zu ihrer
Scham bei. Die Therapeutin berichtete auch, daß die Frau durch

das Schlagen selbst gedemütigt wurde. Es erniedrigte sie, der Öffentlichkeit zu zeigen, daß sie geschlagen worden war, und sie versteckte sich in ihrem Haus; sie schämte sich, nach außen zu gehen, wo andere die Zeichen der körperlichen Mißhandlung sehen konnten. Die Scham aber ihre Mißhandlung trug zu ihrer Isolation bei.

Dieser Bericht scheint anderen klinischen Ergebnissen über körperliche Mißhandlungen zu entsprechen. Der oder die Mißhandelte schämt sich aus verschiedenen Gründen: Zu ihnen gehören (1) die Überzeugung, die Mißhandlung verursacht zu haben, (2) das Gefühl, nichts wert zu sein, (3) die Erniedrigung, die mit der Offenbarung der Mißhandlung einhergeht.

Diese Untersuchungen stimmen mit den Arbeiten anderer Forscher überein, die auf die Beziehung zwischen Depression und Scham hingewiesen haben.[16] Klar ist, daß ein geringes Selbstwertgefühl bzw. Scham wahrscheinlich mit Depression einhergehen. Weil zwischenmenschliche Beziehungen für Frauen besonders wichtig sind, wichtiger jedenfalls als für Männer, sind Beziehungen wahrscheinlich ein wichtiger Ausgangspunkt für Scham- und Depressionsgefühle. Auch wenn Frauen seelisch oder körperlich mißhandelt werden, machen sie sich selbst für das Scheitern der Beziehung und die eigene Mißhandlung verantwortlich. Diese Gedankenkonstruktion ist eine Falle, der das Opfer nicht entkommen kann. Die vorliegende Analyse macht deutlich, warum Opfer einer Mißhandlung sehr oft eine Depression zeigen.

Die Achse zwischen Scham, Depression und Wut wird klar, wenn wir das Scham-Wut-Problem untersuchen. Zuvor jedoch möchte ich mich mit einem speziellen Scham-Depressions-Problem beschäftigen: dem Verlust eines Elternteils durch Tod. In den vergangenen zwei Jahrzehnten habe ich Informationen über drei Heranwachsende zusammengetragen, die sehr früh, bevor sie zehn Jahre alt waren, ihre Mutter verloren. Besonders interessant war die Tatsache, daß nur einer von ihnen depressiv zu sein schien. Aufgrund der Verbindung zwischen dem frühen Verlust eines Elternteils und Depression wollte ich wissen, warum sie nicht alle drei depressiv waren oder zumindest zu Depressionen neigten. Die Untersuchungen von G. Brown und Kollegen hatten eine starke Verbindung zwischen dem frühen Verlust der Mutter und Depression gezeigt.[17] Wie die von mir dokumentierten Fälle belegen, gibt es jedoch trotzdem Kinder, die nach dem Verlust eines Elternteils keine Depression zeigen. Brown et al. postulierten, daß die Ursache der Depression Scham ist; diese wird durch den Tod selbst und manchmal auch durch die mangelnde Fürsorge verursacht, die dem Kind nach dem Verlust des Elternteils zuteil wird. Dies entpricht meinen drei Fällen.

Alle drei Heranwachsenden äußerten den Schmerz, anders zu sein. Einer von ihnen sagte mir: »Wissen Sie, ich habe mich immer geschämt, keine Mutter zu haben. Alle Kinder hatten Mütter, ich war so anders.«
Obwohl alle drei Kinder ihre Mutter früh verloren hatten, schien nur eins depressiv. Das zweite, nicht depressive Kind schien sich zu schämen, so daß die Verbindung zwischen Scham und Depression nicht automatisch war. Dieser Heranwachsende äußerte einen gewissen Zorn; tatsächlich kam er wegen seiner Streitereien in die Therapie. Wir arbeiteten an dem Zorn, aber ich hatte nicht das Gefühl, als würden wir große Fortschritte machen. Heute meine ich, daß seine Scham sich als Wut und nicht als Depression manifestierte. Weil wir uns auf die Wut und nicht auf die ihr zugrundeliegende Ursache konzentrierten, kamen wir kaum weiter.
Das dritte Kind, ein Junge, war am interessantesten. Er kam wegen schulischer Probleme in meine Praxis. Obwohl auch er seine

Mutter früh verloren hatte und meinte, von den anderen Kindern verschieden zu sein, zeigte er weder depressive noch aggressive Symptome. Er beschrieb mir ein jetzt verständliches Ereignis, das bald nach dem Tod seiner Mutter geschah. Er erinnerte sich daran, daß er in seinem Zimmer war und über die Ursachen ihres Todes nachdachte. Er dachte, ihr Tod könne nur folgende Ursachen haben: Sie war böse, er war böse, Gott war böse. Er konnte sich nicht vorstellen, daß seine Mutter irgend etwas getan haben könnte, das so böse war, daß sie deshalb sterben mußte, und er konnte sich auch nicht vorstellen, daß er etwas getan hatte, was so böse war. Also mußte Gott derjenige sein, der böse war. Zu diesem Zeitpunkt hörte er auf, an Gott zu glauben.

Ich denke, daß dieser Fall ein gutes Beispiel für die unterschiedlichen Attribuierungsstile ist. Der Junge zog die Schlußfolgerung, er sei nicht böse und könne deshalb den Tod seiner Mutter nicht verursacht haben. Er nahm eine externe Attribuierung vor, das heißt, er gab sich nicht selbst die Verantwortung, und deshalb konnte es auch keinen zu Scham führenden Bewertungsprozeß geben.

Diese drei Fälle mit ihren drei unterschiedlichen Ergebnissen, die alle auf den Verlust eines Elternteils zurückgehen, verweisen auf einen wichtigen Aspekt der Verbindung zwischen dem Tod eines Elternteils, Depression und Scham. Ich meine, daß Menschen im allgemeinen und vor allem Kleinkinder eher interne Attribuierungen vornehmen und sich selbst die Schuld geben, wenn ein Elternteil stirbt (vielleicht auch dann, wenn ein Elternteil krank ist oder aus anderen Gründen ausfällt). Kinder nehmen außerdem eher globale Attribuierungen vor, und deshalb empfinden sie Scham. Wenn ein Kind keine interne Attribuierung vornimmt, wenn es die Schlußfolgerung zieht: »Es ist nicht meine Schuld, sondern die Schuld Gottes« oder sich auf irgendeine andere äußere Ursache konzentriert, kommt es nicht zu Scham. Dies bedeutet nicht, daß das Kind über den Verlust keine Trauer empfindet, aber eine Depression ist nicht wahrscheinlich. Wenn Kinder interne Attribuierungen vornehmen, können Scham, Depression oder Wut die Folge sein.

Diese Untersuchungen haben mit der Theorie der Objektbeziehungen zu tun. Der Rückzug der Mutter oder ihr Versagen, für das Kind angemessen zu sorgen, führt bei diesem aufgrund des Verlusts des Liebesobjekts potentiell zu einer Depression.[18] In ihrer allgemeinsten Form könnte die These wie folgt lauten: Da Kinder die Fürsorge und Liebe eines Erwachsenen brauchen und biologisch dazu veranlagt sind, Bindungen einzugehen, werden Kinder, die Bindungen mit Objekten eingehen, die verloren werden, wahrscheinlich depressiv. Der Verlust des Liebesobjekts kann wegen der durch Tod, Krankheit oder Trennung verursachten Nicht-Verfügbarkeit des Liebesobjekts zustande kommen, oder weil das Liebesobjekt nicht in der Lage ist, die Zuneigung zu geben, die das Kind braucht. In all diesen Fällen ist das Endergebnis die Wahrscheinlichkeit einer Depression. Die Theoretiker der Objektbeziehungen assoziieren den Verlust des Liebesobjekts direkter mit Depression. Dies könnte der Fall sein, außer daß wir nicht immer eine Depression erkennen. Anstatt sich vorzustellen, daß der Verlust des Liebesobjekts aus irgendeinem Grund direkt zu Depression führt, meine ich, daß der Verlust des Liebesobjekts zum Verlust des Selbstwertgefühls bzw. zu Scham führt, die wiederum zu Depression führen *kann*. Durch diese Modifikation wird die Scham des Patienten zu einer intermediären Variablen zwischen dem Verlust der Liebe und Depression. Wenn Scham nicht auftritt oder zu Wut führt, werden wir als Ergebnis des Verlusts keine Depression erkennen. Da es selten ist, daß ein Verlust nicht mittels Selbstvorwürfen zu Scham führt, werden wir entweder Depression oder Wut sehen. Die direkte Verknüpfung ist verständlich, obwohl ich den Prozeß für komplizierter halte.

Die Verbindung zwischen Scham und Depression ist komplex. Einerseits weist einiges darauf hin, daß sie aus struktureller Sicht ziemlich ähnlich sind. Deshalb könnten wir vermuten, daß Scham automatisch Depression hervorruft. Andererseits haben wir gesehen, daß uneingestandene Scham durch andere Emotionen ersetzt wird und die Art des Ersatzes von Sozialisationsregeln abhängt. Beide Prozesse sind möglich. Es kann auch sein, daß zur Erklärung des Phänomens beide nötig sind. Uneingestandene Scham ruft immer eine Depression hervor (Behauptung 1); die Art der Ersatzemotion wird durch die Sozialisationsregeln bestimmt (Behauptung 2). Frauen wird die depressive Reaktion erlaubt, während Männer ermutigt werden, die Depression durch Wut zu ersetzen. Wir werden dieses schwierige Problem besser lösen können, wenn wir die Scham-Wut-Achse untersuchen.

Zorn, Wut und Scham

Wir müssen zwischen Scham und Zorn einerseits und Scham und Wut andererseits unterscheiden. Ich sehe Scham-Zorn als Folge eines einzelnen Scham-Ereignisses.

Ich beobachtete, wie ein Vierjähriger im Warteraum zu meinem Labor von seiner Mutter kritisiert wurde. Sie betraten den Raum, und sie sagte dem Kind, es solle mit den Spielzeugen spielen, die schon herumlagen. Das Kind begann, mit diesen Spielzeugen zu spielen, aber bald sah es andere Spielzeuge im Regal und ging auf sie zu. Die Mutter sagte: »Jonathan, ich habe dir gesagt, daß du das nicht tun sollst. Warum bist du immer so böse?« Sie sagte dies mit einem Ekel-Gesicht und in verächtlichem Ton. Jonathan bewegte sich nicht, aber er stoppte einen Augenblick jegliche Aktion und begann dann, zwei der verbotenen

Spielzeuge geräuschvoll gegeneinander zu stoßen. Meine Beobach-
tung Jonathans zeigte, daß er sich schämte und mit Zorn reagierte.
Für mich ist dieses spezielle Ereignis nicht nur ein Beispiel für eine
Frustration, die zu Zorn führt. Die verbale Äußerung der Mutter:
»Warum bist du immer so böse?« war eine globale Bewertung
seines Versagens, genauso wie ihr Ekel-Gesicht. Jonathans Verhal-
ten, das anfängliche, für das »Zusammenzucken« charakteristische
Erstarren, zeigt die ursprüngliche Scham-Reaktion. Aber dann
benutzte er Zorn als Ersatz für seine Scham.

Zorn war hier die Folge eines einzelnen Ereignisses. Wut dagegen ist die Reaktion auf fortgesetzte Beschämung.[19]
Wie ich bereits bei der Untersuchung der Scham-Trauer-/De-
pressions-Achse gezeigt habe, sind auch Zorn und Wut Ersatz-
emotionen für Scham. Eine Ursache dafür hat mit dem Schmerz
zu tun, der mit Scham verbunden ist, und mit dem Zorn über
diesen Schmerz. Wir alle kennen Menschen, die sich über sich
selbst ärgern, weil sie etwas Dummes getan haben.

> *Ich habe eine Studentin, die in mein Büro kam*
> *und mir erzählte, sie sei furchtbar verlegen, weil sie vergessen hatte,*
> *ihre Aufgabe zu machen. Sie sagte dann: »Als mir einfiel, daß ich*
> *sie nicht gemacht hatte, war ich wirklich stocksauer.« Dieses*
> *Verhalten gehört zu der allgemeinen Kategorie von Ereignissen,*
> *die sich durch die Aussage beschreiben läßt: »Ich könnte mich selbst*
> *dafür ohrfeigen, daß ich so dumm war.«*

Dieses einfache Beispiel illustriert, daß Scham dadurch beseitigt werden kann, daß man sich über sich selbst ärgert. Menschen können erst ihre Scham anerkennen (sie muß eingestanden werden) und sich dann über sich selbst ärgern, daß sie sich
ein Scham-Erlebnis eingebrockt haben, genauso wie sie sich bei
anderen schmerzhaften, selbst verursachten Empfindungen

über sich selbst ärgern können. Im allgemeinen jedoch ist Zorn eine Ersatzemotion für uneingestandene Scham. Das Ersetzen der Scham durch Zorn hilft dem Selbst, die Scham zu vermeiden; der Zorn kann auch eine Anpassungsleistung sein, vor allem, wenn die entsprechende Kultur Zorn gestattet. In der amerikanischen Kultur ist das Ersetzen von Scham durch Zorn für Männer passender als für Frauen.

Zorn und Wut können auch gegen einen anderen gerichtet sein. Wieder beginnen wir mit uneingestandener Scham. Diesmal wird der ersetzende Zorn nach außen gebracht, entweder gegen den Menschen, der die Scham verursacht hat, oder gegen einen anderen Menschen, wenn die Äußerung von Zorn und Wut gegen das ursprüngliche Ziel gefährlich ist.

Vor kurzem unterhielt ich mich mit einem Paar. Die Frau berichtete von einer Erfahrung, die sie gerade gehabt hatten, als sie zu meiner Praxis fuhren. Der Mann hielt bei einer Ampel nicht mehr an, als das Licht von Gelb auf Rot sprang. Dieser Fehler wurde durch die Tatsache verschlimmert, daß ein Polizist sah, wie er bei Rot durchfuhr. Er wurde von dem Beamten angehalten, der ihm eine Strafpredigt über rechtzeitiges Anhalten hielt. Den Worten seiner Frau zufolge war er durch die Haltung des Polizisten und durch die Tatsache, daß er einen Strafzettel bekam, erniedrigt. Die Frau erzählte, daß ihr Mann, nachdem der Polizist weg war, sich mit rotem Gesicht an sie wandte und zornig sagte: »Warum hast du mich nicht gewarnt, daß ein Polizist da war?« Der Mann war von dem Polizisten beschämt und erniedrigt worden. Er gestand sich die Scham nicht ein; statt dessen äußerte er Zorn. Da es gefährlich war, den Zorn dem Polizisten gegenüber zu äußern, richtete er dieses Gefühl gegen seine Frau.

Das Beispiel zeigt, daß gegen einen anderen und nicht gegen sich selbst gerichteter Zorn/Wut einen Versuch darstellt, die

Scham abzuwehren und sie irgendwie ungeschehen zu machen, indem die Verantwortung uminterpretiert und von einer internen auf eine externe Ursache verlagert wird. Ein solches Verhalten zeigt oft eine scham-anfällige Persönlichkeit und entspricht narzißtischen Störungen.

Wenn der Mann seiner Frau Vorwürfe gemacht hätte, bevor er bewertet wurde, wäre er nicht beschämt worden. Aber als die Situation sich entwickelte, wurde er beschämt, was er nachträglich auch zugab, denn er sprach davon, daß der Polizist ihn gedemütigt habe. In unserer Therapiesitzung sah er ein, daß sein Zorn auf seine Frau ein Versuch war, die Schamgefühle, die er hatte, abzuwehren. Er räumte ein, es sei besser, seine Scham zuzugeben, anstatt zornig zu werden.

Ich kann mir andere Beispiele vorstellen, bei denen wahrscheinlich eine Scham-/Wut-Situation vorliegt. Auch hier könnte man vorbringen, daß die Wut kein Ersatz für die uneingestandene Scham ist, sondern eher gegen den identifizierten Ausgangspunkt der Scham gerichteter Zorn/Wut. Ich habe die Erfahrung gemacht, daß die Betreffenden sich die Scham nicht wirklich eingestehen, das heißt, man kann wissen, daß der andere einen beschämt, ohne die Scham anzuerkennen. Sehen wir uns ein anderes Paar an.

Der Mann, Jerry, hat seine Frau Lynn seit mehr als zehn Jahren fortwährend beschämt. Er macht ihr nicht nur für Dinge Vorwürfe, für die sie ganz klar nicht verantwortlich ist, sondern findet aufgrund seiner eigenen Bedürfnisse auch viele Gelegenheiten, sie lächerlich zu machen, sie zu beschämen und sie zu erniedrigen. Das Symptom, das sich bei Lynn zeigt, ist extremer Zorn auf Jerry. Während unserer ersten Sitzung ergreift sie mindestens fünfmal die Gelegenheit, um ihren Zorn auf ihn zu äußern. Lynns Haltung, Gesichtsausdruck und ihre verbalen Äußerungen entsprechen kontrollierter Wut. Im Verlauf der gemeinsam ver-

brachten Stunden gesteht sie, daß sie ihr »ganzes Selbstwertgefühl
verloren hat und Jerry daran schuld ist«. Obwohl sie den Verlust
des Selbstwertgefühls zugibt, hat sie ihre Scham nicht akzeptiert.
Ihr Fall spiegelt Scheffs Vorstellung, daß übergangene Scham mit
exzessivem Denken und/oder Sprechen, aber mit wenig Gefühl
verbunden ist.[20]

Menschen, die ständig von anderen beschämt werden, können
Wut entwickeln. Diese Wut kann gegen die geäußert werden,
die die Scham verursacht haben, oder sich aus verschiedenen
Gründen gegen andere richten: Der andere ist zu mächtig, er
stellt eine körperliche Bedrohung dar, er ist jemand, für den der
Beschämte starke positive Emotionen hat und bei dem Wut mit
anderen Gefühlen unvereinbar wäre, und so weiter. Die Wut
kann auch abgebogen werden, weil man den anderen braucht.
Im Alltag und insbesondere in Familien finden sich viele Beispiele verlagerter oder unterdrückter Wut. Das von seinen Eltern
erniedrigte Kleinkind kann seinen Zorn auf sie nicht äußern,
denn dies würde es gefährden; also schreit es den Hund an oder
schlägt ihn. Der von ihrem Chef beschämten Angestellten ist
klar, daß sie ihren Arbeitsplatz verlieren könnte, wenn sie gegen
ihren Chef wütet; deshalb verlagert sie ihre Wut auf ihre un-
schuldige Sekretärin. Erinnern Sie sich an den Fall des puerto-
ricanischen Jungen in Kapitel 1. Er wurde von der Polizei beschämt und dann wütend. Seine Wut konnte sich nicht gegen
die Polizei richten, deshalb verlagerte sie sich darauf, Mülltonnen umzuwerfen. Wut gegen unbelebte Objekte ist sehr häufig,
besonders bei Menschen, die sich machtlos fühlen.
H.B. Lewis hat über die Scham-Wut-Achse geschrieben; in ihrer
Analyse jedoch führte Scham, die zu Wut führte, später zu
Schuld. Sie glaubte, Wut sei ein inakzeptabler Impuls, dessen
Hemmung mit Schuld verbunden sei, eine Vorstellung, die an
die mit Es-Impulsen in Zusammenhang gebrachte Schuld erin-

nert. Scheff meinte, daß die Scham-Wut-Achse mit Schuld nichts zu tun haben muß, wohl aber kann. Festgehalten werden sollte jedoch, daß die Scham-Wut-Verbindung zu einer Spirale führen kann, bei der die Wut zu einem neuen Ausgangspunkt für Scham wird. Die Scham-Wut-Scham-Wut-Spirale ist für das Verständnis zahlreicher zwischenmenschlicher Konflikte wichtig.

Denken Sie daran, daß die Spirale sich *in* einem Menschen und in den Interaktionen zwischen Menschen hochschrauben kann. Im ersten Fall wird ein beschämter Mensch wütend und zerschmettert seinen Lieblingsgegenstand, was ihn beschämt, was zu weiterer Wut führt, was zur Zerstörung eines anderen Gegenstandes führt, und so weiter. Diese Art Spirale schraubt sich im allgemeinen zu zunehmender Gewalt und Zerstörung hoch, die der Betreffende immer schwerer selbst regulieren kann. Die Spirale endet entweder aus Erschöpfung oder weil ein anderer eingreift, der den Wütenden beruhigt. Bei der zwischenmenschlichen Spirale interagieren mindestens zwei Menschen, damit die Scham-Wut-Pendelbewegung aktiv bleibt. Ein Mann ist wütend auf seine Frau, die traurig wird. Der Mann schämt sich, weil er den Kummer seiner Frau verursacht hat, aber er erkennt seine Scham nicht an – statt dessen ersetzt er sie durch Wut auf seine Frau und so weiter. Es könnte auch sein, daß die Scham-Wut des Mannes zur Scham-Wut der Frau führt, was wiederum zu mehr Scham-Wut bei ihm führt. Ich werde in Kürze auf diese Probleme zurückkommen.

Bevor ich zwischenmenschliches Verhalten im Zusammenhang mit Scham erörtere, möchte ich den Unterschied zwischen Zorn und Wut klarmachen. Zorn ist eine primäre Emotion, eine Reaktion, die dazu bestimmt ist, ein Hindernis oder eine Frustration zu überwinden. Die Zorn-Reaktion besteht aus einem bestimmten neuromuskulären Gesichtsausdruck und einer bestimmten Körperaktivität, die den Ursprung der Frustration überwinden sollen. Die Verbindung zwischen Frustration und Zorn ist seit langem bekannt. Zorn ist beim täglichen Versuch von Organismen, einschließlich Menschen, Hindernisse zu überwinden, eine ganz natürliche und normale Erscheinung. Manche haben sie mit dem Willen verknüpft.[21]

Wut dagegen ist intensiver und hat weniger damit zu tun, ein Hindernis zu überwinden. Wut ist außer Kontrolle geratener Zorn und wird mit einer schweren, intensiven Verletzung des Selbst assoziiert. Kohuts Erörterung der narzißtischen Wut ist sehr hilfreich, obwohl der Ausdruck redundant ist: Wut ist immer narzißtisch.[22] Ich halte die folgende Unterscheidung für nützlich: Zorn ist eine Reaktion auf die Vereitelung unseres Tuns, während Wut eine Reaktion auf eine Verletzung des Selbst ist. Diese Unterscheidung weist darauf hin, daß Zorn eine Reaktion ist, die uns ermöglicht, ein Hindernis zu überwinden, und Wut eine Reaktion auf Scham.[23]

Dieser Gedankengang ist vor kurzem von Suzanne Retzinger vorgestellt worden.[24] Bei ihren Untersuchungen der Scham-Wut-Spirale hat sie eine »Scham-Wut-Reaktion« von einer »Wut-Reaktion« unterschieden. Aus meiner Sicht unterscheidet sie zwischen Wut und Zorn, obwohl sie das eine »normale Wut« und das andere »Wut/Scham/Wut« nennt. In jedem Fall ist ihre Analyse zur Unterscheidung zwischen Zorn und Wut hilfreich. Retzinger zufolge unterscheidet normale Wut – die ich Zorn nenne – sich in neun Punkten von Wut. Zorn ist eine einfache Körperreaktion, während Wut ein Prozeß ist, der sich über die Scham-Zorn-Spirale aufbaut. Zorn fühlt sich gerechtfertigt an, während man sich bei Wut machtlos fühlt. Bei Zorn wird die Verletzung anerkannt, bei Wut wird sie geleugnet. Zorn ist bewußt, während Wut, die Scham ersetzt, sich vom Bewußtsein entfernt. Während Zorn leicht aufgelöst werden kann, wird durch Wut, die durch Scham in Gang gesetzt wurde, eine Gefühlsfalle errichtet, in der Scham zu Wut führt, die wiederum zu Scham führt und so weiter. Zorn wird nicht verlagert, Wut schon.

Zorn konzentriert sich auf die tatsächliche Ursache, während Wut eine allgemeine Reaktion ist. Zorn ist ein individuelles, Wut ein soziales Phänomen. Zorn führt kaum zu negativen Konsequenzen, Wut zu vielen. Diese Unterschiede zeigen, daß Zorn eine beschränkte, konzentrierte Reaktion ist, Wut hingegen nicht; Zorn hat außerdem ein spezifisches Objekt, während Wut sich in bezug auf ihr Auftreten und in bezug auf ihr Objekt ausbreitet. Zorn schließlich scheint begrenzt, das heißt, es gibt eine Möglichkeit, ihn aufzulösen; Wut dagegen kann grenzenlos sein.

Ich habe von Scham-Depression gesprochen und werde die Scham-Wut-Achse benutzen, wenn ich über die Charakterzüge spreche. Wenn ich über bestimmte Situationen spreche, werde ich die Begriffe Scham-Trauer oder Scham-Zorn benutzen. Jetzt möchte ich mich mit speziellen Kategorien zwischenmenschlicher Schwierigkeiten beschäftigen, die am besten im Kontext der Scham-Spiralen gesehen werden. Obwohl ich meist Scham-Wut untersuchen werde, ist auch Scham-Depression ein Teil dieser zwischenmenschlichen Interaktionen und wird gegebenenfalls vorgestellt. Im folgenden versuche ich zu zeigen, daß so verschiedene Phänomene wie Kindesmißhandlung, Verbrechen aus Leidenschaft, von Minoritätsangehörigen und Unterprivilegierten begangene Verbrechen sowie eine Reihe von Interaktionen zwischen Erwachsenen und zwischen Eltern und Kindern schamabhängig sind.

Scham in zwischenmenschlichen Beziehungen aufdecken

Kindesmißhandlung

Vor kurzem war ich in einem Kaufhaus, wo ich eine Mutter mit ihrem Kind beobachtete, einem Jungen von ungefähr fünf Jahren. Die Mutter wollte einkaufen, und das Kind kroch unter den Kleiderständern herum. Sie sagte dem Kind, es solle aufhören, aber es spielte weiter. Sie packte den Jungen und stellte ihn auf die Füße, woraufhin er laut zu schreien begann. Sie sah sich um und sah, wie eine andere Frau zu ihr hinschaute. Sie schien sich für das laute Schreien des Jungen zu schämen. Um ihn ruhigzustellen, schlug sie ihn. Das veranlaßte ihn nur dazu, lauter zu schreien, und zog noch mehr Aufmerksamkeit auf sie. Sie schlug ihn noch einmal, damit er aufhörte. Er schrie noch mehr. Sie war dabei, das Kind noch einmal zu schlagen, als ein Verkäufer kam und dem Jungen einen Lutscher gab, damit er ruhig war.

Was war hier geschehen? Wir haben es mit einer Scham-Wut-Spirale zu tun. Das Verhalten des Kindes, das in der Öffentlichkeit schrie, nachdem es daran gehindert wurde, auf dem Boden herumzukriechen, beschämte die Mutter; ihre uneingestandene Scham führte dazu, daß sie wütend wurde und das Kind schlug, was zu mehr Scham führte, die zu mehr Wut führte. Diese Entwicklung bzw. diese Spirale ist wahrscheinlich die Ursache vieler Formen von Gewalt. Obwohl diese Mutter-Kind-Interaktion nicht die Art von Kindesmißhandlung darstellt, von der wir in den Zeitungen lesen, hat sie dieselbe Grundstruktur wie die schwereren Fälle.

Die Untersuchung von Kindesmißhandlungen hat in bezug auf meine Hypothese ein paar interessante Ergebnisse zutage gefördert. Mißhandelte Kinder haben oft irgendeine Schwierigkeit. Bei Geburt untergewichtige, zu früh geborene Kinder etwa werden eher körperlich mißhandelt als andere Kinder, und einiges deutet darauf hin, daß dies bei Kindern mit einem schwierigen Temperament – das heißt Kindern, die nicht leicht zu besänftigen sind – ebenfalls der Fall ist. Was können dieser Unterschied und die Scham-Wut-Spirale uns über Mißhandlung sagen?

Sehen Sie sich das folgende Szenario an. Der Betreuer versucht, ein weinendes Baby zu beruhigen. Aufgrund seiner Charakterstruktur ist das Baby nicht leicht zu beruhigen. Der Bemutterungsversuch des Betreuers scheint nicht zu funktionieren. Der Betreuer schämt sich wegen seines Unvermögens, das Kind zu besänftigen. Die Scham wird zu Wut. Weil das Kind und sein Schreien Ursache der Scham sind, holt der Betreuer aus und schlägt es. Das Kind ist natürlich nicht still. Der mißhandelnde Akt des Betreuers ruft mehr Scham hervor, die zu mehr Wut führt. Die Spirale Scham/Wut/Scham führt zur Kindesmißhandlung. Bei der Untersuchung der Bestrafungsschemata von mißhandelnden und nichtmißhandelnden Eltern hat John Reid festgestellt, daß die Bestrafungsanfälle unterschiedlich lang waren.[25] Die Straf-Kette mißhandelnder Eltern war dreimal so lang wie die nichtmißhandelnder Eltern! Dies weist darauf hin, daß es mißhandelnden Eltern schwerfällt aufzuhören, wenn sie einmal mit dem Bestrafen angefangen haben. Ich glaube, daß ihre Scham-Wut-Spirale außer Kontrolle geraten ist. Aufgrund des Spiral-Effekts wird das, was bei anderen Eltern lediglich eine Bestrafung des Kindes wäre, zu einer Kindesmißhandlung, die zu schweren Verletzungen oder sogar dem Tod des Kindes führen kann.

Elterliche Scham in der Mittelklasse:
Mein Kind liebt mich nicht

Eine Mißhandlungssequenz scheint dann in Gang zu kommen, wenn die Eltern ihre Betreuung als mangelhaft erleben. Der Betreuer versucht, das Kind dazu zu veranlassen, sich auf bestimmte Weise zu verhalten. Wenn das Kind sich nicht auf die gewünschte Weise verhält, registriert der Betreuer ein Versagen, und dieses Versagen führt zu Schamgefühl. Meine Beobachtung von Eltern und Kindern hat mich mit zahllosen Beispielen der folgenden Sequenz konfrontiert: Mutter oder Vater sagen zu dem Kind: »Das darfst du nicht.« »Das« bezieht sich auf etwas, was das Kind tun möchte. Das Kind beginnt zu weinen, protestiert oder ist traurig oder betrübt, weil es an der Ausführung des beabsichtigten Tuns gehindert wurde. Das Verhalten des Kindes, besonders sein Protest und seine Trauer, ist der Reiz, der bei den Eltern Scham auslöst.

Diese Scham kann verschiedene Ursachen haben. Vielleicht haben die Eltern das Gefühl, das Kind im Stich gelassen zu haben. Aufgrund der Verstimmung des Kindes machen die Eltern sich vielleicht Sorgen, daß das Kind ihnen seine Liebe entzieht. Interessanterweise kann der Verlust der Liebe des eigenen Kindes genauso Scham auslösen wie der Verlust der Liebe eines anderen Erwachsenen. Wut ist die Folge, und der Elternteil schlägt das Kind körperlich oder verbal, weil es gegen die Weigerung der Eltern protestiert, es das tun zu lassen, was es möchte. Eigentlich sagen Vater oder Mutter damit dem Kind: »Nicht nur, daß du nicht tun darfst, was du willst, du darfst auch nicht unglücklich darüber sein, daß du es nicht darfst.«

Als ich die Rolle der Scham bei dieser Interaktion noch nicht verstand, war es mir ein Rätsel, warum Eltern die Tatsache nicht anerkennen konnten, daß Kinder ihrer Forderung nachgaben, darüber aber nicht glücklich waren. Es ist doch einleuchtend, daß es zu viel ist, von einem Kind zu erwarten, über ein elterliches Verbot auch noch glücklich zu sein. Warum sollte es Eltern dann aus der Fassung bringen, daß Kinder unglücklich sind, wenn man ihnen sagt, daß sie etwas nicht tun sollen? Der Grund ist natürlich die Scham-Wut-Verbindung. Der Protest, das Unglück und der Kummer eines Kindes können in den Eltern Scham auslösen und zu Wut führen. Bei der Erörterung dieser Sequenz mit Eltern stellten wir fest, daß sie sofort verstanden und zustimmten, daß Scham im Spiel sein könnte, denn es gibt keinen logischen Grund dafür, warum sie ärgerlich sein sollten, wenn ein Kind verstimmt ist, weil es nicht tun kann, was es tun will. Also scheint auch unter normalen Umständen die Scham-Wut-Spirale am Werk zu sein.

Verbrechen aus Leidenschaft

Ein Polizeidetektiv erzählte mir etwas Interessantes über Morde: Gerichtsexperten können der Polizei Hinweise auf die Identität des Mörders geben, indem sie Ausmaß und Art der körperlichen Verletzung untersuchen, die zum Tod geführt hat. Es gibt zwei Arten von Mord. Bei der einen wird das Opfer auf eher einfache und direkte Weise getötet: Erschießen, Erstechen, Erwürgen. Bei der zweiten vervielfachen sich die Wunden und die destruktiven Kräfte: Auf das Opfer wird zehnmal geschossen, wiederholt eingestochen, oder es wird durch eine Kombination von Stichen, Schüssen und Verstümmeln ermordet. Diese brutalen Mörder unterscheiden sich von den Mördern, die eine einzige Wunde anbringen. Obwohl die meisten Morde von jemandem begangen werden, den das Opfer kennt, werden brutale Morde meist von Menschen begangen, die das Opfer gut kennt, im allgemeinen einem Familienmitglied.[26] Ich fragte den Detektiv, warum dies so ist. Er antwortete: »Bei jedem Mord ist ganz klar Zorn und vielleicht auch Wut im Spiel, obwohl manche Morde aus finanziellem Interesse begangen werden, bei denen möglicherweise keine Wut vorliegt [bei einem Mord auf Bestellung zum Beispiel]. Bei

*einfachen Morden ist der Mörder so gekränkt, daß er sein Opfer
tötet. Bei brutalen Morden wird jemand eigentlich zehnmal ermordet. Solche Morde sind in den meisten Fällen Morde aus Wut.
Morde aus Wut werden meist von jemandem begangen, den das
Opfer kennt.«*

Ich habe mir über diese Aussage ziemlich lange den Kopf
zerbrochen. Mir scheint, daß die Scham-Wut-Spirale das Phänomen erklären kann, das der Polizeidetektiv beschrieb. Ein bru-
taler Mord wird in den meisten Fällen von jemandem begangen,
den das Opfer gut kennt, denn er wird wahrscheinlich durch die
Scham-Wut des Mörders verursacht. Wissentlich oder unwis-
sentlich beschämt das Opfer den Mörder, der über die Scham
wütend wird und gegen das Opfer mehrfache Gewalt verübt.

*Ich wurde gebeten, als Sachverständiger in ei-
nem Fall auszusagen, bei dem der Mann des Mordes an seiner
Frau angeklagt war. Obwohl ich nicht die Gelegenheit hatte, den
Mörder zu untersuchen, wurde ich gebeten, das zwei Jahre alte
Kind zu untersuchen. Mir wurde vom Rechtsanwalt des Mannes
gesagt, er habe den Mord begangen, weil er eines Morgens in aller
Frühe die Treppe herunterkam und sah, wie seine Frau an der
rückwärtigen Haustür ihren Liebhaber küßte. Der Mann beschrieb
seine Erfahrung als erniedrigend und berichtete dann, er sei blind
vor Wut gewesen. Er nahm eine Eisenstange und schlug mehrmals
auf seine Frau ein, wobei er ihr den Schädel zertrümmerte und sie
sofort tötete. Das psychiatrische Gutachten wies auf die Persönlichkeit eines Mannes hin, der sich allgemein leicht beleidigt fühlte und
oft zu körperlicher Gewalt griff, wenn er meinte, er sei gekränkt
worden.*

Die Vorstellung, beleidigt worden zu sein, zeigt das Gefühl des Betreffenden, durch das Tun eines anderen erniedrigt oder beschämt worden zu sein. In diesem speziellen Fall war die Untreue der Frau so erniedrigend für ihn, daß er beschämt war und wütend wurde, was zu ihrer brutalen Ermordung führte. Scham und Erniedrigung können zu Wut führen. Diese Feststellungen werden durch Untersuchungen von Katz erhärtet, die zeigen, daß gewalttätigen familiären Auseinandersetzungen Erniedrigung zugrunde liegt, die oft zu Mord führt.[27] Bei der Untersuchung ehelicher Beziehungen hat Lansky zudem festgestellt, daß in Beziehungen, in denen ein Partner mißhandelt wurde, sehr häufig Scham der Auslöser war.[28]

Verbrechen, Verbrecher und Rassismus

Wut kann die Form von Gewalt gegen Menschen und Sachen annehmen. Wenn man in den Vereinigten Staaten durch große Städte geht, erstaunt die Menge an Gewalt gegen Sachen: aus öffentlichen Telefonzellen herausgerissene Telefone, demolierte Gebäude, mit Graffiti beschmierte Denkmäler und Statuen. All dies zeugt von einem destruktiven Element in einem Teil der Einwohnerschaft, das sich gegen die Superstruktur der Gesellschaft richtet, in der sie lebt. Obwohl derartige Aktionen gegen strukturelle Einrichtungen von Städten sich auch in anderen Ländern finden, scheinen sie in den USA sehr viel verbreiteter zu sein als in Europa oder Asien. Was könnte diese Gewalt gegen Sachen erklären? Könnte es nicht der Fall sein, daß der Arme, der Ausländer, der Entrechtete ständig beschämt wird? Ich glaube, daß wir die Scham-Wut-Spirale auf viele antisoziale Handlungen anwenden können, die wir um uns herum sehen.[29]

Im Feuilleton-Teil der *New York Times* vom 20. August 1989 fand ich einen von Anthony Walton verfaßten Artikel mit dem Titel *Willie Horton und ich*. Mr. Walton ist Schriftsteller und Filmemacher, ein erfolgreicher schwarzer Akademiker der Mittelklasse. Er berichtete, daß ein Aushilfsportier ihm einmal den Zugang zu seiner Wohnung in einem Appartmenthaus in Greenwich Village verweigerte, weil er schwarz war: Er vermutete, Schwarze könnten nicht in einem solchen Gebäude wohnen. Walton erzählte dann von einem anderen Diskriminierungsfall: »Die Hauseigentümerin eines Freundes in Brooklyn fragte, ob ich in ihrer Wohnung lebe. Wir arbeiteten an einem Drehbuch, standen unter Termindruck, und ich war mehrere Tage hintereinander da. Die Hauseigentümerin sagte, ihr sei es egal, aber die Nachbarn …« Die Nachbarn wollten nicht, daß ein Schwarzer dort wohnte. Walton beschrieb auch, wie er eine halbe Stunde auf ein Taxi wartete und schließlich erkannte, daß kein Taxifahrer anhalten würde, weil er schwarz war. Walton sagte dann: »Ich erkenne den Schleier meines doppelten Bewußtseins, mein amerikanisches Selbst und mein schwarzes Selbst. Wie alle Menschen muß ich kämpfen, um mich selbst zu sehen. Ich muß auch kämpfen, weil ich schwarz bin, damit ich mich so sehe, wie andere mich sehen.«

Mir scheint, daß dieser Schwarze uns sagt, daß er auch als erfolgreiche Persönlichkeit der Mittelklasse wegen seiner Hautfarbe erniedrigt und beschämt wird. Die Erkenntnis, daß er erniedrigt und beschämt wird, weil er schwarz ist, macht ihn immer unzufriedener, was ihn wiederum dazu bringt, »anstatt des Drachens des Rassismus den weißen Drachen zu verachten«. Interessant ist der Begriff »verachten«. Walton sagte auch, wahrscheinlich würden seine besten Freunde nicht verstehen, warum »ich bereit war, wegen spürbarer Kränkungen im Büro von American Express den dritten Weltkrieg anzuzetteln«. Dieser sprachgewandte, sensible Mensch schreit die Notwendigkeit heraus, zu erkennen, wie die weiße Gesellschaft Schwarze behandelt, und daß die Beschämungen, die Weiße Schwarzen antun, konfrontiert und anerkannt werden müssen, weil sie das Potential für Wut und Gewalt der Schwarzen in sich bergen.

Ich erwähne diesen Artikel zum Teil deshalb, weil ich klarmachen möchte, daß zu den Folgen von Armut und einem Minoritätsstatus nicht nur die Machtlosigkeit gehört, die sich aus diesen Zuständen ergibt, sondern auch Scham. Wenn meine Deutung der Scham-Wut-Spirale richtig ist, muß sie sich auf die soziale Ebene genauso anwenden lassen wie auf die individuelle. Die unlogische Zerstörung unserer Städte und ihrer Infrastruktur muß mit dem innerpsychischen Problem der Scham zusammenhängen. Ich meine, daß in den USA besonders arme, schwarze Männer auf vielerlei Weise durch die Kultur beschämt werden, in der sie leben. Sie werden dadurch beschämt, wie sie als Schüler im Schulsystem behandelt werden; sie werden durch die Unmöglichkeit beschämt, einen Arbeitsplatz zu finden; sie werden durch die Polizei beschämt; sie werden durch ihre bloße Identität als schwarze Minorität in einer mehrheitlich weißen Gesellschaft beschämt. All diese Ursachen für Scham – und viele weitere, die ich nicht genannt habe – werden wahrscheinlich zur Entstehung von Wut führen.

Armut, Versagen in der Schule und Kriminalität sind Stachel im Fleisch unserer Gesellschaft. Diese miteinander zusammenhängenden Probleme werden im allgemeinen untersucht, indem man die Fähigkeiten des kriminellen Kindes beurteilt. Zahlreiche Probleme, die mit der allgemeinen geistigen Kapazität und spezifischen Fähigkeiten verbunden sind, sind beobachtet worden.[30] Michael Chandler zum Beispiel hat festgestellt, daß aggressive Jungen im Rollenspiel schlecht sind, und andere Forscher haben herausgefunden, daß aggressive Jungen Probleme haben, für soziale Probleme alternative Lösungen zu entwickkeln.[31] Viele Untersuchungen zeigen, daß die schulischen Leistungen straffälliger Jugendlicher unterdurchschnittlich sind. Die Ursache der Verbindung von Straffälligkeit und schulischem Versagen bleibt jedoch unklar. Möglicherweise haben schulisches Versagen und Straffälligkeit mit demselben allgemeinen Problem zu tun. Es wird vermutet, daß geringe Fähigkeiten zu beiden Problembereichen führen.

Ursache für die Straffälligkeit können die Charaktereigenschaften des Kindes sein: Ein nicht besonders intelligentes Kind kann zu kriminellem Verhalten neigen. Dies ist sicher die allgemeine Überzeugung. Aber auch andere Möglichkeiten einschließlich der Scham-Wut-Spirale müssen in Betracht gezogen werden. Ein Kind, das weder lesen noch schreiben kann, ist in der Schule ein Problemfall, und deshalb »steigt es aus«; weil es zu viel freie Zeit und zu wenig zu tun hat, gerät es in Schwierigkeiten. Diese Deutung, die dem alten Sprichwort »Müßiggang ist aller Laster Anfang« entspricht, ist vielleicht richtig. Aber sie vermeidet die Möglichkeit der Scham. Stellen Sie sich jedoch vor, Sie wären in einer schulischen Situation, in der Sie immer wieder über Ihre Unzulänglichkeit informiert werden. Tag für Tag versagen Sie bei den Aufgaben, die Ihnen gestellt werden. Kinder, die in der Schule versagen, sind durch dieses Versagen wahrscheinlich beschämt und erniedrigt. Der Zusammenhang zwischen schulischem Versagen und Kriminalität geht also möglicherweise nicht auf intellektuelle Schwäche zurück, wie viele uns gerne glauben machen möchten; vielmehr geht sie eher auf die Scham zurück, die das Versagen hervorruft, und auf die ihr folgende Wut. Diese Wut richtet sich gegen die eigene Person und gegen andere. Bei Armen und Benachteiligten sind nicht nur die Kriminalität, sondern auch Selbstmord häufig. Ein Verbrechen wird nicht begangen, weil der Verbrecher dumm ist. Es ist offensichtlich auch die Folge der Wut-Sequenz der Scham-Spirale. Es gibt eine Verbindung zwischen schulischem Versagen und Kriminalität, aber ich glaube, daß sie eher kausal ist und weniger mit den intellektuellen Charakteristika der Kinder zu tun hat. Die Anwendung der Scham-Wut-Spirale weist auf ein

Programm zur Vorbeugung und zur möglichen Heilung hin. Wenn wir die positiven Gefühle, die die Kinder zu sich selbst haben, verstärken würden, müßten wir viele soziale Probleme beseitigen können. Wenn wir straffällige oder potentiell straffällige Kinder in Situationen bringen, in denen sie Erfolg haben, und wenn wir ihnen helfen, ein Selbstwertgefühl aufzubauen, wird dies ein antisoziales Verhalten eher verhindern als weitere Bestrafungen. Dieselbe Analyse läßt sich auf Wut-Reaktionen anwenden, die nach innen gerichtet sind und zu Selbstmord oder Drogenabhängigkeit führen. Ich schlage als Lösung ein kognitiv-affektives Programm vor, das die Scham vermindert.

Der Zusammenhang zwischen wahrscheinlich Scham verursachenden Ereignissen und antisozialen Resultaten ist aus dieser Sicht naheliegend. Vor kurzem las ich einen Forschungsbericht der Universität von Stockholm, der Teil einer Langzeitstudie war, die die Probleme der Kriminalität untersuchte. Die Autoren Stattin und Klachenberg-Larsson stellen eine Verbindung zwischen Kriminalität und der Vorliebe der Eltern für das Geschlecht ihres Kindes fest.[32] Kinder, deren Eltern ein Kind des entgegengesetzten Geschlechts wollten, wurden zweimal so oft straffällig wie Kinder, deren Geschlecht der Vorliebe der Eltern entsprach. Diese Ergebnisse erhärten den Zusammenhang zwischen Kriminalität und Scham. Das aufgrund seiner Geschlechtszugehörigkeit weniger erwünschte, weniger geliebte und vielleicht auch abgelehnte und erniedrigte Kind wird zu einem Kandidaten für die Scham-Wut-Spirale.

Diese Untersuchung, die Aggression und Straffälligkeit mit einem niedrigen Selbstwertgefühl bzw. Scham verbindet, ist nicht die einzige ihrer Art. Slaby und Guerra haben bei einer Untersuchung von männlichen und weiblichen Heranwachsenden, die wegen antisozialer, aggressiver Vergehen in Haft waren, weitere Anzeichen gefunden, die für diesen Zusammenhang sprechen.[33] Sie haben festgestellt, daß antisoziale und aggressive Menschen glauben, ihr Einsatz von Aggression sei eine legitime Reaktion gewesen, habe insbesondere das *Selbstwertgefühl gesteigert* und dazu beigetragen, ein negatives Image zu vermeiden. Die Erkenntnis, daß aggressives Verhalten das Selbstwertgefühl stärkt und dazu beiträgt, ein negatives Image zu vermeiden, bestätigt meine These, daß die Scham-Wut-Spirale zum Verständnis antisozialen Verhaltens nützlich sein kann.

Es ist wiederholt festgestellt worden, daß ein schwaches Selbstgefühl (geringe Selbstachtung bzw. Scham) zu Aggression beiträgt. Toch sagte in bezug auf Gefangene, »daß sie stets mit Gewalt reagieren, um sich gegen eine Herabsetzung zu verteidigen«.[34] Bei seiner Arbeit mit Häftlingen stellte er auch fest, daß Häftlinge, die sich wertlos fühlen, gewalttätige Begegnungen suchen, um andere von ihrer Furchtlosigkeit zu überzeugen. Ein schwaches Selbstwertgefühl führt also zu einem aggressiven Verhalten, das wiederum das Selbstwertgefühl stärkt. Norma und Seymour Feshbach vertreten in ihren Arbeiten über Selbstbild und Aggression die Auffassung, daß ein schwaches Selbstwertgefühl zu Aggression führt.[35] Otto Rank hat uns in seiner Theorie über Effizienz und Macht vielleicht als erster auf die Rolle des Verlusts von Achtung bzw. Selbstwert und ihre Beziehung zu Aggression aufmerksam gemacht.[36]

Die Lehrerin in einer Haftanstalt für straffällige männliche Heranwachsende erzählte mir, die Heranwachsenden würden oft wegen der kleinsten Provokation gegeneinander gewalttätig werden. Besonders eine Situation überraschte sie.

Sie erzählte mir, wenn ein Junge im Unterrichtsraum pupste, sei es oft vorgekommen, daß der Junge, der ihm am nächsten saß, wütend wurde, aufstand und ihm mit der Faust ins Gesicht schlug. Ich fragte sie, was sie für die Ursache dieses ziemlich gewalttätigen Ausbruchs angesichts einer so leichten Provokation hielt. Sie sagte, sie denke, daß der Pupser (der Furz) dem in seiner

Nähe Sitzenden peinlich war. Vielleicht hängt eine solche Situa-
tion auf irgendeine unanalysierte Weise mit Scham zusammen.
Vielleicht verwechseln Menschen mit schwachem Selbstwertgefühl
die Tatsache, sich in der Gegenwart von jemandem zu befinden,
der furzt, mit der davon verschiedenen Situation, wirklich ange-
furzt zu werden. Absichtlich angefurzt zu werden, ist für die meisten
Menschen ganz klar ein erniedrigender und beschämender Vorfall.
Im vorliegenden Fall werden Scham und Wut durch einen unschul-
digen Akt provoziert, der beschämt.

Selbstmord: Depression oder Scham?

Selbstmord wird im allgemeinen für die letzte
Maßnahme bei Depression gehalten. Die Zerstörung der eigenen Person wird als Anzeichen für diesen Zustand benutzt.
Milvan Lansky stellt in seiner Arbeit über Familien und Selbstmord jedoch fest: »Es ist unwahrscheinlich, daß die Suizidnei-
gung aus der Depression selbst und nicht aus der Scham des
Patienten über seine Konzentration auf die Depression resultiert.«[37] Selbstmord ist wahrscheinlich das Ergebnis von Scham,
die mit nach innen gerichteter Wut verbunden ist. Durkheim hat
in seiner klassischen Abhandlung des Problems bemerkt, daß
Selbstmord mit Scham zusammenhängt. Es gibt tatsächlich
kulturelle Suizid-Unterschiede, die mit Scham zu tun haben. Im
Japan der Vorkriegszeit stand Scham mit Selbstmord in Verbindung. Selbstmord war die erwartete und angemessene Reaktion
auf eine Beschämung. Genauso wie Mord die äußere Manifestation der Scham-Wut-Spirale ist, ist Selbstmord die innere Manifestation. Lansky meint, daß Suizidpatienten schamanfällig und
»für Überbestimmung und Verlassenwerden durch Betreuungs-
personen äußerst sensibel« sind sowie »von Scham über-
schwemmt werden, wenn keine optimale Distanz beibehalten
wird«.[38]

Als Junge hatte ich einen Freund namens Gerald, der Selbstmord beging. Ich konnte den Grund nie verstehen, bis mir seine Beziehung zur Scham klar wurde. Gerald hatte mit seinem Vater gestritten, dem Menschen, an dem er am meisten hing. Im Verlauf des Streits warf er den Vater zu Boden. Der Vater blieb ein oder zwei Minuten reglos liegen, und Gerald schrie: »Ich habe ihn getötet«, rannte zur nächsten U-Bahn-Station und warf sich vor den Zug.

Ich dachte immer, er wäre wegen der vermeintlichen Folgen seines Verhaltens erschrocken oder vielleicht sogar entsetzt gewesen, aber eine solche Selbstzerstörung ergab einfach keinen Sinn. Daß er von Scham überwältigt war, weil er seinen Vater geschlagen hatte, ist plausibler. Tatsächlich weist dieses Beispiel auf eine Wut/Scham/Wut-Spirale hin. Aus irgendeinem Grund war er auf seinen Vater wütend und schlug ihn, was Scham erzeugte, die wiederum Wut erzeugte, die er gegen sich selbst richtete.

Ein Großteil unserer zwischenmenschlichen Beziehungen dreht sich um die Scham-Wut-Achse. Familien und Freunde müssen mit diesem ungelösten Dilemma fertigwerden. Da bei ihrer Verwendung wahrscheinlich geschlechtsspezifische Unterschiede im Spiel sind, ist sie für das Verhalten von Männern charakteristischer als für das von Frauen. Dies verschärft den Kampf zwischen den Geschlechtern. Wenn meine Analyse korrekt ist, besteht die einzige Möglichkeit zur Auflösung des gesellschaftlichen Problems der Wut in einer Verminderung der Scham. Vergeltung und Bestrafung werden die Wut nicht vermindern, weil diese Methoden sich auf die Wut konzentrieren und nicht auf die Scham, die Ursache der Wut. Vielleicht sollten statt Bestrafung Vergebung und statt Erniedrigung Verständnis unsere Sicht der Korrektur formen. Mehr Erniedrigung und

Bestrafung werden die Scham-Wut-Spirale offensichtlich nicht stoppen.

Meine Deutung der Verwandlung anhaltender Scham in Depression und Wut zeigt die intensiven Folgen dieser Emotion. Die Unfähigkeit, wiederholte Scham-Empfindungen zu konfrontieren und sich aus der beschämenden Umgebung zurückzuziehen, zwingen den sich Schämenden, sich anderen Überlebensstrategien zuzuwenden. In extremen Fällen manifestiert das leidende Individuum Wut oder Depression, in den extremsten verfällt das Selbst bis zur Psychose.

9
Pathologien des Selbst
Narzißmus und multiple
Persönlichkeiten

Psychische Krankheiten aufgrund einer Störung des Selbst-Systems nehmen derzeit zu. Die Vorstellung, daß das Auftreten von Krankheiten sich mit der Zeit ändert, überrascht, vor allem, wenn es sich um psychische Störungen handelt. Wir wissen, daß das Vorkommen körperlicher Störungen und Krankheiten sich ändert. Manche Änderungen sind das Ergebnis neuer Informationen; die Entdeckung der Impfung hat die Pocken beseitigt und das Auftreten vieler anderer Krankheiten wesentlich reduziert. Andere körperliche Störungen sind seltener geworden, weil wir eine größere Kontrolle über die Umgebung haben; die Trockenlegung von Sumpfland zum Beispiel hat eine Reduzierung der Malariafälle bewirkt. Antibiotika haben viele Erwachsenen- und Kinderkrankheiten beseitigt. Aber während wir über bestimmte Krankheiten mehr Kontrolle gewinnen, tauchen neue auf; AIDS ist dafür ein dramatisches Beispiel, aber auch Herpes Simplex und die Legionärskrankheit kommen einem in den Sinn.

Aber wie steht es mit psychischen Krankheiten? Veränderungen der Umgebung werden auch hier neue Störungen hervorbringen und alte beseitigen. Allerdings haben wir bis jetzt noch keine guten Theorien zur Erklärung dieser Veränderungen. Das Auftreten mancher Störungen kann durch bessere Aufzeichnungen oder eine größere Bereitschaft erklärt werden, über sie zu berichten. Sexueller Mißbrauch scheint ein solches Problem zu sein. Obwohl er zugenommen zu haben scheint, war er in Wirklichkeit immer vorhanden, aber im verborgenen. Verändert hat sich unsere Einstellung zu dem Problem, nicht das

Problem selbst. Dasselbe gilt für Kindesmißhandlung und -vernachlässigung. Manche Störungen scheinen abgenommen zu haben. Hysterische Patienten, die zu Freuds Zeiten so häufig waren, sind heute selten, und zwanghafte Störungen scheinen zurückzugehen.

Zwei Störungen, für die ich mich besonders interessiere, nehmen angeblich zu: narzißtische Krankheiten und multiple Persönlichkeitsstörungen. Beide haben mit dem Selbst-System und mit Scham zu tun. Weil sie für eine Theorie der Scham relevant sind, möchte ich mich eingehender mit diesen beiden Krankheiten beschäftigen. Wenn es stimmt, daß sie zunehmen, könnten wir Veränderungen des Selbst-Systems und der Scham in der westlichen Kultur historisch untersuchen, denn eine Zunahme dieser Störungen wird zur Zeit aus den Vereinigten Staaten und aus Europa berichtet.

Narzißmus

Narzißmus und uneingestandene Scham

Ich möchte erst versuchen, zwischen Narzißmus als einer Beschreibung des Handelns von Menschen in der Welt und Narzißmus als Störung zu unterscheiden.[1] Leider sorgt die Verwendung des Begriffs für normale und für psychopathologische Prozesse weiter für Schwierigkeiten. Freud zum Beispiel unterschied zwei Arten von Narzißmus: Primärer Narzißmus hatte mit der anfänglichen libidinösen Energie-Investition des noch undifferenzierten Ich zu tun, während sekundärer Narzißmus sich auf den Rückzug psychischer Energie von Objekten auf das Ich bezog.[2] Für Freud hing Selbstachtung bzw. Selbstwertgefühl mit primärem Narzißmus zusammen; allerdings hat er diese Vorstellung nie seiner strukturierten Persönlichkeitstheorie angepaßt. Freud betrachtete primären Narzißmus in gewisser Hinsicht also als eine normale Phase, eine Position, die von Kohut weiterentwickelt wurde.[3] Anders als viele Ich-Psychologen vor ihm behauptete Kohut, Narzißmus sei nicht zwangsläufig pathologisch, sondern führe zu Beginn des Lebens zur Objektliebe (Liebe zum anderen). In seiner reiferen Form führe Narzißmus zu anderen Fertigkeiten, zum Beispiel Kreativität, Mitgefühl und Humor. Aus einer anderen Sicht können wir uns (nichtpathologischen) Narzißmus als Willen zur Macht, Selbstbehauptung oder auch Zorn und Zielstrebigkeit vorstellen.[4]

Die Schwierigkeiten bei der Verwendung des Begriffs für normale und anormale Prozesse nehmen zu, wenn wir uns mit Psychologien des Selbst beschäftigen. Ich meine, daß der Begriff Narzißmus Psychopathologischem vorbehalten sein sollte, und verwende den Terminus hier in diesem Sinne. Meine Arbeit mit Neugeborenen, Kleinkindern und Kindern hat mir gezeigt, daß das Kleinkind vom Augenblick seiner Geburt an ein aktiver Organismus ist, der biologisch angepaßte Ziele verfolgt, was ich *Kompetenz* bzw. *Effizienz* nenne. Die in den letzten 30 Jahren mit Kleinkindern durchgeführten Untersuchungen haben uns unter anderem das Ausmaß und die Geschwindigkeit erkennen lassen, mit denen sie Kompetenz zeigen. Ein Säugling kann lernen, an einer Kordel zu ziehen, um ein gewünschtes Ergebnis zu produzieren; wenn das Ergebnis nicht mehr eintritt, wird er zornig und strengt sich mehr an, um die Wirkung zu erzielen. Dieser Wille bzw. diese Effizienz existieren auf unterschiedlichen Ebenen. Sie werden jedoch erst selbst-reflektiv, wenn sich in der zweiten Hälfte des zweiten Lebensjahres die objektive Selbsterkenntnis herausbildet. Trotzdem kann die Kompetenz früh beobachtet werden. Das Wollen in Form zielgerichteten Verhaltens existiert vom Beginn des Lebens an.

Narzißmus als Pathologie ist im *Diagnostischen und Statistischen Manual Psychischer Störungen* (DSM-III-R)[5] beschrieben worden als: anmaßende Zurschaustellung der eigenen Bedeutsamkeit, etwa zwanghafte Illusionen von grenzenlosem Erfolg, Macht, Glanz, Schönheit oder idealer Liebe; Exhibitionismus; kühle Gleichgültigkeit oder Wut, Unterwürfigkeit, Scham und Leere; Anspruchsdenken, Manipulation, Überidealisierung oder Herabsetzung; Mangel an Einfühlungsvermögen. Diese Definition scheint das Destillat unterschiedlicher Gedanken zu sein, die von Freuds ursprünglichen Aussagen zu den neueren Ansichten von Kohut und Mahler reichen. Ich habe in diesem Buch bereits darauf hingewiesen, daß eine strukturelle Herangehensweise an die ichbewußten Emotionen die Definition des Narzißmus erleichtert, und diese Methode werde ich jetzt anwenden. Ich behaupte, daß die Unfähigkeit, mit Scham und Erniedrigung fertig zu werden, dieser pathologischen Störung zugrunde liegt. Ich werde dann die zur Bewältigung der Scham benutzten Mechanismen darstellen, um Narzißten in ihren täglichen Interaktionen zu beschreiben.

Im Mittelpunkt meiner Analyse des Narzißmus steht die Scham.[6] Aus noch zu erörternden Gründen sind Narzißten scham-anfällig, und aufgrund dieser Tendenz ist ihr Handeln darauf ausgerichtet, Scham zu vermeiden. Dazu verwenden sie entweder eine Reihe von Gedankenkonstruktionen oder beginnen, wenn dieser Prozeß nicht funktioniert, mit einem emotionalen Verhalten, das die zugrundeliegende Scham verbirgt. Kommen wir auf mein Modell zurück.

Ich beginne mit dem entscheidenden Merkmal, daß nämlich manche Menschen dazu neigen, sich – besonders im Zusammenhang mit negativen Ereignissen – global zu beurteilen. Diese Neigung, sich bei einem Versagen auf das ganze Selbst zu konzentrieren, ist Ursache des Narzißmus. Aufgrund dieses Aufmerksamkeitsschwerpunkts wird ein Versagen wahrscheinlich zu Scham und ein Erfolg wahrscheinlich zu Hybris führen. Narzißten sind hochmütige Menschen. Ihre Tendenz zu globalen Bewertungen beeinflußt sowohl ihre Normen als auch den Prozeß, durch den eine an diesen Normen gemessene Handlung als Versagen bewertet wird. Ein Mensch kann Scham vermeiden, indem er nie ein Versagen empfindet; er kann Versagen vermeiden, indem er sich niedrige Maßstäbe setzt; so geht er nie das Risiko ein, sie nicht zu erreichen. Weil niedrige Maßstäbe so leicht zu erreichen sind, erzeugen sie ein Gefühl der Hybris. Menschen, die dazu neigen, bei negativen Ereignissen globale Attribuierungen vorzunehmen, setzen sich meist zu niedrige Maßstäbe. In gewissem Sinne ist ihr Verhalten soziopathisch, denn sie setzen sich niedrigere Werte und Ziele als die Menschen in ihrer Umgebung. Bei solchen Persönlichkeiten haben wir das Gefühl, daß sie sich alles durchgehen lassen.

Zu globalen Attribuierungen neigende Menschen setzen sich aber auch unrealistisch hohe Maßstäbe, was dazu führt, daß die Scham zunimmt. Warum werden dann solche unrealistischen Anforderungen gestellt? Vielleicht setzen sie sich diesen hohen Maßstab, weil sie Scham erwarten. Oder vergangene Erfolge haben zu Hybris geführt, einem Gefühl, das sie wiederholen wollen. Am wahrscheinlichsten schließlich ist, daß sie einfach nicht gelernt haben, sich geeignete Maßstäbe zu setzen. Wenn sie leicht beschämt sind, haben sie vielleicht nicht gelernt, sich realistische Ziele zu setzen, das heißt Ziele, die weder zu hoch noch zu niedrig sind.

Im Zusammenhang mit der Bewertung sind jedoch auch andere gedanklich konstruierte Abwehrmechanismen möglich. Alle Menschen bewerten ihr an einer Norm gemessenes Verhalten als Erfolg oder Versagen. Aber manche Menschen machen zu Unrecht einen Erfolg geltend, das heißt, die meisten anderen Menschen mit denselben Normen und denselben Verhaltensweisen würden ihr Verhalten als Versagen beurteilen. Die unrealistische Bewertung eines Verhaltens als Erfolg ist ein Charakteristikum der Grandiosität. Eine unrealistische Bewertung soll die Hybris steigern und Scham vermeiden. Ein Narzißt bewertet eine Handlung, die die meisten anderen Menschen als Versagen bewerten würden, als Erfolg. Dieses unrealistische Bewerten ist ein Kennzeichen für das selbst-erhöhende Verhalten eines Narzißten.

Wenn ein Narzißt ein bestimmtes Verhalten nicht als erfolgreich bewerten kann, zieht er andere Bewertungstechniken heran, um Scham zu vermeiden. Er kann zum Beispiel das Versagen anerkennen, aber beschließen, daß es nicht seine Schuld war. Durch diese Gedankenkonstruktion können zu globalen Attribuierungen neigende Menschen sich gegen ein Versagen verteidigen: Sie behaupten, nicht sie, sondern jemand anders oder der Zufall sei schuld gewesen. Narzißtische Persönlichkeiten üben bei dem Versuch, ein Versagen zu vermeiden, in zwischenmenschlichen Beziehungen sehr viel Kontrolle aus. Die Gewohnheit, anderen und nicht sich selbst Vorwürfe zu machen, sorgt hier natürlich für Schwierigkeiten.

Ich hatte eine Patientin, die so scham-anfällig war, daß sie keinen Fehler zugeben konnte. Wenn sie einen Fehler zugab, führte dies zu so starken Schuldgefühlen, daß sie nicht mehr normal weiterleben konnte. Ihre Methode bestand daher darin, allen anderen Menschen in ihrer Umgebung Vorwürfe zu machen, so daß sie es vermeiden konnte, sich schlecht zu fühlen. Ihre Ehe zerbrach, weil ihr Mann nicht verstehen konnte, warum sie nicht einen Teil der Verantwortung für ihre Probleme auf sich nehmen konnte. Die Ehe-Therapie war erfolglos, weil sie wegen ihres Scham-Problems nicht zu einer gleichmäßigen Verteilung der Fehler kommen konnte.

Zu den Attribuierungen, die zur Vermeidung von Scham notwendig sind, gehören unrealistische Maßstäbe, andere für das Versagen verantwortlich zu machen und eine Erfolgsmeldung, die den Gruppennormen nicht entspricht. Eine weitere Kategorie von Verhaltensweisen, die mit Kontrolle zu tun haben, wird ebenfalls zur Abwehr von Scham herangezogen. Schamanfällige Menschen müssen ihre Umgebung kontrollieren, um die richtige Attribuierungshaltung einnehmen zu können. Sie müssen auswählen, welche Maßstäbe sie akzeptieren und welche sie ausrangieren, welche ihnen dienliche Verhaltensweisen in Gang gesetzt werden müssen und wer das Ergebnis bewertet. Da sie den globalen Attribuierungsaspekt des Prozesses kaum kontrollieren können, versuchen sie, alle anderen Aspekte zu kontrollieren. Diese Merkmale entsprechen den Charakteristika, die mit einer narzißtischen Persönlichkeit assoziiert werden. Sie hängen mit einer Bewertung zusammen, die global ist, das heißt sich auf das Selbst und nicht auf die Handlung konzentriert.

Bevor ich diese Analyse beende, muß ich eine letzte Kategorie von Verhaltensweisen erwähnen, die mit Narzißmus zusammenhängen. Aufgrund des Bedürfnisses, Scham zu vermeiden, und der Wahrscheinlichkeit, daß Scham nicht immer vermieden werden kann, verwendet die narzißtische Persönlichkeit extremere Reaktionsformen auf empfundene Scham. Ein beschämter Narzißt wird die Ersatz-Emotionen Depression oder Wut gebrauchen. In Anbetracht unserer kulturellen Zwänge werden weibliche Narzißten wahrscheinlich Depression, männliche Wut benutzen.

Die Sozialisation des Narzißmus

Narzißtische Störungen haben mit einer Kategorie von Schwierigkeiten zu tun, in deren Mittelpunkt die Wahrscheinlichkeit steht, bei einem Versagen globale Attribuierungen vorzunehmen. Sie werden bemerkt haben, daß die zuvor angesprochenen diagnostischen Kriterien weitgefaßte und widersprüchliche Beschreibungen enthalten, etwa das Gefühl der eigenen Bedeutsamkeit und Minderwertigkeitsgefühle. Diese gegensätzliche Ansammlung von Verhaltensweisen und Gefühlen läßt sich am besten verstehen, wenn wir sie mit der Vermeidung von Scham in Verbindung bringen. Narzißtische Störungen finden sich bei Männern und Frauen, und zwar bei Menschen, die bei einem Versagen eine globale Bewertung vornehmen. Die Form der Störung wird wahrscheinlich bei Männern und Frauen verschieden sein. Dieser Unterschied läßt sich auf die unterschiedlichen Rollen von Männern und Frauen in unserer Gesellschaft und ihre unterschiedliche Sozialisation zurückführen. Männer zeigen eher Verhaltensweisen, die mit Aktion zu tun haben: Macht, Exhibitionismus, Wut, Ausbeutung, ideale Liebe etc.

Ich habe bereits die bei der Sozialisation entscheidenden Faktoren erörtert und möchte hier nicht weiter auf sie eingehen. Eine Rekapitulation könnte jedoch nützlich sein. Viele von den Eltern ausgehende Faktoren bringen das Kind dazu, sich eher auf das Selbst als auf die Handlung zu konzentrieren. Dazu gehört die Verwendung von Attribuierungen, die global sind, das heißt das ganze Selbst und nicht bestimmte Handlungen betreffen, zum Beispiel: »Du bist schlecht« anstatt: »Was du getan hast und wie du es getan hast, ist falsch.« Außer diesen Attribuierungen können der elterliche Ton der Sozialisation und die Verwendung von Scham und Demütigung als Sozialisationsmethoden zu der globalen Betrachtungsweise führen. Auch Liebesentzug und traumatische Ereignisse wie Tod oder schwere Krankheit eines Elternteils können zu diesem Attribuierungsstil führen.

Eine weitere elterliche Praxis kann ebenfalls zu dem globalen, auf das Selbst konzentrierten Stil führen. Diese Praxis wird nicht als negativ betrachtet; sie wird sogar empfohlen und besteht darin, Kinder zu loben. Diese Art des elterlichen Verhaltens hat zugenommen und vielleicht schwerwiegendere Implikationen, als irgend jemand vermutete. Extremes Lob und allzugroße Nachsicht verstärken die Ausrichtung auf das globale Selbst. Ein Lob wie: »Was bist du nur für ein wundervolles Kind«, richtet das Kind auf das globale Selbst aus. Ein solches elterliches Lob ist zwar seinem Wesen nach nicht negativ, richtet das Kind aber auf globale Charakteristika und nicht auf die Handlung aus. Die Japaner vermeiden Lob, weil sie glauben, daß Lob zu Individualisierung und Selbstbezogenheit und nicht zur Ausrichtung des Selbst auf die Gruppe führt – eine Eigenschaft, die die japanische Kultur fördern möchte.[7] Wir müssen daran denken, daß »zuviel von einer guten Sache« genauso globale Attribuierungen verursacht wie »zuviel von einer schlechten Sache«, etwa Traumata oder Schmerz. Die moderne Erziehung orientiert Erwachsene dahingehend, Kinder sehr zu loben, und dies kann durchaus mit der Zunahme narzißtischer Störungen im Zusammenhang stehen.

Frühe Erfahrungen fördern die globale Selbstbezogenheit am ehesten. Sobald die erörterten Attribuierungsmechanismen in Gang gesetzt wurden, bringen sie ein narzißmusähnliches Verhalten hervor. Dessen Verschiedenartigkeit ist die Folge von Sozialisationserfahrungen, die mit Faktoren wie emotionaler Ausdrucksfähigkeit und gesellschaftlicher Akzeptanz für aggressive Verhaltensweisen zu tun haben.

Multiple Persönlichkeitsstörungen (MPD)

Das Phänomen und die Untersuchung multipler Persönlichkeitsstörungen (im folgenden wie im Amerikanischen »MPD« abgekürzt) ist nützlich, weil sie uns über die Natur des Selbst und die Rolle der Scham bei der Entwicklung des Selbst informieren. Manche Leute betrachten MPD als

Betrug, als Taktik von Menschen, die eine psychische Krankheit vortäuschen, um etwa die Verantwortung für ein Verbrechen oder ein anderes schweres Vergehen ablehnen zu können. Sicher ist es praktisch zu sagen: »Das war nicht ich, sondern jemand anders.« Viele Menschen haben ernsthafte Zweifel an der Authentizität des Problems geäußert. Eine MPD könnte auch Teil der psychotischen Gedankenkonstruktion einer Borderline-Persönlichkeit sein.[8] Vielleicht ist sie nur ein Aspekt generell wahnhafter Gedanken und Gefühle. Manche Forscher haben behauptet, MPD werde durch die Empfänglichkeit des Patienten für die Vorschläge des Klinikers oder Hypnotiseurs verursacht. Keine oder alle Vorstellungen können zutreffen. Das Phänomen jedoch ist faszinierend, und bis vor kurzem gab es wenige Informationen darüber.[9]

Mein Interesse an dem Thema ist Ausdruck der verborgenen Überzeugung, die wir alle in bezug auf das Wesen unseres Selbst haben. Die Vorstellung, daß zahlreiche Kräfte in uns existieren und um Aufmerksamkeit und Kontrolle kämpfen, ist in der Tat recht populär. Das Bild, daß auf der einen Schulter ein Teufel und auf der anderen ein Engel sitzt, spiegelt dieses gespaltene Selbst. Die Überzeugung, daß »in jedem von uns mehrere unser Verhalten beeinflussen«, beruht auf der Beobachtung, daß wir oft Dinge tun, die wir weder tun wollen, noch an deren Ausführung wir überhaupt denken. Zum Beispiel verspreche ich mir oft, beim Arbeiten nichts zu knabbern, aber dann stelle ich fest, daß ich es doch tue. Die Vorstellung multipler Persönlichkeiten, von Gut und Böse, die um unsere Seele kämpfen, besteht in der westlichen Gesellschaft seit Tausenden von Jahren. Durch die strukturale Persönlichkeitsanalyse Freuds erhielt sie eine neue Form. Der Kampf zwischen Es, Ich und Über-Ich um die Kontrolle der Impulse stellt eine moderne, wissenschaftliche Version der älteren christlichen Ansicht vom Kampf zwischen Gut und Böse in der Seele dar. Die unterschiedlichen Aspekte der

Persönlichkeit werden erkannt, wobei die Vorstellung von der Einheit des Selbst erhalten bleibt.

Unser Handeln bringt uns auf natürliche Weise zu der Vorstellung, daß es in uns verschiedene Persönlichkeiten gibt. Von einigen dieser Prozesse wissen wir (sie werden bewußt genannt), von anderen nicht (unbewußt). Interessanterweise haben Persönlichkeitstheoretiker und Psychiater bis vor kurzem diese verschiedenen Prozesse als Teil eines Ganzen betrachtet, wobei das Ganze eine Persönlichkeit ist. Kognitive Theorien beschäftigen sich mit dem Problem, indem sie von Ebenen des Wissens und der Organisation dieser Ebenen sprechen.[10] Ich habe diese Ebenen bzw. Modi in bezug auf die Intentionalität bereits erörtert und behauptet, daß wir mit Hilfe der Ebenen erklären können, welcher der verschiedenen Intentionen wir uns objektiv bewußt sind und welcher nicht.[11] Wie ich bei der Erörterung des Selbst zu zeigen versuchte, kann man etwas wissen, ohne zu wissen, daß man es weiß. All diese unterschiedlichen Ebenen des Selbst existieren in uns. Die Vorstellung von einer Einheit des Selbst ist unsere Konstruktion, um diese unterschiedlichen und zuweilen widersprüchlichen Handlungen zu erklären.[12]

Kennzeichen einer MPD ist eine extreme Dissoziation. Aber Dissoziation kann auch auf weniger pathologischen Ebenen vorkommen. Im einfachsten Fall der Dissoziation konzentrieren wir uns nicht objektiv auf bestimmte Aspekte von uns selbst, und deshalb wissen wir von bestimmten Handlungen nichts. Wenn wir zum Beispiel zur Arbeit fahren, erreichen wir plötzlich eine bestimmte Straße und erinnern uns nicht daran, wie wir dorthin gekommen oder an den notwendigen Stellen abgebogen sind. Während des Fahrens waren wir auf einer bestimmten Ebene natürlich schon bei Bewußtsein, denn die Absolvierung der Strecke erforderte die Erinnerung an Abzweigungen, Entfernungen und körperliche Aktionen wie Bremsen, Schalten und

Blinken. Diese Art der Dissoziation illustriert das Abziehen der objektiven Aufmerksamkeit von uns selbst.

In schwereren Fällen von Dissoziation stehen uns ganze Aspekte von uns selbst objektiv nicht zur Verfügung. Wie Ross gezeigt hat, bricht bei der Dissoziation, besonders bei einer MPD, die Einheit des Selbst zusammen.[13] Auch die moderne Neurophysiologie erhärtet die Ansicht, daß es multiple Persönlichkeiten gibt. Die Forschungen im Zusammenhang mit der Durchtrennung der Querverbindungen zwischen den Hirnhemisphären und Untersuchungen über kognitive und affektive Unterschiede der Hirnhemisphären haben zu der Ansicht geführt, daß es mindestens zwei Selbste gibt, die jeweils einer Hirnhemisphäre entsprechen.

Die neuesten Arbeiten in der Neurophysiologie vertreten die Auffassung, daß höhere mentale Prozesse an verschiedenen Stellen lokalisiert sind. Joseph LeDoux zum Beispiel bringt das Corpus amygdaloideum von Tieren mit der Sendung von Emotionen in Verbindung.[14] Ähnliche Ergebnisse sind von Menschen berichtet worden.[15] Diese neuen Ergebnisse der Neurophysiologie erhärten die allgemeine Meinung, daß zahlreiche Hirnbereiche Informationen verarbeiten können. Diese verschiedenen Bereiche stehen zudem möglicherweise in direkter Kommunikation miteinander. Wenn dies zuträfe, würde es die Vorstellung untermauern, daß Menschen Informationen, insbesondere solche effektiver Art, an vielen Stellen im Gehirn verarbeiten. Dies unterstützt die Vorstellung von der Existenz multipler Persönlichkeiten und dissoziativer Prozesse aus neurophysiologischer Sicht. MPD fügen sich dann in ein neues System ein, das Selbst zu sehen.

Das *Diagnostische und Statistische Manual psychischer Störungen* (DSM-III-R) nennt zwei Kriterien für MPD: Innerhalb einer Person existieren zwei oder mehr unterschiedliche Persönlichkeiten oder Persönlichkeitszustände, von denen jede ein ihr eigenes, relativ überdauerndes Muster hat, die Umgebung und sich selbst wahrzunehmen, sich auf sie zu beziehen und sich gedanklich mit ihnen auseinanderzusetzen; mindestens zwei dieser Persönlichkeiten oder Persönlichkeitszustände übernehmen wiederholt die volle Kontrolle über das Verhalten des Individuums.

Die Zunahme der Diagnostizierung dieser Störung ist erstaunlich. Verschiedene Forscher berichten über unglaubliche Zuwachsraten in der westlichen Welt – zum Beispiel 33 Fälle für den Zeitraum 1901 bis 1944, 14 für den Zeitraum 1944 bis 1969, 500 bis zum Jahr 1980 und 6000 bis Mitte der 80er Jahre.[16] Diese Zunahme läßt sich auf zweierlei Weise erklären. Erstens kann die Störung völlig neu sein. Aus irgendwelchen kulturellen Gründen haben die modernen Zeiten multiple Persönlichkeiten hervorgebracht. Zweitens kann es die Störung immer gegeben haben, aber es wurde nicht auf sie geachtet, und wenn doch, wurde sie als Teil einer anderen Störung betrachtet. Letzteres scheint am wahrscheinlichsten zu sein. Eine MPD kann in der jüngeren Vergangenheit durchaus unter Schizophrenie eingeordnet worden sein. Erinnern Sie sich daran, daß das Wort *Schizophrenie* aus dem Griechischen kommt und »gespaltener Geist« bedeutet. Tatsächlich wurde zunächst der Begriff Schizophrenie zur Beschreibung dieser Störung verwendet. Bevor Schizophrenie als diagnostische Kategorie eingeführt wurde, gab es viele Berichte über MPD. Aber als in den 20er und 30er Jahren dieses Jahrhunderts die Schizophrenie-Klassifizierung populär wurde, sank die Verwendung des Begriffs MPD rapide. Es scheint daher, daß das Phänomen der multiplen Persönlichkeit bereits seit einiger Zeit besteht, auch wenn es vorher anders bezeichnet wurde. Die Zunahme an identifizierten MPD-Fällen spiegelt wahrscheinlich die erneute Konzentration auf diese Patienten.

Die Vorstellung, daß Fälle von MPD vor ihrer dramatischen

Zunahme in den 80er Jahren existierten, wird durch eine Reihe von Quellen bestätigt. Dämonische Besessenheit, eine Anklage, die im Mittelalter und in der Renaissance zum Tod auf dem Scheiterhaufen führte, war möglicherweise ein frühes Beispiel für MPD.[17] Die Kriterien für MPD gleichen sehr stark der Beschreibung von Menschen, die angeblich von einer dämonischen Kraft besessen waren. Auch die frühe psychologische Literatur erwähnt die multiple Persönlichkeit. Obwohl William James um die Jahrhundertwende die verschiedenen Persönlichkeiten erörterte, aus denen das normale Selbst besteht, ist es unklar, ob er dabei an MPD dachte. Auch ein anderer früher Psychologe, Morton Prince, der erste Herausgeber des *Journal of Abnormal Psychology*, schrieb über MPD; er schildert einen Fall, der der Beschreibung der multiplen Persönlichkeit entspricht.[18] Ernest Hilgard hat unter dem allgemeinen Thema der Dissoziation viel über diese Forschungen berichtet.[19] Es erscheint also sicher, daß die Störung nicht neu ist, aber aus irgendeinem Grund hat sie nicht die Aufmerksamkeit erhalten, die sie verdient.

Die Ätiologie von MPD ist aus klinischer Sicht erforscht worden. Im allgemeinen wurde die Störung zehnmal öfter bei Frauen als bei Männern diagnostiziert; manche Forscher glauben jedoch, daß mehr Männer identifiziert werden könnten. Die Ursache für eine MPD scheint ein frühes Kindheitstrauma zu sein, fast immer in Form sexuellen Mißbrauchs. Dieser sexuelle Ursprung der Störung ist möglicherweise der Hauptgrund für das Verhältnis von Frauen und Männern, denn Frauen sind vermutlich eher die Zielscheibe eines Mißbrauchs. Neuere Berichte zeigen jedoch, daß Jungen öfter sexuell mißbraucht werden, als wir dachten.[20] Ein sexuelles Trauma in der frühen Kindheit kann zu Dissoziation führen; das Kind sagt sich: »Das geschieht nicht mir, sondern ihr!« Mir erscheint die Anmerkung wichtig, daß Freud und Breuer ursprünglich dachten, ihre weiblichen Patienten seien sexuell mißbraucht worden, und dieser Mißbrauch sei die Ursache für ihre hysterischen Phänomene. Diese Symptome können aber auch Anzeichen für eine MPD gewesen sein. »Anna O.« war eine wichtige Patientin für Freuds und Breuers Studien über Hysterie. Ernest Jones bemerkte in seiner Freud-Biographie über sie: »Interessanter jedoch war das Vorhandensein von zwei verschiedenen Bewußtseinszuständen: der eine war ganz normal, der andere der eines ungezogenen und schwierigen Kindes, *etwa wie Morton Prince's berühmter Fall Sally Beauchamp. Es handelte sich also um den Fall einer doppelten Persönlichkeit.*«[21] Auch Breuer bemerkte diese doppelte Persönlichkeit: »Es waren zwei völlig unterschiedliche Bewußtseinszustände vorhanden, die oft miteinander abwechselten.«[22] Diese Untersuchungen sowie die bis jetzt gesammelten Fallgeschichten zeigen, daß sexueller Mißbrauch zu zahlreichen Störungen führen kann, auch zu so schweren dissoziativen Störungen wie einer multiplen Persönlichkeit.

Lassen Sie uns einen Augenblick die Vorstellung akzeptieren, daß eine Dissoziation die Folge eines frühen und schweren, gewöhnlich sexuellen Kindheitstraumas ist. Wenn solche Ereignisse eintreten und zu Dissoziation führen, brauchen wir einen Mechanismus, der diesen Prozeß erklärt. Zweifellos ist eine sehr starke Emotion am Werk. Aufgrund meiner bisherigen Analyse erscheint die Schlußfolgerung plausibel, daß ein – sexueller oder andersartiger – Mißbrauch zu Scham führt. Die erzeugte Scham ist zu stark und schmerzhaft; sie muß verwandelt werden. Während des Scham-Vermeidungsprozesses kommt es zur Dissoziation. Denken Sie an meine Behauptung, daß ein Selbst, das beschämt wurde, versucht, sich von dem beschämten Selbst zu entfernen. Man kann sich auf verschiedene Weise entfernen; viele Arten habe ich bereits diskutiert. Zu den einfachsten Möglichkeiten gehören Vergessen und Lachen; eine intensivere Wirkung haben Ersatzemotionen; am intensivsten ist die Spaltung des Selbst. Die Ätiologie von MPD sagt uns, daß *traumatische und anhaltende* Scham-Empfindungen zu dieser extremen Form der Dissoziation führen, zur Fragmentierung des Selbst.

Ich glaube, daß zwischen Scham und dissoziativen Prozessen eine systematische Beziehung besteht. Bei einfachen und kurzzeitigen Scham-Vorfällen ist der dissoziative Prozeß relativ sanft: Man lacht mit den anderen über das eigene Versagen. Bei intensiveren Scham-Vorfällen wird der Dissoziationsprozeß komplexer; der Ersatz der Scham durch Depression oder Wut ist die wahrscheinliche Folge. Bei sehr starker und anhaltender Scham kommt es zur radikalsten Dissoziation: MPD. Ich vermute, daß diese extreme Form der Dissoziation nicht jedem Menschen zur Verfügung steht. Wahrscheinlich ist eine bislang noch nicht näher bekannte, für weitere Forschungen aber durchaus interessante Prädisposition notwendig, damit die Störung auftritt. Nicht jeder, der extreme und langanhaltende Kindheitstraumata zu erdulden hatte, entwickelt eine MPD. Es gibt andere Auswege aus anhaltender und intensivster Scham, etwa Psychosen und Selbstmord.

Viele Theoretiker betrachten MPD als Auseinandersetzung zwischen unbewußten und bewußten Prozessen, aber in Wirklichkeit sind sie vielleicht extreme Phänomene unterschiedlicher Ebenen der Aufmerksamkeit. Ross meint: »Für Verdrängung oder ein Konzept des Unbewußten besteht keine Notwendigkeit ... was beobachtet wird, sind die ausrangierten Produkte des mentalen Bewußtseins *in dissoziativer Form*.«[23] Bei der Erörterung des Phänomens, das im allgemeinen als Unbewußtes betrachtet wird, schreibt er: »Für mich beweist die multiple Persönlichkeitsstörung, daß das sogenannte Unbewußte keinesfalls unbewußt ist – es ist hellwach und seinem Wesen nach kognitiv, aber dissoziiert.«[24] Ross sagt weiter, daß eine Patientin, die eine Sitzung versäumt, die Erinnerung nicht ins Unbewußte verdrängt, sondern daß hier ein *alter ego* am Werk ist, ein dissoziierter anderer, der Teil des Selbst dieser Patientin ist. Dieses *alter ego* ist, wenn es kontaktiert wird, bewußt und wird »bereitwillig erklären, warum es vor der Sitzung die ausführende Kontrolle übernommen und sichergestellt hat, daß sie (die Patientin) sie versäumt«.[25] Die Nützlichkeit einer dissoziativen Herangehensweise beruht auf unserer Bereitschaft, die Vorstellung aufzugeben, daß die Einheit des Selbst existiert. Die Einheit des Selbst existiert, aber nicht auf der Ebene der Aktivitäten unseres Körpers einschließlich Denken, Fühlen und Verhalten. Sie existiert auf der Ebene der objektiven Selbsterkenntnis.

MPD haben wichtige Folgen für unsere Untersuchung des Selbst und seiner Prozesse. Wir haben gesehen, daß anhaltende und schwere Traumata in der frühen Kindheit zur Entstehung multipler Persönlichkeiten führen können. In bezug auf die Organisation des Selbst-Systems gibt es zwei Alternativen. Die erste Möglichkeit erwächst aus dem Glauben an die Einheit des Selbst: Ein einziges Selbst ist der natürliche, reife und endgültige Zustand des menschlichen Lebens. Dieser Zustand wird durch ein Trauma gestört. Es zerbricht die Einheit. Aber wir brauchen nicht an der Einheit des Selbst als endgültigem Prozeß festzuhalten. Die Wirkung des frühen Traumas besteht darin, jene Persönlichkeiten weiter zu spalten, die zwar keine Einheit bilden, unter normalen Umständen aber integrierter und stärker in Kontakt miteinander blieben. Das heißt, frühe Kindheitstraumata können einen Prozeß verstärken, der bereits besteht. Welche dieser beiden Alternativen zutrifft, muß jeder für sich entscheiden. Wie wir sehen werden, haben andere Kulturen, auch technologisch fortgeschrittene Kulturen wie die japanische, eine andere Ansicht über die Einheit des Selbst und seine Beziehung zu anderen Personen. MPD sind vielleicht nur eine extreme Form dieser kulturellen Artefakte.

10
Individuelle Unterschiede
und Scham-Konflikte bei Paaren

Manche Menschen scheinen scham-anfälliger zu sein als andere. Individuelle Unterschiede waren jedoch zu erwarten, denn nicht jeder interpretiert ein bestimmtes Verhalten als Versagen und ist bereit, die Verantwortung dafür zu übernehmen. Weil es über individuelle Unterschiede kaum Forschungsergebnisse gibt, müssen wir auf der Suche nach ihren Ursprüngen weit gehen. Der größte Teil der Forschung konzentriert sich auf Schuld, nicht auf Scham, und sieht Leistung als auslösende Situation.

Kliniker und Forscher können individuelle Unterschiede am besten durch die Analyse von Gruppen untersuchen. Da klinische Studien kaum vorliegen, werde ich mich mehr mit der Forschung beschäftigen, insbesondere mit solchen Untersuchungen, die geschlechtsspezifische Leistungsunterschiede abhandeln.

Scham ist ein natürliches Ereignis. Wie alle Emotionen, zu denen Menschen fähig sind, dient sie der Anpassung an die Umwelt. Als Individuum wollen wir uns nicht schämen, aber als Gruppe würden wenige von uns in einer Welt leben wollen, in der die Scham fehlt. Weil Scham dazu beiträgt, daß wir uns auf unser Verhalten fixieren und uns auf uns und unser Tun konzentrieren, können wir durch sie definieren, wer wir sind und wer wir sein wollen. Wenn etwa Patienten schließlich erkennen und zugeben, daß sie sich einer bestimmten Handlung schämen, sind sie sehr stark motiviert, ihr Verhalten zu beeinflussen und es zu verändern. Wenn ich also über individuelle Scham-Unterschiede spreche, meine ich damit nicht zwangsläufig, daß solche Unterschiede fehlangepaßt sind. Im Extremfall sind sie es sicher; der Psychopath, der keine Scham empfindet, und der von Scham getriebene bzw. narzißtische Mensch leiden beide an Störungen und bedürfen der Behandlung. Ich konzentriere mich jedoch auf die normale Palette individueller Scham-Unterschiede.

Scham beim einzelnen

Individuelle Scham-Unterschiede zeigen sich, sobald wir auf sie achten. Ein auf Scham achtender Therapeut wird bemerken, daß viele Patienten wegen ihrer Scham eine Therapie beginnen. Natürlich lassen sich nicht alle Probleme von Scham ableiten; verschiedene Arten von Psychosen werden nicht unbedingt durch Scham verursacht. Aber viele Charakterstörungen in zwischenmenschlichen Beziehungen hängen mit Scham zusammen.[1]

Jeder, der das emotionale Verhalten von Menschen sorgfältig beobachtet, wird feststellen, daß Scham ziemlich häufig auftritt und Menschen die unterschiedlichsten Scham-Probleme haben.

Vor kurzem bekam ich zufällig eine Unterhaltung zwischen zwei Studentinnen der Anfangssemester mit. Die eine sagte zur anderen, daß sie sich wegen der Vorstellung schäme, die sie gerade in ihrem Seminar gegeben habe. Ihre Freundin antwortete, es überrasche sie, dieses Eingeständnis zu hören, denn sie habe die Leistung der anderen Studentin für ausgezeichnet gehalten.

Eine junge Patientin von mir berichtete, sie schäme sich ihrer Körperform, denn sie habe »sehr kleine Brüste, während Jane [ihre beste Freundin] große Brüste hat.« Als ich sie fragte, was Jane von ihrer Figur halte, berichtete sie, ihre Freundin finde die zierlichere

Figur sehr attraktiv und wünsche oft, sie wäre zierlicher, denn dann würde sie in modischere Kleidung passen.

Diese Unterschiede im Scham-Empfinden können Eßstörungen erklären, besonders bei jungen Frauen, die sich ihres physischen Aussehens schämen. Frauen reagieren auf ihr wahrgenommenes körperliches Aussehen unterschiedlich. Manche sind unglücklich über ihr Aussehen, schämen sich deshalb aber nicht übermäßig. Andere schämen sich, können aber mit dieser Scham umgehen und leben relativ normal. Manche Frauen jedoch schämen sich ihres Körpers so, daß sie in Extreme wie Anorexie oder Bulimie verfallen, um ihr vermeintlich unangenehmes Aussehen zu verändern.[2]

Individuelle Scham-Unterschiede zeigen sich früh im Leben, nämlich sobald die objektive Selbsterkenntnis sich herausbildet. Bei einer Reihe von Untersuchungen über die Leistungsfähigkeit von Kindern unter Laborbedingungen fielen die individuellen Reaktionen auf Versagen sehr unterschiedlich aus. Bei einer bereits zuvor erörterten Studie wurden Eltern gebeten, ihrem drei Jahre alten Kind eine Reihe von zunehmend schwierigeren Aufgaben zur Lösung vorzulegen. Nur ein Viertel der Kinder zeigte Scham, wenn eine leichte Aufgabe nicht gelöst werden konnte. Nur eins von zehn Kindern zeigte Scham, wenn eine schwierige Aufgabe nicht gelöst werden konnte. Diese individuellen Unterschiede zu Beginn des Lebens spiegeln die Prozesse, die die bei Erwachsenen beobachteten Unterschiede produzieren. Bei den drei Kindern, die nach dem Versagen bei der schwierigen Aufgabe Scham zeigten, war möglicherweise die Vorstellung, was einen Erfolg und was ein Versagen darstellt, bereits überentwickelt; unter Verwendung eines geläufigeren Begriffs könnte man auch sagen, daß sie ein zu starkes Über-Ich hatten. Bei dieser Untersuchung befragte ich die Eltern und ihre Kinder und stellte fest, daß sechs Elternpaare hohe

Leistungsforderungen an ihre Kinder stellten. Drei dieser Elternpaare hatten Kinder, die mit Scham reagierten, wenn sie bei einer schwierigen Aufgabe versagten. Alle sechs Elternpaare hatten Kinder, die irgendwann im Verlauf des Experiments Scham-Reaktionen zeigten, und drei dieser sechs Paare waren die Eltern der Kinder, die auf das Versagen bei der schwierigen Aufgabe mit Scham reagierten.

Bei einer anderen Untersuchung mit Zwei- bis Dreijährigen beobachteten wir die Reaktionen von Kindern nach der Überschreitung einer Regel, in diesem Fall etwas anzuschauen, nachdem wir ihnen gesagt hatten, sie sollten nicht hinschauen. Ungefähr zwei Drittel der Kinder, die hinschauten, gaben die Übertretung nicht zu – ein Drittel log, und ein Drittel weigerte sich, die Frage »Hast du hingesehen?« zu beantworten. Die Beobachtung des Gesichtsausdrucks und der Körperhaltung der Kinder, die die Beantwortung der Frage ablehnten, ergab ein Verhalten, das auf Scham hinwies. Die Nicht-Beantwortung der Frage ging oft mit Verwirrung und Sprechhemmung einher, zwei weiteren Zeichen, die mit Scham assoziiert werden. Die Kinder, die logen, zeigten jedoch keine Scham-Reaktion. Auch bei einer Regelverletzung waren also individuelle Scham-Unterschiede offensichtlich.[3]

Diese Daten stimmen mit den Beobachtungen anderer überein. Barrett und Zahn-Waxler zum Beispiel haben ebenfalls individuell unterschiedliche Scham-Reaktionen festgestellt.[4] Insgesamt weisen diese Ergebnisse – die von Erwachsenen berichteten Scham-Unterschiede und die sich aus der Beobachtung der ersten drei Lebensjahre ergebenden individuellen Scham-Unterschiede bei Kindern – darauf hin, daß das Ausmaß der Scham-Reaktion ganz unterschiedlich ist.

Ich habe bereits auf einige geschlechtsspezifische Scham-Unterschiede hingewiesen. Sexuelle Vorurteile komplizieren unser Verständnis dieser Unterschiede. Die Psychologie war bis vor kurzem ein von Männern beherrschter Bereich und spiegelte daher männliche Vorurteile. Männer empfinden eher Schuld als Scham, und wenn sie Scham empfinden, verwandeln sie sie eher in Zorn; Frauen empfinden eher Scham als Schuld und neigen dazu, Scham in Depression zu verwandeln. Männer haben sich im Verlauf der Geschichte sehr viel mehr auf Schuld (und Moral) als auf Scham konzentriert – wahrscheinlich weil sie eher schuld- als scham-anfällig sind. Masson hat dieses Thema vor kurzem in bezug auf Freuds Theorie von Impulskontrolle und Schuld angeschnitten.[5]

Denken Sie an Freuds erste Fälle, die, die er und Breuer benutzten, um ihre ursprüngliche Theorie über Hysterie zu entwickeln. Freud meinte zunächst, neurotische Symptome würden durch sexuellen Mißbrauch in der Kindheit verursacht.[6] Er berichtete, seine ersten 16 Patienten, alles Frauen, seien auf irgendeine Weise sexuell mißbraucht worden. Freuds ursprüngliche Fassung brachte also sexuellen Mißbrauch mit späterer Psychopathologie in Verbindung. Denken Sie an die Beziehung, die ich zwischen sexuellem Mißbrauch und Scham hergestellt habe. Von der Beschämung aufgrund eines Mißbrauchs zur Entwicklung neurotischer Symptome wäre es nur ein kleiner Schritt. Mit anderen Worten: Sexueller Mißbrauch führt zu Scham, die zu neurotischen Symptomen führt.

H.B. Lewis glaubte, daß Freuds mangelnde Aufmerksamkeit gegenüber der Scham und seine Konzentration auf Schuld mit seiner Abwendung von der Verführungstheorie zusammenhängen. Freud erörterte Scham in bezug auf die Psychologie der Frau, aber nur im Zusammenhang mit seiner Phantasie-Theorie: »Scham, die als weibliches Charakteristikum par excellence gilt, hat unseres Erachtens das Verbergen des genitalen Defizits zum Zweck.«[7] Freuds männliche Voreingenommenheit und sein mangelndes Verständnis für die Psychologie der Frau entfernten ihn von der Untersuchung der Scham. Lewis, die erörtert, warum Freud sich eher mit Schuld als mit Scham beschäftigte, bemerkt: »Freud beschreibt also das Über-Ich von Männern im Sinne des Kantschen kategorischen Imperativs von Schuld – als inneren preußischen Gendarmen, wie Marx einmal sagte –, während das Über-Ich von Frauen die niedrigere Form der Scham annahm.«[8]

Freud gründete seine Theorie von den geschlechtsspezifischen Unterschieden zunächst auf den Ödipus-Komplex und das gefährdete Über-Ich, das »von seinem emotionalen Ursprung nicht so unabhängig ist, wie wir es für Männer fordern«. Die Meinung einer geschlechtsspezifisch unterschiedlichen moralischen Entwicklung wurde auch von Lawrence Kohlberg vertreten. Lewis schreibt:

> »In der Literatur bedeutete Schuld meist eine unbewußte Kraft, die das Verhalten motivierte, und nicht einen erfahrbaren Zustand. Noch verwirrender war, wie die Literatur den Begriff ›Über-Ich‹ behandelte. Obwohl formal als theoretisches Konstrukt anerkannt, wurde es trotzdem als feststehendes Faktum bzw. Erklärungssystem behandelt. Das Über-Ich folgte dem Ödipuskomplex. Über-Ich und Ödipuskomplex wurden als bestehende Tatsachen und nicht als theoretische Konstrukte betrachtet. Wenn Frauen den Ödipuskomplex nicht erleben konnten, weil sie kastriert waren, war ihr Über-Ich zwangsläufig relativ unterentwickelt.«[9]

Ich möchte nicht länger auf Freuds Vorstellung vom weniger entwickelten moralischen Gefühl von Frauen eingehen, weil Carol Gilligan in ihrem Buch *Die andere Stimme* deutlich gezeigt hat, daß die männliche Meinung über das, was moralisches Verhalten ausmacht, unser Verständnis der moralischen Emotionen begrenzt und den geschlechtsspezifischen Unterschieden eine weitere Last aufgebürdet haben könnte, namentlich die, daß Frauen weniger moralisches Gefühl hätten als Männer.[10] Männer sind vielleicht schuldorientierter als Frauen. Dies spiegelt jedoch nicht zwangsläufig geschlechtsspezifische Unterschiede des moralischen Verhaltens, sondern eher geschlechtsspezifisch unterschiedliche Reaktionen auf Scham und Schuld bzw. geschlechtsspezifische Unterschiede in bezug auf Situationen, die Scham auslösen.

Ich habe mehr als 200 Studenten gefragt, welche Situationen wahrscheinlich Scham auslösen, und ein paar interessante geschlechtsspezifische Unterschiede festgestellt. Bei Männern wurde Scham am ehesten durch zwei Kategorien von Situationen ausgelöst. Die erste war Versagen bei einer für wichtig gehaltenen Aufgabe. Diese Aufgaben hängen mit dem zusammen, was ich als Kern-Kapazitäten bezeichnet habe, das heißt Fähigkeiten, die für die Definition des Selbst als wichtig erachtet werden.[11] Solche Situationen sind natürlich individuell verschieden, aber schulische und sportliche Leistungen und Aktivitäten wie etwa Geldverdienen gehören auf jeden Fall dazu. Die zweite Kategorie von Situationen, die bei Männern wahrscheinlich Scham auslösen, ist die sexuelle Potenz. Was dies genau bedeutet, wird ebenfalls individuell definiert sein, schließt aber vorzeitige Ejakulation, fehlende Erektion und die Weigerung eines Mädchens, eine Verabredung einzugehen, ein.

Auch bei Frauen wird Scham am wahrscheinlichsten durch zwei Kategorien von Situationen ausgelöst. Die erste ist die körperliche Attraktivität, die den Feststellungen vieler Forscher zufolge für Frauen ein wichtiges Charakteristikum ist.[12] Körperliche Attraktivität hat mit dem Aussehen bzw. der Exponiertheit zu tun. Hier möchte ich anmerken, daß wir in der zuvor beschriebenen Untersuchung über Verlegenheit festgestellt haben, daß Mädchen signifikant mehr Verlegenheit zeigten als Jungen, und dieser Unterschied war bereits am Ende des zweiten Lebensjahres sichtbar! Im Verlauf der Untersuchung lobte der Versuchsleiter das Aussehen der Mädchen. Mädchen zeigten bei Lob mehr Verlegenheit als Jungen. Dieses Ergebnis könnte sehr wohl darauf hinweisen, daß die weibliche Aufmerksamkeit sich bereits mit 22 Monaten auf das physische Selbst zu richten beginnt. Die zweite Kategorie von Ereignissen, die bei Frauen wahrscheinlich Scham auslösen, umfaßt das Versagen in zwischenmenschlichen Beziehungen, das heißt im Umgang mit der Bezugsgruppe, Freunden, Ehemännern, Eltern und Kindern. Diese zweite Kategorie ist offensichtlich sehr allgemein. Sie spiegelt das Interesse und die Sorge, die Frauen in bezug auf Beziehungen haben. Hier ist die Anmerkung wichtig, daß das von Gilligan beschriebene moralische Gefühl von Frauen mehr von ihrer Beziehung zu anderen beeinflußt wird und davon, wie andere sich fühlen und reagieren könnten, als von inneren Normen und Regeln. Die moralischen Normen von Frauen gehen also mit den Situationen konform, die bei ihnen wahrscheinlich Scham auslösen. Interessanterweise erhielt das Versagen in zwischenmenschlichen Beziehungen, das von Männern oft als scham-auslösende Situation genannt wurde, bei ihnen trotzdem keine übermäßig hohe Bewertung; es gehörte nicht zu ihren vier häufigsten Antworten.

Obwohl ich glaube, daß die für Männer und Frauen prototypischen scham-auslösenden Situationen Sozialisationsunterschiede spiegeln, haben sie möglicherweise auch mit soziobiologischen Faktoren zu tun. Die körperliche Attraktivität von Frauen und die sexuelle Potenz von Männern zum Beispiel, die beide Scham auslösen, hängen auch mit dem Fortpflanzungserfolg zusammen.

Bis weitere soziobiologische Beweise vorliegen, bleibt die Sozialisation die wahrscheinlichste Erklärung für männlich/weibliche Scham-Unterschiede.[13] Es scheint klar, daß Frauen die Hüter der Familie sind und von Kindheit an mehr auf Verbundenheit und Liebe als zentrale Werte ausgerichtet werden, während Männer ein aggressiveres Verhalten schätzen, um in ökonomischen Systemen zu konkurrieren. Auch andere Sozialisationsfaktoren sind genannt worden.

Die bei Erwachsenen beobachteten geschlechtsspezifischen Unterschiede erscheinen in der Kindheit. Wie ich bereits gezeigt habe, reagieren die meisten Kinder mit Verlegenheit, wenn sie gelobt werden, aber Mädchen zeigen bei Exponiertheit signifikant mehr Verlegenheit als Jungen. Zudem zeigen Mädchen, wenn sie bei einer einfachen Aufgabe versagen, dreimal häufiger Scham als Jungen. In unserer Täuschungs-Studie stellten wir fest, daß Mädchen auf die Frage, ob sie trotz des Verbots nach dem Spielzeug geschaut hatten, eher logen als Jungen. Es gibt mehrere Erklärungen für die geschlechtsspezifischen Unterschiede beim Täuschen, unter anderem die Angst vor der Strafe des Versuchsleiters. Die Beobachtung des Gesichtsausdrucks zeigt jedoch, daß die Jungen, die das Gebot verletzten und auf die Frage des Versuchsleiters nicht reagierten, weniger Scham zeigten als die Mädchen, die nicht reagierten.

Die vielleicht wichtigsten Arbeiten über frühe geschlechtsspezifische Unterschiede stammen von Carolyn Zahn-Waxler und ihren Kollegen, die Kinder im Alter von ein und drei Jahren beobachteten.[14] Ihre Ergebnisse bestätigen die bei Männern und Frauen beobachtete unterschiedliche Sensibilität gegenüber anderen. Frauen sind im zwischenmenschlichen Bereich sensibler als Männer und legen bei zwischenmenschlichen Konflikten und Streß die Betonung auf die Beziehung. Sie können die Emotionen und die psychologischen Abwehrmechanismen anderer Menschen besser deuten und besitzen mehr Einfühlungsvermögen. Außerdem scheinen sie mehr Schuld zu empfinden, wenn sie anderen gegenüber aggressiv werden.[15] Auch die meisten Untersuchungen über die einfühlenden Reaktionen von Kindern auf den Kummer anderer zeigen geschlechtsspezifische Unterschiede.[16]

Ein weiterer interessanter geschlechtsspezifischer Unterschied, der bei der Untersuchung älterer Kinder zutage trat, betrifft die Einstellung bei schulischen Aufgaben; sie kann zu Hilflosigkeit oder zu Bemeisterung tendieren. Das hilflose Kind sorgt sich um die Erreichung des Leistungsziels und ist daher global auf sich selbst konzentriert, während das auf Bemeisterung ausgerichtete Kind am Lernen interessiert und daher spezifisch konzentriert ist. Mädchen neigen zu einer globalen, Jungen zu einer spezifischen Ausrichtung. Diese geschlechtsspezifischen Orientierungsunterschiede könnten die unterschiedliche schulische Leistung erklären.[17] Die Ergebnisse scheinen darauf hinzuweisen, daß Frauen einerseits global orientiert sind, andererseits aber mehr auf den anderen orientiert und einfühlender sind, was eine spezifische Attribuierung anzeigt. Dies deutet darauf hin, daß Frauen für Scham *und* Schuld anfälliger sind als Männer. Leider hält die frühe Literatur über geschlechtsspezifische Unterschiede Scham und Schuld meist nicht auseinander. Weil Frauen einfühlender sind als Männer und sich auf andere konzentrieren, könnte es sein, daß sie bei einem Versagen in zwischenmenschlichen Beziehungen das generelle Gefühl haben, schlecht zu sein. Dies müßte zu mehr Scham führen. Wenn dies zuträfe, besitzen wahrscheinlich auch die vorgeschlagenen geschlechtsspezifischen Unterschiede Gültigkeit.

Das Vorhandensein individueller Scham-Unterschiede führt zu einer ziemlich interessanten Möglichkeit: Menschen leben in unterschiedlichen emotionalen Welten, und dies führt zu zwischenmenschlichen Konflikten. Dies gilt besonders für heterosexuelle Paare, bei denen individuelle und geschlechtsspezifische Unterschiede zusammenkommen und den zwischenmenschlichen Konflikt fördern.

Paare und die Hypothese von den zwei Welten

Individuelle Verhaltensunterschiede in einer Zweierbeziehung können zu Schwierigkeiten führen, nicht weil einer »schuld« ist, sondern weil das Verhalten des anderen falsch verstanden und falsch interpretiert wird. Das folgende Beispiel veranschaulicht, was ich die Hypothese von den zwei Welten nenne. In diesem Beispiel und der anschließenden Erörterung habe ich männliches und weibliches Verhalten absichtlich klischeehaft dargestellt. Die Stereotype sollen nur die Diskussion erleichtern. Obwohl Wortwechsel oft eine typisch männlich-weibliche Form annehmen, gibt es keinen Grund für die Annahme, daß dies der Fall sein *muß* oder *immer* ist.

Ein Paar, das sich gestritten hatte, kam in meine Praxis. Der Mann, Charlie, erzählte die folgende Geschichte als Beispiel für ihre Schwierigkeiten. Am vergangenen Wochenende hatten sie ein Abendessen gegeben. Seine Frau Rita hatte den Tisch gedeckt und ein leckeres Essen zubereitet. Nachdem die Gäste gegangen waren, machte er ihr wegen des guten Essens Komplimente, aber dann sagte er ihr: »Schätzchen, verwende das Tischtuch nicht mehr. Es ist alt und abgenutzt.« Er erzählte, daß sie ziemlich wütend auf ihn wurde. Er konnte nicht verstehen, warum sie so wütend war, denn er hatte doch nur gesagt, daß ihm das Tischtuch nicht gefiel. Ohne daß er es wußte, hatte seine Äußerung seine Frau beschämt. Sie nahm im Zusammenhang mit ihrem Versagen eine globale Attribuierung vor, die zu Scham führte. Aufgrund ihrer Scham war sie wütend auf ihren Mann. Außerdem verstand sie nicht, daß er nicht merkte, daß er sie beschämte. Sie meinte, er habe sie absichtlich beschämt. Er erkannte an, daß er seine Frau kritisiert hatte, aber nicht, daß er sie beschämt hatte. Für ihn persönlich führte Kritik nicht zu Scham.

Später erzählte die Frau eine Geschichte über das Verhalten ihres Mannes. Bei einer anderen Gelegenheit, die auch damit zu tun hatte, daß sie bei sich zu Hause Gäste hatten, kaufte der Mann Blumen und stellte sie in einer Vase auf den Kaffeetisch. Nachdem die Gäste gegangen waren, kommentierte die Frau: »Benutze diese Vase nicht mehr, sie ist wirklich häßlich.« Seine Reaktion auf ihren Kommentar war ganz anders als bei dem Vorfall mit dem Tischtuch. Anstatt wütend zu werden, sagte er: »Ja, du hast recht; das nächste Mal nehme ich die blaue.«

Wir sehen, daß der Mann in diesem Fall keine Scham zeigte. Er reagierte auf sein Versagen mit Bedauern und vielleicht sogar mit Schuld. Er sah ein, daß er etwas falsch gemacht hatte, und dachte daran, den Irrtum zu berichtigen. Die Reaktion seiner Frau auf seine Besserungsabsicht verwirrte ihn. Sie sagte: » Charlie, warum hörst du mir nie zu?« Dies überraschte Charlie, denn er meinte, er habe ihr zugehört. Seine Antwort war: Rita, was meinst du mit dir zuhören? Ich kann jedes Wort wiederholen, daß du gesagt hast.«

Im Verlauf unserer Diskussion wurde mir klar, daß der Satz: »*Du hörst mir nicht zu*« sich nicht darauf bezog, ob er ihre Botschaft gehört hatte. Vielmehr bezog er sich auf seine Reaktion auf diese Botschaft. Anders als Rita, die Scham zeigte, wenn sie für ein erkanntes Versagen kritisiert wurde, bot Charlie Wiedergutmachung an. Wiedergutmachung ist ein eindeutiges Kennzeichen für Bedauern oder Schuld. Sie ist kein Kennzeichen für Scham. Rita wies durch ihren Kommentar: »Du hörst mir nicht zu« darauf hin, daß sie seine emotionale Reaktion nicht für korrekt hielt, das heißt, er spürte nicht dieselbe Emotion, die sie spürt, wenn der Fall umgekehrt liegt. Rita erkannte nicht, daß Charlie statt Scham Bedauern bzw. Schuld empfand, weil sie Bedauern bzw. Schuld nicht als legitime und sinnvolle Emotion betrachtete. Nebenbei sei bemerkt, daß Männer oft berichten, ihre Frauen gebrauchten den Ausdruck: »Du hörst mir nicht zu.« Ich bin sicher, daß diese Aussage mangelndes mitfühlendes Verständnis zeigt.

Das Problem dieses Paares war nicht unangemessene Scham und Pathologie. Ihre zwischenmenschlichen Probleme entstanden aus den individuellen Gefühlsunterschieden: Unter vergleichbaren Umständen empfinden Charlie und Rita unterschiedliche Emotionen. Rita wird bei einem Fehler Scham empfinden, Charlie dagegen Bedauern bzw. Schuld. Beiden war nicht bewußt, daß ihr Gefühlsleben so stark differierte. Weil sie es nicht wußten, konnten sie diesen Unterschied nicht überwinden. Falsch wahrgenommene emotionale Zustände aufgrund von individuellen emotionalen Unterschieden und die nur allzu menschliche Tendenz, anzunehmen, daß der andere fühlt, was ich fühlen würde, wenn ich an seiner Stelle wäre, sind die Ursache vieler getrübter Beziehungen.

Warum mißverstehen und mißdeuten sogar intim verbundene Menschen den emotionalen Zustand des anderen? Wir könnten behaupten, diesem Versagen liege irgendeine Pathologie in einem der Partner zugrunde. Oder wir könnten behaupten, daß sie sich nicht einfühlen und deshalb die Gefühle des anderen nicht verstehen. Aber das ist nicht wahrscheinlich. Ich behaupte statt dessen, daß nicht mangelndes Einfühlungsvermögen, sondern der Einfühlungsprozeß selbst zu Fehldeutungen führt. Rita zum Beispiel empfindet Scham und nimmt fälschlicherweise an, Charlie wüßte, daß sie sich schämt. Aufgrund dieser ersten Vermutung vermutet sie auch, daß er sie *absichtlich* beschämt, und reagiert auf sein aggressives Verhalten mit Zorn. Charlie dagegen vermutet aufgrund seiner Einfühlungsprozesse, daß Rita Bedauern oder Schuld empfindet, wenn er sie kritisiert, und erwartet, daß im Zusammenhang mit einer spezifischen Handlung irgendeine Wiedergutmachung stattfindet. Ihm ist nicht bewußt, daß er sie beschämt, und er versteht weder ihren Zorn auf ihn, nachdem er doch nur einen Vorschlag gemacht hat, noch ihre Beschwerde, er würde nicht zuhören. Die einfühlende Einstellung wird den zwischenmenschlichen Konflikt eher verstärken als vermindern.

In der Therapie wurde Charlie darauf hingewiesen, daß seine Kommentare Rita beschämten. Rita mußte verstehen, daß Charlie sie nicht beschämen wollte. Sie mußte auch lernen, daß es echt war, wenn er auf ihre Kritik mit Bedauern oder Schuld reagierte. Er *hörte* ihr zu, reagierte aber auf die ihm natürliche Art, nicht so, wie sie reagieren würde. Charlie sah schließlich ein, daß Ritas Zorn durch ihre Scham und ihre Überzeugung verursacht wurde, daß er sie absichtlich beschäme. Der Erfolg der Therapie bestand darin, daß sie sich ihrer unterschiedlichen emotionalen Reaktionen auf vergleichbare Situationen bewußt wurden.

Es scheint vernünftig anzunehmen, daß Ritas und Charlies Erfahrung sehr häufig vorkommt. Bei den meisten Paaren wird die Frau Attribuierungen vornehmen, die zu Scham führen, und der Mann Attribuierungen, die zu Bedauern und Schuld führen. Es gibt aber auch Paare, bei denen es umgekehrt ist. Für meine Analyse ist es wichtig, daß das Scheitern vieler Paare auf Mißverständnissen in bezug auf die jeweils unterschiedlichen emotionalen Empfindungen beruht. Daß ich spezielle männlich/weibliche Überzeugungen verwende, ist weniger wichtig. Auch bei gleichgeschlechtlichen Paaren oder Mitgliedern derselben Bezugsgruppe ist dieselbe Dynamik am Werk. Die Theorie ist ziemlich umfassend: Zweierbeziehungen scheitern oft nicht wegen der spezifischen Pathologien der beteiligten Partner, sondern weil die Partner die Hypothese von den zwei Welten nicht kennen und miteinander bewältigen. Da ein Gespräch über Scham für Menschen sehr schwierig ist (denken Sie an meine früher geäußerte Überzeugung, daß das Reden über Scham zu Scham führt), werden Mißverständnisse im Scham-Bereich nicht leicht behoben. Notwendig ist die hier vorgestellte Art von Analyse und Deutung, denn sobald solche Mißverständnisse verstanden wurden, können sie relativ leicht korrigiert werden, wie dieser Fall zeigt.

Die Zwei-Welten-Hypothese wirft auf eine ganze Reihe von Problemen ein neues Licht. Ich habe zum Beispiel von Studentinnen gesprochen, die unfähig sind, bei einem spezifischen Versagen im Kurs Kritik anzunehmen. An solchen Situationen sind oft ein männlicher Lehrender und eine weibliche Lernende beteiligt, das heißt zwei Menschen, von denen der eine das Versagen in bezug auf Scham und der andere das Versagen in bezug auf einen Fehler sehen wird, der mit dem Selbst nichts zu tun hat. Die von der Studentin empfundene Scham ist vom Lehrer nicht beabsichtigt; er möchte einfach darauf hinweisen, daß sie eine bestimmte Sache falsch gemacht hat, die der Korrektur bedarf. Weil der Lehrer den Attribuierungsprozeß nicht versteht, ist er wahrscheinlich nicht in der Lage, sich in den Kummer der Studentin, ihren Rückzug oder ihr Unvermögen, die Aufgabe fertigzustellen, einzufühlen. Wenn der Lehrer verstehen würde, daß er unabsichtlich in der Studentin Scham erzeugt, könnte er sein Verhalten so verändern, daß sie durch die Kritik lernt, anstatt wegen ihrer Scham-Empfindung nicht zu lernen.

Es gibt unzählige Beispiele für die Hypothese von den zwei Welten. Eins möchte ich noch kurz erwähnen, bevor ich dieses Konzept auf allgemeinere Beziehungen zwischen Männern und Frauen anwende.

Ein Mann und seine Frau diskutieren angeregt irgendeine intellektuelle Vorstellung. Sie streiten heftig, mit lauten Stimmen. Voll in die Diskussion vertieft, verteidigt jeder eine bestimmte Position. Im Verlauf der Diskussion sagt die Frau plötzlich:»Warum redest du so mit mir?«

Die Verlagerung des Aufmerksamkeitsschwerpunkts vom diskutierten Thema auf die zwischenmenschliche Beziehung weist im allgemeinen auf eine Scham-Empfindung hin. Ich bezeichne diese Bewegung als *Personalisierung der Interaktion*. Ein Partner konzentriert sich nicht mehr auf die Diskussion an sich, sondern auf die Unterschiedlichkeit. Die Konzentration auf die Unterschiedlichkeit wird zur Grundlage eines Selbstbewertungsprozesses. Im obigen Beispiel wurde die Beweisführung des Mannes vielleicht zu heftig oder zu laut. Die Frau hört auf, sich auf den Inhalt der Bemerkungen ihres Mannes zu konzentrieren, und beginnt, deren Ton zu registrieren. Sie beschließt, daß der Ton sie herabsetzt (auch wenn er nicht so gemeint war), und empfindet Scham. Der Mann weiß nichts von dieser inneren Entwicklung und ist deshalb auf die Anklage seiner Frau, die für ihn aus dem Nichts zu kommen scheint, überhaupt nicht gefaßt. Die sich ergebende Unstimmigkeit beruht zwar auf der heftigen Beweisführung des Mannes und der Personalisierung der Frau, wird aber durch ihrer beider Unwissenheit über das Gefühlsleben des anderen veranlaßt.

Der Psycho-Krieg der Geschlechter

Dieser bei Paaren registrierte geschlechtsspezifische Unterschied scheint ein allgemeiner Unterschied zu sein. Männer denken, daß Frauen zu sensibel sind, und Frauen denken, daß Männer zu aggressiv sind. Diese unterschiedlichen Ansichten beruhen auf ihren unterschiedlichen Reaktionen auf Scham. Sehen wir uns rein männliche Interaktionen an. Männer in Gruppen neigen häufig zu einem sehr aggressiven Verhalten gegen andere Gruppenmitglieder. Bei jungen Männern wird dieses aggressive Verhalten als »Frotzeln« bezeichnet. Frotzeln besteht darin, zu einem anderen Grobheiten zu sagen oder sich über ihn lustig zu machen. Als ich in New York City aufwuchs, lernten junge Männer das Frotzeln und Befrotzelt-Werden als Teil der Interaktion ihrer Bezugsgruppe. Ich kann mich nur an wenige Fälle erinnern, bei denen Frotzeln bei den Mitgliedern meiner Bezugsgruppe zu Aggressionen führte. Obwohl es für meine Ansicht keine Beweise gibt, vermute ich, daß Frotzeln keine Scham bewirkt, entweder aufgrund seines Wesens oder aufgrund des männlichen Trainings, bei einem Versagen keine globalen Attribuierungen vorzunehmen. Männer vermeiden diese Art von Verhalten im allgemeinen nicht; oft macht sie ihnen sogar Spaß. Frotzeln kommt weder bei heranwachsenden noch bei erwachsenen Frauen vor. Wenn es stattfinden würde, würde es als beleidigend und schmerzlich angesehen werden. Frauen würden es als schlechtes Benehmen betrachten, weil es unangenehme Gefühle einschließlich Scham und Erniedrigung bewirken könnte.

Das Frotzeln ist ein einfaches Beispiel für die Schwierigkeiten, die Männer und Frauen haben, wenn sie zusammenkommen. Männer empfinden Frotzeln nicht als negativ, und es löst keine offenkundige Scham aus. Dies gilt jedoch nicht für Frauen. Wenn Männer Frauen gegenüber mit einem Frotzel-Verhalten beginnen, werden die Frauen dieses Verhalten als Aggression interpretieren und glauben, daß die Männer sie erniedrigen und verletzen wollen. Die Männer, die dieses Verhalten gewöhnt sind, bemerken nicht, daß es Schmerz und Scham verursacht. Sie sind von der Reaktion der Frauen überrascht. Beide Parteien der Interaktion produzieren also klischeehafte Beschreibungen von Männern/Frauen. Männer werden als aggressiv und brutal betrachtet; Frauen gelten als übersensibel und kindisch. De facto trifft kein Klischee zu.

Die Hypothese von den zwei Welten ist auch nützlich, wenn wir uns die Interaktionen von Gruppen ansehen. Ich bin besonders auf die Unterbrechungsmuster bei Unterhaltungen und öffentlichen Zusammenkünften aufmerksam gemacht worden. Männer reden bei Besprechungen und anderen öffentlichen Versammlungen mehr. Dieses Ergebnis überrascht angesichts der allgemeinen Überzeugung, daß Frauen redseliger, geselliger und sozialer sind als Männer. Die von Männern und Frauen akzeptierte Erklärung für die Gesprächsdominanz von Männern in Gruppen lautet, daß Männer aggressiver sind als Frauen. Männer sind weniger bereit als Frauen, von ihrer Meinung abzuweichen, und werden andere Sprecher eher unterbrechen. Unsere Analyse der Unterbrechungsmuster zeigt jedoch, daß Männer andere Männer genauso unterbrechen wie Frauen. Außerdem weichen Männer durchaus von ihrer Meinung ab. Mögliche Erklärung: Männer sind anderen Männern gegenüber kollegialer als gegenüber Frauen und weichen anderen Männern gegenüber von ihrer Meinung ab. Diese Vorstellung erhärtet die stereotypen Geschlechtsunterschiede. Obwohl eine solche Hypothese erwägenswert ist, gibt es auch Alternativen: Ich behaupte insbesondere, daß Männer mehr als Frauen sprechen, nicht weil sie aggressiv sind, sondern weil sie sich bei einem Versagen weniger mit einer globalen Selbstbewertung beschäftigen. Wenn meine Deutung der geschlechtsspezifischen Unterschiede bei Exponiertheit und Attribuierung zutrifft, hat ein Versagen für Männer weniger schwerwiegende Folgen als für Frauen.

Männer reden bei öffentlichen Zusammenkünften mehr als Frauen, aber nicht, weil sie aggressiver sind oder eher unterbrechen oder sich zusammenschließen, um die Frauen am Reden zu hindern. Vielmehr könnte man die Hypothese aufstellen, daß der Attribuierungsstil von Frauen und ihre Beschäftigung mit der Exponiertheit des Selbst die wahre Ursache dafür sind, daß sie weniger reden. Vielleicht schränken Frauen sich durch ihre Attribuierungsprozesse selbst ein. Diese Attribuierungsprozesse werden durch das Verhalten der Männer erleichtert. Wie ich oben gesagt habe, widersprechen Männer den Aussagen anderer – Männer und Frauen – eher. Männer werden also wahrscheinlich dem widersprechen, was Frauen sagen. Weil Frauen bei einem Versagen eher globale Attribuierungen vornehmen, hemmt die Drohung eines solchen Versagens bestimmte Verhaltensweisen, in diesem Fall das öffentliche Sprechen.

Zur Erhärtung dieser radikalen Hypothese sind sicher weitere Beweise erforderlich. Wie ich gesagt habe, reagieren Männer und Frauen auf Scham nicht gleich. Beschämte Frauen werden eher depressiv, beschämte Männer eher zornig. Eine Depression führt im allgemeinen dazu, daß das Reden aufhört, während Zorn möglicherweise das Reden fördert. Es ist sehr viel einfacher, unsere Klischees zu behalten und zu glauben, daß Männer aggressiver sind als Frauen und so deren Hemmung verursachen. Es ist jedoch offensichtlich, daß der Hemmung von Frauen ein eigenständiger dynamischer Prozeß zugrunde liegen muß, der teilweise von Männern unabhängig ist. Obwohl am Vorgang der Selbstbewertung und Attribuierung andere beteiligt sind, wird der Attribuierungsprozeß selbst vom einzelnen und nicht vom Paar vorgenommen. Dazu ein Beispiel: Ein Paar geht abends mit einem anderen aus; ein Paar-Teil schämt sich hinterher seines betrunkenen Verhaltens und möchte das andere Paar nicht wiedersehen; jemand anders fühlt in derselben Situation Bedauern und möchte die Beziehung wieder in Ordnung bringen. Genauso können Frauen, die den üblichen weiblichen Attribuierungsstil verwenden, sich selbst behindern. Daß Männer anderen Männern und Frauen gegenüber aggressiver sind, kann nicht geleugnet werden. Trotzdem ist es unwahrscheinlich, daß dies die einzige Ursache für das Verhalten der Frauen ist. Der historische Statusunterschied zwischen Männern und Frauen beruht möglicherweise zu wesentlichen Teilen auf Unterschieden bei der Erzeugung von Scham. Männer sind eher in der Lage, bei Frauen Scham zu erzeugen, als Frauen bei

Männern. Wenn dies zuträfe, wären Männer nicht deshalb dominant, weil sie aggressiv sind (was zutrifft), sondern weil sie in anderen Scham erzeugen können, ohne selbst leicht beschämt zu werden. Die Tatsache, daß Männer als aggressiv und Frauen als nicht-aggressiv betrachtet werden, wird am besten im Kontext der Scham-Unterschiede verstanden. Auch hier läßt die Kenntnis der Hypothese von den zwei Welten uns die Dynamik von Menschen in sozialen Kontexten verstehen.

Pathologische Scham und Paare

Die Beschäftigung mit den zuweilen schwierigen Beziehungen von Erwachsenen sollte nicht eine unangemessene individuelle Scham-Anfälligkeit oder individuelle Aggressionsunterschiede zeigen, sondern individuelle Unterschiede, aufgrund deren die Geschehnisse in der Psyche des anderen nicht richtig eingeschätzt werden. Es gibt jedoch ein paar zwischenmenschliche Dynamiken, die ihrem Wesen nach pathologischer sind. Ein oder beide Partner der Zweierbeziehung haben ein gravierendes Problem mit übermäßiger Scham.

Streit, weil nicht genug getan wird

Der folgende Fall einer Scham/Zorn-Situation zeigt, wie die pathologische Scham-Anfälligkeit eines Partners einen Streit herbeiführte.

David mußte auf eine längere Geschäftsreise gehen, und es tat ihm leid, seine Frau Carol zu verlassen. Nach drei Wochen Trennung rief David Carol an. Im Verlauf der Unterhaltung sagte er: »Bei meiner nächsten Reise möchte ich nicht alleine fahren. Ich vermisse dich, und es gefällt mir nicht, daß du nicht bei mir bist.« Aus Davids Sicht war diese Äußerung ein Zeichen seiner Liebe zu Carol. Carol jedoch, die schamanfällig war, verstand seine Worte nicht als Äußerung der Liebe, sondern als Forderung. Ihre Reaktion war: »Ich kann nicht mit dir auf deine nächste Reise geben. Ich habe mein eigenes Leben, und ich muß tun, was ich zu tun habe.« Sie sagte dies in ärgerlichem Ton. Nun wurde wiederum David ärgerlich; er war verletzt, weil er mit seiner zärtlich gemeinten Äußerung abgeblitzt war. Die Unterhaltung war schnell zu Ende, und Mann und Frau fühlten sich schlecht.

Eine Analyse dieser Situation offenbart verschiedene interessante Merkmale. Carol verstand Davids Äußerung als Forderung; deshalb war aus ihrer Sicht die ärgerliche Reaktion gerechtfertigt. In der Therapie konnte Carol erkennen, daß ihre ärgerliche Reaktion auf Davids positive Erklärung auf Scham hinwies. Weil sie sich leicht schämte, war sie durch seinen Wunsch, den sie nicht befriedigen konnte, beschämt. Korrekterweise sagte sie, sie würde oft ärgerlich werden, wenn sie das Gefühl habe, bei zwischenmenschlichen Verpflichtungen versagt zu haben. Carol ersetzte ihre uneingestandene Scham durch Zorn.

Davids Reaktion auf Carol erhellt ebenfalls die Scham/Wut-Spirale. Nachdem er seine Liebe zu und sein Bedürfnis nach Carol erklärt hatte, war er über ihre Reaktion erstaunt und verärgert. In der Therapie wurde ihm bewußt, daß auch seinem Zorn Scham vorausging. Bei ihm wurde die Scham durch die Zurückweisung seiner Liebeserklärung hervorgerufen: Zorn zwar seine Art, mit dieser uneingestandenen Scham fertigzuwerden. Die Spirale wurde durch Carols Scham-Anfälligkeit in Gang gesetzt, aber David trug ebenfalls dazu bei. Sie wurde zu dem Material, auf dem viele ihrer zwischenmenschlichen Schwierigkeiten beruhten, die nur zum Teil auf Carols Scham-Anfälligkeit zurückzuführen waren.

Scham und Schweigen

Zwischenmenschliche Schwierigkeiten im Zusammenhang mit Scham finden sich nicht nur in Situationen, in den die Scham/Wut- oder die Scham/Depressions-Achse aktiviert werden. Das folgende Beispiel zeigt eine Scham/Scham-Interaktion. Denken Sie daran, daß ich früher gesagt habe, daß Scham in anderen Menschen Scham auslösen kann. Die Scham, die durch ein Versagen in der Öffentlichkeit entsteht, beschämt nicht nur den Vortragenden, sondern auch das Publikum. Der in Kapitel 1 vorgestellte Fall von Paul und seinem Vater ist ein perfektes Beispiel für ansteckende Scham. Im folgenden Fall zeigt sich die Ansteckung bei einem Paar, das ein sexuelles Problem hatte.

Ein Sexualtherapeut hatte einen Mann und dessen Frau, die wegen einer sexuellen Dysfunktion an ihn verwiesen worden waren, getrennt zu Gesprächen empfangen. Auf Befragen stellte er fest, daß der Mann an einer vorzeitigen Ejakulation litt. Die Frau, die bei der Heirat ziemlich unerfahren war, meinte, das Problem ihres Mannes würde durch ihre Unerfahrenheit hervorgerufen. Weil beide Partner sich für ihr Verhalten schämten, versuchten sie, jeden sexuellen Kontakt zu vermeiden. In den letzten neun Monaten hatten sie jegliche sexuelle Aktivität vermieden. Sie waren sehr glücklich zusammen, solange die fehlende Sexualität nicht zum Thema gemacht wurde. Die Schwierigkeiten ergaben sich, nachdem die Frau angekündigt hatte, daß sie ein Kind wolle, und deshalb suchten sie therapeutische Hilfe.
Der Therapeut versuchte, Mann und Frau dazu zu bewegen, über Sexualität zu sprechen. Aber keiner von beiden war in der Lage, das Thema anzuschneiden. Trotz Zuredens waren beide nur zu minimalsten Äußerungen über ihr Sexualleben zu bewegen. Nachdem die Therapie zwei Monate lang erfolglos geblieben war, schlug der Therapeut vor, sie zu beenden, weil die Partner nicht über ihr

Problem sprechen konnten. Weil die Frau ein Kind wollte, schien diese Drohung sie so zu aktivieren, daß sie schließlich über ihre Gefühle sprach. In einer wichtigen Sitzung offenbarte sie, wie sehr sie sich wegen der mangelnden Kontrolle ihres Mannes schämte. Daß sie über ihre Scham sprach, half ihrem Mann, von seiner Scham über seine vorzeitige Ejakulation zu sprechen. Durch das Gespräch über die Scham und das Brechen des mit dieser scham-vollen Erfahrung zusammenhängenden Schweigens konnte das Paar sich mit dem unmittelbaren Problem der sexuellen Dysfunk-tion beschäftigen. Sobald die Scham offengelegt worden war, konn-ten verschiedene sexuelle Techniken erörtert werden. Die Sexual-therapie war schließlich erfolgreich. Sobald die Erörterung der beiderseitigen Scham stattgefunden hatte, konnte das sexuelle Prob-lem selbst bewältigt werden.

Dieser Fall zeigt eins der heimtückischsten Merkmale der Scham, nämlich die mit ihr zusammenhängende Verdrängung und Leugnung. Solange der Therapeut das Paar nicht dazu bringen konnte, über die mit seiner dysfunktionalen Interaktion zusammenhängenden Gefühle zu sprechen, war an eine Auflö-sung der Dysfunktion nicht zu denken. Das mit der Scham von zwei Menschen zusammenhängende Schweigen ist unerträg-lich. Es ist wie eine Barriere, wie eine Mauer für Freiheit und Ausdruck der Beteiligten. Suzanne Retzinger hat in einer Ab-handlung über Ehekonflikte geschrieben: »Isolation und Scham sind nicht voneinander zu trennen. Wenn die Scham nicht ein-gestanden wird, ist es fast unmöglich, die Verbindung in Ord-nung zu bringen. Uneingestandene Scham erzeugt ein sich selbst verewigendes Gefängnis. Wenn man dieses Gefühl auf-grund von Scham vor dem anderen verbirgt, erzeugt es weitere Scham, die wiederum das Gefühl der Isolation verstärkt.«[18]

Generationsübergreifende geschlechtsspezifische Scham-Unterschiede: Neubetrachtung des Ödipus-Mythos

Scham kann zum Verständnis der Konflikte zwischen den Generationen beitragen. Wenn die Scham-Sozialisation bei Männern und Frauen verschieden ist, könnte es der Fall sein, daß Mutter-Sohn-, Vater-Sohn-, Vater-Tochter- und Mutter-Tochter-Beziehungen von diesem Faktor beeinflußt werden. Erinnern Sie sich daran, daß Frauen ihre Scham eher eingestehen als Männer und bei uneingestandener Scham eher mit Depression (Trauer) als mit Wut (Zorn) reagieren. Wie wir am Beispiel Erwachsener gesehen haben, beeinflußt diese Zwei-Welten-Perspektive die Beziehungen zwischen den Geschlechtern. Vermutlich ist sie auch zwischen Eltern und Kind am Werk.

Söhne und Mütter

Ich glaube, daß Mütter ihre Söhne so erziehen, daß diese Scham offen zeigen und bei uneingestandener Scham eher Trauer als Zorn äußern. Da der Junge gleichzeitig auf seine Rolle als Mann hin erzogen wird, müßte zwischen Mutter und Sohn Unstimmigkeit und Konflikt herrschen: Die Mutter möchte, daß ihr Sohn mehr Scham äußert, während ihr Sohn weniger Scham fühlen und äußern möchte, und beiden ist dies nicht bewußt. Dieser Konflikt nimmt viele Formen an, sein Ergebnis ist aber auf jeden Fall, daß der Sohn sich von der Mutter entfernt; seine Äußerungen angesichts ihres Wunschs, ihn »als Baby zu behandeln« und in Abhängigkeit zu halten, weisen auf diesen Konflikt hin. Bei einer Langzeitstudie haben wir Heranwachsende über die Beziehung zu ihren Eltern befragt. Ein durchgängiges Thema der Jungen war, daß »ihre

Mütter wollten, daß sie sich besser benehmen«. Fragen nach der Bedeutung dieser Beschwerden im Hinblick auf zwischenmenschliche Beziehungen ergaben, daß die Mütter wollten, daß ihre Söhne ihnen gegenüber offener wären und ihr unangemessenes Verhalten zugäben. Obwohl ich nicht sicher sein kann, scheint dieses »ein unangemessenes Verhalten zugeben« damit zu tun zu haben, wie Jungen sagen, daß es ihnen leid tut, wenn sie eine Regel verletzt haben. Eine Mutter erzählte mir, sie habe ihren Sohn für »psychopathisch [gehalten], weil ihm sein Verhalten nie leid tat«. Wenn unsere Ergebnisse über erwachsene Paare auf Mütter und Söhne anwendbar sind – was ich glaube –, sitzen Mütter und Söhne in einer Mißverständnisfalle fest, die auf ihrer geschlechtlichen Identität und unterschiedlichen Emotionen beruht. Jungen, die eine elterliche Norm verletzen, äußern wahrscheinlich Bedauern oder Schuld und den Wunsch nach Wiedergutmachung. Die Mütter jedoch, die die Verletzung aus der Sicht der Frauen sehen, erwarten von den Jungen Scham. Zeigt sich keine Scham-Reaktion, meinen sie, das Vergehen tue dem Sohn nicht wirklich leid. Mit anderen Worten: Ohne es zu wissen, versucht die Mutter, ihren Sohn zu den Gefühlen zu veranlassen, die eine Frau (sie selbst) fühlen würde, aber der heranwachsende Junge empfindet das erwünschte Schamgefühl als unangenehm und nicht vereinbar mit der männlichen Rolle, um deren Erwerb er ringt.

Dieser Scham-Generationskonflikt müßte auftreten, sobald die Scham und ihre Sozialisation erscheinen. Da wir festgestellt haben, daß dies mit ungefähr drei Jahren der Fall ist, habe ich Grund zu der Annahme, daß der mütterliche Versuch, einem männlichen Kind einen weiblichen Gefühlszustand aufzuzwingen, mit dem sogenannten ödipalen Konflikt zu tun hat, der zum gleichen Zeitpunkt einsetzt. Das männliche Kind ringt um Autonomie und Scham-Reduzierung (Eriksons dritte Phase), während seine Mutter versucht, es so zu sozialisieren, daß nicht

Leistung und Schuld, sondern zwischenmenschliche Beziehungen und Scham sein soziales Leben bestimmen. Der Sohn, der Fürsorge und Zuneigung der Mutter weiterhin braucht, ist von ihr zugleich angezogen und – aufgrund seiner männlichen Rollenbedürfnisse – abgestoßen. Die genannten Ziele sind unvereinbar und führen zu einem intensiven psychischen Konflikt. Die Form dieses Konflikts zeigt sich etwa an folgendem Beispiel:

Ein acht Jahre alter Junge möchte nach draußen gehen und mit seinem Freund spielen. Seine Mutter sagt: »Ich möchte, daß du drinnen bleibst. Spiel mit Tommy [dem fünf Jahre alten Bruder], er ist krank.« Der Junge erwidert: »Nein, ich will raus.« Sie sagt: »Tommy wird traurig sein, er ist allein.« Der Junge wird zornig. Der Zorn zeigt nicht nur seine Frustration angesichts des Spielverbots, sondern vermutlich auch seinen Ärger darüber, daß die Mutter versucht, ihn dazu zu bringen, daß er sich schämt.

Töchter und Mütter

Zwischen Töchtern und Müttern müßte der Scham-Konflikt und seine Äußerung eigentlich weniger heftig sein als zwischen Müttern und Söhnen. Für diese geringere Intensität gibt es zwei Gründe; der offensichtlichste ist, daß zwischen Mutter und Tochter kein geschlechtsspezifischer Unterschied besteht, der ihre Interaktion kompliziert. Von Töchtern genauso wie von ihren Müttern wird erwartet, daß sie mehr Scham empfinden und sie auf eine der weiblichen Rolle entsprechende Weise ausdrücken. Die typische Tochter hat im Hinblick auf die Scham und ihre Sozialisation mit ihrer Mutter keine Konflikte. Wenn sie welche hat, betreffen sie den Zorn über die Beschämung. Für eine Tochter kann es sehr schwierig sein, sich mit dem im Zusammenhang mit Scham auftretenden Zorn zu beschäftigen, denn er kann an sich schon beschämend sein. Dieses Auftauchen von Zorn ist in der neueren feministischen Literatur diskutiert worden.[19]

Weil die Rolle der Frau zur Zeit einem starken Wandel unterliegt, müßte die Bewältigung der Scham und ihrer Manifestationen für Mädchen schwieriger werden. Die mit Scham zusammenhängenden Attribuierungen und die Sozialisationsprozesse brauchen kein typisch weibliches oder männliches Verhalten. Es gibt keinen Grund für die Annahme, daß die Unterschiede genetisch bestimmt sind. Sie sind rollenbestimmt und daher offen für Veränderungen. Aufgrund der Veränderungen der weiblichen Rolle in den letzten 25 Jahren müßten einige der bei Müttern und Söhnen festgestellten Konflikte auch bei Müttern und Töchtern auftreten. Bei unserer Untersuchung äußerte sich ein heranwachsendes Mädchen, das sehr leistungsorientiert und noch nicht an Jungen interessiert war, zum Verhalten der Mutter ähnlich wie die Jungen. Es sagte, es sei sehr schwierig, einen Streit mit der Mutter beizulegen, weil es das Gefühl hatte, die Mutter würde seine Entschuldigung nicht für aufrichtig halten. Ich vermute, daß die Heranwachsende ihrer Mutter gegenüber Bedauern, nicht Scham zum Ausdruck brachte.

Im allgemeinen jedoch ändern die Rollen sich nicht so stark, wie wir meinen. Die Rollenähnlichkeit macht die Auseinandersetzung über Scham-Themen weniger konfliktreich. Mutter-Tochter-Beziehungen bleiben wahrscheinlich nicht nur wegen der Rollenähnlichkeit intimer, sondern auch, weil beide Parteien Scham ähnlich empfinden und beim Ersetzen dieser Emotion denselben Regeln folgen. Denn wenn Söhne und Mütter sich mit Scham auseinandersetzen müssen, reagieren die Jungen im allgemeinen auf ihre Scham mit Zorn, ihre Mütter dagegen mit Trauer. Die Äußerung dieser gegensätzlichen Emotionen bringt sie auseinander. Mädchen und ihre Mütter bringt die

Äußerung von Trauer jedoch näher zusammen. Auch wenn die Tochter zornig ist, wird dieser Zorn wahrscheinlich zu Scham führen, und diese Kombination verbindet sie eher, als daß sie sie trennt.

Scham beeinflußt eine Mutter und ihre Kinder unterschiedlich, je nachdem, ob es Söhne oder Töchter sind. Söhne werden durch den Scham-Konflikt von der Mutter getrennt, während es bei Töchtern keinen Konflikt gibt, so daß die Bewältigung der Scham dazu beiträgt, Kind und Mutter aneinander zu binden. Dieser Konflikt ist mit der Sexualität von Vater/Mutter/Kind in Zusammenhang gebracht worden. Ich verbinde ihn lieber mit dem Thema Selbst, Selbstvorwürfe und damit einhergehenden Emotionen.

Väter und ihre Kinder am Beispiel von Bambi

Die Analyse der kindlichen Entwicklung läßt die Väter nur eine minimale Rolle spielen. Obwohl Männer im allgemeinen nicht die primären Betreuer sind, sollte ihre Rolle bei der Kindererziehung nicht bagatellisiert werden. Väter haben direkte und indirekte Rollen; durch ihre Interaktionen mit ihren Kindern und durch ihre Interaktionen mit ihren Frauen, den Müttern ihrer Kinder, üben sie einen bedeutenden Einfluß aus. Die Rolle des Vaters ist wichtig und weniger passiv, als das Klischee meint. Neuere Arbeiten verschiedener Autoren zeigen den Einfluß des Vaters in der Kindheit, und auch über seine Bedeutung während der Adoleszens gibt es zahlreiche Informationen.[20] Der Vater spielt im Leben seines Kindes eine zunehmend wichtige Rolle. Im generationsübergreifenden Scham-Konflikt sind Väter besonders wichtig.

Viele von uns erinnern sich an Walt Disneys Film *Bambi*. Als Bambi ein Heranwachsender ist, wird seine Mutter, die ihn aufgezogen hat, von Jägern getötet, die auch die Wälder in Brand setzen. Die Tiere fliehen und Bambi, der dem Tode geweiht zu sein scheint, wird durch das rechtzeitige Auftauchen seines Vaters gerettet, der ihn in Sicherheit bringt. Das Erscheinen von Bambis Vater und die Rettung seines Sohns kennzeichnen zum Teil die Rolle, die der Menschen-Vater beim Kampf seines Sohnes zwischen Autonomie und Scham spielt. Väter sind durch ihr Verhalten und ihr Tun Vorbilder und Verbündete ihrer Söhne. Die Rolle des Vaters besteht darin, den Sohn vom Scham-Konflikt mit der Mutter wegzubringen und gleichzeitig die Aggression von Mann zu Mann zu trainieren. Während ersteres den meisten Vätern gelingt, haben sie bei der zweiten Aufgabe leider weniger Erfolg. Väter und Söhne überwinden Scham auf ihre Weise. Aufgrund ihrer Scham-Zorn-Achse drehen ihre Interaktionen sich eher um Zorn. Wenn ihnen die Überwindung der Scham-Zorn-Scham-Achse gelingt, ist eine lebenslange Verbindung sichergestellt. Wenn sie nicht gelingt, muß der Sohn sich von beiden Eltern trennen, aber aus unterschiedlichen Gründen.

Die Vater-Tochter-Beziehung ist am schwierigsten zu beschreiben, denn der Vater braucht nicht als Vorbild zu dienen, um die Tochter vom Scham-Konflikt mit der Mutter wegzubringen. Vielleicht spielt er aber trotzdem eine gewisse Rolle.[21] Wie die Zwei-Welten-Hypothese zeigt, sind zudem die Schamgefühle von Vater und Tochter verschieden, und deshalb werden sie kaum in der Lage sein, für ihre Scham einen gemeinsamen Nenner zu finden. Die Hauptrolle des Vaters besteht wahrscheinlich darin, als Modell für die anderen Männer zu fungieren, mit denen die Tochter in Kontakt kommen wird. Aber weil die beiden den Scham-Konflikt nicht überwinden können, ist der Vater als Vorbild für spätere gelungene Männer-Beziehungen nicht besonders hilfreich. Dies gilt dann, wenn die Töchter die traditionelle weibliche Rolle beibehalten. Wenn sie die emanzipiertere Rolle übernehmen, hat der Vater eine ähnliche Funktion wie bei seinem Sohn. Es ist festgestellt worden, daß besonders erstgeborene weibliche Kinder eine stärkere Bindung an ihren Vater haben und sich mehr mit ihm identifizieren als mit der Mutter. In diesem Fall spielt der Vater im Konflikt zwischen Mutter und Tochter eine ähnliche Rolle wie bei seinen Söhnen.

11
Scham zu anderen Zeiten und
an anderen Orten

Es gibt zwei Meinungen über Emotionen. Die eine nenne ich die *universelle* Meinung; sie geht davon aus, daß Emotionen an verschiedenen Orten auf der Welt und zu verschiedenen Zeiten in der Geschichte dieselben sind. Universalisten denken, daß die Dinge so, wie sie hier und jetzt sind, immer waren und immer sein werden; sie mögen unterschiedlich erscheinen, aber sie sind es nicht. Universalisten behaupten, daß Schamgefühle aus was für Gründen auch immer dieselben sind, egal ob Sie ein zehn Jahre altes amerikanisches Kind oder ein 40 Jahre alter amerikanischer Erwachsener sind, oder auch ein 40 Jahre alter Inder, Balinese oder Japaner. Was Scham auslöst, wie sie ausgedrückt wird und ob Sie sich mit ihr beschäftigen oder nicht, mag differieren, aber das Scham*gefühl* selbst wäre – wenn wir es messen könnten – immer und in jeder Kultur dasselbe.

Das, was ich die *relative* Meinung nenne, geht davon aus, daß Emotionen im Lauf der Zeit und von Kultur zu Kultur verschieden sind. Relativisten betonen die Unterschiede. Sie glauben, daß Gefühlszustände mit dem zusammenhängen, was sie verursacht. Die Gefühle ändern sich je nach Ihrem Alter, Ihrer Art sie zu äußern, und je nachdem, ob Sie sie empfinden oder nicht. Scham über eine Handlung, die Ihre soziale Gruppe spaltet, Scham über aggressive Impulse und Scham über Ihr individuelles Versagen bei einer Aufgabe sind verschiedene Gefühle. Scham bei einer Zehnjährigen ist ein anderes Gefühl als Scham bei einer Erwachsenen.

Die universalistisch-relativistische Debatte durchsetzt das Studium der Kulturen und der Geschichte und färbt die Auseinandersetzung über das Wesen des Selbst und der Gefühle. Irving Hallowell, ein Universalist, behauptet, daß alle Menschen irgendwie an eine persönliche Identität glauben, die über die Zeit hinweg besteht und deren Grenzen das Individuum von anderen trennen.[1] Clifford Geertz dagegen behauptet aus relativistischer Sicht, daß die westliche Auffassung von der Person, »die uns so unkorrigierbar erscheint, im Kontext der Kulturen der Welt eine eher spezielle Vorstellung« ist.[2]

Alle Menschen sind sich in einigen wichtigen Bereichen ähnlich: Egal, wo oder wann wir existieren, wir müssen bestimmte wesentliche Aufgaben erledigen, etwa Essen, unsere Körperfunktionen regulieren, uns fortpflanzen und so weiter. Vielleicht noch wichtiger ist, daß wir dieselben körperlichen Merkmale haben. Ähnliche körperliche Strukturen führen logischerweise zu bestimmten Universalien. Am Gesichtsausdruck der primären Emotionen etwa ist eine Neuromuskulatur beteiligt, die in verschiedenen Kulturen und zu verschiedenen Zeiten gleich organisiert ist. Fröhliche Menschen zeigen überall und immer ein glückliches Gesicht – wenn sie bereit sind, ihre Freude mitzuteilen.

Ich bin ein Universalist, und deshalb meine ich, daß der Scham-Zustand an verschiedenen Orten und zu verschiedenen Zeiten derselbe ist. Ich habe über kulturelle Unterschiede gelesen, aber ich habe nichts gefunden, was die Ansicht in Frage stellt, daß Scham überall durch den Selbstvorwurf nach einem wichtigen Versagen des Selbst hervorgerufen wird. Ich behaupte außerdem, daß die Menschen aufgrund der Intensität und der abschreckenden Wirkung des Scham-Zustands überall versuchen, ihn loszuwerden, und zwar durch die bereits erörterten Prozesse – Lachen, Vergessen, Bekennen und das Ersetzen durch andere Emotionen.

Nicht universell ist die Art der internalisierten Normen, Regeln und Ziele, deren Verletzung Scham hervorruft. Sie verändern sich, wenn man andere Zeiten und Orte betrachtet. Auch die Wahrscheinlichkeit, daß man sich selbst verantwortlich macht, wenn man eine Norm nicht erfüllt, ist unterschiedlich, genauso wie die Art, Scham auszudrücken und sich von ihr zu befreien. Die Kultur ist sicher ein wichtiger Bezugsrahmen, der universellen Erfahrungen eine Bedeutung gibt.

In einer Reihe von Untersuchungen haben Jeannette Haviland und ich beobachtet, daß der Gesichtsausdruck von drei Monate alten Kleinkindern bei der Annäherung durch einen Fremden unterschiedlich war. Jungen tendierten dazu, die Augenlider zu senken, während Mädchen dazu neigten, die Augen weit zu öffnen. Dieselben geschlechtsspezifischen Unterschiede wurden registriert, wenn die Kinder Bilder mit geometrischen Mustern beobachteten. Die Verhaltensweisen schienen mit der Beobachtung neuer Dinge zusammenzuhängen. Aber was bedeuteten sie?
Wir fragten eine Gruppe von Erwachsenen, worauf offene Augen hinwiesen. Die Antworten variierten, aber die meisten nannten Interesse, Freundlichkeit, Offenheit, Einladung und Naivität. Eine Verengung, der Augen dagegen bedeutete für sie Argwohn, Feindseligkeit, Abwehr und Nachdenklichkeit.

Wenn wir das Bedeutungssystem der zeitgenössischen amerikanischen Gesellschaft auf das Verhalten dreimonatiger Kinder anwenden, erhalten wir also teilweise die (zugegebenermaßen langsam sich ändernden) männlich/weiblichen Stereotype. Wenn wir jedoch das Bedeutungssystem eines isolierten Volkes im Regenwald des Amazonas anwenden würden, wäre die Bedeutung dieser Verhaltensweisen möglicherweise ganz anders. Die bei amerikanischen Kindern beobachtete Bewegung der Augen kann keine andere Bedeutung haben als die, welche die amerikanische Kultur ihr gibt.
Die universalistische und die relativistische Ansicht schließen

sich nicht aus. Manche Universalien erscheinen nur auf der Ebene des Verhaltens; ihnen muß die Kultur eine Bedeutung geben. Andere Universalien hängen mit tieferen Strukturen zusammen, die eine bestimmte Bedeutung haben, aber auch in diesem Fall können verschiedene kulturelle Systeme ihnen eine verschiedene Bedeutung geben.

Obwohl das Selbst sich in Abhängigkeit von Zeit und Ort unterscheidet – ein Punkt, auf den wir zurückkommen werden –, gehört zu jedem Selbst-System das Wissen um und der Glaube an Normen – die Vorbedingung für die Auslösung von Scham. Wie sollte es anders sein? Alle Menschen leben in einer Welt mit anderen Menschen, einer Gemeinschaft mit festgelegten Normen für Handlungen, Gedanken und Gefühle. Alle Menschen bewerten ihre Handlungen anhand bestimmter Normen. Wenn Menschen versagen, suchen sie nach einer Ursache. Alle denkenden menschlichen Wesen kennen ungeachtet ihrer kulturellen Unterschiede Ursache und Wirkung. Wenn sie das Gefühl haben, versagt zu haben, suchen sie die Ursache in sich selbst, in anderen, im Wesen der Welt, so wie sie sie verstehen, im Wirken Gottes bzw. der Götter, im Schicksal oder im Zufall. Wenn sie beschließen, die Ursache ihres Versagens in sich selbst zu lokalisieren, und dies scheint zumindest manchmal wahrscheinlich, müssen sie sich auf etwas konzentrieren, was sie selbst falsch gemacht haben. Die Bezugnahme auf das Selbst kann sich auf einen Aspekt des Selbst beschränken, das »spezifische Selbst«, oder sich auf das ganze Selbst auswirken, das »globale Selbst«.

Das Wissen um bzw. der Glaube an das Selbst-System und seine Bedeutung spielt beim Scham-Prozeß eine entscheidende Rolle. Wie beeinflußt die Vorstellung von einem spezifischen Selbst im Gegensatz zu der von einem globalen Selbst unser Verständnis der Scham? Bis jetzt habe ich das Selbst und Scham im Rahmen der modernen westlichen Kultur erörtert. Alle Menschen sind in dem ihnen eigenen Bedeutungssystem angesiedelt: Ein Amerikaner hat ein Bedeutungssystem, das sich in vieler Hinsicht vom Bedeutungssystem eines Inders unterscheidet, und das Bedeutungssystem eines Hindu-Inders ist von dem eines Moslem-Inders verschieden. Ich möchte jetzt diesen Rahmen ausdehnen und Selbst und Scham zu anderen Zeiten und an anderen Orten untersuchen. Ein anderer Rahmen gibt uns vielleicht die Möglichkeit, unter anderem das Verschwinden der Hysterie und das Aufkommen neuer Störungen wie etwa Narzißmus und multiple Persönlichkeit zu verstehen.

Andere Orte

Die kulturellen Unterschiede zur Auffassung von der Person bzw. des Selbst sind sehr groß. Die moderne westliche Vorstellung vom Selbst ist nur eine von vielen. Trotzdem lösen die Situationen, die im Westen Scham auslösen, auf der ganzen Welt Scham aus. Angaben hierzu liefert die Arbeit der Kulturanthropologen, die viele Kulturen untersucht haben; ich beschäftige mich hier mit der Kultur der Javaner, der Balinesen, der Marokkaner, der Ilonget (auf den Philippinen), der Inder und der Japaner. Obwohl Unterschiede sichtbar werden, meine ich mit Geertz, daß »man sicher sagen kann, daß das Konzept einer Person in erkennbarer Form in allen sozialen Gruppen existiert«.[3]
Geertz' Darstellung des westlichen Konzepts der Person ist ein nützlicher Ausgangspunkt. Geertz zufolge begreift die westliche Tradition die Person als »begrenztes, einzigartiges, mehr oder weniger integriertes, motivationales und kognitives Universum, als dynamisches Zentrum von Erkenntnis, Emotion, Urteil und Handlung, das als unterscheidbares Ganzes organisiert ist und sich von anderen ›Ganzen‹ und dem sozialen und natürlichen

Hintergrund abhebt«. Als Europäer oder Amerikaner betrachten wir uns als einzigartig, als in Raum und Zeit begrenzte Einheit; diese Einheit kann unabhängig von anderen Einheiten definiert werden. Die Einheiten leben zusammen, aber nicht ineinander. Und obwohl jede Einheit aus Teilen besteht, sind diese Teile stark integriert.

Die multiplen Persönlichkeiten

Andere Auffassungen zur Person sind sicher möglich. Außerhalb der westlichen Tradition ist die Vorstellung multipler Persönlichkeiten ziemlich verbreitet. Für Javaner etwa besteht laut Geertz eine Person aus zwei Kategorien von Gegensätzen, einer inneren (»lair«) und einer äußeren (»batin«), die nichts miteinander zu tun haben. Wir könnten das innere Selbst als das subjektive Selbst und das äußere Selbst als das Verhalten des Selbst betrachten. Die beiden Aspekte sind unabhängig. Die mit einem guten Leben assoziierte Aufgabe besteht darin, jede einzelne in eine angemessene Ordnung zu bringen. Die Javaner haben eine »zweigeteilte Auffassung vom Selbst, das halb nichthandelndes Gefühl und halb nichtfühlendes Handeln ist«.[4] Geertz vergleicht die Kultur der Javaner mit der der Balinesen. Letztere stilisieren alle Aspekte der Individualität, so daß ihre Rollen als Individuen gedämpft bzw. verflacht werden. Sie definieren sich nicht als einzigartige Individuen, sondern als Teile einer Struktur innerhalb der größeren Kultur. Die Person wird als Repräsentation eines generellen Typs begriffen. Diese generellen Typen unterscheiden sich, und also auch das Selbst. Was wir als persönlichen Ausdruck oder charakteristische Aspekte erkennen würden, fehlt, denn die Balinesen definieren sich durch ein Netz von Rollen und werden durch es definiert. Sie sind zugewiesene Formen, die sich um eine Vielzahl von Positionen im Netzwerk drehen. Ein besonders aufschlußreiches Merkmal der balinesischen Kultur ist die Bedeutung der Geburtsordnung als Möglichkeit, Menschen zu kategorisieren. Es gibt vier Geburtsordnungen: die erste, die zweite, die dritte und die vierte. Alle Kinder werden einer dieser Positionen zugeordnet, und diese Zuordnung bestimmt ihre Identität das ganze Leben hindurch. Wenn ein Kind stirbt, hat dies keinen Einfluß auf die Zuweisung einer Geburtsordnung: Das Nächstgeborene bleibt in derselben Geburtsordnung, auch wenn die vorige Position leer ist. Wenn vier Kinder geboren sind, wiederholt das System sich (ein an fünfter Stelle geborenes Kind wird der ersten Ordnung zugeteilt, ein an siebenter Stelle geborenes Kind der dritten Ordnung). Die Geburtsordnung ist in der balinesischen Gesellschaft ein signifikanter Bestandteil der Identität, auch wenn sie keine Eigenheiten des Individuums spiegelt. Geertz schreibt, daß die Marokkaner dagegen hauptsächlich durch ihre Beziehung zu anderen und die Zugehörigkeit zu einer Gruppe definiert sind; trotzdem spalten sie ihre inneren Persönlichkeiten auf.[5]

In allen drei Kulturen wird das Selbst anders definiert. Das javanische und das marokkanische Selbstgefühl erscheinen fragmentierter als unseres. Die Balinesen versuchen, die Einzigartigkeit des Selbst zu reduzieren, indem sie es zu Rollen abflachen bzw. dämpfen. Aber trotz signifikanter Unterschiede haben alle drei Kulturen ein Konzept vom Selbst und von Normen, die dieses Selbst betreffen.

In all diesen Kulturen führt die Verletzung der Normen zu Selbstvorwürfen und Scham. Die Javaner versuchen, sich innerlich und äußerlich zu ordnen, um »alus« zu erreichen, einen geläuterten Zustand, und nicht »kasar«, einen gewöhnlichen Zustand. Für das Innere stellen die religiöse Disziplin und für das Äußere die Etikette die Regeln zur Verfügung, die notwendig sind, um die vollkommene Ordnung zu erreichen. Wir können logischerweise vermuten, daß ein Versagen in einem oder beiden Bereichen ein Versagen des betreffenden Selbst darstellt und daher wahrscheinlich zu Scham führen wird.

Ein Versagen führt auch bei den Balinesen zu Scham. Das Versagen besteht in der Exponierung des individuellen Selbst, dem Lüften der kunstvollen Maske von Rolle und Position: »Wenn dies geschieht, was manchmal vorkommt, wird die Direktheit des Augenblicks mit qualvoller Intensität gespürt, und die Menschen werden plötzlich und unabsichtlich kreatürlich, gefangen in wechselseitiger Verlegenheit, als ob sie auf ihre Nacktheit gestoßen wären.«[6] Bemerkenswert ist Geertz' Verwendung der Begriffe »qualvolle Intensität«, »Verlegenheit« und »Nacktheit«. Sicher weisen diese Begriffe auf einen Scham-Zustand hin. Das Versagen des Selbst ist ein Versagen der Rolle und die Auflösung der standardisierten öffentlichen Identität. Ich möchte hier darauf hinaus, daß Scham auftritt, wenn Normen verletzt werden, wenn der Fehler dem Selbst zugeschrieben wird (dem Selbst oder dem Teil des Selbst, der betroffen ist) und wenn der Schwerpunkt auf dem Selbst und nicht auf der Handlung (oder einem Teil von ihr) liegt. *Der Kontext und die Art der Normen sowie die Äußerungsformen der Scham mögen differieren; die Mechanismen zur Auslösung von Scham werden davon nicht berührt.*

Das Selbst in diesen Kulturen unterscheidet sich also vom westlichen Selbst durch zumindest ein wichtiges Merkmal. Weder die Javaner noch die Marokkaner haben die Vorstellung von einem einzigen einheitlichen Selbst. Für diese Kulturen können unterschiedliche Aspekte des Selbst unabhängig voneinander existieren; sie haben ihre je eigenen Normen und können ihre je eigenen Fehler machen.

Die Vorstellung multipler Persönlichkeiten findet sich auch bei den Ilonget auf den Philippinen und bei den Gahuku-Gawa in Neu-Guinea.[7] Die Vorstellung von einem »Ich«, einem konsistenten Selbst, fehlt, wenn die Persönlichkeiten durch die Kontexte definiert werden, in denen der Betreffende sich befindet. In Kulturen, in denen die Rollen und die Rollenänderungen dem Kontext entsprechen und in denen das eigene Wesen eher durch Spezifisches als durch Abstraktes definiert wird, bleiben die Eigenschaften des Selbst fließend. Für die Ilonget »ist das tiefste Gefühl für das, was sie sind, in einer Reihe von Handlungen angesiedelt«. Es gibt kein Kern-Selbst, nur eine wechselnde Identität ohne persönliche Geschichte. Trotzdem kennen die Ilonget Scham, wenn auch »nur im Hinblick auf vereinzelte Arten von Kontexten und Beziehungen«.[8] Weil die Ilonget Normen haben, können diese Normen verletzt werden, und ihre Verletzung kann zu Scham führen. »Obwohl also der Affekt ›Scham‹ überall Investitionen des Individuums in ein bestimmtes Selbstbild betreffen kann, hängt die Wirkung dieser Emotion von gesellschaftlich diktierten Arten ab, die Ansprüche des Selbst und die Anforderungen der Situation zu berechnen.«[9]

Diese Kulturen sind Beispiele für Selbst-Systeme, in denen das Selbst in die Handlungen des Betreffenden und wechselnde Rollen eingebettet ist; es wird nicht durch eine Unveränderlichkeit des Kerns, sondern durch Rollen definiert, die sich im Zusammenhang mit bestimmten Handlungen ändern. Richard Shweder hat darauf hingewiesen, daß diese Art des Denkens nicht nur die Vorstellung vom Selbst betrifft und Klassifikationsprozesse im allgemeinen charakterisiert.[10] Lurias Untersuchungen zum Klassifizieren zeigen, daß bei vorindustriellen Völkern die Fähigkeit zum abstrakten Klassifizieren kaum vorhanden ist.[11] Bei der Untersuchung von Bauern in Zentralasien vor der Industrialisierung stellte er fest, daß sie die abstrakte Ähnlichkeit von Objekten nicht erkennen konnten. Zum Beispiel zeigte er den Leuten vier verschiedene Objekte – einen blauen Teller, eine blaue Blume, einen blauen Himmel und ein blaues Kleidungsstück und fragte sie, was an ihnen gleich sei. Während industrialisierte Menschen antworten würden »Sie sind alle blau«, erkannten die Bauern die Farbgleichheit nicht. Wenn er auf sie hinwies, erhoben sie Einwände und meinten, sie seien nicht gleich. Die Fähigkeit, trotz Änderungen Unveränderliches zu finden, hatte für sie keine Bedeutung. Luria brachte ihre Art zu denken mit der Art ihres Lebens in Zusammenhang und meinte, ihre Denkweise würde sich ändern, wenn sie industrialisiert werden würden.

Genauso können wir behaupten, daß die spezifische Struktur der Kultur bestimmt, ob die in sie eingebetteten Menschen ein unveränderliches Selbst vom Fluß der verschiedenen Handlungen und Rollen abstrahieren werden. Ich glaube, daß zumindest auf der Ebene des Gedächtnisses und des Handelns, wenn nicht auf der der objektiven Selbsterkenntnis, in allen Kulturen eine bestimmte Unveränderlichkeit existiert. Aber dies muß noch bewiesen werden.

Die Vorstellung multipler Persönlichkeiten wirft in bezug auf meine Betrachtungsweise der Scham einige Probleme auf. Erinnern Sie sich daran, daß Scham aktiviert wird, wenn das Selbst, und nicht sein Tun, in bezug auf eine wichtige Norm versagt. Wenn das Selbst gespalten ist, wie kann es dann versagen? Vielleicht war meine Verwendung des Begriffs *global* irreführend. Global kann sich auf das ganze Selbst beziehen, wenn es eine Einheit gibt, aber auch auf ein Selbst-im-Augenblick, wenn es keine Einheit gibt. Mit anderen Worten: Die Bewertung der Handlungen des Selbst muß nicht alle Persönlichkeiten umfassen, wenn es mehr als ein Selbst gibt. Das Selbst-im-Augenblick versagt, und dieses Selbst schämt sich. Es kann sein, daß die anderen Persönlichkeiten des Menschen sich nicht gleichzeitig schämen. Wenn die Scham sich nur auf ein Selbst bezieht, kann dies die Verlagerung auf ein nicht beschämtes Selbst fördern.[12]

Ich-Selbst und Wir-Selbst

Der Westen betrachtet das Selbst nicht nur als einheitlich, sondern auch als einsam. Wie Clifford Geertz festgestellt hat, hebt sich die Einheit »Selbst« in der modernen westlichen Betrachtungsweise von anderen solchen Einheiten und dem natürlichen und sozialen Hintergrund ab. Obwohl wir im Westen anerkennen, daß das Selbst durch Interaktion mit dem sozialen Netz wächst, glauben wir, daß es im reifen Zustand durch die Trennung von diesem sozialen Netz charakterisiert wird. Margaret Mahler meint, die wichtigste Phase der Selbst-Entwicklung finde in der *Individuations-Trennungs*-Phase statt. Das ist klar. Für uns ist ein ganzes Selbst ein losgelöstes Selbst, ungebunden und frei. Diese Vorstellung von persönlicher Freiheit ist möglicherweise die Ursache für die Zunahme an Scham.

In den erwähnten Kulturen sind die Menschen und ihre Identitäten in einen sozialen Kontext und in den Kontext ihrer Handlungen eingebettet. In Übereinstimmung mit dem Sprachgebrauch anderer bezeichne ich die beiden Betrachtungsweisen als Wir-Selbst im Gegensatz zum Ich-Selbst.[13] Individuen können in ihren sozialen und natürlichen Kontext eingebettet sein, egal ob dieser Kontext eine feste Entität oder ein sich änderndes Handlungsschema ist. Wenn Handlung und Rolle sich ändern, nimmt das Selbst viele verschiedene Formen an; bei einem festen Schema möglicherweise nicht. In beiden Kontexten ist das Selbst jedoch in andere Wir-Selbste eingebettet und wird durch sie definiert.

Die Einbettung ist besonders für die indische und die japanische Kultur charakteristisch. Bei ihrer Untersuchung zeigen sich zwar einige Unterschiede – besonders in bezug auf die Leistung –, aber ich werde die Ähnlichkeiten betonen, die sie verbinden. Ich beziehe mich vor allem auf die Darstellung von Alan Roland, habe aber auch die ethonographische Arbeit von Richard Shweder, die *Oriyas of India*, und Ruth Benedicts klassische Arbeit über die Japaner konsultiert.[13] Ich habe weder Zeit noch Raum, um das faszinierende Thema der verschiedenen Persönlichkeiten zu erörtern, zum Beispiel das spirituelle Selbst im Gegensatz zum familiären Selbst. Zumindest die Japaner verbergen das private Selbst sehr stark. Roland weist darauf hin, daß sich bei einer Therapie in Japan oft herausstellt, daß überhaupt kein inneres Selbst vorhanden ist: Das japanische Selbst ist wie die Zwiebel, es hat viele Ebenen, aber keinen Kern, wie wir ihn kennen.

Das Wir-Selbst zeichnet sich in der indischen und in der japanischen Kultur durch eine starke Identifikation mit der Familie und anderen Gruppen aus. Das Interesse, der Ruf und die Ehre der Familie und anderer Gruppen stehen im Zentrum des Wir-Selbst. Das Ich-Ideal besteht in Gegenseitigkeit: Verantwortlichkeiten und Verpflichtungen definieren das Selbst. Indische und japanische Rollenvorstellungen beruhen eher auf Pflichten als auf Rechten, eher auf der Verbindung des Ich zu anderen als auf der Unabhängigkeit des Individuums. Eine auf Rechten beruhende Betrachtungsweise der Persönlichkeit führt zu individueller Freiheit und Unterschiedlichkeit. Das Wir-Selbst ist ein symbiotisches Selbst, dessen Ich-Ideal sich um ein angemessenes Verhalten (wir könnten es Etikette nennen) in einer hierarchischen Organisation von Beziehungen dreht. Das Individuum begegnet dieser hierarchischen Organisation von Beziehungen zunächst in der Familie. Es sieht sich dann mannigfaltigeren und komplizierten Versionen der hierarchischen Organisation gegenüber, wenn es mit bestimmten Gruppen oder institutionellen Einheiten interagiert. Entwicklung und Vollendung des Identitätsgefühls finden in diesen strukturierten Gruppen statt und werden durch emotionale Interdependenz gespeist. Von Kindern in einer Familie oder jüngeren Mitgliedern in einer Gruppe wird bedingungslose Loyalität, Willfährigkeit und Abhängigkeit erwartet, aber umgekehrt können sie die Fürsorge und den Schutz der anderen erwarten.

Das Wir-Selbst wird von Beginn an sozialisiert. Kinder werden von ihren Müttern erzogen, extrem empfänglich für und besorgt um die Gefühle und Bedürfnisse anderer zu sein. Im Gegenzug werden ihre eigenen Bedürfnisse von der Mutter sorgfältig beobachtet und befriedigt. Das Wesen des Wir-Selbst besteht in der Konzentration auf den anderen, denn die Menschen wissen und erwarten, daß andere sich auf sie und ihre Bedürfnisse konzentrieren. Takeo Doi hat diese wechselseitige Abhängigkeit »amae« genannt.[15] Wichtig ist die Anmerkung, daß jedes Mitglied abhängig ist. Das Kind ist von der Mutter abhängig, damit sie seine Bedürfnisse befriedigt; die Befriedigung der Bedürfnisse des Kindes befriedigt die Bedürfnisse der Mutter. Dieses Modell kann auf die Gruppe außerhalb der Familie ausgedehnt werden, so daß die Selbstachtung, das Selbstwertgefühl und die Identität des einzelnen durch die Aktivitäten der Gruppe, nicht die des Individuums bestimmt werden. In Japan zum Beispiel hat die Selbstachtung mehr mit der Schule, Universität oder Arbeitsgruppe zu tun, mit der man verbunden ist, als mit der Menge an Geld, die man verdient: Die Gruppe, nicht das Individuum, ist der Maßstab für den Erfolg.

Ein Wir-Selbst kann Scham empfinden. Die für das Wir-Selbst wichtigsten Normen bestehen darin, Reibung oder Feindseligkeit zu vermeiden und harmonische Beziehungen aufrechtzuerhalten. Dies sind die zentralen Werte des Selbst. Japaner empfinden Scham, wenn sie darin versagen, wenn zum Beispiel die Mutter die Bedürfnisse ihres Kindes nicht spürt. Dies ist ein besonders problematisches Beispiel, weil Kindern beigebracht wird, nicht an sich selbst zu denken. Weil sie nicht an sich selbst denken, sind sie von der Sensibilität des anderen abhängig. Das Versagen des anderen ist daher sehr beschämend.[16] Ein Versagen kann natürlich gegenüber jeder hierarchisch organisierten

Struktur oder Gruppe stattfinden. Scham wird sowohl in Indien als auch in Japan als eine der wichtigsten Möglichkeiten benutzt, um bei der Kindererziehung Kontrolle einzubauen. Einem schlechten Verhalten wird sofort mit Beschämung und anderen Formen der Bestrafung begegnet. Ein gutes Verhalten wird durch subtile nonverbale Äußerungen ermutigt, da offenes Lob vermieden werden soll: Lob ist nicht nur unbescheiden, sondern fördert die Konzentration auf das Ich-Selbst.

Die Beschämung des Kindes verstärkt die Interpendenz zwischen Kind und Elternteil, denn sie richtet die Aufmerksamkeit auf das Versagen der wechselseitigen Beziehung aus. Wie wir gesehen haben, kann Scham zudem die Abhängigkeit fördern, wenn sie zu Vergebung und nicht zu Zorn führt. Da In-Group-Zorn in der japanischen Kultur nicht erlaubt ist und daher Scham selten durch Zorn ersetzt wird, wird die Scham wahrscheinlich eingestanden und durch Vergebung abgebaut. In der japanischen Kultur ist also Scham bzw. ein Versagen, dem die Vergebung der Gruppe folgt, wesentliches Element des Zusammenhalts. Dasselbe ist in Indien der Fall. Während Versagen bzw. das, was die Inder als »Sünde« betrachten, in der natürlichen Ordnung häufig vorkommt, verfügt die indische Kultur über viele rituelle Mittel, Scham zu sühnen, etwa Fasten, Isolierung, Meditation, Gebet und Bekennen.[17] Im allgemeinen scheint diese Kombination von Scham und Vergebung, die zu Abhängigkeit führt, erfolgreich zu sein. Der Zusammenhalt von Zweier- oder Gruppenbeziehungen kann am besten durch Scham und die Verdrängung von Zorn aufrechterhalten werden, kombiniert mit Vergebung. Weil dieses Schema für Japan und Indien charakteristisch ist, werden sie als Scham-Kulturen bezeichnet.[18]

Kommen wir einen Augenblick auf die allgemeinen Prinzipien zurück, die der Entstehung von Scham zugrunde liegen. Erstens muß es ein Selbst geben, das in diesem Fall als Wir-Selbst definiert wird. Zweitens muß es ein System von Normen, Regeln und Zielen geben. Sowohl in Japan als auch in Indien gibt es anerkannte soziale Regeln. Drittens muß das Selbst eine Regel brechen. Aber kann ein Wir-Selbst eine Regel brechen? Hier wird meine Erörterung komplexer. Erstens muß ein Mensch auch bei einer Wir-Selbst-Definition noch irgendeine getrennte Identität besitzen. Das heißt, dem Ich-Selbst können Dinge widerfahren, die den anderen, die teilweise als Wir-Selbst einverleibt wurden, nicht widerfahren. Ein gutes Beispiel dafür ist Shweders Bericht von den Menstruationsregeln bei den Oriya-Indern.[19] Wenn eine Frau ihre Periode hat, wird sie unrein. Sie darf nicht mit ihrer Familie essen oder im Bett ihres Mannes schlafen. Sie darf nicht berührt werden. Wenn ihr kleines Kind sich ihr nähert, muß sie sagen »Mara heici. Chlu na! Chlu na!« »Ich bin unrein. Berühr mich nicht! Berühr mich nicht!«

Daß nicht nur die Frauen der Oriya-Kultur ein einzigartiges Ich-Selbst haben, zeigen die in der ganzen Kultur verbreiteten Reinheitsgebote: Der Vater darf nicht berührt werden, wenn er sich gewaschen hat und die Familiengottheit verehren möchte, und eine Großmutter wird ihr Enkelkind nicht berühren, bis es seine für draußen bestimmte Kleidung ausgezogen hat, denn sie könnte mit einer niedrigeren Kaste in Berührung kommen und dadurch verunreinigt werden. Sogar die Kinder haben ein Spiel, bei dem ein Kind als unrein betrachtet wird und versucht, ein anderes Kind wie beim Fangen zu berühren. Solche Rituale informieren uns über zwei Aspekte des Selbst. Obwohl ein Großteil des Selbst eher durch ein Wir-Selbst als durch ein Ich-Selbst definiert ist, existiert doch klar ein begrenztes und einzigartiges Ich-Selbst. Offensichtlich bin »ich« es, der unrein ist und andere durch Berührung unrein machen kann. Wenn ich ihn berühre, bin ich, nicht wir, unrein. Obwohl also ein Wir-Selbst dominiert, existiert auf einer bestimmten Ebene das Ich-Selbst, das versagen und sich also schämen kann.

Das nächste für Scham erforderliche Merkmal ist eine Selbstbeschuldigung. Auch hier stellt sich die Frage, wie ein Wir-Selbst sich Vorwürfe machen kann. Ein Wir-Selbst kann sich einen individuellen Vorwurf nicht denken, deshalb muß ich noch einmal sagen, daß ein Ich-Selbst mit einem Wir-Selbst koexistieren kann. Die Inder zeigen, daß ein Selbstvorwurf innerhalb eines Wir-Selbst-Systems möglich ist.[20] Für die Hindus kann das Karma bzw. die natürliche Ordnung gestört werden. Die Störung der natürlichen Ordnung wird durch Sünde erklärt. Die Sünde kann durch ein Individuum verursacht werden, das Ich-Selbst. Es gibt viele persönliche Sünden, etwa wiedergeboren werden, als Frau geboren sein oder einen langsamen Tod sterben.

Die Japaner kritisieren ein Kind, wenn es eine Wir-Selbst-Regel verletzt. Die wichtigsten Normen sind die Normen der Gruppe; die Verletzung der Gruppen- und nicht der individuellen Normen wird wahrscheinlich ein Schamgefühl auslösen. Wenn es sich nicht um eine Gruppennorm handelt, wird die Verletzung wahrscheinlich nicht so beschämend sein. Ein im Kontext der Gruppe beschämendes Verhalten kann also nicht beschämend sein, wenn es nichts mit der Gruppe zu tun hat. Sehen wir uns Aggression und Zorn an. Weil sie innerhalb der Gruppe nicht toleriert werden, ist ihre Äußerung in der Gruppe beschämend. Sie dürfen sich jedoch außerhalb der Gruppe äußern und werden dann nicht als falsch betrachtet. Diese Differenzierung nach In-Group und Out-Group ist für Angehörige der westlichen Kultur verwirrend, denn unser Gefühl für inkorrektes Verhalten hängt in der Theorie nicht von In-Group- oder Out-Group-Erwägungen ab. Die Differenzierung scheint auch die oft mit der japanischen Kultur assoziierte Wut zu erklären – eine Kultur, die sehr ritualisiert und höflich erscheint.[21] Roland meint, daß die japanische Kultur Zorngefühle, die durch ein Versagen des Wir-Selbst bzw. von »amae«-Regeln verursacht werden, sehr stark abspaltet: »Da Abhängigkeit und narzißtische Bedürfnisse sich stark durchdringen, wird durch enttäuschte Erwartungen, Beleidigungen und fehlende Wechselseitigkeit sehr viel Zorn [für uns Scham-Zorn] hervorgerufen.«[22] Dieser Zorn zeigt sich in der japanischen Kultur als aggressives Out-Group-Verhalten (ihre kriegerische Vergangenheit) oder in ökonomischem Wettbewerb und harter Arbeit (zeitgenössische Geschichte). Roland meint, daß die verdrängten Scham- und Zorngefühle bei den Indern zu hysterischen, zwanghaften Symptomen führen. Wutausbrüche sind tatsächlich selten, aber wenn sie stattfinden, können sie zu Gedächtnisschwund führen.

Die Japaner sind natürlich in vielerlei Hinsicht von den Indern verschieden. Einer der für meine Erörterung der Scham wichtigsten Unterschiede hat mit der Leistung zu tun. Die meisten Japaner sind eher leistungsorientiert als die meisten Inder. Ihre Tendenz zur Leistung wird durch Scham gespeist. Obwohl die Mütter in beiden Kulturen eine stark symbiotische emotionale Beziehung zu ihren Kindern herstellen, bestehen die Mütter in Japan auf Leistung als Zeichen von Liebe und Respekt. Ein Versagen beschämt Kinder daher sehr, denn sie haben in der Wir-Selbst-Beziehung versagt.

Das von mir in den vorhergehenden Kapiteln untersuchte Selbst-System war das System, das den meisten von uns vertraut ist, ein einziges Selbst, das von anderen Personen unabhängig ist. Ist der von mir skizzierte Vorgang der Scham-Entstehung vom Glauben an dieses westliche Konzept vom Selbst abhängig? Ich glaube nicht. Ich meine, daß die verfügbaren Daten die Ansicht bestätigen, daß dieser Vorgang stark universelle Züge trägt.

Offensichtlich tritt Scham in Kulturen auf, die unterschiedliche Konzepte vom Selbst haben. Scham erscheint, wenn ein – wie immer definiertes – Selbst zentrale Normen verletzt und für dieses Versagen die Verantwortung übernimmt, wobei der Vorwurf sich eher auf das Selbst als auf das Tun des Selbst konzentriert. Scham läßt sich daher an der Art der Handlungen ablesen, die dem Fehler folgen; sie haben mit dem Selbst und nicht mit Wiedergutmachung zu tun. Das Selbst sucht Vergebung für seine Scham. Scham läßt sich auch an den Spuren erkennen, die sie hinterläßt; die Wut über ein Versagen etwa ist ein sicheres Zeichen für das Vorhandensein uneingestandener Scham. Das Selbst, das in einer Wir-Selbst-Kultur versagt, bezieht sich mehr auf die Gruppennormen als auf individuelle Normen. Ein Versagen des Ich-Selbst hat mit einem persönlichen Versagen (in bezug auf Normen) zu tun, das mit anderen zusammenhängen kann oder auch nicht. Ein Versagen des Wir-Selbst hat mit dem Selbst in der Gruppe oder einem familiären Versagen (in bezug auf Normen) zu tun, das immer mit anderen zusammenhängt.

Eine interne Attribuierung bzw. ein Selbstvorwurf kann offensichtlich in einer Ich-Selbst-Kultur genauso vorgenommen werden wie in einer Wir-Selbst-Kultur, das heißt unabhängig davon, ob das Selbst ein einziges oder ein multiples Selbst ist. Obwohl wir in diesem Bereich kaum Informationen haben, sieht es so aus, als ob das Selbst-im-Augenblick die Verantwortung für ein Versagen in bezug auf die Norm-im-Augenblick akzeptieren und Attribuierungen vornehmen kann, die eher das augenblickliche Selbst als die augenblickliche Handlung betreffen. Nicht ganz klar ist, was das augenblickliche Selbst tut, wenn es beschämt wird. Sicher kann das Im-Augenblick-beschämte-Selbst sich von der Scham distanzieren, indem es ein anderes Selbst in den Vordergrund stellt, vor allem wenn ein der Situation angemessenes alternatives Selbst zur Verfügung steht. Dieses Problem muß sicher weiter erforscht werden, was – zumindest in unserer Kultur – anhand der multiplen Persönlichkeitsstörungen möglich ist.

Kulturelle Scham-Unterschiede

Kulturen unterscheiden sich in der Art ihres Gefühlslebens. Einige, wie die japanische, sind als Scham-Kulturen charakterisiert worden. Eine solche Charakterisierung ist in Anbetracht der Rolle der Beschämung bei der japanischen Kindererziehung möglicherweise angemessen. Jede Kultur, die bei der Kindererziehung Beschämung und Erniedrigung einsetzt, wird wahrscheinlich viel Scham produzieren. Vielleicht empfinden die Japaner auch mehr Scham, weil ihre Normen mit anderen genauso stark zusammenhängen wie mit ihnen selbst, ein Kennzeichen für Wir-Selbst-Kulturen.

Stellen Sie sich vor, daß Sie nicht für eine Prüfung gelernt haben und infolgedessen eine schlechte Note bekommen. Dieses Versagen bedrückt sie, aber Sie wissen, daß Sie eine gute Studentin sind. Sie beschließen, in Zukunft mehr zu lernen. Ich würde sagen, daß Sie aus Ihrer Sicht wegen Ihres Versagens Schuld empfunden haben. Stellen Sie sich weiter vor, daß Sie Ihrer Mutter von diesem schlechten Abschneiden erzählen müssen. Sie hat das Gefühl, als Elternteil versagt zu haben, weil Sie so schlecht abgeschnitten haben. Aus ihrer Sicht ruft Ihr Versagen bei ihr Scham hervor. Sie wissen natürlich von ihrer Scham und Ihrer Beteiligung an ihr. jetzt schämen auch Sie sich. Die Interdependenz der Menschen, das Wir-Selbst, wird die Scham fördern. Da Sie Ihre Scham nicht als Zorn äußern können, müssen Sie entweder depressiv werden oder um Vergebung bitten. Beide Ergebnisse werden die Individuen enger aneinander binden und deshalb mehr Scham fördern, die verziehen werden kann.

Die vorliegende Analyse erlaubt uns, kulturelle Scham-Unterschiede zu untersuchen. Auch im Westen hängt die Interdependenz von Gruppen oder Familien davon ab, ob sie Scham empfinden, obwohl natürlich auch andere Faktoren eine Rolle spielen; dazu gehören die Verwendung von Beschämungs- und Erniedrigungstechniken in persönlichen Beziehungen, besonders bei der Sozialisation von Kindern, und die Aufrechterhaltung des Gruppenzusammenhalts durch gegenseitigem Respekt und die Toleranz für Zorn und Andersartigkeit. Es gibt subkulturelle Unterschiede bei der Auslösung von und in Reaktion auf Scham. Wir haben zuvor gesehen, daß Armut oder die Zugehörigkeit zu einer sozialen Schicht oder einer Rasse bei Menschen Scham und Erniedrigung auslösen und daß starke Wut, die sich dem Selbst gegenüber durch Selbstmord und anderen gegenüber durch Mord äußert, diese Subgruppen charakterisiert.

Religiöse Scham-Unterschiede

Religiöse Unterschiede in bezug auf Scham sind wahrscheinlich. Obwohl man beides behaupten kann, glaube ich, daß das Judentum und die Hauptrichtung des Protestantismus eher schuldorientiert, der Katholizismus und die fundamentalistischen christlichen Religionen dagegen eher schamorientiert sind. Ich begründe diese Unterscheidung mit verschiedenen Faktoren, unter anderem der Rolle der Vergebung, dem Glauben an Himmel (und Hölle) und der Art des Handelns in dieser Welt.

Der jüdische Glaube an Gott befreit das Volk nicht vom Zorn Gottes, wenn es seine Gebote nicht befolgt. Ein gutes Leben leben bedeutet, die von ihm vorgeschriebenen Handlungen auszuführen. Das Alte Testament ist voller Vorschriften. Viele Abschnitte der ersten fünf Bücher des Alten Testaments beschreiben, was das auserwählte Volk tun und nicht tun soll. Die Gesamtliste ist lang und detailliert. Die Normen, Regeln und Ziele sind für die Juden also klar. Der Selbstvorwurf wird anerkannt, und die Reue hat weniger mit der Vergebung Gottes als mit der Verpflichtung zu guten Taten zu tun. Das Versagen kann also durch Wiedergutmachung ungeschehen gemacht werden, und Wiedergutmachung hat mit Handeln zu tun. Wie die Rabbis der römischen Zeit sagten: »Wir sind gelehrt worden, daß ein Mensch durch seine Taten büßt, und daß Reue und gute Taten vor Bestrafung schützen.«[23] Taten sind auch der Schlüssel für ein Versagen. Der jüdische Kodex legt den Schwerpunkt also auf das Handeln in der Welt und nicht auf die Bitte um Vergebung, um das Versagen zu bekämpfen. Bei Jona hören wir: »Da glaubten die Leute von Ninive an Gott und ließen ein Fasten ausrufen und zogen alle, groß und klein, den Sack zur Buße an ... Als aber Gott ihr *Tun* sah, wie sie sich bekehrten von ihrem bösen Wege, reute ihn das Übel, das er ihnen angekündigt hatte, und tat's nicht« (Jona 3,5-10).

Wiedergutmachung als Lösung für das Problem des Versagens ist, wie wir gesehen haben, ein Zeichen für Schuld, nicht für Scham. Das Judentum hat keine Vorstellung von einem Jenseits, einem Himmel oder einer Hölle, wo die Guten belohnt und die Bösen für alle Ewigkeit verdammt werden, je nachdem, wieviel Gutes oder Böses sie im Leben getan haben. Die jüdische Belohnung bzw. Bestrafung findet in dieser Welt statt.[24]

Der Katholizismus beruht auf einer ganz anderen Prämisse. Die Sünde von Adam und Eva wird zunächst nicht vergeben; ihre Last wird von allen Menschen getragen, die in der Sünde geboren sind. Die Sünde muß vergeben werden. Jesus nimmt die Erbsünde auf sich und erlöst die Menschheit durch sein Leiden. Hier sind mehrere Merkmale wichtig. Das Hauptthema des Katholizismus ist die globale Attribuierung der Sünde, ohne Bezug auf irgendeine spezifische Handlung. Wie wir gesehen haben, ist eine globale Attribuierung ohne Bezug auf ein spezifisches Verhalten ein Kennzeichen für Scham. Auch die Vergebung gehört natürlich zur katholischen Tradition. Der gekreuzigte Jesus vergibt den Menschen; durch seine Priester ist die Vergebung weiter möglich. Beichte und Absolution garantieren ungeachtet der Art der Sünde die Vergebung Gottes. Sicher sind spezifische Handlungen wichtig, etwa das Vermeiden der Sünde und Beten, aber der Schwerpunkt liegt auf der globalen Vergebung.

Die Rolle vom Himmel (und Hölle) und Jenseits ist ein weiterer Hinweis auf die globale Ausrichtung des Katholizismus. Ein moralisches Leben wird im Himmel belohnt, nicht auf Erden. Ein moralischer Mensch kann ein grauenhaftes irdisches Leben haben, aber wenn er nach dem Tod beurteilt wird, wird er zur Rechten Gottes sitzen und ewige Glückseligkeit genießen.

Der Protestantismus verweist wie das Judentum auf das Handeln in dieser Welt. Handeln wird belohnt und informiert zumindest einige Menschen über ihren vorbestimmten Status. Die Vergebung wird heruntergespielt und die Beichte beseitigt. Die Menschen versuchen, ihre Schuld durch gute Taten zu sühnen. Auch Himmel und Hölle werden bagatellisiert. Die Ausrichtung fundamentalistischer Protestanten dagegen gleicht eher der der Katholiken. Der Vergebung folgt der Glaube, nicht die Tat: Wiedergeborene Christen behaupten, daß die Erlösung durch den Glauben, daß Jesus Christus Gott ist und für uns starb, möglich ist.

Das Selbst im Verlauf der Geschichte

Wir haben gesehen, daß die Ansichten über das Wesen des Selbst je nach Kultur verschieden sind. Die moderne westliche Überzeugung, daß das Selbst eine einzige Einheit ist, die von anderen Personen getrennt ist, ist nicht universell. Auch heute noch haben andere Kulturen andere Auffassungen vom Selbst.

Auch das, was wir die »westliche Ansicht« nennen, hat sich

im Lauf der Zeit in Reaktion auf soziale Veränderungen entwickelt.[25] Julian Jaynes hat die umstrittene These aufgestellt, daß die westliche Auffassung vom Selbst sich in den vorhellenistischen Zeiten radikal änderte.[26] Er glaubt, daß die *Ilias*, die vor der *Odyssee* geschrieben wurde, eine Periode spiegelt, in der die Menschen noch kein dem unseren ähnliches Konzept vom Selbst hatten. Sie besaßen keine objektive Selbsterkenntnis, weil sie nicht so »denken« konnten wie wir heute. Denken erfordert die Integration von Informationen aus der rechten Hirnhemisphäre in die der linken: die vorhellenistischen Völker konnten dies nicht und interpretierten die Informationen der rechten Hirnhemisphäre als Stimmen von Göttern, die ihnen in Zeiten der Unsicherheit Ratschläge erteilten. Jaynes sieht eine Veränderung des Bewußtseins, die sich im Inhalt der früheren *Ilias* im Vergleich zur späteren *Odyssee* spiegelt: »Der Gegensatz zur *Ilias* ist erstaunlich. In Worten, Taten und im Charakter beschreibt die *Odyssee* eine neue, andere Welt, die von neuen und anderen Wesen bewohnt wird. Diese Wesen sind keine Götter, die das menschliche Tun lenken, sondern Menschen, die so handeln, als ob sie ein Bewußtsein ihres Tuns hätten.«[27] Die von Jaynes postulierte Entwicklung des Bewußtseins durch den Zusammenbruch der bikameralen Psyche wurde durch eine Vielzahl meist kultureller Veränderungen verursacht, zum Beispiel die Abnahme des auditiven Denkmodus aufgrund des Aufkommens des Schreibens, die Ineffizienz der Götter in einer Zeit historischer Umbrüche und die inhärente Zerbrechlichkeit der halluzinatorischen Kontrolle. Sein Buch ist nicht weniger als ein Versuch, die Entwicklung der objektiven Selbsterkenntnis historisch zu erklären.

Die Entwicklung des Bewußtseins, die Jaynes um ungefähr 2000 v. Chr. ansiedelt, gab dem Selbst ein Gefühl der Einheit; die Fragmentierung der bikameralen Psyche führte zur Einheit der objektiven Selbsterkenntnis. Gleichzeitig begann ein anderer

Versuch der Integration: die Entwicklung des Monotheismus. Kennzeichen der polytheistischen Welt waren Götter für jede Handlung und auch für verschiedene Emotionen: Eros für Liebe, die Furien für die ausgleichende Gerechtigkeit, Athene für Weisheit etc. Diese unterschiedlichen Götter für unterschiedliche Kontexte, Funktionen und Emotionen haben vielleicht den unterschiedlichen Persönlichkeiten eines Menschen entsprochen. Ich halte die Annahme für vernünftig, daß das Gottesbild sich zur Vorstellung der Einheit bewegte, als das westliche Konzept vom Selbst in Richtung Einheit ging. Dabei ist der spezielle jüdische Einfluß auf den Monotheismus festzuhalten. Die Zehn Gebote Gottes, die dem jüdischen Volk gegeben wurden, bilden die Grundlage für den jüdisch-christlichen, westlichen Glauben an das moralische Tun des Volkes. Drei der zehn Gebote betreffen den »einen« Gott. Die historische Perspektive zeigt, daß das Konzept vom Selbst und die Entwicklung des Bewußtseins auch in unserer Kultur Veränderungen erlebten.

Es gibt auch näherliegende Veränderungen der westlichen Vorstellung vom Selbst und der Beziehung des Selbst zu anderen. Diese Veränderungen spiegeln die beiden bereits erörterten Kategorien kultureller Unterschiede: die multiplen Persönlichkeiten und den Ich-Selbst/Wir-Selbst-Gegensatz. Diese beiden Kategorien von Unterschieden sind orthogonal. Man kann sich ein Ich-Selbst vorstellen, das zwar nicht durch seine Beziehung zu anderen definiert wird, sich aber doch je nach Aktion oder Funktion verändert, vielleicht nicht gerade unter normalen Umständen, sicher aber im Fall einer multiplen Persönlichkeitsstörung. Man kann sich auch ein Wir-Selbst vorstellen, das sich je nach der Situation verändert. Werfen wir einen Blick auf die Japaner, deren Verhalten gegenüber vertrauten Menschen sich sehr von ihrem Verhalten gegenüber Fremden unterscheidet. Mit jedem Menschen interagiert das Wir-Selbst anders. Um diese Alternativen zu verstehen, müssen wir sehen, daß die Entwicklung des Selbst auf der Grundlage von sozialer Verbundenheit oder Individualität ein anderer Prozeß ist als die Interaktion von fertigen Personen in unterschiedlichen Kontexten.

Sehen wir uns einige Veränderungen der westlichen Vorstellung vom Selbst an. Im folgenden beziehe ich mich sehr stark auf Roy F. Baumeisters »How the Self Became a Problem: A Psychological Review of Historical Research«.[28] Bei historischen Analysen gibt es kein letztes Kriterium für Korrektheit, deshalb ist es möglich, daß andere diesen Schlußfolgerungen nicht zustimmen.

Im Mittelalter existierten die Menschen als Teil der Gesellschaft. Ihr Platz wurde ihnen von Gott zugewiesen; die Erfüllung bestand im Wissen um diesen Platz und der Stabilität dieses Wissens.[29] Das Selbst eines Menschen wurde mit sozialen Rollen gleichgesetzt, auch in bezug auf die Familie, die Gruppe und Gott. Weil das Selbst eines Menschen durch seinen Platz und seinen Kontext bestimmt wurde, war eine Verbannung gleichbedeutend mit dem Tod. Erst in der Literatur des 11. und 12. Jahrhunderts entdecken wir Menschen, die eine ihnen eigene Ansicht haben, welche nicht unbedingt von anderen geteilt wird.[30] Ungefähr gleichzeitig erschien, wie Philippe Ariès bemerkt, im Christentum die Beurteilung individueller Seelen; diese theologische Veränderung ist auch ein Kennzeichen für die Vorstellung von einem Individuum.[31] Wie Baumeister beobachtet, wird das Selbst jedoch erst im 16. Jahrhundert nicht mehr mit seinen Handlungen in bestimmten Kontexten gleichgesetzt.[32]

Im 16. Jahrhundert war die starre Hierarchie des Mittelalters im Zusammenbruch begriffen. Die Mittelschicht hatte begonnen, sich selbst zu behaupten, und die sozialen Rollen wurden instabil. Zu diesem Zeitpunkt begann das Ich-Selbst aufzutauchen, denn der instabile Kontext konnte das Selbst nicht mehr definieren.

Mit dem Aufkommen des Ich-Selbst im Gegensatz zum Wir-Selbst geht die Entwicklung der Privatsphäre einher. In den persönlichen Gewohnheiten und in den physischen Strukturen gab es Veränderungen, die die Trennung des Selbst von anderen bezeichneten.[33] Im 20. Jahrhundert sehen wir dies in der Entwicklung von Kindern. Obwohl wir Erwachsenen auf einer Privatsphäre bestehen – unsere Kleinkinder haben ihre eigenen Zimmer, und die Tür zum Badezimmer ist im allgemeinen geschlossen –, zeigen Kinder erst ab dem Alter von zwei Jahren den Wunsch nach Privatheit. Ich betrachte diesen Wunsch als einen Maßstab für das Auftauchen des Selbst. Auch Täuschung und Verstellung erlauben uns, ein Selbst unabhängig von seinen Handlungen zu untersuchen. Das zu dieser Zeit aufkommende Interesse am Theater in England und Frankreich spiegelt möglicherweise ebenfalls die Entwicklung des Ich-Selbst.

Ende des 18. und zu Beginn des 19. Jahrhunderts wurde die Persönlichkeit als ein von der sozialen Stellung bzw. Rolle unabhängiges Konzept zu einem wichtigen Faktor bei der Selbstdefinition. Persönlichkeit bezieht sich auf ein inneres und auf ein äußeres Selbst. In dieser Zeit dehnte sich das innere Selbst aus. Das Ende des 18. Jahrhunderts bezeichnete den Wechsel von Verpflichtungen, die auf einem Zwang beruhten, zu solchen, die auf Rechten beruhten. Die Rolle des Individuums gegenüber anderen und seine Definition des Selbst durch sie ging immer stärker in Richtung auf die Behauptung der individuellen Rechte und das Aushandeln dieser Rechte gegenüber den Rechten anderer.

Die Menschen wurden mehr durch ihre Unterschiede als durch ihre Ähnlichkeiten definiert. Gleichheit wurde zu einer Haupttugend, und die Überzeugung, daß alle Menschen gleich sind, bezog sich auf Rechte, nicht auf Charakterzüge. Die aufkommende Überzeugung, daß das Individuum Rechte besaß, die über das soziale Wohl hinausgingen, stellte das Individuum *gegen* die Gesellschaft und eigentlich *über* sie. Die Menschen begannen, sich durch ihre Getrenntheit von der Gruppe zu definieren.

Der Zusammenbruch der festen Ordnung ging mit einer Veränderung der religiösen Überzeugungen einher. Hunderte von Jahren hatte die christliche Vorstellung von Erlösung und himmlischer Belohnung als Erfüllung des Lebens gegolten, aber aufgrund der Reformation und der ihr nachfolgenden Probleme paßte diese Definition im 18. Jahrhundert und wahrscheinlich schon vorher nicht mehr. Der Verlust des Glaubens an die Erlösung brachte das Individuum dazu, Erfüllung durch die Taten des Selbst *für sich selbst* zu suchen, etwa durch romantische Liebe oder Arbeit, zwei auftauchende Arten der Selbst-Erfüllung.

Im 19. Jahrhundert war die Vorstellung von einem Selbst, das durch sein individuelles Tun definiert wird, weit verbreitet, und zwar nicht nur in den politischen und philosophischen Schriften, sondern auch in der phantastischen Literatur, die sich in der Romantik entfaltete. Sie förderte die Vorstellung, daß das Individuum am ehesten Erfüllung findet, wenn es sich von der Gesellschaft trennt. Der Glaube an einen unschuldigen »natürlichen Menschen«, der durch die Gesellschaft verdorben wird, wurde am eindrucksvollsten vielleicht von Thoreau umgesetzt, der sich von der Gesellschaft zurückzog, um allein in den Wäldern zu leben. Das einsame und von anderen unbehinderte Individuum wurde also zum idealen, vollständigsten und erfülltesten Selbst.

Die Industrialisierung tat ein übriges: Sie trennte die Familie und zwang die Männer, außerhalb ihres Zuhauses zu arbeiten. Dies hatte unter anderem die Trennung der Arbeit nach Geschlechtern zur Folge. Die veränderte Beziehung des Individu-

ums zur Arbeit veränderte nicht nur die familiären Arbeits-
strukturen, sondern führte auch zu einer Umverteilung der
Bevölkerung, die vom Land in die Städte zog; dies zerrüttete die
Identifikation des Individuums mit speziellen Orten und speziellen anderen Menschen weiter.

In den aufkommenden Bereichen der Medizin und der Psychiatrie wimmelte es von Theorien über das Wesen des Individuums. Darwins Evolutionstheorie wurde gemeinhin als
Überleben des Tüchtigsten verstanden, was die Individuen
gegeneinander ausspielte. Die Entdeckungsreisen von Charcot,
Janet und Freud in die Psyche stellten das Individuum weiter in
den Mittelpunkt. Als Freud seine Verführungstheorie aufgab
und an ihrer Stelle das Ödipuskomplex-Modell einführte, verlagerte er die Erklärung für das Selbst vom Zwischenmenschlichen auf Innerseelisches.

In der ersten Hälfte des 20. Jahrhunderts erlebte der Westen
katastrophale Kriege und den Zusammenbruch der sozialen
Ordnung. Die Könige Europas, die Aristokratie verschwanden.
Der Niedergang der Religion hielt an, und die weltlichen Wis-
senschaften erlebten einen spektakulären Aufstieg. Die wissenschaftlichen Entdeckungen reduzierten in fast jedem Bereich
den Glauben an die Möglichkeit einer dauerhaften sozialen
Ordnung. Der an der Wende zum 20. Jahrhundert aufkommende Relativismus in der Physik veranschaulicht die Flüchtigkeit
der beobachtbaren Ordnung und Wahrheit. Nichts ist so, wie es
scheint. In solchen Zeiten gehen die Definitionen des Selbst in
Richtung auf ein Ich-Selbst.

Vielleicht noch wichtiger war, daß romantische Liebe und Arbeit
zu den Ankern der Selbst-Definition wurden; die Liebe definierte
das emotionale Selbst, Arbeit das kompetente Selbst. Aber auch
sie stellten sich als unzuverlässig heraus. Die industrielle Revo-
lution und die Fabrikproduktion nahmen dem Arbeiter oft seine
Identität. Aus einer Tätigkeit, bei der ein einziges Teil am Fließ-

band zu montieren ist, läßt sich kaum Befriedigung gewinnen. Die romantische Liebe ist ihrem Wesen nach nicht von Dauer, und dies um so weniger, als sie hauptsächlich auf sexueller Leidenschaft beruht.

In der zweiten Hälfte des 20. Jahrhunderts bestimmt daher auf der einen Ebene die Suche nach Vergnügen und auf einer tieferen Ebene die Suche nach einfachen Gefühlen, wie Menschen sich definieren und für ihre Erfüllung sorgen. Ohne Kontext – einen Platz oder sonst etwas – wird die Aufrechterhaltung der Identität zum Schwerpunkt des Handelns. Auf die Frage »Wer sind Sie?« konnten wir in der Vergangenheit antworten: »Ein Bauer, ein Sohn, ein Mitglied einer religiösen Gruppe.« Jetzt ist die Beantwortung der Frage schwieriger geworden. Frühere Etiketten definieren uns nicht mehr. Unsere Realität verweist uns auf uns selbst, wenn wir uns definieren wollen. Gefühle und Gedanken werden zum Zentrum der Aufmerksamkeit des Selbst. »Ich fühle, also bin ich«, hat Descartes' berühmtes Axiom ersetzt. Die letzte Phase der Individuation, die Trennung von anderen Menschen und der Prozeß der Selbst-Definition, erfordert, daß wir uns unserer Gefühle bewußt sind. Die »Arbeit« des Fühlens hat die Arbeit ersetzt, bestimmte Rollen und Situationen zu handhaben.

Das Fühlen erfordert beständige Anregung und Abwechslung. Langeweile wird mit Nicht-Existenz gleichgesetzt. Bildlich gesprochen müssen die Menschen sich selbst kneifen, damit sie sicher sind, daß sie leben. Konsum findet um seiner selbst willen statt, denn das Gefühl, nicht das Bedürfnis, ist zur kulturellen Norm geworden. Dadurch, daß wir Dinge kaufen und besitzen, bestätigen wir unsere Existenz, denn andere Möglichkeiten, sie zu bestätigen, fehlen. Die Individuation muß per definitionem das Selbst auf das Selbst ausrichten.

Wir konzentrieren uns nicht nur auf unsere Gefühle, sondern auf unser ganzes Selbst, und verschmelzen Subjekt und Objekt.

Die Aufgaben, die uns definieren, nehmen ab, wenn wir die Aufgabe übernehmen, uns selbst zu erschaffen. Das Zeitalter des Selbst ist auch das Zeitalter der Selbstverwirklichung. Die theoretische Grundlage von Rogers und Maslow vermittelt die Vorstellung von einer »Verwirklichungstendenz«, die bei allen Menschen vorhanden ist.[34] Von uns allen wird angenommen, daß uns ein Prinzip innewohnt, das uns antreibt, unser volles Potential zu verwirklichen. Obwohl es gesellschaftliche Umstände gibt, die diese Verwirklichung erleichtern – bedingungslose positive Wertschätzung und Mitgefühl zum Beispiel –, ist die Macht dazu im Menschen selbst angesiedelt. Im Menschen selbst und nicht in der Beziehung zu anderen findet die Verwirklichung statt, und zwar dann, wenn das, was ich subjektive Selbsterkenntnis und andere das Unbewußte (das Innere) genannt haben, mit der objektiven Selbsterkenntnis bzw. dem Bewußtsein (dem Äußeren) in Übereinstimmung gebracht wird.[35] Vielleicht noch wichtiger ist die Vorstellung vollständigen Mitgefühls, bedingungsloser Liebe, Liebe, »weil du du bist«. Diese Art der Liebe betont eher das globale Selbst als spezifische Handlungen. Auch der Glaube, daß bedingungslose Liebe nicht nur möglich, sondern für die Selbstverwirklichung nützlich ist, verweist auf die Verbindungen zwischen Individuation, Selbstverwirklichung und Scham.

Die Psychologie der Selbstverwirklichung illustriert sehr gut den historischen Trend zu einem Ich-Selbst, das in Individuation und Entfremdung zum Ausdruck kommt. Sie war nicht nur Teil einer aufkommenden Psychologie vom Selbst, sondern – was vielleicht noch entscheidender war – fesselte auch die Phantasie der Öffentlichkeit. Maslows therapeutische Methode förderte die Ansicht, daß die Aufgabe des Selbst darin bestehe, das Selbst zu verbessern. Dies konnte auf vielerlei Weise erreicht werden. Die Überfülle an Selbsthilfebüchern zeigt, wie stark die Vorstellung der Selbst-Verbesserung ist. Fast jede Buchhandlung hat eine Abteilung für diese Bücher, die uns wieder auf eine andere Möglichkeit hinweisen, durch Diät, Gymnastik, Meditation oder die Kraft des positiven Denkens zu einem besseren Menschen zu werden. Wir werden gedrängt, auf uns selbst zu achten und der bessere Mensch zu werden, der wir sein könnten. Manchmal sprechen diese Bücher unsere Beziehung zu anderen an, aber Hauptthema im gegenwärtigen Zeitalter der Individuation sind immer wir selbst.[36] Wir können lernen, wie man einem Mann oder einer Frau gefällt, sich ver- oder entliebt oder Freunde gewinnt. Dazu müssen wir uns selbst verändern – es geht immer darum, uns selbst glücklicher zu machen.

Änderungen der elterlichen Methoden

Kulturelle Werte werden durch die Methoden bei der Kindererziehung weitergegeben. Als wir untersuchten, wie diese Methoden Scham auslösen, habe ich festgestellt, daß einige Methoden effektiver sind als andere. Das elterliche Verhalten ist in jeder Subkultur anders; es geht daher vielleicht zu weit, wenn ich eine bestimmte Veränderung als charakteristisch für die ganze Kultur vorstelle. Aber einige Daten scheinen darauf hinzuweisen, daß die Methoden der Eltern aus der Arbeiterklasse denen von Eltern aus der Mittelschicht mit einer Verzögerung von ungefähr 30 Jahren folgen. Diese Zeitspanne gilt möglicherweise auch für regionale oder ethnische Unterschiede. Von den 40er bis zu den 60er Jahren dieses Jahrhunderts zum Beispiel stillten Mütter aus der Mittelschicht ihre Kinder nicht. In den 80er Jahren stillten die meisten Mittelschicht-Mütter ihre Kinder. Ärmere Mütter stillten ihre Kinder noch, als Mittel- und Oberschicht-Frauen mit dem Stillen aufgehört hatten, und wechselten zu Flaschen und Fertigpulver, als die Mittelschicht wieder zum Stillen zurückkehrte. Offensichtlich hat sich der kulturelle Wert des Stillens in den letzten 50 Jahren zweimal um 180 Grad gedreht; die Mittelschicht-Mütter führten die von Unterschicht-Müttern langsam nachvollzogene Bewegung, weg vom Stillen und dann wieder zu ihm hin, an.

Unsere Informationen über Sozialisationsmethoden in diesem Jahrhundert sind begrenzt, obwohl wir von den 30er Jahren bis heute einige Daten haben. Die elterlichen Methoden müßten den allgemeinen gesellschaftlichen Trends folgen, die ich skizziert habe, und also den Übergang von einem Wir-Selbst zu einem zunehmend die Individuation betonenden Ich-Selbst spiegeln. Offensichtliche Kennzeichen dafür sind unter anderem die Entfernung des Kleinkinds aus dem elterlichen in ein eigenes Bett und später in ein eigenes Zimmer sowie die Ermutigung von Verhaltensweisen, die nicht nur den individuellen Besitz anzeigen – »Das ist meins und das ist deins« –, sondern auch die Privatsphäre fördern. Wie verschieden unsere kulturellen Methoden von den Methoden vieler anderer Gesellschaften sind und wie sehr sie unsere Ansicht vom Selbst spiegeln, zeigt sich am besten durch den Vergleich mit einer Wir-Kultur. Ein japanisches Paar zum Beispiel läßt das Kind während der ersten drei Lebensjahre mit sich im selben Bett schlafen. Das Zeichen für *Kleinkind* bedeutet »Fluß zwischen zwei Bänken«; der Begriff spiegelt die Schlafordnung der Familie. Das Kind schläft nicht nur im Bett der Eltern, es liegt zwischen ihnen. Die meisten »Westler« würden dieses Muster als Verletzung der Privatsphäre der Erwachsenen und des Kindes betrachten. Eine der Folgen der psychoanalytischen Theorie war die körperliche Trennung des Kindes vom elterlichen Bett aufgrund der unbegründeten Behauptung, ein solcher Kontakt sei zu stimulierend und führe zu einer Störung. In der Wissenschaft spiegelt eine Theorie wahrscheinlich die geläufige Weltsicht der Wissenschaftler. In diesem Fall unterstützt das psychoanalytische Denken die Vorstellung von einem privaten und einzigartigen Individuum.

Die soziale Mobilität ist Teil des Problems der Individuation. Der

Zusammenbruch der sozialen Ordnung fördert diese Mobilität. Der Sohn des Bauern muß nicht Bauer werden. Daß Individuen keinen »Platz« mehr haben, daß sie frei sind, ihren eigenen Weg zu finden, entspricht der Vorstellung von persönlicher Freiheit. Die familiären Bande, die durch Ort und Ordnung aufrechterhalten werden, lösen sich auf. Unsere Kinder sind nicht mehr an uns gebunden, denn sie müssen nicht mehr auf dem familieneigenen Bauernhof leben. Die Erwartung, daß Kinder »in unsere Fußstapfen treten«, schwindet, wenn Pflicht und Ordnung uns nicht mehr definieren. Körperlich haben unsere Kinder die Freiheit, sich von uns zu entfernen; psychologisch haben sie die Freiheit, sie selbst zu werden, nicht Ebenbilder von uns. Wir möchten sogar, daß sie anders sind. Kinder, die zu Hause bleiben und arbeiten, werden mit Argwohn betrachtet, denn ein zu enger Kontakt zu den Eltern wird heutzutage für pathologisch gehalten. Vor kurzem erzählte ein Freund, er mache sich wegen Stan Sorgen, dem Sohn eines gemeinsamen Freundes; Stan hatte eine gute Universität absolviert, einen guten Job und eine Freundin, aber er wollte in der Nähe seiner Familie leben und aß oft mit ihr zu Abend. »Warum verbringt Stan soviel Zeit zu Hause?« Zu einer anderen Zeit und an einem anderen Ort wäre Stans Verhalten nicht beargwöhnt worden.

Unsere Beziehung zu unseren Kindern hat sich in den letzten 100 Jahren gründlich verändert. Wie wir gesehen haben, ist eine Folge der Individuation die Absonderung der Menschen. Der Druck zur Absonderung läßt sich unter anderem durch romantische Liebe bekämpfen. Sie nimmt heutzutage in unserem Seelenleben einen genauso großen Platz ein wie die Liebe der Eltern zu ihren Kindern. Pflichten und Verantwortlichkeiten machen individuellen Rechten Platz, die ausgehandelt werden können, zum Teil durch Liebesbeziehungen. Diese Verlagerung beeinflußt die Sozialisationspraktiken der Eltern.

Im bisherigen Verlauf der Geschichte sollten die Sozialisationspraktiken der Eltern einen Menschen hervorbringen, der wie die Eltern war, der dieselben Werte hatte, im selben sozialen Netz lebte und etwas Ähnliches arbeitete. Die Praktiken drehten sich um bestimmte Handlungen, Verhaltensweisen und Ziele, die artikuliert werden konnten, weil sie bekannt waren. Wenn das Kind von den Eltern unabhängig wird, werden deren spezifische Normen, Regeln und Ziele weniger wichtig. Wenn ich Bauer bin und erwarte, daß mein Sohn Bauer wird, muß ich ihm beibringen, wie man einen Bauernhof betreibt. Dazu gehören bestimmte Informationen, Fähigkeiten, Regeln und Normen. Wenn ich mich nicht an die Informationen erinnere, nicht die Fähigkeiten erwerbe, nicht den Regeln folge und nicht die Maßstäbe erfülle, sind dies spezifische Verfehlungen. Schuld, und nicht Scham, ist die Emotion, die ausgelöst wird.

Der Prozeß ändert sich, wenn das, was gelehrt wird, nicht mehr spezifisch oder – aufgrund der Ungewißheit der Zukunft des Kindes – überhaupt bekannt ist. Wir haben unsere Erziehungsmethoden verändert. Jetzt beschäftigen wir uns mit den Charakteristika des Individuums. Die Normen hängen nun eher mit dem *Sein* als mit dem *Tun* zusammen. Der Schwerpunkt verlagert sich vom Spezifischen auf das Globale, vom Tun auf die Person. Dieser Wechsel der Ausrichtung ist mit einer Zunahme an Scham verknüpft.

Die Isolation von Erwachsenen infolge der Individuation führt sie zur Verbindung mit anderen Erwachsenen, mit denen sie durch Liebe oder Freundschaft verbunden sind, nicht durch bleibendere Bande wie Verwandtschaft oder gemeinsame Arbeitsverpflichtungen. Vor kurzem fragte ich zehn ältere Paare zwischen 65 und 70, mit wem sie sich am Wochenende trafen. Sie erzählten, mindestens die Hälfte der Zeit sähen sie die Familie. Als ich meinen um die 50 Jahre alten Freunden dieselbe Frage stellte, ergab sich, daß das Zusammensein mit der Familie weniger als 10% ihres sozialen Lebens ausmachte.

Das Kind wurde früher als Eigentum betrachtet, als etwas Wertvolles, das Fürsorge, Aufmerksamkeit und auch Liebe brauchte. Das elterliche Verhalten beruhte auf Pflichten. Jetzt wird das Kind eher als Freund denn als Eigentum betrachtet. Die Beziehung zwischen Freunden unterscheidet sich von der Beziehung zwischen Besitzer und Eigentum bzw. Erwachsenem und Kind. Der Schwerpunkt verlagert sich von: »Was ist das Beste für mein Kind?« zu: »Was wird mein Kind von mir denken, wenn ich dies und das tue?« Das Kind als Freund kann zudem die Selbstattribuierungen der Eltern auf bislang nicht gekannte Weise beeinflussen. Erinnern Sie sich an das Beispiel, daß die Eltern sich über den Ärger des Kindes ärgerten, weil es ihnen nicht gehorchte. Eltern haben keinen logischen Grund für die Annahme, daß Kinder glücklich sein müssen, wenn sie einer ungeliebten Regel nachkommen; ihr Ärger ist eine Folge dieser neuartigen Beziehung. Der Ärger des Kindes ist zum Ärger eines »Freundes« geworden. Der Ärger des »Freundes« wirft ein Licht auf den Charakter der Eltern. Deshalb sind Eltern leichter beschämt durch ihre Kinder, wenn statt der alten Ordnung von Eigentum, Pflicht und Verantwortung nun Freundschaft der Beziehung zugrunde liegt.

Als persönliche Freiheit als elementarer Wert des Selbst zunehmend akzeptiert wurde, war die Verwendung bestimmter Sozialisationsmethoden nicht mehr angemessen. Zum Beispiel wurde das Einwickeln von Babys im Westen aufgegeben, weil zur persönlichen Freiheit die Vorstellung von körperlicher Mobilität gehörte. Das Einwickeln verschwand zuerst aus jenen westlichen Ländern, in denen das Ideal der individuellen Freiheit am stärksten war, langsamer in den Ländern, die sich dem Wert der Freiheit nicht so verschrieben hatten. Auch körperliche Bestrafungen nahmen ab, als die Rechte des – *von den Eltern unabhängigen* – Kindes zunahmen. Wir alle erkennen an, daß körperliche Mißhandlungen für das Kind destruktiv und gefährlich sind;

aber nichts beweist, daß eine angemessen verabreichte körperliche Bestrafung schädlich ist. Unsere Abneigung gegen diese Art der Sozialisation beruht eher auf einer ästhetischen als auf einer wissenschaftlichen Haltung. Da diese Art von Bestrafung abnimmt, müssen andere Arten öfter benutzt werden. Sicher hat die Verwendung des Argumentierens oder induktiver Techniken zugenommen. Aber wir haben gesehen, daß diese Techniken oft mit einem Gesichtsausdruck einhergehen, der Scham, Ekel, Verachtung und Erniedrigung anzeigt. Außerdem hat die Verwendung von Liebesentzug zugenommen, als körperliche Bestrafungen abnahmen.

Auch die elterliche Methode des Lobens wurde beeinflußt. Lob wird benutzt, um einen Erfolg hervorzuheben, denn es wird angenommen, daß es gut ist. Wenn ein Kind aufs Töpfchen geht, wird dies mit: »Was bist du für ein gutes Mädchen!« begrüßt, und wenn ein Junge im Vorschulalter seine Tränen zurückhält, wenn er sich das Knie aufgeschürft hat, wird ihm gesagt: »Was für ein großer Junge du bist!« Wir halten Lob für eine positive Belohnung. Aber Lob kann problematisch sein, denn es stellt eine globale Attribuierung dar, die das Kind auf sich selbst ausrichtet. Erinnern Sie sich daran, daß japanische Eltern Lob vermeiden. Lob-Techniken sind zwar erfolgreich, können aber Gefühle der Individualität und daher Scham fördern.

Wie ich zu zeigen versuchte, spiegeln Änderungen des elterlichen Verhaltens gegenüber Kindern und deren Verfehlungen Änderungen in der westlichen Auffassung vom Wesen des Menschen. Die westliche Gesellschaft hat die Person als Individuum, das als Ich-Selbst definiert wird, immer stärker betont. Die Sozialisationsmethoden verstärken die Neigung zur Individuation. Die Erfahrungen, die wir als Kinder mit unseren Eltern machen, sind der Schmelztiegel für die ichbewußten Emotionen, die Ursache für unsere wachsenden Gefühle der Entfremdung und Scham.

Die mit Scham zusammenhängenden Probleme eskalieren. Die Zunahme narzißtischer Störungen – etwa Wut (die sich unter anderem als Kindesmißhandlung oder willkürliche Aggression gegen die Gesellschaft äußert) und multipler Persönlichkeitsstörungen – weist auf Probleme hin, die mit Scham zusammenhängen. Intensität und Art der Scham-Empfindung sind bei den Menschen der verschiedenen Kulturen verschieden. Aber keine Kultur und kein Mensch ist, weder in der Gegenwart noch in der Vergangenheit, je der Scham-Erfahrung entgangen. Kulturen und Individuen mögen sich im Hinblick auf die Menge der empfundenen Scham unterscheiden, und sicher sind die Auslöser von und die Reaktionen auf Scham unterschiedlich; aber alle kennen Scham. Das Fehlen von Scham ist pathologisch. Es ist kaum sinnvoll zu sagen, daß es in einer bestimmten Kultur keinen Zorn, keine Angst oder, in unserem Zusammenhang, keine Scham gibt (oder gab). Auch wenn Kultur X vielleicht keine Worte für diese Emotionen hat, werden sie von den Menschen von Kultur X empfunden. Auch zuviel Scham ist pathologisch. Kulturen mit übermäßiger Scham haben sehr wahrscheinlich bestimmte Probleme. Manche Gesellschaften scheinen übermäßig aggressiv zu sein, und es ist durchaus möglich, daß ihre Aggression von Scham gespeist wird. Vor 60 Jahren schürte Hitler seinen Aufstieg zur Macht, indem er die Scham der Deutschen zu seinem Vorteil verwendete: Er machte für den verlorenen Ersten Weltkrieg und den nachfolgenden ökonomischen Zusammenbruch Verräter, Kommunisten und Juden verantwortlich und versprach, die Scham Deutschlands zu beenden. Er verwandelte die Scham seines Landes in Aggression und führte den Zweiten Weltkrieg herbei. Die Vereinigten Staaten führen in letzter Zeit ständig irgendwo Krieg: gegen die Deutschen und Japaner, die Koreaner, die Vietnamesen, die Russen, die Iraner und die Irakis. Einige glauben, daß der Krieg in der Arabischen Wüste im Jahr 1991 die Scham beseitigen sollte, die durch den verlorenen Krieg in Vietnam entstanden war. Wir führen auch gegen uns selbst Krieg, wie die hohen Mord- und Selbstmordraten, die willkürlichen Gewalttaten und Kindesmißhandlungen zeigen. Auch wenn wir ein Problem lösen wollen, ist der Krieg unser Vorbild: Wir führen zum Beispiel einen Krieg gegen die Armut. Vielleicht produziert unser hohes Maß an Individuation ein hohes Maß an Scham, die dann in Aggression verwandelt wird.

Kulturen verändern sich im Lauf der Zeit. Unsere Kultur wird stärker durch Scham angetrieben, seit wir uns persönlicher Freiheit und Narzißmus zuwandten. Das Selbst, jetzt Objekt und Subjekt, ist eher geneigt, Scham zu empfinden. Gleichzeitig haben wir uns von den religiösen Institutionen befreit, die die Scham absorbieren könnten; deshalb fehlen vielen von uns die Mechanismen, die Vergebung garantieren.

Wir sind heute einsamer und mehr auf uns selbst konzentriert, als wir es je waren. Wir spüren die diesem Zustand innewohnende enorme Freiheit, zu sein, was wir sein wollen, und doch sind wir zugleich unglücklich. Die Freiheit zum Erfolg ist auch die Freiheit zum Versagen. Das Selbst muß oft die Verantwortung für ein solches Versagen übernehmen. Dann verfolgt uns die Scham wie ein Schatten, und wir fürchten sie.

Epilog

*Wenn ich nicht für mich bin, wer wird dann
für mich sein?
Wenn ich nur für mich bin, was bin ich dann?
Wenn nicht jetzt – wann?*

Talmudisches Sprichwort

Kulturen unterscheiden sich; Zeiten verändern sich. Der moderne westliche Drang zur Individuation hält uns wie in einem Spiegel gefangen. Weil wir den Kontext und andere Menschen als Erklärung für unser So-Sein beseitigt haben, sehen wir nur noch uns selbst. Die Zunahme des Narzißmus und verwandter Störungen ist kein Zufall. Narkissos, der von der Betrachtung seines Spiegelbilds in einem Teich nicht loskam, ist ein angemessenes Symbol für unsere Zeit.

Unsere Philosophen schauen in den Spiegel und versuchen, das Bild zu definieren und ihm eine Bedeutung zu geben. Vielleicht findet sich nirgendwo eine klarere Aussage zum Drama des Spiegels als in der Philosophie des Existentialismus; sie sieht das Individuum als einzigartige und gesonderte Einheit, die allein gegen andere Einheiten und die Kontexte steht, die seine Einheit herbeiführten. Das existentialistische Individuum ist seinem Wesen nach schrankenlos, frei und undefiniert. Ein solches Selbst muß mit Scham einhergehen.

Jean Paul Sartre, der beredteste Vertreter des modernen Existentialismus, erklärte: »Die Existenz geht der Essenz voraus.« Der Existentialismus ist *Ausdruck* und *Endprodukt* der Individuation, und auch ihre *Rechtfertigung.* In *Das Sein und das Nichts* versucht Sartre, das Wesen unserer Identität und die von ihr produzierten Gefühle zu definieren. Für ihn ist das Bewußtsein das definierende Prinzip. Die Menschen zeichnen sich durch ihr Bewußtsein aus; Bewußtsein ist ein Modus des Seins, der *für* sich selbst existiert (was er »Sein-für-sich« nennt). Objekte – das heißt andere Menschen – existieren nur *in* sich selbst (»Sein-in-sich«). »Das Bewußtsein ist ein Sein, dessen Wesen darin besteht, sich des Nichts seines Seins bewußt zu sein.«[37]

Sartre meint, daß wir durch das Bewußtsein das Verständnis gewinnen, daß unsere Natur uns für nichts bestimmt. Ein Stuhl hat Sein-in-sich: Sein Wesen ist Stuhlheit, er kann sich nicht in etwas anderes verwandeln. Ein Mensch ist ein Sein-für-sich, das ist, »was es nicht ist, und nicht, was es ist«. Wir haben keine Essenz. Dieses Bewußtsein ist von sich selbst befreit. Wir sind nicht durch eine Essenz gebunden, sondern frei, zu sein, was wir sein wollen. Der Mensch Sartres ist das typische Ich-Selbst, ungebunden und undefiniert.

Ich glaube, daß objektive Selbsterkenntnis, die selbst ein Prozeß ist und keine Struktur, keinen Inhalt hat. Andere Arten des Wissens haben eine Struktur, denn sie erwachsen aus unseren spezifischen adaptiven Bedürfnissen.

Dies ist eine perfekte Metapher für den Kontext-losen Menschen. Der Existentialismus ist die Rationalisierung der Individuation. Ich beschreibe Sartres Ansicht nicht, um sie in Frage zu stellen, sondern um zu zeigen, wie sie rechtfertigt, was wir geworden sind.

Aber sogar Sartre erkennt die Qual an, die aus seiner Definition des Seins entstehen muß. Ja, Bewußtsein kann zu Freiheit führen, der Freiheit, zu werden, was Sie sein wollen, aber diese Freiheit hat ihren Preis: Angst und Scham. Es ist nicht einfach, wahre Freiheit zu akzeptieren. Sartres philosophischer Beitrag besteht nicht nur darin, zu beschreiben, was wir geworden sind, sondern auch in der Empfehlung, uns darüber zu freuen. Das Überleben der Angst vor der Individuation ist die höchste Leistung der Menschheit. Was ist dann mit anderen Menschen? Unsere Beziehungen zu anderen bieten keine Lösung. In diesem Punkt ist Sartre unnachgiebig. Die Angst vor Sein und

Nichts kann nicht durch das Wir-Selbst aufgelöst werden. Sartre sieht Beziehungen als Knechtschaft, denn für andere Menschen sind wir nichts anderes als Objekte, und als Objekte (Selbst-in-sich-selbst) verlieren wir das Selbst-für-sich-selbst, das unsere Einzigartigkeit ausmacht: »Ich kann nicht das Selbst erfassen, das ich für den anderen bin, genausowenig wie ich erfassen kann, was der andere, der mir als Objekt erscheint, für sich selbst ist.«[38]

Es gibt keinen Ausweg aus diesem Dilemma. So, wie Sartre es sieht, ist das Selbst zwischen Freiheit mit Angst oder Bindung ohne Angst gefangen. Für ein Individuum besteht der erhabenste Augenblick darin, exponiert und allein zu sein, die Determinante seiner eigenen Essenz. Seine Angst ist der Preis, den es für diese Freiheit bezahlen muß.

Erich Fromm, der ungefähr zur selben Zeit wie Sartre schrieb, begegnet dem Dilemma des modernen Selbst auf etwas andere Weise. In *Furcht vor der Freiheit* sieht auch er, daß die Bewegung zu Individuation und zunehmenden individuellen Rechten zu Freiheit führt; diese wird von ihm politisch als Ende der mittelalterlichen Autorität von Kirche und Staat definiert. Für ihn wie für Sartre besteht die Folge der Freiheit in der Isolierung von anderen. Der Mangel an Freiheit hat eine positive Seite, Zugehörigkeit, während Freiheit eine negative Seite hat, Unsicherheit. Die Aufgabe des Menschen besteht für Fromm darin, die mit der Freiheit zusammenhängende Angst zu bewältigen. Die an der Bürde der Angst tragenden Menschen versuchen, ihrer Freiheit zu entkommen; diese Flucht führt oft zur blinden Hingabe an eine Sache, einen Führer oder einen Staat. Lebendig und klar stellt Fromm dar, wie die von ihrer Isolation sind ihrer Angst überwältigten Menschen versuchen, ihre Freiheit aufzugeben, um die Angst zu vermeiden.

»Die Freiheit hat ihm zwar Unabhängigkeit und Rationalität gebracht, ihn aber isoliert und daher ängstlich und machtlos gemacht. Diese Isolation ist unerträglich, und er sieht sich vor der Alternative, entweder vor der Last dieser Freiheit in neue Abhängigkeit und Unterwürfigkeit zu flüchten, oder zur vollen Verwirklichung der positiven Freiheit vorzudringen, die auf der Einzigartigkeit und Individualität des Menschen beruht.«[39]

Wie sieht Fromms Lösung aus? Sie besteht darin, Selbstverwirklichung zu suchen, eine Lösung, die auch von Carl Rogers vorgeschlagen wird. Hier wird seine Analyse – wie die aller, die absolute Freiheit (das Ich-Selbst) suchen – konfus. Fromm zufolge wird die Selbstverwirklichung »nicht nur durch einen Akt des Denkens erreicht, sondern auch durch die Verwirklichung der ganzen Persönlichkeit eines Menschen, durch den aktiven Ausdruck seines emotionalen und intellektuellen Potentials«.[40] Dieses Potential ist in jedem von uns vorhanden. Der Weg zur Freiheit »besteht in der spontanen Aktivität der völlig integrierten Persönlichkeit«.[41] Auch wenn dies wahr ist, ist es als Rezept wenig hilfreich. Fromm kommt einer Definition näher, wenn er vorschlägt, daß Spontaneität das Sprungbrett für eine integrierte Persönlichkeit und Liebe die Hauptkomponente der Spontaneität ist. Es ist unklar, wie er zu diesem Gedanken kommt, aber er führt ihn an. Seine Liebe ist jedoch nicht Liebe »als Auflösung des Selbst in einem anderen Menschen oder der Besitz eines anderen Menschen, sondern die spontane Bejahung anderer, die Verbindung des Individuums mit anderen auf der Basis der Bewahrung des individuellen Selbst«.[42]
Diese Liebe ist komplex, denn sie leitet sich von der Angst vor Freiheit und Absonderung ab, aber sie »führt zu Einheit – ohne daß die Individualität beseitigt wird«.[43] Er schlägt also eine Wir-Selbst-Verbindung vor, um das Ich-Selbst zu bewahren, eine

Lösung, die mit ziemlichen Schwierigkeiten belastet ist. Denken wir daran, daß die Vorstellung persönlicher Freiheit für Fromm solchen Wert besitzt, daß ihre wie immer geartete Aufgabe mit Besorgnis betrachtet wird. Trotzdem meint er, daß ein Wir-Selbst nötig sei, um die Angst vor der Individualität zu überwinden.

Außer Liebe nennt er noch eine andere Möglichkeit, die Verpflichtung gegenüber einer Arbeit. Unter Arbeit versteht er eine sinnvolle, kreative Aktivität. Aber wie wir bereits gesehen haben, können Liebe und Arbeit trügerisch und unbeständig sein. Es ist unmöglich, die menschliche Natur zu verstehen, wenn wir nicht die Tatsache akzeptieren, daß ein Mensch sich am leichtesten in einem Kontext bzw. einer Gruppe von Kontexten definieren läßt. Der einzige vom Kontext unabhängige Aspekt der Persönlichkeit betrifft unsere Biologie, das Geräusch unseres Körpers, der seinen selbst-regulierenden und adaptiven Funktionen nachgeht. Die Menschheit ist sozial, und unsere Definitionen sind in einem sozialen Netz angesiedelt. Allein gibt es nichts zu verstehen und keine Möglichkeit, es zu tun.

Søren Kierkegaard, der von vielen als der früheste existentialistische Philosoph betrachtet wird, sah interessanterweise eine Lösung für dieses Problem.[44] Daß ich jetzt auf Kierkegaard zu sprechen komme, ist merkwürdig, aber auch angemessen. Merkwürdig, weil er ein einsames Leben ohne Freunde oder Gefährten führte. Er war verunstaltet, und er schämte sich. Er schrieb unter einer Vielzahl von Pseudonymen. In gewisser Weise umgab er sich mit den imaginären Personen seiner Pseudonyme, abgespaltenen Teilen seines Selbst. Obwohl er vor ungefähr 150 Jahren schrieb, nahm seine Darstellung der Isolation unsere gegenwärtige Misere vorweg. Er behauptete, daß die Abwendung von Rollen und Kontexten zu Entfremdung und Individualisierung führt.

Søren Kierkegaard meinte, der Verlust der Identität komme

letztlich durch den Verlust der Verpflichtung zustande. Rollen und also Beziehungen können nur durch Verpflichtungen aufrechterhalten werden. Fehlende Verpflichtungen sind somit die Ursache des Identitätsproblems: »Eine die Welt definierende Verpflichtung bedeutet nicht nur mir etwas; sie sagt mir auch, was jeder andere in meinem Leben mir bedeutet.«[45] Es ist also die Verpflichtung, die uns definiert, und dadurch, daß wir uns dem verpflichten, was wir jetzt sind, wird unsere Vergangenheit sinnvoll.

Kierkegaard bietet ein Rezept und ein Paradox. Im allgemeinen glauben wir, daß eine sinnvolle Vergangenheit auch in der Zukunft Sinn erschafft. Wie wir jetzt sind, läßt sich von dem herleiten, was wir in der Vergangenheit waren. Um in der Gegenwart Verpflichtungen einzugehen, müssen wir unsere vergangenen Verpflichtungen kennen. Kierkegaard stellt diese geläufige Überzeugung auf den Kopf. Nicht die Vergangenheit gibt Gegenwart oder Zukunft einen Sinn, sondern die Gegenwart gibt der Vergangenheit einen Sinn: »Ereignisse in der Vergangenheit bestimmen nicht die Verpflichtung, die ich habe, sondern die Verpflichtung, die ich habe, läßt mich die Ereignisse meiner Vergangenheit deuten. Gleichzeitig muß meine Verpflichtung den Ereignissen meiner Vergangenheit einen Sinn geben, nicht der Vergangenheit von jemand anderem. Es scheint klar, daß nicht jedes Objekt der Verpflichtung diese Fähigkeit besitzt.«[46]

Kierkegaard nennt diesen Prozeß »essentielle Möglichkeit« und behauptet, daß er einen Menschen spiegelt, der ein Selbst hat. Wenn keine Verpflichtungen eingegangen werden, ist Leere die Folge. Trotzdem haben wir Angst, eine Verpflichtung einzugehen, denn *a priori* wissen wir nicht, ob es die richtige ist, das heißt die, die zur essentiellen Möglichkeit führt. Das existentialistische Dilemma besteht in der Entscheidung zwischen Leere und Angst. Wenn wir uns entscheiden, beginnen wir, etwas zu sein. Wenn wir uns entscheiden, können wir dafür oder dagegen sein.

Was sagt diese Analyse der Ansichten Sartres, Fromms und Kierkegaards zum Selbst uns über Scham? Erstens haben Individualisierung und persönliche Freiheit einen Preis. Während die alte Ordnung uns verbindet und unsere Handlungen beschränkt, definiert sie uns auch. Ohne diese Definitionen sind wir frei, aber wurzellos – das Paradox des existentialistischen Seins. Zweitens macht Freiheit das Ichbewußtsein zu dem Merkmal, das das Selbst definiert: »Ich bin ich« ersetzt alle anderen Äußerungen des Selbst. Drittens erhöht Ichbewußtsein die Wahrscheinlichkeit für Scham und die sie begleitenden Übel, und weil wir keine Bindungen haben, können wir keine Vergebung suchen. Die Scham ist unerträglich, und wir flüchten entweder in eine neue Ordnung oder in Vergnügen und Selbstbezogenheit. Im ersten Fall geben wir unsere Freiheit auf. Im zweiten verewigen wir, was wir bereits sind, Gibt es keinen Ausweg aus diesem Paradoxon, der Dialektik zwischen Freiheit und Gefangenschaft?

Der Ausweg heißt Verpflichtung. Wir können nie sicher sein, daß irgendeine Verpflichtung richtig ist, aber diese fehlende Sicherheit macht nichts aus. Durch ihr Wesen befreit Verpflichtung uns von uns selbst, und obwohl sie uns zu manchen Menschen in Gegensatz bringt, verbindet sie uns mit anderen, die sich ähnlich verpflichtet haben. Verpflichtung führt uns aus der Falle des sich selbst bespiegelnden Selbst hinaus und in die Freiheit gemeinschaftlicher Werte hinein.

Anmerkungen

Kapitel 1: Scham im Alltag

1 Vgl. z. B. H. B. Lewis, 1971; A.P. Morrison, 1989; B.L. Nathanson, 1987; S. S. Tomkins, 1963.
2 *New York Times* vom 29.1.1989.
3 E. Fromm, 1991.

Kapitel 2: Unser Gefühlsleben

1 W. James, 1890.
2 P. A. Bard, 1928; W.B. Cannon, 1929.
3 Manche haben diesen Zustand im Soma geortet (z. B. W. James, 1890), im autonomen Nervensystem (M. A. Wenger/F. N. Jones/ M. H. Jones, 1956), im zentralen Nervensystem (W. B. Cannon, 1975; M. E. Olds/J. L. Forbes, 1981), im endokrinen Hormonsystem und in allen dreien (C. E. Izard, 1972). Nach Darwin (1872/1986), der die Äußerungen dieser mutmaßlichen inneren emotionalen Zustände im mimischen, lautlichen und gestischen Verhalten von Menschen und Tieren beobachtete, hat man sich in neuerer Zeit mehr mit dem mimischen Ausdruck als direktem Gradmesser für diese Zustände beschäftigt (vgl. S. S. Tomkins, 1962, 1963; C. E. Izard, 1981; P. Ekman/W. Friesen/P. Ellsworth, 1972).
4 R. Zajonc (1980) hat sehr deutlich darauf hingewiesen, daß emotionale Zustände nicht notwendig Erkenntnis erfordern.
5 S. Freud (1915/1960).
6 M. Lewis/L. Michalson, 1983.
7 Vgl. R. Plutchik, 1962, S. 41 f.
8 C. E. Izard, 1982; S.S. Tomkins, 1963.
9 Zudem haben wir kaum empirische Untersuchungen, die uns über die Beziehung zwischen ihnen informieren könnten. Die Beziehung zwischen diesen Ausdrucksformen ist möglicherweise wichtig. Es kann sein, daß die Hemmung eines Ausdruckssystems zur Verstärkung eines anderen führt. Wenn z.B. Kinder, die Angst vor Fremden haben, gezwungen werden, in einem Stuhl sitzen zu bleiben und zu

beobachten, wie der Fremde näher kommt, ohne sich wegbewegen zu können, zeigen sie wahrscheinlich einen ausgeprägteren und anhaltenderen Gesichtsausdruck, als wenn sie sich nicht in einer körperlich beengten Situation befinden. Das sollte nicht überraschen. Wenn emotionaler Ausdruck – unter anderem – kommunikativen Wert besitzt, müßte die Behinderung eines Merkmals der kommunikativen Botschaft – in diesem Fall des Weglaufens – zur Verstärkung anderer Merkmale führen.

Wie wir sehen werden, kann die Sprache, die ein dem Menschen eigenes Merkmal des emotionalen Ausdrucks ist, dazu dienen, den Gesichtsausdruck abzuschwächen. Die Ausdruckssysteme interagieren also zum einen so, daß die Unterdrückung des einen zur Verstärkung eines anderen führt, oder der Ausdruck eines Systems verstärkt den Ausdruck eines anderen. Man kann in diesem Zusammenhang an die Ausbildung von Soldaten denken. Um die körperliche Gewalt bzw. den körperlichen Ausdruck von Zorn zu steigern, wird Soldaten beigebracht, die Stimme zu gebrauchen, d.h. dem »blöden« Feind wüste Beschimpfungen entgegenzuschreien. Es wird angenommen, daß lautes Schreien den motorischen Ausdruck von Aggression und Zorn verstärkt.

10 Wieviel und welche es genau gibt, wird stark diskutiert. Ausführliche Erörterungen der Fähigkeit von Kindern und Erwachsenen, Gesichtsausdrücke zu produzieren und Mimik zu verstehen und zu unterscheiden, finden sich in anderen Quellen (M. Lewis/L. Michalson, 1983).

11 Dazu folgende Beobachtungen:
Benjamin ist ein Jahr alt und wird in seinem Zimmer allein gelassen. Seine Mutter schließt die Tür und geht hinaus. Ohne daß er es weiß, fotografieren wir sein Verhalten und stellen dabei das folgende Verhalten fest: Benjamin schreit. Ein einfacher, kurzer, weinerlicher Laut. Er hört auf, macht eine Pause und schaut, ob der Schrei die Mutter ins Zimmer zurückbringt. Da er nicht hört, daß jemand näherkommt, schreit er noch einmal.

Vergleichen Sie dieses Verhalten mit dem eines anderen Kindes, das allein gelassen wird, zu schreien beginnt und nicht aufhört, um auf die Wirkung seines Schreiens zu lauschen. Wir könnten behaupten, daß die beiden Kinder den stimmlichen Ausdruck für verschiedene Zwecke einsetzen. Für Benjamin ist der Schrei eine zweckdienliche Reaktion, die die Mutter zur Rückkehr in sein Zimmer bewegen soll. Er kann seinen inneren Zustand anzeigen oder auch nicht. Das Schreien des zweiten Kindes dagegen ist ein Gradmesser für seine innere Not, denn es scheint sich für die Wirkung seines Schreiens nicht zu interessieren. Das zweite Beispiel betraf ein etwas älteres Kind.

Felicia ist 20 Monate alt und spielt allein im Hof, während die Mutter sie vom Fenster ihres Arbeitszimmers beobachtet, wo sie ihre Unterrichtsstunde vorbereitet. Während des Spielens stolpert Felicia und tut sich am Knie weh. Sie beginnt zu weinen, schaut sich um, sieht niemanden, hört auf zu weinen und nimmt ihr Spiel wieder auf. In den nächsten zehn Minuten spielt sie glücklich weiter. Dann hört sie auf zu spielen und bewegt sich hüpfend und laufend auf den Eingang des Hauses zu. Sie betritt das Haus durch die Hintertür und geht zum Arbeitszimmer der Mutter. Beim Öffnen der Tür beginnt sie zu weinen.

Auch hier scheinen mimischer und lautlicher Ausdruck eher das zweckdienliche Handeln des Kindes als seinen inneren Zustand wiederzugeben. Aus der Sicht der Mutter war der innere Zustand des Kindes in den letzten zehn Minuten glücklich und spielerisch. Daß das Kind beim Anblick der Mutter zu weinen beginnt, kann nicht seinen augenblicklichen emotionalen Zustand anzeigen. Bestenfalls stellt es die Mitteilung eines vergangenen Ereignisses dar. Diese und viele andere Beispiele zeigen, daß auch bei Kleinkindern der Ausdruck dem inneren emotionalen Zustand nicht eins zu eins entspricht.

12 M. Lewis/C. Stanger/M. W. Sullivan, 1989.

13 P. Ekman/W. V. Friesen, 1975; C. Saarni, 1979.

14 R. J. Davidson/N. A. Fox, 1982.

15 P. Ekman hat 1984 versucht, eine Beziehung zwischen den Reaktionen des autonomen Nervensystems (Herzfrequenz, Hauttemperatur) und bestimmten Emotionen zu finden. Er berichtet von aufregenden Ergebnissen, die z.B. zeigen, daß eine hohe Hauttemperatur, die mit einer hohen Herzfrequenz einhergeht, mit Zorn verbunden ist, während eine niedrige Hauttemperatur bei hoher Herzfrequenz mit Furcht und Trauer verbunden ist. Diese Ergebnisse weisen darauf hin, daß wir vielleicht einmal in der Lage sein werden, bestimmten Emotionen, etwa Scham, bestimmte physiologische Reaktionen zuzuordnen. Im Augenblick ist dies jedoch noch nicht der Fall.

16 K. R. Scherer, 1979, 1981.

17 H. B. Lewis, 1987; S. S. Tomkins, 1963.

18 W. McDougall, 1928.

19 S. S. Tomkins, 1962, S. 23.

20 D. L. Nathanson, 1987 a, b, c.

21 U. Geppert, 1986.

22 C. E. Izard, 1971, 1981, 1979; M. Rutter/C. E. Izard/P. Read, 1986.

23 U. Geppert, 1986; H. Heckhausen, 1984; K. Schneider/K. Hanne/B. Lehmann, 1989.

24 K. C. Barrett/C. Zahn-Waxler, 1987.

25 M. Lewis/M. W. Sullivan/C. Stanger/M. Weiss, 1989.

26 A. Buss, 1980; U. Geppert, 1986.

27 R. W. Lazarus, 1982.

28 C. Darwin, 1872/1986.

29 C. Darwin, 1872/1986.

30 C. Darwin, 1872/1986.

31 S. S. Tomkins, 1963.

32 S. S. Tomkins, 1963, S. 123.

33 S. S. Tomkins, 1963, S. 194.

34 Es ist schwierig, die Richtung der kausalen Kette zwischen Unterbrechung und Scham anzugeben, da eine sorgfältige Sequenzanalyse mimischer Muster vor oder während der Scham noch nicht unternommen wurde. Es scheint plausibel, sich vorzustellen, daß Scham eine Unterbrechung von Aufregung und Freude verursacht und auch durch die Unterbrechung von Aufregung und Freude verursacht wird. Ich vermute, daß die erste Kausalkette der Wahrheit näherkommt, vor allem in Anbetracht der Resultate unserer Untersuchungen über Lernunterbrechungen und die daraus entstehenden Emotionen Zorn und Trauer (vgl. S. Alessandri/M.W. Sullivan/M. Lewis, 1990; M. Lewis/S. Alessandri / M. W. Sullivan, 1990).

35 H. B. Lewis, 1971.

36 C. E. Izard, 1981, Kursivdruck vom Autor.

37 E. H. Erikson, 1984; M. Klein, 1975.

38 Eine Ausnahme bilden vielleicht die Theoretiker der Triebreduktion, die wir vor allem in der klassischen Psychoanalyse finden. Weil ihre Theorie sich um die Verdrängung inakzeptabler Gedanken und Impulse dreht, tritt bei einer Verletzung der eigenen Normen und Werte phänomenologisch eher Angst als Scham auf. In Anbetracht des Wesens der Verdrängung, und weil bestimmte Gefühle, Zustände und Vorstellungen nicht bewußt reflektiert werden können, ist selbst die Phänomenologie der Scham fragwürdig. Eine gewisse Vorsicht scheint in diesem Zusammenhang also angebracht.

39 I. L. Janis, 1965.

Kapitel 3: Das Selbst und seine Entwicklung

1 Es gibt einige Hinweise darauf, daß Schimpansen, Großaffen und auch Delphine zur Selbstreflexion fähig sind.

2 S. Freud, 1933/1991.

3 Die Erörterung kultureller und historischer Unterschiede des Selbstbegriffes erfolgt in Kapitel 11.

4 M. Lewis /J. Brooks-Gunn, 1979.

5 Freuds Dreiteilung in Es, Ich und Über-Ich ist zu bekannt, als daß sie hier dargestellt werden müßte. Wichtig ist jedoch, daß Freud gezeigt hat, daß bestimmte Handlungen Charakteristika von uns sind. Wir verdanken ihm die Einsicht, daß es Aspekte des Selbst gibt, deren wir uns nicht bewußt sind. Obwohl Instinkte bzw. Triebe schon lange vor Freuds Formulierung als Aspekte von uns betrachtet wurden, besteht einer seiner größten Beiträge darin, die Aktivitäten des Selbst erweitert zu haben. Er hat gezeigt, daß Versprecher, Träume, Unfälle mit Aspekten des Selbst zusammenhängen. Bis zur Jahrhundertwende, d.h. bis vor nicht allzulanger Zeit, wurden diese Dinge nicht als Merkmale des Selbst betrachtet. Zur Erklärung von Träumen griff man auf so unterschiedliche Vorstellungen wie die Art des Essens vor dem Schlafengehen oder Geisterstimmen zurück (J. Jaynes, 1988).

6 Es würde mich zu weit vom Thema entfernen, wenn ich diese Probleme ausführen würde. Im weiteren Verlauf meiner Analyse des Selbst werde ich aufzeigen, daß es Funktionen des Selbst gibt, die dem Selbst situationsspezifisch und ontogenetisch zur Verfügung stehen, und solche, die ihm nicht zur Verfügung stehen. Diese Funktionen haben Ziele und die unterschiedlichsten, teils erlernten, teils nicht erlernten Mittel zur Erreichung dieser Ziele. Sie sind zielgerichtet und daher intentional. Oft konkurrieren sie gegeneinander, aber da sie verschiedene Merkmale des Selbst sind und verschiedene Funktionen haben, können sie auch verschiedene Ziele haben.

Dies erscheint mir sinnvoll. Nehmen wir zum Beispiel den Fall einer Studentin, die ein Examen ablegen und eine gute Note bekommen möchte. Dies ist ganz klar ein objektives Ziel. Nicht objektiv jedoch ist ihre frühere Empfindung bei einem Scheitern. Aufgrund früherer Erfahrungen entwickelte sie die Vorstellung, daß sie wahrscheinlich in Prüfungssituationen versagt. Als sie ihr Ziel, eine gute Note zu bekommen, objektiv formulierte, dachte sie nicht an den anderen Aspekt ihres Verhaltens, nämlich ihre Prüfungsangst. Also rivalisieren die Ziele mit erlernten Verhaltensweisen. Dieser Konflikt zwischen Zielen und Unterprogrammen produziert ein Verhalten, das mit dem Ziel, das Examen zu bestehen, kollidiert. B. Weiner macht in seinem Buch über die Selbstattribuierung (1986) klar, daß diese rivalisierenden Ziele einige der Konflikte verursachen, die wir im menschlichen Verhalten sehen.

7 Ich werde auf dieses Thema in Kapitel 11 zurückkommen, in dem ich kulturelle und historische Unterschiede der Vorstellung vom Selbst erörtere. Vgl. dazu C. Geertz, 1984; R. E. Ornstein, 1973; C. A. Ross, 1989.

8 K. H. Pribram, 1984, S. 25.

9 J. LeDoux, 1989, S. 265.

10 L. Weiskrantz, 1986.

11 J. LeDoux, 1989, S. 265.

12 M. Lewis, 1990.

13 S. Duvel/R. A. Wicklund, 1972.

14 Wenn wir diese Definitionen von objektiver und subjektiver Selbsterkenntnis akzeptieren, stellt sich uns folgende Frage: Ist jede Information, die subjektiv bekannt wird, objektiv erkennbar? Aus erkenntnistheoretischer Sicht nimmt das Erkenntnisproblem eine ähnliche Wendung. Darauf hat Benjamin Lewis mich hingewiesen. Wenn ich z.B. sage: »Ich kenne X«, weiß ich dann auch, daß ich X kenne? *Muß* ich wissen, daß ich X kenne, wenn ich X kenne? Oder *kann* ich wissen, daß ich X kenne, wenn ich X kenne? Wenn ich wissen *kann*, daß ich X kenne, wenn ich X kenne, wann weiß ich dann wirklich, daß ich X kenne? Solche erkenntnistheoretischen Fragen erfordern verschiedene Arten des Wissens. Sie sind schwer zu beantworten, und wir wissen einfach nicht genug, um unsere Aufgabe zufriedenstellend zu lösen. Es scheint viele Körperfunktionen zu geben, von denen wir eine subjektive Kenntnis haben, die wir aber nicht objektivieren können. Bestimmte biochemische Prozesse, die in unserem Körper stattfinden und Zustände, Stimmungen etc. ändern, werden vielleicht nie objektiv erkannt werden können. Diese Schlußfolgerung wird möglicherweise aufgrund der medizinischen Verhaltensforschung modifiziert werden müssen. Wenn man uns oder wir selbst uns beibringen könnte(n), uns auf bestimmte Empfindungen und Prozesse zu konzentrieren, gäbe es keine Grenze für unsere Fähigkeit, sie von subjektiver in objektive Erkenntnis zu verwandeln. Die Ausnahme scheint vernünftig, daß bestimmte Praktiken wie etwa Yoga oder andere östliche Techniken den Menschen erlauben, durch die Objektivierung des subjektiven Wissens das autonome

Funktionieren zu kontrollieren, etwa die Regulierung der Körpertemperatur, die Sauerstoffzufuhr und ähnliches (D. P. Nowles/J. Kamiya, 1970).

15 W. James, 1890.

16 L. Wittgenstein, 1984.

17 J. M. Baldwin, 1899/o.J.

18 J. Piaget, 1926/1983.

19 H. Wallon, 1949; M. Merleau-Ponty, 1964.

20 C. H. Cooley, 1909/1962.

21 G. H. Mead, 1934/1991.

22 M. N. Eagle, 1989.

23 D. W. Detrick/S. P. Detrick, 1989.

24 E. H. Erikson, 1984; M. S. Mahler/F. Pine/A. Bergman, 1992b.

25 D. N. Stern, 1992.

26 Ich habe vor kurzem Sterns Entwicklungssystem in Frage gestellt (M. Lewis, 1990). Problematisch ist die Beschreibung des Wesens des Selbst auf jeder Entwicklungsstufe. Insbesondere muß die Beschreibung des Selbst über bloße Reflexe hinausgehen. Selbst in diesem Alter gibt es kein Gefühl für die Undifferenziertheit Selbst / andere wie in Mahlers Theorie, zu der Stern in großem Widerspruch steht. Stern behauptet, es gebe »weder zu Beginn noch zu irgendeinem anderen Zeitpunkt der Kindheit eine Verwirrung zwischen dem Selbst und anderen«. Nicht nur, daß das Selbst zu Beginn nicht symbolisch mit einem anderen verbunden ist, es ist auch ein hochentwickeltes und fähiges Wesen. Aufgrund seiner Wahrnehmungs- und Lernfähigkeiten kann das Kleinkind sich selbst erleben. »Ich behaupte, daß das Kleinkind den Prozeß der auftauchenden Organisation und ihr Ereignis empfinden kann, und dieses Empfinden der auftauchenden Organisation nenne ich das *auftauchende Selbst*. Es ist die Empfindung eines Prozesses und seines Ergebnisses.« Für Stern besitzt das Selbst von Anfang an außerordentliche Fähigkeiten.

Ich glaube, daß eine solche Betrachtungsweise der Entwicklung des Selbst einige Probleme aufwirft. Zunächst bleibt es Glaubenssache, ob Kinder in hohem Maße zu Aktivitäten einschließlich Wahrnehmung, Denken und Lernen fähig sind. Obwohl gezeigt wurde, daß Kleinkinder einige frühe Fähigkeiten besitzen, scheinen diese ihrem Wesen nach eher reflexartig zu sein als auf Erkenntnis zu beruhen. Die extreme Abhängigkeit des Kindes von seiner Bezugsperson spricht für die entwicklungsbedingte Verbundenheit zwischen Kind und Erwachsenem. Die Interdependenz läßt sich mit den kognitiven

Fähigkeiten, die für das Empfinden des auftauchenden Selbst notwendig sind, nur schwer in Einklang bringen.

Die von Stern vorgelegte Ansicht zum Selbst läßt keine große Entwicklung zu. Wenn das Kind von Geburt an zur Selbsterfahrung fähig ist, ist dieses Selbst zu objektiver Selbsterkenntnis fähig. Die Verwendung eines solchen Modells führt zu Problemen. Obwohl Stern von Stufen ausgeht, läßt er niedrigen Stufen die Aktivität höherer Stufen zukommen. Diese Schwierigkeit ist, besonders in bezug auf das Selbst, historisch bereits vorher aufgetreten.

Aufgrund der fehlenden objektiven Selbsterkenntnis lassen sich dem Kind schwer Zustände zuschreiben, die von Selbsterkenntnis abhängen. Laut Stern empfindet das Kind seine auftauchenden Fähigkeiten. Dieses Problem ist von anderen erörtert worden (O. F. Kernberg, 1988 b, c; J. Lacan, 1968). Sie alle behaupten, der Säugling könne sein auftauchendes Selbst und daher auch Angst vor seiner Nichtexistenz empfinden. Dies kommt Otto Ranks Vorstellung von der Geburtsangst (1929/1988) nahe. Freud weist in seiner Kritik dieser Ansicht darauf hin, daß Angst ein Warnsignal ist und daher empfunden werden muß. Nur das Ich kann Angst empfinden: »Das Es kann keine Angst haben, das Ich wohl. Es ist nicht organisiert und kann Gefahrensituationen nicht einschätzen« (1936/1989). Da das Ich sich nur langsam herausbildet und sicher nicht bei der Geburt vorhanden ist, kann kein objektives Empfinden vorliegen. Problematisch hierbei ist, daß ein Organismus, der keine objektive Selbsterkenntnis besitzt, vor Nichtexistenz keine Angst haben kann oder das auftauchende Selbst nicht so empfinden kann, wie ein Erwachsener es empfindet. Es ist einem Organismus nicht möglich, sich selbst zu empfinden oder sich über seine Existenz zu ängstigen, bevor er die Fähigkeit erworben hat, über sich selbst als existierend nachzudenken, d.h. bevor er sich selbst empfinden und sich seine Nichtexistenz vorstellen kann.

Das Kern-Selbst und das Thema der Intersubjektivität stellt uns vor dasselbe Problem wie die erste Stufe. Intersubjektivität, wie Stern sie definiert hat, hängt mit objektiver Selbsterkenntnis zusammen. Intersubjektivität könnte ohne objektive Erkenntnis möglich sein. Wir könnten Intersubjektivität einfach als Wissensäußerung oder auch als Reflex begreifen. Bei einer solchen Definition wild Intersubjektivität einfach zu einer Reihe von komplexen Verhaltensmustern, die durch andere Verhaltensweisen ausgelöst werden.

Intersubjektivität wird dann weniger von komplexen Kenntnissen und mehr von einfachen Regeln bestimmt, wie bei zirkulären Reaktionen. Sie beruht nicht auf Intentionen in Form einer Mittel-Zweck-Repräsentation, sondern gleicht eher automatischen sozialen Reaktionen. Die Intersubjektivität zwischen einer Mutter und ihrem acht Monate alten Kind kann von einem komplexen System von Mustern abhängen, das möglicherweise in jeder Spezies vorhanden ist. Intersubjektivität, die die objektive Erkenntnis des Menschen voraussetzt, dürfte in diesem Alter jedoch nicht möglich sein. Diese Schlußfolgerung hängt natürlich davon ab, wie Intersubjektivität definiert wird. Wenn die Fähigkeit des Kindes, Erfahrungen mitzuteilen und sein Verhalten anzupassen, auszurichten oder abzustimmen, auf dem Wissen vom eigenen und vom fremden Selbst beruht, ist Intersubjektivität ohne objektive Selbsterkenntnis in diesem Alter nicht möglich.

Es ist durchaus möglich, daß wir nicht nur die verschiedenen Stufen der Entwicklung des Selbst, sondern auch die verschiedenen Stufen der Intersubjektivität betrachten müssen. In diesem Fall können wir niedrige Stufen der Intersubjektivität als quasi automatische Muster sozialen Reagierens definieren. Erst auf den späteren Stufen kommt es zu der Intersubjektivität, auf die wir uns beziehen, wenn wir über mitfühlendes Verhalten sprechen, bei dem das Selbst an die Stelle des anderen versetzt wird. Intersubjektivität hat wie Nachahmung und alle anderen Prozesse (Täuschung, Wissen) eine Entwicklungsabfolge, die mit der Entwicklung des Selbst zusammenhängt.

Das verbale Selbst beginnt, wenn das Kind die Personalpronomen erlernt und durch den Gebrauch der Sprache objektive Erkenntnis erwirbt. Genauso wie für mich liegt für Stern diese Phase in der zweiten Hälfte des zweiten Lebensjahres, ein Zeitpunkt, der in fast allen theoretischen Beschreibungen über das Auftauchen der objektiven Erkenntnis genannt wird.

27 In *Social Cognition and the Acquisition of Self* (1979) haben wir eine Reihe von Untersuchungen über das Sich-selbst-Erkennen von Kindern vorgestellt. In *Children's Emotions and Moods* (1983) haben wir uns auf die emotionale Entwicklung und die Rolle des Selbst bei dieser Entwicklung konzentriert. Ausgehend von den in diesem Bereich unternommenen Untersuchungs- und Arbeitsreihen habe ich eine Theorie über die Entwicklung des Selbst formuliert.

28 G. G. Gallup Jr., 1973, 1977.

29 C. W. Tolman, 1965.

30 R. Zazzo, 1948.

31 A. Gesell, 1928.

32 S. Graiberg/E. Adelson, 1976.

33 K. Fischer, 1980.

34 Der reflexartige Charakter dieses Wissens wird offensichtlich, wenn wir ein einfaches Experiment anstellen: Wir veranlassen das Kind, nach einem Gegenstand zu greifen. Mit ungefähr fünf Monaten gelingt dies dem Kind. Wenn das Kind zum zweitenmal nach dem Gegenstand greift, verdecken wir entweder den Gegenstand oder die Hand des Kindes. Die Bewegung in Richtung auf den Gegenstand kommt sofort zum Stillstand. Anscheinend hängt die Fähigkeit des Kindes, nach einem Gegenstand zu greifen, mit einer Auge-Hand-Beziehung zusammen, die bei einer Unterbrechung die Handlung beendet. Der Reflex-Bogen zwischen Hand und Auge scheint dazu zu dienen, daß das Kind Dinge in den Mund bekommt, was vielleicht eine adaptive Bedeutung hat. Wichtig ist hier, daß das Wissen über Gegenstände im Raum nur von dem sensomotorischen Wissensmodus bestimmt wird.

35 Es ist darauf hingewiesen worden, daß die Fähigkeit, sich an Dinge zu erinnern, dem Kind erlaubt, Vergleiche anzustellen (H. R. Schaeffer, 1966; S. Duval/R. A. Wicklund, 1972). Ohne Erinnerung kann das Kind A und B nicht vergleichen, wenn sie in Raum/Zeit getrennt sind. Wenn ein Kind Objekt A anschaut und sich dann Objekt B zuwendet, erlaubt die Vorstellung von A dem Kind, A zu kennen, wenn es B beobachtet. Die Fähigkeit zu vergleichen muß der kindlichen Fähigkeit zugrundeliegen, einfache Kategorien zu bilden, und müßte das Wissen des Kindes über seine verschiedenen Handlungen und über Menschen fördern. Betrachten wir zunächst die Handlungen. Das Kind kann sich erinnern und sich daher vorstellen, daß eine bestimmte Bewegung ein bestimmtes Objekt erreicht. Wenn die vom Kind ausgeführte Bewegung nach mehreren Versuchen nicht dazu führte, daß es den Gegenstand bekommt, kann die Erinnerung an eine andere Bewegung das Kind befähigen, den Gegenstand trotzdem zu bekommen. Der auf der Erinnerung beruhende Vergleich führt daher zu einem Fortschritt in der Entwicklung.

36 O. F. Kernberg, 1988 b.

37 M. Lewis, 1990.

38 C. A. Ross, 1989.

39 K. Kaye, 1982.

40 H. Kohut, 1976; W. R. D. Fairbairn, 1952.

41 F. S. Cornielson/I. Arsenian, 1960.

42 S. Duval/W. A. Wicklund, 1972, S. 44.

43 Wie G. Mandler (1979) vorgeschlagen hat, deuten solche Ergebnis-

se darauf hin, daß objektive Selbsterkenntnis in Konfliktsituationen auftritt. Unter Konfliktsituationen verstehe ich Situationen, bei denen ein Plan ausgeführt wurde und ein neuer benötigt wird oder bei denen ein Plan unterbrochen wurde und der Aufmerksamkeit bedarf.

Kapitel 4: Selbstreflexion und Scham

1 L. D. Nathanson, 1987.

2 O. Fenichel, 1945.

3 S. Freud, 1923/1990.

4 S. Freud, 1930/1990.

5 S. Freud, 1923/1990.

6 S. Freud, 1905/1991.

7 Vgl. H. S. Sullivan, 1953; O. Rank, 1972; K. Horney, 1973; M. Klein, 1975.

8 E. H. Erikson, 1984.

9 E. H. Erikson, 1984.

10 H. B. Lewis, 1971, 1987; M. G. Piers/M. B. Singer, 1953; L. Wurmser, 1981; F. Broucek, 1982; D. L. Nathanson, 1987; A. P. Morrison, 1986 a, b, 1989.

11 J. P. Tangney unterstreicht in ihrer letzten Arbeit (1989a) über Situationen, die wahrscheinlich Scham und Schuld auslösen, diese Ansicht. Meist finden wir die spezifischen Auslöser nicht in den Situationen selbst.

12 Vgl. S. Schacter/J. E. Singer, 1962, zur Epiphänomenologie von Emotionen und P. Zajonc (1980, 1984) zur Vorrangigkeit der Emotionen.

13 Vgl. B. Weiner, 1986, der eine ähnliche Ansicht vertritt.

14 Das Wissen kann durch einen passiven oder einen aktiven Prozeß erworben werden. Bei der passiven Ansicht wirken kulturelle Kräfte auf uns ein; bei der aktiven Ansicht wirken Menschen auf diese Kräfte ein (W. Overton, 1984). Bei der passiven Ansicht sind die Ursachen für Verhalten, Tun oder Denken Kräfte, die auf den Organismus einwirken und ihn dazu veranlassen, Informationen zu bekommen. Diese können innere biologische Merkmale unserer Spezies oder die äußere soziale Kontrolle der Mitmenschen sein, die uns durch ihre unterschiedlichen Belohnungen formen. Im Gegensatz zu dieser passiven Ansicht steht das schöpferische Paradigma, das

auf der Weltsicht beruht, daß der Organismus auf seine Umgebung einwirkt und an ihr teilnimmt (vgl. M. Lewis, 1979, 1990). Der Organismus hat Wünsche und Pläne. Diese werden gestaltet, genauso wie die meisten Handlungen, die den Organismus befähigen, sich in seiner Kultur angepaßt zu verhalten.

Ein spezieller Aspekt des aktiven Prozesses ist die Beobachtung des Kindes, wie Menschen sich zueinander verhalten. Eine der merkwürdigsten Tatsachen bei der Untersuchung dieses Problems war das, was ich den Irrtum der didaktischen Methode genannt habe. Die didaktische Methode bringt uns zu der Schlußfolgerung, daß Kinder oder Erwachsene durch direkte Interaktion zwischen dem »Lehrer« – dem Menschen, der die Information weitergibt – und dem »Lernenden« – dem Menschen, der die Information aufnimmt – lernen. Meist lernen wir jedoch nicht durch diese didaktische Methode, sondern durch andere, weniger direkte Methoden.

Betrachten wir z.B. den Fall eines fünf Jahre alten Mädchens, das eine zwei Jahre alte Schwester hat. Die Fünfjährige bekommt ein paar Buntstifte geschenkt und malt damit die Wände des Elternhauses an. Die Zweijährige beobachtet die ältere Schwester dabei. Die Mutter erscheint und schreit die Fünfjährige an: »Weißt du nicht, daß du die Wände nicht anmalen darfst? Ich werde dich dafür bestrafen; gib mir die Stifte und geh in dein Zimmer«, woraufhin die Fünfjährige in Tränen ausbricht.

Vielleicht hat sie das Verbot tatsächlich nicht gekannt, und seine Verletzung war dann natürlich eine Überraschung. Jetzt hat sie die Regel gelernt und wird wahrscheinlich die Wände nicht wieder bemalen. Aber was ist mit der Zweijährigen? Hier sehen wir etwas ganz anderes. Die Zweijährige hat nicht mit Buntstiften die Wände bemalt, sie ist auch nicht ausgeschimpft worden, doch glaube ich, daß dieses Kind keine Wände anmalen wird, weil es indirekt etwas über eine Verhaltensnorm gelernt hat.

Daß dieses indirekte Lernen sich nicht auf Kleinkinder beschränkt, zeigt das folgende Beispiel:

Kürzlich nahm ich an einer offiziellen Abendgesellschaft teil, die zu Ehren eines Würdenträgers gegeben wurde. Die Tafel war prächtig gedeckt, mit mindestens fünf Gabeln und genauso vielen Löffeln für jeden. Es wurde ein mehrgängiges Abendessen serviert, und es war klar, daß das unterschiedliche Silberbesteck zu den unterschiedlichen Gängen benutzt werden sollte. Aber mehreren Gästen war unklar, welche Gabel sie zum ersten Gang benutzen sollten. Sie lernten die Regel, indem sie die andern beobachteten und es ihnen nachmachten. Sie lernten also indirekt durch das Verhalten der anderen.

15 Vgl. die Forschungsarbeit von P. Harris/M. S. Lipian, 1989 sowie M. Lewis, 1989 b, zu emotionalen Skripten.

16 Bei der Untersuchung dieses Problems beobachteten wir zahlreiche Mütter mit Kindern zwischen drei und 24 Monaten. Wir suchten sie bei sich zu Hause auf und beobachteten, was die Mütter taten, wenn die Kinder weinten. Unsere Ergebnisse spiegeln die Durchsetzung von Normen, Regeln und Zielen. Unsere Beobachtung von Müttern und Kindern zeigte, daß Mütter mit hoher Wahrscheinlichkeit zu ihren Kindern gingen, wenn diese weinten. Es gab kaum Unterschiede im Verhalten gegenüber Jungen und Mädchen. Im Verlauf der ersten beiden Lebensjahre gingen die Mütter immer weniger oft zu ihren Kindern, wenn diese durch ihr Weinen ihre Not signalisierten, d.h., die Häufigkeit, mit der Mütter bei Streß trösteten, nahm ab, wenn die Kinder größer wurden. Die Mütter verminderten nicht nur die Häufigkeit des Tröstens, sondern ließen auch die Latenzzeit größer werden, d.h., sie warteten länger, bevor sie zu den Kindern gingen. Mit anderen Worten: Wenn die Kinder größer wurden, trösteten die Mütter sie nicht nur seltener, sondern ließen sich auch mehr Zeit, um mit dem Trösten zu beginnen. Die Mütter brachten den Kindern ganz klar eine wichtige Verhaltensnorm bei, nämlich: Weine nicht, wenn es dir schlechtgeht. Mit dem Spracherwerb ermunterten die Mütter die Kinder, eher die Sprache als das Weinen einzusetzen, um ihre Not zu signalisieren. Obwohl dies für Jungen und Mädchen galt, gingen die Mütter signifikant weniger oft zu den Jungen, wenn diese bekümmert waren, und wenn sie gingen, hatten sie vorher länger gewartet (M. Lewis/L. Michalson, 1983). Kindern werden sehr früh im Sozialisationsprozeß Normen, Regeln und Ziele beigebracht, und diese Normen variieren in Abhängigkeit vom Geschlecht.

17 L. A. Pervin, 1989.

18 B. F. Skinner, 1938.

19 Ich beobachtete einmal ein zweijähriges Mädchen im Zug auf dem Weg zum Zirkus in New York City.
Die Zugfahrt dauerte etwa eine Stunde, und ich sah, wie das Mädchen auf ihrem Sitz auf und nieder hüpfte und mit dem Finger auf der schmutzigen Scheibe zeichnete. Während der Aktionen des Kindes *belohnte* und *bestrafte* die Mutter wiederholt sein Verhalten. Als das Kleid des Kindes durch eine Bewegung hochrutschte, schimpfte die Mutter mit ihm und sagte: »Kleine Mädchen zeigen

nicht ihre Unterhose.« Bei einer anderen Gelegenheit, als das Kind mit den Fingern an der Scheibe entlangfuhr und sich dabei schmutzig machte, sagte die Mutter: »Kleine Mädchen machen sich nicht schmutzig.«

Dieses Beispiel soll veranschaulichen, wie das Verhalten von Kindern durch die Belohnungen und Bestrafungen ihrer Eltern geformt wird, auch schon in einem sehr frühen Alter. Eine der Hauptaufgaben und -funktionen des Menschen besteht demgegenüber jedoch im aktiven Erlernen und Übernehmen von Normen.

20 H. Heckhausen, 1984; D. J. Stipek, 1983.

21 M. Lewis/M. W Sullivan/C. Stanger/M. Weiss, 1989.

22 B. Weiner, 1986.

23 M. E. P. Seligman, 1992; M. E. P. Seligman/C. Peterson/N. Kraslow/R. Tanenbaum/L. Alloy/L. Abramson, 1984.

24 C. S. Dweck/E. L. Legget, 1988.

25 M. E. P. Seligman, 1992; A. T. Beck, 1967,1979.

26 R. Janoff-Bulman, 1979.

27 Globale Attribuierungen bei negativen Ereignissen korrelleren im allgemeinen nicht mit globalen Attribuierungen bei positiven Ereignissen. Nur wenn positive und negative Ereignisse berücksichtigt werden, lassen sich relativ stabile, konsistente Attribuierungsmuster beobachten.

28 Gut dargestellt wird dieser Punkt bei H.B. Lewis, vor allem in ihrem Buch *Psychic War in Men and Women* (1976). Ich werde auf dieses Thema in späteren Kapiteln ausführlicher eingehen.

29 Ich verwende hier den griechischen Terminus »Hybris«, um diese Emotion von Stolz zu unterscheiden, mit dem sie oft verwechselt wird. Wie ich bereits gesagt habe, macht der mit diesen Emotionen verbundene Wortgebrauch eine sorgfältige Analyse sehr schwierig. Wir müssen nicht nur Scham von Schuld, Verlegenheit und Schüchternheit unterscheiden, sondern auch verschiedene Arten von Stolz. Der Begriff Stolz hat zwei Nuancen: Man kann ihn zum einen auf eine Leistung beziehen, auf das Gefühl, daß man bei der erfolgreichen Erledigung eines bestimmten Ziels oder einer bestimmten Handlung hat. In meiner Untersuchung der Leistungsmotivation habe ich festgestellt, wie Kinder lernen, stolz auf ihre an einer bestimmten Norm, einer Regel oder einem Ziel gemessene Leistung zu sein. Andererseits gebrauche ich den Begriff Stolz auch, um einen negativen emotionalen Zustand zu bezeichnen. Ich spreche z.B. abschätzig von einem stolzen Mann oder einer stolzen Frau. Die Bibel sagt, Hochmut komme vor dem Fall; überall im Alten und

Neuen Testament finden wir Beispiele für falschen Stolz und dafür, wie dieser Stolz den Menschen zu Fall bringt. Klar ist, daß der Begriff Stolz mehreres bedeutet. Wenn wir ihn verstehen wollen, müssen wir zwischen spezifischem und globalem Stolz unterscheiden. Das habe ich getan, indem ich den Begriff Hybris für globalen Stolz und »Stolz« für das Gefühl bei einem spezifischen Erfolg verwendet habe.

30 A. P. Morrison, 1986 a, 1989.

31 Dieselbe Unterscheidung wurde bereits von anderen getroffen, u.a. von J. Lindsey-Harty, 1984, und J. P. Tangney, 1989 a.

32 Beispielsweise H. Heckhausen, 1984.

33 C. S. Dweck/E. L. Leggett, 1988.

34 C. E. Izard/M. C. Tyson, 1986.

35 A. Buss, 1980.

36 H. J. Eysenck, 1954; J. Kagan, 1981; J. S. Reznick/N. Snedman, 1988.

37 M. Lewis/C. Freitag, 1989.

38 C. E. Izard, 1979; S. S. Tomkins, 1963.

39 Vgl. R. J. Edelman, 1987; U. Geppert, 1986; M. Lewis/C. Stanger/M. W. Sullivan, 1989.

40 Wenn diese Analyse korrekt ist, hat möglicherweise jede der vier ichbewußten Emotionen eine weniger intensive Form. Dies bedarf weiterer Untersuchungen.

Kapitel 5: Die Ursprünge der Scham

1 Elaine Pagels führt in *Adam, Eve and the serpent* (1988) aus, daß diese Verletzung für das Christentum genauso zentral ist wie für das Judentum.

2 Unleugbar ist im Alten Testament das Befolgen der Gesetze Gottes, der Zehn Gebote, von großer Bedeutung. Der Verstoß gegen Gottes Gesetze stört das Verhältnis zwischen Gott und den Menschen. Die jüdischen Schriften verweisen wiederholt auf die besondere Beziehung zwischen dem auserwählten Volk und Gott. Die Verletzung dieser einzigartigen Beziehung zu Gott und der Gesetze Gottes führt im Verlauf der ganzen jüdischen Geschichte unweigerlich zu ernsten Problemen für das jüdische Volk (vgl. Paul Johnson, *The History of the Jew* [1987]). Der Verstoß gegen Gottes Wort ist komplex, weil die jüdische Theologie die Vorstellung von Himmel und Hölle nicht kennt. Wenn die Juden des Alten Testaments ihre Verpflichtungen Gott gegenüber nicht erfüllten, kümmerte er sich nicht um ihre

irdischen Leiden. Erst später, unter dem Einfluß des Christentums, wird die Vorstellung vom Leiden auf Erden durch die Vorstellung ewigen Leidens in einem Leben nach dem Tode ergänzt. Die unterschiedlichen Folgen der Sünde in den beiden Religionen zeigen erneut die bereits erörterten Unterschiede zwischen Scham und Schuld. Die Sünde wird im Judentum nicht spezifisch bestraft, bedarf aber einer spezifischen Wiedergutmachung, während das Christentum (und ganz gewiß der Katholizismus) die Vorstellung der Vergebung und ewiger Verdammnis entwickelte. Daraus könnten wir schließen, daß das Judentum sich auf Schuld, das Christentum hingegen auf Scham konzentrierte.

3 E. J. Maccoby/C. N. Jacklin, 1974.

4 S. Freud, 1925/1989.

5 L. Kohlberg, 1976.

6 C. Gilligan, 1984.

7 Wie bereits in Kapitel 2 erwähnt, herrscht gewisse Uneinigkeit darüber, welche Emotionen die primären sind. Diese Klärung ist jedoch sehr wichtig: Wenn Scham und Schuld primäre Emotionen sind, existieren sie von Anfang an, und ein Entwicklungsmodell ist sinnlos. Obwohl ich nicht dieser Ansicht bin, behaupten einige Theoretiker, daß Scham und Schuld in den frühesten Lebensmonaten festgestellt werden können. S. S. Tomkins (1963) glaubt, daß Kleinkinder, die bei gewissen Interaktionen mit ihren Müttern den Kopf wegdrehen, eine Scham-Reaktion zeigen. Ich sehe keinen Grund, solche Reaktionen als Scham zu bezeichnen; die Gesichter der Kinder weisen keine der Verhaltensweisen auf, die wir als Anzeichen für Scham betrachten. Außerdem ziehe ich R. Plutchiks Definition (1962) der primären und sekundären Emotionen vor: Die primären Emotionen erfordern keine Aktivität des Selbst, die sekundären Emotionen dagegen schon. Scham und Schuld oder auch Stolz gehören für mich nicht zu den primären Emotionen. In den ersten Lebensmonaten bilden sich die primären Emotionen – Freude, Furcht, Zorn, Trauer, Ekel und Überraschung – heraus.

8 K. B. M. Bridges, 1932.

9 Diese Beispiele weisen darauf hin, daß objektive Selbsterkenntnis zwar Teil der Fähigkeiten eines erwachsenen Menschen, eine Objektivierung aber nicht immer wünschenswert ist. Sie kann sogar schädlich sein, weil sie ein laufendes Verhalten beeinträchtigt. Es ist daher wichtig, über einen Mechanismus zu verfügen, der die objektive Selbsterkenntnis abwehrt. Diese Abwehr darf aber auch nicht zu stark sein, weil sie ja eine wichtige und notwendige Fähigkeit

darstellt. Die Lösung besteht daher in einer leicht negativen, aber intensiven Reaktion. Die Fähigkeit wird benutzt, wenn sie gebraucht wird, aber nicht jederzeit.

In allen Religionen, die Wert auf Meditation legen, besteht interessanterweise deren Funktion darin, die objektive Selbsterkenntnis abzuweisen. Nur durch die Beseitigung dieser Fähigkeit kann das Individuum zum Einssein mit der Welt zurückkehren. Meditation ist also ein weiterer Versuch, die Präsenz des Selbst für das Selbst zu vermindern. Daß ein solcher Zustand als Ideal betrachtet wird, spricht für die Überzeugung, daß die Objektivierung das Selbst von anderen trennt und wahrer Friede nur durch die Wiedervereinigung mit ihnen gefunden werden kann (vgl. R.E. Ornstein, Hrsg., *The Nature of Human Consciousness*, 1973).

10 M. Lewis/M. W. Sullivan/C. Stanger/M. Weiss, 1989.

11 Vgl. auch L. Amsterdam, 1972; M. Lewis/J. Brooks-Gunn, 1979.

12 Vgl. auch M. L. Hoffman, 1988.

13 M. L. Hoffman, 1977; A. Sagi/M. L. Hoffman, 1976; C. Zahn-Waxler/M. Radke-Yarrow, 1982.

14 H. Borke, 1983.

15 M. Halperin, 1989.

16 Vgl. auch M. L. Hoffman, 1982.

17 H. Heckhausen, 1984; J. Kagan, 1981.

18 I. Bretherson, 1987

19 Vgl. H. Heckhausens Kritik, 1984.

20 U. Geppert/U. Kuster, 1983. Wie dabei interessanterweise herausgefunden wurde, zeigten Kinder bereits im Alter von 30 Monaten Stolz, wenn sie ein Ziel erreicht hatten; Anzeichen von Scham oder Schuld wurden erst bei einige Monate älteren Kindern beobachtet. Die Bewertung von Erfolg/Versagen könnte also asymmetrisch sein, d.h., Erfolg wird entwicklungsmäßig früher registriert. Die Arbeit von Zahn-Waxler und Radke-Yarrow zeigt jedoch, daß Schuld und Scham mit ungefähr 30 Monaten auftreten, so daß kein Grund besteht, ein asymmetrisches Auftreten anzunehmen.

21 Vgl. S. S. Tomkins, 1963; H. B. Lewis, 1987; D. L. Nathanson, 1987.

22 R. N. Emde, 1980.

23 S. Alessandri/M. W. Sullivan/M. Lewis, 1990; M. Lewis/S. Alessandri/M. W. Sullivan, 1990; R. W. White, 1959.

24 Einige Kinder zeigten Stolz bzw. Scham bei leichten bzw. schweren Aufgaben. Dies sollte nicht überraschen, da eine Bewertung ungeachtet unserer Normen immer eine Zielsetzung beinhaltet.

25 D. J. Stipek/S. Recchia/S. McClinton, 1990, S. 2.

26 Vgl. auch J. Kagans Ergebnisse (1981) zu diesem Prozeß.

27 J. Piaget, 1981.

28 Vgl. L. P. Rehm/A. S. Carter, 1990.

29 Vgl. S. Freud, 1925/1989; M. L. Hoffman, 1977; C. Zahn-Waxler/Kochanska, 1990.

30 Vgl. K. C. Barrett/C. Zahn-Waxler, 1987.

31 J. P. Tangney, 1989 b.

Kapitel 6: Die Sozialisation der Scham

1 C. Zahn-Waxler/G. Kochanska, 1990.

2 M. L. Hoffman, 1970.

3 S. Harter, 1989.

4 Vgl. Zahn-Waxlers Arbeit mit Kindern depressiver Mütter (C. Zahn-Waxler/M. Radke-Yarrow/R. A. King, 1979).

5 Dies gilt für alle ichbewußten Emotionen. Wenn wir uns weder tadeln noch loben, kommt es nicht zu einer ichbewußten bewertenden Emotion. Scham, Schuld, Hybris und Stolz setzen voraus, daß wir für Erfolg/Versagen uns selbst verantwortlich machen.

6 A. P. Morrison, 1986 a, b, 1989.

7 M. E. P. Seligman/C. Peterson/N. Kraslow/R. Tanenbaum/L. Alloy/L. Abramson, 1984.

8 Carol Dweck und E. Leggett (1988) steuern eine in dieser Hinsicht nützliche Untersuchung bei. Ihre Analyse erlaubt die Berücksichtigung all dieser Begriffe.

9 H. Witkin, 1965; H. Witkin/R. Dyk/D. Goodenough/H. Faterson/S. Karp, 1962.

10 H. B. Lewis, 1976.

11 Da der Attribuierungsstil sich bei negativen und positiven Ereignissen unterscheidet, kann die Feldabhängigkeit nur schwer mit einem Stil in Zusammenhang gebracht werden. Möglicherweise hängt sie mit der Attribuierung bei negativen Ereignissen zusammen. Die von H. B. Lewis beobachtete Gruppe war klein und die Untersuchung nicht gut dargestellt. Tangney (persönliche Mitteilung) konnte die Ergebnisse nicht reproduzieren.

12 E. DiBiase/M. Lewis, 1989.

13 C. Zahn-Waxler/G. Kochanska, 1990.

14 K. Deaux, 1976; C. S. Dweck/E. L. Leggett, 1988; J.G. Nicholls, 1984.

15 P. P. Minuchen/E. K. Shapiro, 1983.

16 H. Kohut, 1972.

17 A. P. Morrison, 1986a, S. 360.

18 A. Miller, 1991.

19 H. Hesse, 1992.

20 Interessanterweise zeigen manche Menschen bei einem solchen Verhalten mehr Scham als andere. Männer und Jungen etwa frotzeln oft miteinander, ein Verhalten, das oft als spielerisch, neckisch oder aggressiv bezeichnet wird. Gespräche mit jungen Männern, die in solche Frotzeleien verwickelt sind, zeigen, daß sie sich dabei nicht immer gedemütigt oder beschämt fühlen. Für einige scheint es sogar eine positive Aktivität zu sein, bei der sie leicht mitmachen und die mit Lächeln und interaktivem Verhalten einhergeht. Für sie ist es himmelweit von beschämenden Situationen entfernt, bei denen man kein Lächeln, ein Abwehrverhalten und den Wunsch erwartet, solche Spiele zu beenden.

21 Obwohl ich nicht ins Detail gehen kann, möchte ich diese Begriffe kurz erläutern. *Argumentieren* ist eine Technik, bei der Eltern die Gründe für Fehler und die Möglichkeiten darlegen, sie wiedergutzumachen. *Machtausübung* benutzt Äußerungen wie: »Du wirst das tun, weil ich es dir sage.« Hier findet wenig oder kein Argumentieren statt. Die anderen Techniken sind leichter verständlich und werden ausführlicher dargestellt.

22 M. L. Hoffman, 1970; C. Zahn-Waxler/S. Kochanska, 1990.

23 Liebesentzug wird wahrscheinlich nicht nur bei Kindern, sondern auch bei Erwachsenen zu Scham führen. Meine Beobachtungen von interagierenden Paaren zeigen, daß eine Ursache für Scham bei Männern und Frauen der Entzug der Liebe durch den Partner ist. Vor allem ein Paar zeigte eine extreme Version dieses Verhaltensmusters:

Bei einer Auseinandersetzung zog die Frau sich von ihrem Mann zurück. Infolge des Streits hörte sie auf zu reden, ging in ihr Zimmer und brach jeden Kontakt ab. Diese Reaktion machte den Ehemann wütend. Wegen dieser Wut kamen sie zu mir. Die Frau klagte, der Mann könne einen Streit nicht begraben und bleibe sehr lange wütend. Der Mann bestätigte die Darstellung seiner Frau und meinte, nach einem Streit sei er gegen seinen Willen sehr wütend. Es wurde deutlich, daß ihr Rückzug infolge des Streits bei ihm Scham auslöste, und daß er übergangene Scham in Form von Wut empfand. Wir sprachen darüber, daß es nach einem Streit für beide notwendig sei, sich ihre Liebe und Zuneigung zueinander erneut zu bestätigen, und daß vor allem die Frau ihren Mann wissen lassen sollte, daß sie zwar wegen einer bestimmten Handlung wütend auf ihn war, aber nicht *generell*. Das schien zu funktionieren; zumindest reduzierte es seine Wutausbrüche und steigerte seine Fähigkeit, sich schneller wieder zu vertragen.

24 J. Bowlby, 1975.

25 J. Bowlby, 1976.

26 Ich unterscheide mich hierin von den meisten Theoretikern der Objektbeziehungen, denn ich bin der Meinung, daß die Wirkung der Eltern-Kind-Beziehung erst gespürt werden kann, wenn das Kind von sich selbst und dem wichtigen anderen eine Vorstellung bilden kann. Dies ist wahrscheinlich erst in der Mitte des zweiten Lebensjahres der Fall. Meine Ansicht ähnelt der Theorie der Objektbeziehungen insofern, als wir beide meinen, daß der Liebesentzug durch den wichtigen anderen (für Kinder und Erwachsene) eine tiefgreifende Wirkung auf unser Selbstgefühl und insbesondere unser Schamgefühl hat.

27 A. H. Buss, 1980; A. Modigliani, 1968.

28 J. P. Tangney, 1989 b.

29 Es gab wenige Situationen, die nur Scham hervorriefen. Dies entspricht meiner Ansicht, daß nicht so sehr das Ereignis selbst wichtig ist, sondern wie das Ereignis von dem Betreffenden gedeutet wird. Die Unterschiede zwischen Scham und Schuld betrafen bei der Untersuchung von Tangney (1989 a) die Formen und den Schwerpunkt (global versus spezifisch) der Situationsbeschreibungen, nicht die Situation selbst.

30 L. A. Pervin, 1968.

Kapitel 7: Auf unsere Gefühle reagieren

1 D. L. Nathanson, 1987 a, b, c.

2 H. B. Lewis, 1987.

3 H. B. Lewis, 1971.

4 H. B. Lewis, 1971, S. 173.

5 C. A. Ross, 1989.

6 H. B. Lewis, 1971, S. 243.

7 H. B. Lewis, 1971, S. 233.

8 M. N. Eagle (1989) schrieb in einer Kritik der Psychoanalyse: »Ich kenne keine einzige experimentelle Untersuchung, die die Realität des zentralen psychoanalytischen Prozesses der Verdrängung über-

zeugend gezeigt hat, ganz zu schweigen von seiner Rolle als entscheidendem Krankheitsauslöser bei der Ätiologie der Neurose« (S. 392). Er bezieht sich hier auf Erwins Behandlung des Themas (1984) und auf Grunbaums erkenntnistheoretische Kritik.

9 T. J. Scheff, 1987.

10 T. J. Scheff, 1987, S. 110.

11 C. A. Ross, 1989.

12 A. P. Morrison, 1989 b.

13 Vgl. C. E. Izard/E. A. Hembree/R. R. Huebner, 1986, zu Untersuchungen der Impfung.

14 Das Vermeiden von Trost bei Männern hat oft diese Qualität, obwohl die üblichste Erklärung mit dem Gefühl – bzw. dem fehlenden Gefühl – von Männern zu tun hat. Ich verstehe dieses Phänomen jetzt so, daß Männer Trost vermeiden, weil sie sich aktiv bemühen, mit einer uneingestandenen Emotion fertigzuwerden. Da Trost oft mit Problemen zu tun hat, sind die vermiedenen Emotionen einschließlich der Scham im allgemeinen negativ.

15 In Übereinstimmung mit der Vorstellung der Leugnung oder Externalisierung von Vorwürfen hat Tangney (persönliche Mitteilung, 1990) festgestellt, daß Scham mit der Externalisierung von Vorwürfen positiv korreliert.

16 D. J. Chapman, 1976.

17 S. R. Retzinger, 1987.

18 S. Freud, 1916/1991.

19 J. Y. T. Greig, 1969.

20 Ich möchte anmerken, daß andere vorgeschlagen haben, daß Schuld und nicht Scham mit dem Wunsch verknüpft ist, sich zu bekennen. Das Bekennen wird dann als Akt der Wiedergutmachung gesehen und spricht als solcher eher ein spezifisches Verhalten als das globale Selbst an. Beide Ansichten können korrekt sein, wenn wir davon ausgehen, daß wir uns von Scham auch dadurch befreien können, daß wir uns statt dessen schuldig fühlen. Das Bekennen kann eine Möglichkeit darstellen, Scham in Schuld zu verwandeln und sich so von der Scham zu entlasten.

Kapitel 8: Anhaltende Reaktionen auf Scham: Erniedrigung, Depression und Wut

1 C. Levi-Strauss, 1991.
2 C. H. Cooley, 1912; S. Duvel/R. A. Wicklund, 1972; G. H. Mead, 1991.
3 J. Campos/R. Campos/K. Barnett, 1989.
4 Sie kann natürlich pathologisch sein, wenn unsere Attribuierungen pathologisch sind, z.B. wenn wir unsere Normen, Regeln oder Ziele zu hoch ansetzen. Ich möchte darauf hinaus, daß einige Attribuierungen gerechtfertigt sind (von anderen geteilt werden) und daß die Scham, die wir ihretwegen empfinden, normal ist.
5 M. R. Lansky, 1987; H. B. Lewis, 1987; A. P. Morrison, 1986 b; D. L. Nathanson, 1987 c; T. J. Scheff, 1987.
6 A. Miller, 1991; D. L. Nathanson, 1987 a, b, c.
7 A. P. Morrison, 1989, S. 119.
8 Vgl. z.B. M. N. Eagle, 1989.
9 S. Freud, 1917/1982.
10 Überblicke finden sich in L. B. Alloy, 1988, und D. Cicchetti/K. Schneider-Rosen, 1984.
11 S. Freud, 1917 / 1982.
12 E. Bibring, 1953; J. Bowlby, 1969; vgl. auch Kohut, 1979.
13 O. F. Kernberg, 1988 b, c.
14 Wie ich darzulegen versucht habe, besteht eine Möglichkeit, mit einer Scham-Empfindung umzugehen, darin, das Selbst von dem beschämten Selbst zu entfernen, d.h., zum Betrachter des beschämten Selbst zu werden. Diese Dissoziation kann bei einer einzelnen Erfahrung ganz erfolgreich sein. Bei einer anhaltenden und wiederholten Beschämung des Selbst kann die Verwendung dieser Techniken jedoch zu einer Auflösung durch Dissoziation der verschiedenen Teile des Selbst führen. C. A. Ross hat kürzlich (1989) über seine Arbeit mit Patienten berichtet, die unter einer multiplen Persönlichkeitsstörung litten. Seine Arbeit zeigt, daß Menschen bei intensiver und anhaltender Scham eine Gedankenkonstruktion etwa folgender Art entwickeln: »Nicht ich werde beschämt, sondern jemand anders.« Mit anderen Worten: Die Loslösung des Selbst vom beschämten Selbst in extremer Form führt zum Zusammenbruch des integrierten Selbst-Systems.
15 Vgl. eine ähnliche Untersuchung bei W. Hobilitzelle, 1987, und N. K. Morrison, 1987.
16 Bei H. B. Lewis, 1987, findet sich ein vollständiger Überblick.

17 G. Braun/T. Harris/A. Bifulco, 1986.

18 J. Bowlby, 1973.

19 Wutanfälle sind keine Wut-Reaktionen, sondern der Zusammenbruch zorniger Verhaltensmuster unter dem Druck einer Frustration oder einer Zielblockade. Die Anfälle sehen wie Wut aus. Eltern, die nicht zwischen den beiden Zuständen unterscheiden, reagieren, als ob die Anfälle Wut und nicht Frustration seien. Scham und Wut erfordern ein objektives Selbst-System, Zorn jedoch nicht, und sein frühes Auftreten kann u.U. mit Frustration zusammenhängen.

20 T. J. Scheff, 1987.

21 F. Nietzsche, 1909/1992 b.

22 H. Kohut, 1979.

23 Vgl. bei M. Lewis, 1990, eine ausführlichere Erörterung zum Unterschied zwischen Zorn und Wut.

24 S. R. Retzinger, 1987; vgl. auch S. Miller, *The Shame Experience*, 1985.

25 J. B. Reid, 1986.

26 Einem Artikel in der New York Times zufolge (5. Februar 1990, S. B9) waren in 13% aller Tötungsdelikte in den USA zwischen 1976 und 1985 Eheleute, ehemalige Eheleute oder Intimpartner verwickelt, in 34% Bekannte, in 8% andere Familienmitglieder und in 16% Fremde; 29% waren unbestimmt.

27 J. Katz, 1988.

28 M. R. Lansky, 1987.

29 Viele Untersuchungen zeigen, daß psychische Angriffe auf das Selbst – Beleidigungen, Demütigungen, Drohungen – zu aggressiven Reaktionen führen. J. R. Averill, 1982; R. A. Barron, 1977.)

30 K. A. Dodge, 1986; R. G. Slaby/N. G. Guerra, 1988.

31 M. J. Chandler, 1973; A. Bandura, 1973; D. M. Blaska/C. M. Bordwin/S. W. Henggeler/B. J. Mann, 1989.

32 H. Stattin/I. Klachenberg-Larsson, 1989.

33 R. G. Slaby/N. G. Guerra, 1988.

34 H. Toch, 1969, S. 148.

35 N. D. Feshbach, 1982.

36 O. Rank, 1972.

37 M. R. Lansky, 1988, S. 29.

38 M. R. Lansky, 1988, S. 6.

Kapitel 9: Pathologien des Selbst:
Narzißmus und multiple Persönlichkeiten

1 Über Narzißmus ist viel geschrieben worden. Ein historischer Überblick und eine Erörterung seiner Bedeutung, seines Ausmaßes und seiner klinischen Anzeichen findet sich in A. Morrison (Hrsg.), *Essential Papers on Narzissm* (1986 a) und in Morrisons neuestem Buch *Shame: The Underside of Narzissm* (1989).

2 S. Freud, 1914/1924.

3 H. Kohut, 1972.

4 F. Nietsche, 1904/1992 a; O. Rank, 1972; R. W. White, 1959; M. Lewis, 1990.

5 *Diagnostisches und Statistisches Manual psychischer Störungen DSM-III-R*, 1991.

6 Bei der Fertigstellung dieses Buches stieß ich auf die Arbeit von Morrison aus dem Jahre 1989. Einige seiner Gedanken waren mir durch sein früheres Buch vertraut, und ich war froh, unsere Übereinstimmung in bezug auf das Verhältnis von Scham und Narzißmus feststellen zu können.

7 A. Roland, 1988.

8 O. F. Kernberg, 1988a.

9 Mit dem Erscheinen neuer Bücher hat sich diese Situation verändert. (E. L. Bliss, 1986; T. Hawthorne, 1983; E. R. Hilgard, 1977; R. P. Kluft, 1983; F. W. Putnam, 1989, C. A. Ross, 1989).

10 Vgl. beispielsweise A. Newell, 1982.

11 M. Lewis, 1990.

12 Vgl. auch A. O. Rorty, 1989.

13 C. A. Ross, 1989.

14 J. LeDoux, 1989.

15 L. Weiskrantz, 1986.

16 C. A. Ross, 1989.

17 T. K. Oestereich, 1974.

18 M. Prince, 1978.

19 E. R. Hilgard, 1977.

20 K. Browne/C. Davies/P. Stratton, 1988.

21 E. M. Jones, 1982, Kursivdruck vom Autor.

22 J. Breuer/S. Freud, 1895/1991.

23 C. A. Ross, 1989, S. 180.

24 C. A. Ross, 1989, S. 217.

25 C. A. Ross, 1989, S. 218.

Kapitel 10: Individuelle Unterschiede und Scham-Konflikte bei Paaren

1 Wie ich soeben gezeigt habe, kann eine multiple Persönlichkeitsstörung als Diagnose bei vielen Störungen gelten, inklusive Borderline-Persönlichkeiten, Hysterie und anderen dissoziativen Krankheiten. Da eine MPD fast immer auf einen sexuellen Mißbrauch und auf die mit diesem einhergehende Scham verursacht wird, könnte man behaupten, daß sehr viel mehr Störungen durch Scham verursacht werden, als wir uns vorstellen können.

2 Das gleiche gilt für Männer, auch wenn die Schwierigkeiten und die Scham über die Körpergestalt andere Formen annehmen können, z.B. Bodybuilding und die Einnahme von Geschlechtshormonen.

3 M. Lewis/C. Stanger/M. W. Sullivan, 1989.

4 K. C. Barrett/C. Zahn-Waxler, 1987.

5 J. M. Masson, 1984.

6 J. Breuer, 1895/1991.

7 S. Freud, 1933/1991.

8 H. B. Lewis, 1987, S. 31.

9 H. B. Lewis, 1987, S. 13.

10 C. Gilligan, 1984.

11 Vgl. auch S. Harter, 1989.

12 Vgl. auch R. M. Lerner/B. E. Brackney, 1978.

13 N. Chodorow, 1985.

14 C. Zahn-Waxler/G. Kochanska, 1990.

15 M. L. Hoffman, 1975.

16 Vgl. z.B. N. D. Feshbach (1982) und N. Eisenberg/R. Lemon (1983) zu geschlechtsspezifischen Unterschieden des einfühlenden Verhaltens.

17 C. S. Dweck/E. L. Leggett, 1988.

18 S. R. Retzinger, 1989, S. 5.

19 N. Chodorow, 1985.

20 Vgl. M. Lamb, 1981; M. Lewis, 1987; W. C. Mackey, 1985.

21 D. Bernstein, 1983.

Kapitel 11: Scham zu anderen Zeiten und an anderen Orten

1 A. I. Hallowell, 1955.
2 C. Geertz, 1984, S. 126.
3 C. Geertz, 1984, S. 126.
4 C. Geertz, 1984, S. 128.
5 C. Geertz, 1984, S. 333.
6 C. Geertz, 1984, S. 130.
7 M. Z. Rosaldo, 1984; K. E. Read, 1955.
8 M. Z. Rosaldo, 1984, S. 148.
9 M. Z. Rosaldo, 1984, S. 149.
10 R. A. Shweder/E. J. Bourne, 1984.
11 A. Luria, 1976.
12 Es stellt sich die Frage, ob diese kulturellen Unterschiede in bezug auf das Wesen des Selbst unterschiedliche phänomenologische Scham-Empfindungen hervorrufen. Obwohl diese Frage für das Verständnis der Rolle des Ichbewußtseins bei der Scham von zentraler Bedeutung ist, haben wir zu wenige Forschungsergebnisse, um die Frage zu beantworten. Wir haben nur die Wahl, entweder anzunehmen, daß das spezielle Selbst-im-Augenblick Scham so empfindet, wie wir es tun, oder daß verschiedene Personen Scham verschieden empfinden. Diese Frage bleibt offen. Vgl. zur Diskussion des multiplen Selbst und MPD auch C.A. Ross, 1989.
13 Vgl. dazu auch R. Emdes Analyse (1983).
14 A. Roland, 1988; R. A. Shweder, 1985; R. Benedict, 1946.
15 T. Doi, 1973.
16 Ich erinnere mich an ein diesbezügliches Erlebnis, und zwar im Zusammenhang mit einem gemeinsamen Essen. In Japan schenkt man sich nicht selbst ein Getränk ein, sondern man bedient den anderen. Wenn der andere nicht daran denkt, Ihnen Ihr Getränk einzugießen, kann es sein, daß Sie durstig nach Hause gehen. Als man mich diese Praxis zum erstenmal lehrte, versäumte ich es, auf das Glas meines Tischnachbarn zu achten und bemerkte verschiedentlich, wie er mich höflich, aber ungeduldig ansah und darauf wartete, daß ich mich um sein Glas kümmerte.
17 R. A. Shweder/J. G. Miller, 1985.
18 Vgl. R. Benedict, 1946.
19 R. A. Shweder, 1985.
20 R. A. Shweder/J. G. Miller, 1985.

21 R. Benedict, 1946.
22 A. Roland, 1988, S. 256.
23 A. Eban, 1968, S. 14.
24 Vgl. auch P. Johnson, 1987.
25 Aufgrund der Probleme mit historischen Aufzeichnungen und Analysen läßt ein Großteil dessen, was wir über alte oder auch neuere Geschichte sagen, viele Deutungen zu. Bei fast jeder Aussage finden wir einen Historiker, der anderer Meinung ist.
26 J. Jaynes, 1988.
27 J. Jaynes, 1988.
28 R. F. Baumeister, 1987.
29 R. Nisbet, 1973.
30 R. W. Hanning, 1977
31 P. Ariès, 1982.
32 R. F. Baumeister, 198Z
33 P. Ariès, 1992.
34 C. R. Rogers, 1959; A. H. Maslow, 1943.
35 Obwohl es im Individuum stattfindet, hat es eine starke Wirkung auf andere. Trotzdem zeigt die Veränderung sich im Individuum, und die Maßnahmen der Veränderung sind Maßnahmen des Individuums.
36 Die Selbst-Psychologie und auch die Theorie der Objektbeziehungen konzentrieren sich auf die Ursprünge des Selbst in seiner Beziehung zum sozialen Netzwerk, aber das Ergebnis der Beziehung ist ein ganzes und integriertes Selbst, ein Ich-Selbst. Störungen dieses Entwicklungsprozesses können durch die therapeutische Beziehung zwischen Patient und Analytiker berichtigt werden.
37 J.-P. Sartre, 1990.
38 J.-P. Sartre, 1990.
39 E. Fromm, 1990.
40 E. Fromm, 1990.
41 E. Fromm, 1990.
42 E. Fromm, 1990.
43 E. Fromm, 1990.
44 S. Kierkegaard, 1846/1962.
45 J. Rubin, 1989, S. 135.
46 J. Rubin, 1989, S. 145.

Bibliographie

Abelson, R. (1976). Script processing in attitude formation and decision making. In: J.S. Carroll & J. Payne (Hrsg.), *Cognition and social behavior*. Hillsdale, NJ: Erlbaum.

Alessandri, S., M.W. Sullivan & M. Lewis (1990). Violation of expectancy and frustration in early infancy. *Developmental Psychology, 26*, S. 738-744.

Alloy, L.B. (Hrsg.) (1988). *Cognitive processes in depression*. New York: Guilford Press.

Amsterdam, L. (1972). Mirror self-image reactions before age two. *Developmental Psychology, 5*, S. 297-305.

Ariès, P. (1992). *Geschichte der Kindheit*. München: dtv. (Original veröffentlicht 1960.)

Ariès, P. (1982). *Geschichte des Todes*. München: dtv. (Original veröffentlicht 1977.)

Asch, S. (1956). Studies of independence and conformity: 1. A minority of one against a unanimous majority. *Psychological Monographs, 70*, S. 1-70.

Averill, J.R. (1982). *Anger and Aggression: An essay on emotion*. New York: Springer-Verlag.

Baldwin, J.M. (o.J.). *Die Entwicklung des Geistes beim Kind und bei der Rasse (Methoden und Verfahren)*. Berlin: Reuther & Reichard. (Original veröffentlicht 1899.)

Bandura, A. (1979), *Aggression: Eine sozial-lerntheoretische Analyse*. Stuttgart:Klett-Cotta.

Bard, P.A. (1928). A diencephalic mechanism for the expression of rage with special reference to the sympathetic nervous system. *American Journal of Physiology, 84*, S. 490-515.

Barrett, K.C. & C. Waxler-Zahn (1987, April). Do toddlers express guilt? Bei der Versammlung der Society for Research in Child Development, Toronto, vorgelegtes Poster.

Barron, R.A. (1977). *Human Aggression*. New York: Plenum.

Baumeister, R.F. (1987). How the self became a problem: A psychological review of historical research. *Journal of Personality and Social Psychology, 52*, S. 163-176.

Beck, A.T. (1967). *Depression: Clinical, experimental, and theoretical aspects*. New York: Harper & Row.

Beck, A.T. (1979). *Wahrnehmung der Wirklichkeit und Neurose*. München: Pfeiffer.

Bender, J. (1970). The relative proneness to shame and guilt as a dimension of character style. *Dissertation Abstracts International, 32*, 1833 B. (Universitäts-Mikrofilme No. 71-23697).

Benedict, R. (1946). *The chrysanthemum and the sword*. Boston: Houghton Mifflin.

Bernstein, D. (1983). The female superego: A different perspective. *International Journal of Psycho-Analysis, 64*, S. 187-202.

Blaska, D.M., C.M. Bordwin, S.W. Henggeler & B.J. Mann (1989). Individual, family, and peer characteristics of adolescent sex offenders and assaultive offenders. *Developmental Psychology, 25*, S. 846-855.

Bliss, E.L. (1986). *Multiple personality, allied disorders, and hypnosis*. New York: Oxford University Press.

Borke, H. (1973). The development of empathy in Chinese and American children between 3 and 6 years of age: A cross-cultural study. *Developmental Psychology, 9*, S. 102-108.

Bower, T.R. (1974). *Development in infancy*. San Francisco, CA: Freeman.

Bowlby, J. (1975). *Bindung*. München: Kindler.

Bowlby, J. (1976). *Trennung*. München: Kindler.

Bretherton, I. (1987). New perspectives on attachment relations: Security, communication, and internal working models. In: J.D. Osofsky (Hrsg.), *Handbook of the infant development*, (2. Aufl. S. 1061-1100). New York: Wiley.

Bretherton, I., J. Fritz, C. Zahn-Waxler & D. Ridgeway (1986). Learning to talk about a functionalist perspective. *Child Development, 57*, S. 530-548.

Bretherton, I., S. McNew & M. Beeghly-Smith (1981). Early person knowledge as expressed in gestural and verbal communication: When do infants acquire a »theory of mind«? In: M.E. Lamb & L.R. Sherrod (Hrsg.), *Infant social cognition* (S. 333-373), Hillsdale, NJ: Erlbaum.

Breuer, J. & S. Freud (1991). *Studien über Hysterie*. Frankfurt: Fischer. (Original veröffentlicht 1895.)

Bridges, K.M.B. (1932). Emotional development in early infancy. *Child Development, 3*, S. 324-334.

Brooks-Gunn, J. & M. Lewis (1982). Affective exchanges between normal and handicaped infants and their mothers. In: T. Field & A. Fogel (Hrsg.), *Emotion and early interaction* (S. 161-188). Hillsdale, NJ: Erlbaum.

Broucek, F. (1982). Shame and its relationship to early narcissistic developments. *International Journal of Psycho-Analysis, 65*, S. 369-378.

Brown, G., T. Harris & A. Bifulco (Hrsg.). Long-term effects of early loss of parent. In: M. Rutter, C. Izard & P. Read (Hrsg.). *Depression in young people* (S. 251-296). New York: Guilford Press.

Browne, K., C. Davies & P. Stratton (Hrsg.) (1988). Einleitung zu *Early prediction and prevention of child abuse*. (S. 3-12). Sussex, England: Wiley.

Buber, M. (1983). *Ich und du*. Darmstadt: Wiss. Buchgesellschaft.

Buss, A. H. (1980). *Self-consciousness and social anxiety*. San Francisco, CA: W.H. Freeman.

Campos, J., R. Campos & K. Barnett (1989). Emergent themes in the study of emotional development and emotion regulation. *Developmental Psychology, 25*, S. 394-402.

Cannon, W.B. (1975). *Wut, Hunger, Angst und Schmerz*. München: Urban & Schwarzenberg. (Original veröffentlicht 1929.)

Capute, A.J. (1984). Primitive reflex profile: A quantitation of primitive reflexes in infancy. *Developmental medicine and Child Neurology, 26*, S. 375-383.

Chandler, M.J. (1973). Egocentrism and antisocial behavior: The assessment and training of social perspective-taking skills. *Developmental Psychology, 9*, S. 326-337.

Chapman, D.J. (Hrsg.) (1976). *Humor and laughter. Theory, research, and applications*. London: Wiley.

Chodorow, N. (1985). *Das Erbe der Mütter*. München: Frauenoffensive.

Cicchetti, D. & K. Schneider-Rosen (1985). Toward a transactional model of childhood depression. *New Directions for Child Development, 26*, S. 5-27.

Coates, S. (1978). Sex differences in field dependence among preschool children. In: R. Friedmann, R. Reichart & R. Vande Welle (Hrsg.), *Sex differences in behavior*. (S. 259-77). New York: Wiley.

Cooley, C.H. (1912). *Human nature and the social order*. New York: Scribner's.

Cooley, C.H. (1962). *Social organization: A study of the larger mind*. New York: Schocken. (Original veröffentlicht 1909.)

Cornielson, F.S. & I. Arsenian (1969). A study of the responses of psychotic patients to photographic self-image experience. *Psychiatric Quarterly, 34*, S. 1-8.

Csikszentmihalyi, M. (1975). *Beyond boredom and anxiety: The experience of play in work and games*. San Francisco, CA: Jossey-Bass.

Darwin, C. (1986). *Der Ausdruck der Gemüthsbewegungen bei den Menschen und den Thieren*. Nördlingen: Greno. (Original veröffentlicht 1872.)

Davidson, R.J. & N.A. Fox (1982). Asymmetrical brain activity discriminates between positive versus negative affective stimuli in human infants. *Science, 218*, S. 1235-1237.

Deaux, K. (1976). Sex: A perspective on the attribution process. In: J. Harvey, W. Iches & R. Kidd (Hrsg.), *New directions in attributional research (Bd. 1)*. Hillsdale, NJ: Erlbaum.

Detrick, D.W. & S.P. Detrick (1989). *Self-psychology: Comparisons and contracts*. Hillsdale, NJ: Analytic Press.

Dewey, J. (1931). Die menschliche Natur. Ihr Wesen und ihr Verhalten. Stuttgart: DVA.

American Psychiatric Association. (1991). *Diagnostisches und statistisches Manual psychischer Störungen*. Deutsche Bearbeitung und Einführung von H.-U. Wittchen, H. Saß, M. Zaudig und K. Koehler. 3., korr. Auflage. Weinheim und Basel: Beltz.

DiBiase, R. & M. Lewis (1989). Temperament and emotional expression in infancy: A short-term longitudinal study. Unveröffentlichte Doktorarbeit, Temple University, Philadelphia.

Dodge, K. A. (1986). Social information-processing variables in the development of aggression and altruism in children. In: C. Zahn-Waxler, E.M. Cummings & R. Iannotti (Hrsg.). *Altruism and aggression* (S. 280-302). Cambridge: Cambridge University Press.

Doi, T. (1973). *The anatomy of dependence*. Tajoko, Japan: Kodansha Int.

Duval, S. & R.A. Wicklund (1972). *A theory of objective self-awareness*. New York: Academic Press.

Dweck, C.S. & E.L. Leggett (1988). A social-cognitive approach to motivation and personality. *Psychological Review, 95*, S. 256-273.

Eagle, M.N. (1989). The epistemological status of psychoanalysis. *Social research, 56*, S. 383-419.

Eban, A. (1968). *Civilization and the Jews*. New York: Heritage Press.

Edelman, R.J. (1987). *The psychology of embarrassment*. Chichester, England: Wiley.

Eisenberg, N. & R. Lemon (1983). Sex differences in empathy and related capacities. *Psychological Bulletin, 94*, S. 100-131.

Ekman, P. (1984). Expression and the nature of emotion. In: K.R. Scherer & P. Ekman (Hrsg.), *Approaches to emotion* (S. 319-344). Hillsdale, NJ: Erlbaum.

Ekman, P. & W.V. Friesen (1975). *Unmaking the face*. Englewood Cliffs, NJ: Prentice-Hall.

Ekman, P., W.V. Friesen & P. Ellsworth (1972). *Emotion in the human face: Guidelines for research and an integration of findings*. New York: Pergamon.

Emde, R.N. (1980). Levels of meaning for infant emotions: A biosocial view. In: K.R. Scherer & P. Ekman (Hrsg.), *Approaches to emotion* (S. 77-107). Hillsdale, NJ: Erlbaum.

Emde, R.N. (1983). The prerepresentational self and its affective core. *Psychoanalytic Study of the Child, 38*, S. 165-192.

Emde, R.N. (1988). Development terminable and interminable: 2. Recent psychoanalytic theorie and therapeutic considerations. *International Journal of Psycho-Analysis, 69*, S. 283-296.

Erikson, E.H. (1984). *Kindheit und Gesellschaft*. Stuttgart: Klett-Cotta.

Erwin, E. (1984). The standing of psychoanalysis. *British Journal of Philosophy of Science, 35*, S. 115-128.

Eysenck, H.J. (1954). *The psychology of politics*. London: Routledge & Kegan Paul.

Fairbairn, W.R.D. (1952). *Object-relations theory of the personality*. New York: Basic Books.

Fenichel, O. (1945). *The psychoanalytic theory of neuroses*. New York: Norton.

Feshbach, N.D. (1982). Sex differences in empathy and social behavior in children. In: N. Eisenberg (Hrsg.), *The development of prosocial behavior* (S. 315-338). New York: Academic Press.

Fischer, K. (1980). A theory of cognitive development: The control and construction of hierarchies of skills. *Psychological Review, 87*, S. 477-531.

Frainberg, S. & E. Adelson (1976). Self-representation in young blind children. In: Z. Jastrzembska (Hrsg.), *The effects of blindness and other impairments on early development* (S.48-96). New York: American Foundation for the Blind.

Freud, S. (1991). *Der Witz und seine Beziehung zum Unbewußten*. Frankfurt/M.: Fischer. (Original veröffentlicht 1916.)

Freud, S. (1991). *Drei Abhandlungen zur Sexualtheorie*. Frankfurt: Fischer. (Original veröffentlicht 1905.)

Freud, S. (1924). *Zur Einführung in den Narzißmus*. Wien: Internationaler Psychoanalytischer Verlag. (Original veröffentlicht 1914.)

Freud, S. (1982). *Trauer und Melancholie*. Berlin: Volk und Welt. (Original veröffentlicht 1917.)

Freud, S. (1960). *Das Unbewußte*. Frankfurt/M.: Fischer. (Original 1915.)

Freud, S. (1990). *Das Ich und das Es*. Frankfurt/M.: Fischer. (Original veröffentlicht 1923.)

Freud, S. (1989). *Beiträge zur Psychologie des Liebeslebens*. Frankfurt/M.: Fischer. (Original veröffentlicht 1925.)

Freud, S. (1990). *Das Unbehagen in der Kultur*. Frankfurt/M.: Fischer. (Original veröffentlicht 1930.)

Freud, S. (1991). *Neue Folge der Vorlesungen zur Einführung in die Psychoanalyse*. Frankfurt/M.: Fischer. (Original veröffentlicht 1933.)

Freud, S. (1989). *Hemmung, Symptom und Angst*. Frankfurt/M.: Fischer. (Original veröffentlicht 1936.)

Fromm, E. (1991). *Furcht vor der Freiheit*. München: dtv. (Original veröffentlicht 1941.)

Gallup, G.G.Jr. (1977). Self-recognition in primates: A comparative approach to the bidirectional properties of consciousness. *American Psychologist, 32*, S. 329-338.

Geertz, C. (1984). On the nature of anthropological understanding. In: R.A. Shweder & R.A. Levine (Hrsg.), *Cultural theory: Essays on mind, self, and emotion*. Cambridge: Cambridge University Press.

Geppert, U. (1986). *A coding-system for analyzing behavioral expressions of self-evaluative emotions*. (Technical Manual). München: Max-Planck-Institut für psychologische Forschung.

Geppert, U. & U. Kuster (1983). The emergence of »wanting to do one-self«: A precursor of achievement motivation. *International Journal of Behavioral Development, 6*, S. 365-370.

Gesell, A. (1928). *Infancy and human growth*. New York: Macmillan.

Gilligan, C. (1984). *Die andere Stimme. Lebenskonflikte und Moral der Frau*. München: Piper.

Gleick, J. (1988). *Chaos – die Ordnung des Universums*. München: Droemer-Knaur.

Gleser, G., L. Gottschalk & K. Springer (1961). An anxiety scale applicable to verbal samples. *Archives of General Psychiatry, 5*, S. 593-605.

Greenberg, J.R. & S.A. Mitchell (1983). *Objects relators in psychoanalytic theory*. Cambridge: Harvard University Press.

Greig, J.Y.T. (1969). *The psychology of laughter and comedy*. New York: Cooper Square.

Grunbaum, A. (1984). *The foundations of psychoanalysis: A philosophical critique*. Berkeley und Los Angeles: University of California Press.

Hallowell, A.I. (1955). The self and its behavioral environment. In: A.I. Hallowell (Hrsg.), *Culture and experience* (S. 75-110). Philadelphia: University of Pennsylvania Press.

Halperin, M. (1989, April). *Empathy and self-awareness*. Bei der Zusammenkunft der Society for Research in Child Development in Kansas City vorgelegte Arbeit.

Hanning, R.W. (1977). *The individual in twelfth-century romance*. New Haven, CT: Yale University Press.

Harris, P. & M.S. Lipian (1989). Understanding emotion and experiencing emotion. In: C. Saarni & P. Harris (Hrsg.), *Children's understanding of emotion* (S. 241-258). Cambridge: Cambridge University Press.

Harter, S. (1989). *Adolescent self and identity development*. Unveröffentlichtes Manuskript.

Hartmann, H. (1964). Comments on the psychoanalytic theory of the ego. In: *Essays on ego psychology*. New York: International Universities Press.

Hawthorne, T. (1983). *Multiple personality and the disintegration of literary character*. New York: St. Martin's Press.

Heckhausen, H. (1984). Emergent achievement behavior: Some early developments. In: J. Nicholls (Hrsg.), *The development of achievement motivation* (S. 1-32). Greenwich, CT: JAI Press.

Hesse, H. (1992). *Klingsors letzter Sommer*. Frankfurt/M.: Suhrkamp. (Original veröffentlicht 1920.)

Hilgard, E.R. (1977). *Divided consciousness: Multiple controls in human thought and action*. New York: Wiley.

Hinde, R.A. (1979). *Towards understanding relationships*. London: Academic Press.

Hobilitzelle, W. (1987). Differentiating and measuring shame and guilt: The relation between shame and depression. In: H.B. Lewis (Hrsg.), *The role of shame in emotion formation* (S. 207-236). Hillsdale, NJ: Erlbaum.

Hoffman, M.L. (1970). Moral development. In: P.H. Mussen (Hrsg.), *Handbook of child psychology*. (3., rev. Auflage, S. 261-359). New York: Wiley.

Hoffman, M.L. (1975). Sex differences in moral internalization and values. *Journal of Personality and Social Psychology, 32*, S. 720-729.

Hoffman, M.L. (1977). Empathy, its development, and prosocial implications. In: H.E. Howe, Jr., *Nebraska Symposium on Motivation* (S. 169-218). Lincoln: University of Nebraska Press.

Hoffman, M.L. (1982). Development of prosocial motivation: Sympathy and guilt. In: N. Eisenberg (Hrsg.), *The development of prosocial behavior* (S. 281 313).New York: Academic Press.

Hoffman, M.L. (1988). Moral development. In: M. Lamb & M. Bornstein (Hrsg.), *Developmental psychology: An advanced textbook* (2. Aufl., S. 497- 548). Hillsdale, NJ: Erlbaum.

Horney, K. (1973). *Neue Wege in der Pychoanalyse*. München: Kindler. (Original veröffentlicht 1939.)

Hubel, D.H. & T.N. Weisel (1962). Receptive fields, binocular interaction, and functional architecture in the cat's visual cortex. *Journal of Physiology, 160*, S. 106-154.

Izard, C.E. (1971). *The face of emotion*. New York: Appleton-Century-Crofts.

Izard, C.E. (1972). *Patterns of emotion: A new analysis of anxiety and depression*. New York: Academic Press.

Izard, C.E. (1981). *Die Emotionen des Menschen*. Weinheim, Basel: Beltz.

Izard, C.E. (1979). The Maximally Discriminative Facial Movement Coding System (MAX). Newark, DE: Instructional Resources Center, University of Delaware.

Izard, C.E., E.A. Hembree & R.R. Huebner (1987). Infant's emotion expressions to acute pain: developmental change and stability of individual differences. *Developmental Psychology, 23*, S. 105 -113.

Izard, C.E. & M.C. Tyson (1986). Shyness as a discret emotion. In: W.H. Jones, J.M. Cheek & S.R. Briggs (Hrsg.), *Shyness: Perspectives on research and treatment* (S. 147-160). New York: Plenum Press.

Jacobson, E. (1973). *Das Selbst und die Welt der Objekte*. Frankfurt/M.: Suhrkamp.

James, W. (1890). *The principles of psychology*, New York: Holt.

Janis, I.L. (1965). Psychodynamic aspects of stress tolerance. In: S.Z. Klausner (Hrsg.), *The quest for self control* (S. 215 -246). New York: Free Press.

Janoff-Bulman, R. (1979). Characterological versus behavioral self-blame: Inquiries into depression and rape. *Journal of Personality and Social Psychology, 37*, S. 1789-1809.

Jaynes, J. (1988). *Der Ursprung des Bewußtseins durch den Zusammenbruch der bikameralen Psyche*. Reinbek: Rowohlt.

Johnson, P. (1987). *The history of the jews*. New York: Harper & Row.

Jones, E.M. (1982). *Das Leben und Werk von Sigmund Freud*. Bern, Stuttgart: Huber. (Original veröffentlicht 1953.)

Kagan, J. (1981). *The second year*. Cambridge: Harvard University Press.

Katz, J. (1988). *Seductions of crime*. New York: Basic Books.

Kaye, K. (1982). *The mental and social life of babies*. Chicago: University of Chicago Press.

Kernberg, O.F. (1988 a). *Borderline-Störungen und pathologischer Narzißmus*. Frankfurt/M.: Suhrkamp.

Kernberg, O.F. (1988 b). *Objektbeziehungen und Praxis der Psychoanalyse*. Stuttgart: Klett-Cotta.

Kernberg, O.F. (1988 c). *Innere Welt und äußere Realität*. München, Wien: Verlag Internat. Psychoanalyse.

Kierkegaard, S. (1962). *The present age*. (A. Duc, Trans.) New York: Harper & Row. (Original veröffentlicht 1846.)

Klein, M. (1975). *»Envy and gratitude« and other works, 1946-1963: On the theory of anxiety and guilt*. New York: Delacorte Press. (Original veröffentlicht 1948.)

Kluft, R.P. (Hrsg.) (1983). *Childhood antecedents of multiple personality disorders*. Washington, DC: American Psychiatric Press.

Kohlberg, L. (1976). Moral stages and moralization: The cognitive-developmental approach. In: T. Lickona (Hrsg.), *Moral development and behavior: Theory, research, and social issues* (S. 31-53). New York: Holt, Rinehart & Winston.

Kohut, H. (1976). *Narzißmus*. Frankfurt/M.: Suhrkamp.

Kohut, H. (1972). Thoughts on narcissism and narcissistic rage. *Psychoanalytic Study of the Child, 28*, S. 360-399.

Kohut, H. (1979). *Die Heilung des Selbst*. Frankfurt/M.: Suhrkamp.

Lacan, J. (1968). *Language of the self*. Baltimore, MD: Johns Hopkins University Press.

Lamb, M. (Hrsg.) (1981). *The role of the father in child development* (2. Aufl.). New York: Wiley.

Lansky, M.R. (1987). Shame and domestic violence. In: D.L. Nathanson (Hrsg.), *The many faces of shame* (S. 335-362). New York: Guilford Press.

Lazarus, R.W. (1982). Thoughts on the relations between emotion and cognition. *American Psychologist, 37*, S. 1019-1024.

LeDoux, J. (1989). Cognitive and emotional interactions in the brain. *Cognition and Emotion, 3*, S. 265-289.

Lerner, R.M. & B.E. Brackney (1978). The importance of inner and outer body parts attitudes in the self-concept of late adolescent. *Sex Roles, 4*, S. 225-238.

Levi-Strauss, C. (1991). *Strukturale Anthropologie*. Frankfurt/M.: Suhrkamp. (Original veröffentlicht 1958.)

Lewis, H.B. (1971). *Shame and guilt in neurosis*. New York: International Universities Press.

Lewis, H.B. (1976). *Psychic war in men and women*. New York: New York University Press.

Lewis, H.B. (1987). Shame: The »sleeper« in psychopathology. In: H.B. Lewis (Hrsg.), *The role of shame in symptom formation* (S. 1-28). Hillsdale, NJ: Erlbaum.

Lewis, M. (1979). The self as a developmental concept. *Human Development, 22*, S. 416-419.

Lewis, M. (1987). Social development in infancy and early childhood. In: J.Osofsky (Hrsg.), *Handbook of infancy* (2. Aufl. S. 419-493). New York:Wiley.

Lewis, M. (1989 a). Chaos: Making a new science [Rezension von J. Gleick, *Chaos, making a new, science]*. *Human Development, 32*, S. 241-244.

Lewis, M. (1989 b). Cultural differences in children's knowledge of emotional scripts. In: P. Harris & C. Saarni (Hrsg.), *Children's understanding of emotion* (S. 350-373). New York: Cambridge University Press.

Lewis, M. (1989 c, 20.-24.Juni). Why women cry and men do not: The origins of emotional differences. [Vortrag] International Academy of Sex Research, Princeton, NJ.

Lewis, M. (1990). The development of intentionality and the role of consciousness. *Psychological Inquiry, 1*, S. 231-248.

Lewis, M., S. Alessandri & M.W. Sullivan (1990). Expectancy, loss of control, and anger in young infants. *Developmental Psychology, 26*, S. 743-751.

Lewis, M. & J. Brooks-Gunn (1979). *Social cognition and the acquisition of self*. New York: Plenum Press.

Lewis, M. & C. Feiring (1989). Infant, mother, and mother-infant interaction behavior and subsequent attachment. *Child Development, 60*, S. 146-156.

Lewis, M. & L. Michalson (1983). *Children's emotions and moods*. New York: Plenum Press.

Lewis, M., C. Stanger & M.W. Sullivan (1989). Deception in three-year-olds. *Developmental Psychology, 25*, S. 439-443.

Lewis, M., M.W. Sullivan & A. Vasen (1987). Making faces: Age and emotion differences in the posing of emotional expressions. *Developmental Psychology, 23*, S. 690-697.

Lewis, M. & M. Weinraub (1979). Origins of early sex-role development. *Sex Roles, 5*, S. 133-153.

Lindsey-Harty, J. (1984). Contrasting experience of shame and guilt. *American Behavioral Scientist, 27*, S. 689-704.

Luria, A.R. (1976). *Cognitive development: Its cultural and social foundations.* Cambridge: Harvard University Press.

Maccoby, E.J. & C.N. Jacklin (1974). *The psychology of sex difference.* Stanford, CA: Stanford University Press.

Mackey, W.C. (1985). *Fathering behaviors: The dynamics of manchild bond.* New York: Plenum Press.

Mahler, M.S. (1992). *Symbiose and Individuation. Bd. 1: Psychosen im frühen Kindesalter.* Stuttgart: Klett-Cotta. (Original veröffentlicht 1968.)

Mahler, M.S., F. Pine & A. Bergmann (1992). *Die psychische Geburt des Menschen.* Frankfurt/M.: Fischer. (Original veröffentlicht 1975.)

Main, M., K. Kaplan & J. Cassidy (1985). Security in infancy, childhood, and adulthood. A move to the level of representation. In: I. Bretherton & E. Waters (Hrsg.), *Growing points of attachment theory and research. Monographs of the Society for Research in Child Development, 50*, (1-2, Reihe No. 209), S. 66-104.

Mandler, G. (1979). *Denken und Fühlen.* Paderborn: Junfermann.

Maslow, A.H. (1943). A theory of human motivation. *Psychological Review, 50*, S. 370-396.

Masson, J.M. (1984). *Was hat man dir, du armes Kind, getan?* Reinbek: Rowohlt.

McDougall, W. (1928). *Grundlagen einer Sozialpsychologie.* Jena: G. Fischer. (Original veröffentlicht 1908.)

Mead, G.H. (1991). *Geist, Identität und Gesellschaft aus der Sicht des Sozialbehaviorismus,* Frankfurt/M.: Suhrkamp. (Original veröffentlicht 1934.)

Meltzoff, A.N. & M.K. Moore (1977). Imitation of facial and manual gestures by human neonates. *Science, 198*, S. 75-78.

Merleau-Ponty, M. (1964). In: J. Eddie (Hrsg.), *Primary of perception.* Evanston, IL: Northwestern University Press.

Miller, A. (1991). *Das Drama des begabten Kindes und die Suche nach dem wahren Selbst.* Frankfurt/M.: Suhrkamp. (Orig. veröff. 1979.)

Miller, A. (1986). Depression and grandiosity as related forms of narcissistic disturbance. In: A.P. Morrison (Hrsg.), *Essential papers on narcissism* (S. 323 -347). New York: New York University Press.

Minuchen, P.P. & E.K. Shapiro (1983). The school as a context for social development. In: P. Mussen & E.M. Hetherington (Hrsg.), *Handbook of child psychology* (4. Aufl. Bd. 4, S. 197-274). New York: Wiley.

Modigliani, A. (1968). Embarrassment and embarrassability. *Sociometry, 31*, S. 313-326.

Morrison, A.P. (Hrsg.) (1986 a). *Essential papers on narcissism.* New York: New York University Press.

Morrison, A.P. (1986 b). The eye turned inward: Shame and the self. In: D.L. Nathanson (Hrsg.), *The many faces of shame* (S. 271-291). New York: Guilford Press.

Morrison, A.P. (1989). *Shame: The underside of narcissism.* Hillsdale, NJ: Analytic Press.

Morrison, N.K. (1987). The role of shame in schizophrenia. In: H.B. Lewis (Hrsg.), *The role of shame in emotion formation* (S. 207-236). Hillsdale, NJ: Erlbaum.

Mounoud, P. (1976). Les révolutions psychologiques de l'enfant. *Archives de Psychology, 44*, S. 103-114.

Nathanson, D.L. (Hrsg.) (1987 a). *The many faces of shame.* New York: Guilford Press.

Nathanson, D.L. (1987 b). The shame/pride axis. In: H.B. Lewis (Hrsg.), *The role of shame in symptom formation* (S. 183-206). Hillsdale, NJ: Erlbaum.

Nathanson, D.L. (1987 c). A time table for shame. In: D.L. Nathanson (Hrsg.), *The many faces of shame* (S. 1-63). New York: Guilford Press.

Newell, A. (1982). The knowledge level. *Artificial Intelligence, 18*, S. 81-132.

Nicholls, J.G. (1984). Achievement motivation: Conception of ability, subjective experience, task choice, and performance. *Psychological Review, 91*, S. 328-348.

Nietzsche, F. (1992 a). *Der Wille zur Macht*, Frankfurt/M., Leipzig: Insel. (Original veröffentlicht 1901.)

Nietzsche, E (1992 b). *Jenseits von Gut und Böse*, Frankfurt/M., Leipzig: Insel. (Original veröffentlicht 1886.)

Nisbet, R. (1973). *The social philosophers: Community and conflict in Western thought.* New York: Crowell.

Nowles, D.P. & J. Kamiya (1979). The control of electroencephalographic alpha rhythmus through auditory feedback and the associated mental activity. *Psychophysiology, 6*, S. 476-484.

Oesterreich, T.K. (1974). *Possession, demoniacal and other.* Sacaucus, NJ: Citadel Press (zuerst veröffentlicht 1905.)

Olds, M.E. & J.L. Forbes (1981). The central basis of motivation: Intracranial self-stimulation-studies. *Annual Review of Psychology, 32,* S. 523-576.

Ornstein, R.E. (Hrsg.) (1973). *The nature of human consciousness.* San Francisco, CA: Freeman.

Overton, W. (1984). World views and their influence on psychological theory and research: Kuhn-Lakatos-Lauden. In: H.W. Reese (Hrsg.), *Advances in child development and behavior.* (Bd. 18, S. 191-226). New York: Academic Press.

Pegals, E. (1968). Ideographic and nomothetic aspects of affect. In: L. Van Langenhove, J.M. De Waele & R. Harre (Hrsg.), *Individual persons and their actions.* Brüssel: Freie Universität Brüssel.

Pervin, L.A. (Hrsg.). *Goals and concepts in Personality and social Psychology.* Hillsdale, NJ: Erlbaum.

Piaget, J. (1992). *Das Erwachen der Intelligenz beim Kinde.* München: dtv. (Original veröffentlicht 1936.)

Piaget, J. (1974). *Der Aufbau der Wirklichkeit beim Kinde.* Stuttgart: Klett-Cotta. (Original veröffentlicht 1937.)

Piaget, J. (1933). *Sprechen und Denken des Kindes.* Frankfurt/M. u.a.: Ullstein. (Original veröffentlicht 1926.)

Piaget, J. (1981). *Urteil und Denkprozeß des Kindes.* Frankfurt/M. u.a.: Ullstein. (Original veröffentlicht 1932.)

Piers, G. & M.B. Singer (1953). *Shame and guilt.* New York: Norton.

Plutchik, R. (1980). A general psychoevolutionary theory of emotion. In: R. Plutchik & H. Kellermann (Hrsg.), *Emotion: Theory, research, and experience* (Bd. 1, S. 3-33). New York: Academic Press.

Pribram, K.H. (1984). Emotion: A neurobehavioral analysis. In: K.R. Scherer & P. Ekman (Hrsg.), *Approaches to emotion* (S. 13-38). Hillsdale, NJ: Erlbaum.

Prince, M. (1978). *The disassociation of a personality.* New York: Oxford University Press. (Original veröffentlicht 1905.)

Putnam, F.W. (1989). *Diagnoses and treatment of multiple personality disorders.* New York: Guilford Press.

Rank, O. (1988). *Das Trauma der Geburt und seine Bedeutung für die Psychoanalyse.* Frankfurt/M.: Fischer. (Original veröffentlicht 1929.)

Rank, O. (1972). *Will therapy and truth and reality.* New York: Knopf. (Original veröffentlicht 1945.)

Read, K.E. (1955). Morality and the concept of the person among the Gahuku-Gama. *Oceania, 25*, S. 253-282.

Rehm, L.P. & A.S. Carter (1990). Cognitive components of depression. In: M. Lewis & S.M. Miller (Hrsg.), *Handbook of developmental psychopathology* (S. 341-351). New York: Plenum Press.

Reid, J.B. (1986). Sexual-interaction patterns in families of abused and nonabused children. In: C. Zahn-Waxler, E.M. Cummings & R. Iannotti (Hrsg.), *Altruism and aggression* (S. 238-255). Cambridge: Cambridge University Press.

Retzinger, S.R. (1987). Resentment of laughter: Video studies of the shame-rage spiral. In: H.B. Lewis (Hrsg.), *The role of shame on symptom formation* (S. 151-181). Hillsdale, NJ: Erlbaum.

Retzinger, S.R. (1989). *Marital conflict: The role of emotion.* Unveröffentlichte Arbeit.

Reznick, J.S. & N. Snedman (1988). Biological bases of childhood shyness. *Sciences, 240*, S. 167-171.

Rogers, C.R. (1959). A theory of therapy, personality, and interpersonal relationships, as developed in the client-centered framework. In: E. Koch (Hrsg.), *Psychology: A Study of science* (Bd. 3, S. 184-256). New York: McGraw-Hill.

Roland, A. (1988). *In search of self in India and Japan.* Princeton, NJ: Princeton University Press.

Rorty, A.O. (1989). *Mind in action.* Boston: Beacon Press.

Rosaldo, M.Z. (1984). Toward an anthropology of self and feeling. In: R.A. Shweder & R.A. Levine (Hrsg.), *Cultural theory: Essays on mind, self, and emotion* (S. 137-157). Cambridge. Cambridge University Press.

Ross, C.A. (1989). *Multiple personality disorder.* New York: Wiley.

Rubin, J. (1989). Narcissism and nihilism: Kohut and Kierkegaard on the modern self. In: D.W. Detrick & S.P. Detrick (Hrsg.), *Self psychology* (S. 131-150). Hillsdale, NJ: Analytic Press.

Russell, J.A. (1980). A circumflex aspect of the human conceptual organization of emotions. *Journal of Personality and Social Psychology, 45*, S. 1281-1288.

Rutter, M., C.E. Izard & P. Read (Hrsg.) (1986). *Depression in young people.* New York: Guilford Press.

Saarni, C. (1979). Children's understanding of display rules for expressive behavior. *Developmental Psychology, 15*, S. 44-429.

Sagi, A. & M.L. Hoffman (1976). Empathic distress in newborns. *Developmental Psychology, 12*, S. 175-176.

Sartre, J.P. (1990). *Das Sein und das Nichts*. Reinbek: Rowohlt. (Original veröffentlicht 1943.)

Schacter, S. & J.E. Singer (1962). Cognitive, social, and physiological determinants of emotional state. *Psychological Review, 69*, S. 379-399.

Schaeffer, H.R. (1966). The onset of fear of strangers and the incongruity hypothesis. *Journal of Child Psychology and Psychiatry, 7*, S. 95 bis 106.

Scheff, T.J. (1987). The shame-rage spiral: A case study of an interminable quarrel. In: H.B. Lewis (Hrsg.), *The role of shame in symptom formation* (S. 109-150). New York: Plenum Press.

Scherer, K.R. (1979). Nonlinguistic vocal indicators of emotion and psychopathology. In C.E. Izard (Hrsg.), *Emotions in personality and psychopathology* (S. 495-529). New York: Plenum Press.

Scherer, K.R. (1981). Speech and emotional states. In: J. Darby (Hrsg.), *Speech evaluation in psychiatry* (S. 189-200). N.Y.: Grune & Stratton.

Scherer, K.R. (1986). Vocal affect expression. A review and a model for future research. *Psychological Bulletin, 99*, S. 143-165.

Schneider, K., K. Hanne & B. Lehmann (1989). The development of children's achievement-related expectancies and subjective uncertainty. *Journal of Experimental Child Psychology, 47*, S. 160-174.

Seligman, M.E.P. (1992). *Erlernte Hilflosigkeit*. Weinheim: Psychologie Verlagsunion.

Seligman, M.E.P., C. Peterson, N. Kraslow, R. Tanenbaum, L. Alloy & L. Abramson (1984). Attributional style and depressive symptoms among children. *Journal of Abnormal Psychology, 39*, S. 235-238.

Shweder, R.A. (1985). Menstrual pollution, soul loss, and the comparative study of emotions. In: M.A. Kleinman & B. Good (Hrsg.), *Culture and depression* (S. 182-215). Berkeley and Los Angeles: University of California Press.

Shweder, R.A. & E.J. Bourne (1984). Does the concept of the person vary cross culturally? In R.A. Shweder & R.A. Levine (Hrsg.), *Cultural theory: Essays on mind, self, and emotion* (S. 158-199). Cambridge: Cambridge University Press.

Shweder, R.A. & J.G. Miller (1985). The social construction of the person: How is it possible? In: K.J. Gergen & K.E. Davis (Hrsg.), *The social construction of the person* (S. 41-69). New York: Springer-Verlag.

Siminov, P.V. (1969). Studies of emotional behavior of humans and animals by Soviet psychologists. *Annuals of the New York Academy of Science, 159*, S. 3.

Siminov, P. (1986). *The emotional brain*. New York: Plenum Press.

Skinner, B.F. (1938). *The behavior of organism*. New York: Appleton-Century-Crofts.

Slaby, R.G. & N.G. Guerra (1988). Cognitive mediators of aggression in adolescent offenders: 1. Assessment. *Developmental Psychology, 24*, S. 580–588.

Spitz, R. (1946). The smiling response: A contribution to the ontogenesis of social relations. *Genetic psychological Monographs, 34*, S. 57-125.

Stattin, H. & I. Klachenberg-Larsson (1989). Delinquency as related to parents' preferences for their child's gender. (rep. No. 696). Schweden: Universität Stockholm, Institut für Psychologie.

Stern, D.N. (1992). *Die Lebenserfahrung des Säuglings.* Stuttgart: Klett-Cotta.

Stipek, D.J. (1983). A developmental analysis of pride and shame. *Human Development, 26*, S. 42 – 54.

Stipek, D.J., S. Recchia & S. McClinton (1990). *Achievement-related selfevaluation in young children.* Unveröffentlichtes Manuskript.

Sullivan, H.S. (1983). *Die interpersonale Theorie der Psychiatrie.* Frankfurt/M.: Fischer. (Original veröffentlicht 1953.)

Tangney, J.P. (1989 a). *Situational determinants of shame and guilt in young adulthood.* Unveröffentlichtes Manuskript.

Tangney, J.P. (1989 b, August). Shame and guilt in young adulthood: A qualitative analysis. Bei der Zusammenkunft der American Psychological Society in New Orleans vorgelegte Arbeit.

Toch, H. (1969). *Violent men.* Chicago: Aldine.

Tolman, C.W. (1965). Feeding behavior of domestic chicks in the presence of their own mirror. *Canadian Psychologist, 6*, S. 277 (Zusammenfassung.)

Tomkins, S.S. (1962). *Affect, imagery, consciousness: Vol. 1. The positive affects.* New York: Springer.

Tomkins, S.S. (1963). Affect, *imagery, and consciousness: Vol. 2. The negative affects.* New York: Springer.

Trevarthen, C. (1979), Communication and cooperation in early infancy: A description of primary intersubjectivity. In: M. Bullowa (Hrsg.), *Before Speech: The beginning of interpersonal communication* (S. 321-347). London: Cambridge University Press.

Wallon, H. (1949). *Les origines du caractère chez l'enfant: Les préludes du sentiment de personalité* (2. Aufl.). Paris: Presses Universitaires de France.

Walton, A. (1989, 20. August). Willie Horton and me. *New York Times Magazine*, S. 52-53.

Weiner, B. (1986). *An attributional theory of motivation and emotion.* New York: Springer-Verlag.

Weiskrantz, L. (1986). *Blindsight: A case study and implications.* Oxford: Oxford University Press.

Wenger, M.A., F.N. Jones & M.H. Jones (1956). *Physiological Psychology.* New York: Holt.

Werner, H. (1961). *Comparative psychology of mental development.* New York: Science Editions.

White, R.W (1959). Motivation reconsidered: The concept of competence. *Psychological Review, 66,* S.297-323.

Widom, C. (1989). Cycle of violence. *Science, 244,* S. 160-166.

Witkin, H. (1965). Psychological differentiation and forms of pathology. *Journal of Abnormal Psychology, 70,* S. 317-336.

Wittgenstein, L. (1984). *Philosophische Untersuchungen.* Frankfurt/M.: Suhrkamp. (Original veröffentlicht 1953.)

Wurmser, L. (1990). *Die Maske der Scham,* Berlin u. a.: Springer.

Zahn-Waxler, C., E.M. Cummings & R. Iannotti (Hrsg.). *Altruism and aggression.* Cambridge: Cambridge University Press.

Zahn-Waxler. C., G. Kochanska, J. Krupnick & D. Mc Knew (1990). Patterns of guilt in children of depressed and well mothers. *Developmental Psychology, 26,* S. 51 – 59.

Zahn-Waxler, C., M. Radke-Yarrow (1982). The development of altruism: Alternative research strategies. In: N. Eisenberg-Berg (Hrsg.), *The development of prosocial behavior* (S. 109-138). New York: Academic Press.

Zahn-Waxler, C., M. Radke-Yarrow & R.A. Kind (1979). Child rearing and children's prosocial imitations toward victims of distress. *Child Development, 50,* S. 319-330.

Zajonc, R.B. (1980). Feeling and thinking: Preferences need no inferences. *American Psychologist, 35,* S. 151-175.

Zajonc, R.B. (1984). On primacy of affect. In: K.R. Scherer & P. Ekman (Hrsg.), *Approaches to emotion* (S. 259-270). Hillsdale, NJ: Erlbaum.

Zazzo, R. (1948). Images du corps et conscience du soi. *Enfance, l,* S. 29-43.

Register